특허받은
영단어
암기비법

특허받은 영단어 암기비법

지은이 이강석
펴낸이 임상진
펴낸곳 (주)넥서스

초판 1쇄 발행 2007년 1월 2일
초판 11쇄 발행 2012년 4월 15일

2판 1쇄 인쇄 2016년 10월 1일
2판 1쇄 발행 2016년 10월 5일

출판신고 1992년 4월 3일 제311-2002-2호
10880 경기도 파주시 지목로 5
Tel (02)330-5500 Fax (02)330-5555

ISBN 979-11-5752-926-1 13740

저자와 출판사의 허락 없이 내용의 일부를
인용하거나 발췌하는 것을 금합니다.
저자와의 협의에 따라서 인지는 붙이지 않습니다.

가격은 뒤표지에 있습니다.
잘못 만들어진 책은 구입처에서 바꾸어 드립니다.

본 책은『영단어 외우지 말고 상상하라!』의
개정판입니다.

www.nexusbook.com

특허받은 영단어 암기비법

영단어 외우지 말고 상상하라

이강석 지음

넥서스

저자 서문

영어 공부의 기본이 '단어'라는 것은 누구나 공감하는 사실일 겁니다. 문법이나 생활영어와 달리 영어 단어는 영어 실력이 상당한 사람도 계속해서 공부해야 하는 영역입니다. 죽을 때까지 해야 한다는 말이 맞을 겁니다. 보기에는 아무 것도 아닌 것 같은 영어 단어, 왜 그렇게 중요한 걸까요? 섬세한 사고의 표현을 좌우하는 것이 결국 풍부한 어휘력일 수밖에 없기 때문입니다. 이렇게 중요한 것이기에 영어 단어를 쉽고 재미있게 그리고 기억에 오래 남을 수 있도록 공부하는 방법을 처음부터 몸에 배도록 하면서 단어 학습을 시작하는 것이 정말 중요하다고 할 수 있습니다.

필자는 어린 시절부터 유독 영어 단어에 많은 관심을 가졌습니다. 관심이 있는 만큼 공부도 많이 하고 연구해온 세월이 무려 30년 가까이 됩니다. 누구나 보지만 아무나 알아차릴 수 없는, mother라는 단어 안에 moth라는 단어가 들어 있다는 것을 우연히 알게 된 이래로 셀 수 없이 사전을 처음부터 끝까지 뒤지게 되었습니다. 아무 것도 모르는 사람이 보면 너무나 단순하고 지루한 일일 수도 있지만, 재미가 있었기에 지루한지 모르고 할 수 있었습니다. 이후 한 단어 안에 다른 단어들이 들어 있다는 것(think → thin)을 발견했을 뿐만 아니라 단어의 첫 철자를 다른 철자로 바꾼다든지(believe → relieve), 단어에 철자를 넣거나 빼서 새로운 단어를 알아가는 방법(addition → addiction) 등 단어를 쉽게 기억할 수 있는 다른 많은 방법들이 체계적으로 정리되기 시작했습니다.

이런 방법들을 저 혼자만 알고 있기에는 영어 단어 때문에 스트레스를 받는 사람들이 무척 많더군요. 그래서 힘들고 어렵게 단어 공부를 하는 학생들에게 '상상력'을 통한 영어 단어 학습이 가능하다는 것을 현장 수업에서 제시했을 때 학생들의 눈은 그 어느 때보다도 빛났습니다. 심지어 "단어를 외우기보다 잊어버리기가 더 힘들어요."라는 말을 듣기까지 했습니다. 영어 단어를 외우기가 힘든 것이 아니라 잊어버리기가 더 힘들다는 말을 들었을 때 단어 기억법을 개발하느라 바쳤던 수많은 시간들에 대한 보상을 제대로 받는다고 생각했습니다. 단어 하나하나마다 학습자들이 무조건 암기할 때 부딪히는 문제점들을 바로 학습자 입장에서 연구했던 것이 제대로 결실을 맺었다는 생각이 들었습니다.

필자는 2005년에 '키워드 학습법'으로 '영어학습법' 특허를 취득한 바 있습니다. 특정 키워드를 통해 문장을 손쉽게 공부하는 방법인데, 이번 단어 기억법을 정리한 본서 역시 키워드 학습법이 적용된 것이라 할 수 있습니다. 특정한 단어를 새로운 방식으로 기억한 후 그 단어에 가장 적절한 예문을 두뇌에 저장시키는 방법을 적용했기 때문입니다. 예를 들어 again이란 쉬운 단어 안에는 gain이라는 단어가 들어 있습니다. 단어 기억법으로 배운 gain이라는 단어에 가장 적절한 예문을 "Knowledge gained through experience is valuable.(경험을 통해 얻은 지식은 소중하다)"로 정해놓고 gain이라는 단어(키워드)를 볼 때마다 이 예문을 떠올리면 knowledge, experience, valuable이라는 단어까지 추가로 알 수 있을 뿐만 아니라 '과거분사 후위수식'이라는 문법도 배울 수가 있는 것입니다.

이 외에도 그 예문을 통해 자신의 삶을 끊임없이 성찰할 수 있는 계기가 될 뿐 아니라 인문학적 소양도 늘릴 수 있도록 하는 것이 바로 필자가 단어 공부에서 궁극적으로 지향하는 목표입니다. 독자 여러분들도 영어 문장을 읽다가 좋은 문장이 있으면 그 문장에서 자주 접하는 쉬운 단어를 키워드로 선정해서 그 특정 단어를 볼 때마다 문장을 떠올리는 습관을 들이면 영어 공부의 새로운 희열을 느낄 수 있을 것이라고 확신합니다.

까탈스러운 필자를 넉넉한 마음으로 항상 받아들여주신 넥서스 출판사와 투박한 원고를 멋진 책으로 만들어주신 편집부 여러분께 온 마음으로 감사드립니다. 끝으로 예기치 못한 사고로 겪은 고통의 세월을 잘 견뎌준 가족에게 이 책을 바칩니다.

저자 이강석

*이런 특징이 있습니다!

영단어, 어떻게 하면 조금이라도 쉽게 공부할 수 있을까 고민이시죠? 그런 여러분을 위해 조금 특별한, 아니 많이 특별한 단어책이 나왔습니다. 어떻게 특이하냐고요? 아래 내용을 읽어보세요.

1 상상력과 연상을 통해 외우지 않고 재밌게 단어를 익힐 수 있습니다.

다음 단어들을 보세요.

rose 장미 prose 산문 verse 운문
universe 우주 adverse 어려운, 역경의 reverse 거꾸로의, 거꾸로 하다

어때요? 단어들 사이에 연관성이라고는 거의 없어 보이죠? 이 단어들을 1분 안에 그냥 외우라고 하면, 물론 외울 수는 있을 것입니다. 하지만, 시간이 한참 흐른 후에 해당 단어들을 봤을 때, 뜻을 기억할 수 있는 것은 과연 몇 개나 있을까요?

이 책은 이렇게 막무가내로 외우는 것을 지양하고 상상력과 연상을 이용해 좀 더 쉽고 재밌게 공부해 필요할 때에 즉각 써먹을 수 있도록 하자는 것이 목표입니다. 그럼 위의 단어들을 어떻게 상상력을 동원해서 배우냐고요?

아름다운 장미를 보면 문학적 감성이 풍부한 분들이라면 멋진 산문 한 편이 쓰고 싶어질 겁니다. 그 '산문'은 '장미'인 rose 앞에 p를 살짝 붙인 prose입니다. 문학의 양대 산맥인 산문을 배웠으니 나머지 '운문'도 알아야 하지 않을까요? 바로 verse랍니다. 옛날, 천동설이니 지동설이니 이런 것에 상관없이 우리 조상들은 밤하늘의 끝없는 우주를 동경하면서 운율을 읊곤 했습니다. 그때의 '우주'가 바로 '운문'의 verse 앞에 uni를 붙인 universe입니다. 모든 분들이 다 그런 건 아니지만, 운문, 즉 시를 쓰시는 분들 가운데는 어렵고 역경의 환경에 처한 분들이 많습니다. 그런 '어려운, 역경의' 뜻을 가진 단어는 바로 verse에 ad를 붙인 adverse지요. 그리고 시인은 보통 사람들과 같은 시각으로 사물을 보지 않습니다. 때로는 시대를 역행하기도 하지요. 이렇게 '거꾸로, 거꾸로하다'의 뜻을 나타내는 단어는 reverse랍니다.

어때요? 이렇게 상상하고 연상하면서 보니까 그냥 막 외우는 것보다 훨씬 더 재미있지 않나요? 이 책은 기본적인 speaking과 writing에 필요한 1,000여개의 단어를 이렇게 학습할 수 있도록 구성했습니다.

2 한번 보면 오히려 잊기가 더 어렵습니다.

많은 어휘책들이 쉽게 외울 수 있다고 합니다. 하지만 이 책은 이렇게 상상력과 연상법을 이용해 단어를 외우기 때문에 머리에 쏙쏙 들어오고 따라서 잊어버리기가 더 힘든 특징을 가지고 있답니다. 표제어에 해당하는 단어에 그와 관련된 단어와 그것의 뜻까지 주르륵 이어질 정도로 정교하게 구성되어 있어서 최소한의 노력으로 최대의 효과를 얻을 수 있습니다.

3 축차적 학습 장치로 기억이 오래 가도록 했습니다.

이 책은 한 SECTION이 끝날 때마다 앞의 SECTION에서 배운 단어를 확인해볼 수 있도록 하는 코너를 두었습니다. 예를 들어 SECTION 2가 끝나면 SECTION 1에서 학습한 단어들을, SECTION 3가 끝나면 SECTION 2와 SECTION 1에서 학습한 단어를 확인해볼 수 있도록 장치했습니다. 아무리 즐겁게 공부했다 해도 반복하지 않으면 그냥 막 외운 것보다는 오래 갈 수 있지만, 끝까지 가지는 않을 것입니다. 그래서 앞의 SECTION에서 공부한 것을 계속 축차적으로 학습할 수 있도록 해서 기억이 오래오래 갈 수 있도록 했습니다.

*이렇게 구성되어 있습니다.

학습자 여러분의 즐거운 영어 단어 학습을 위해 다음과 같이 구성하였습니다.

본격적인 단어 학습에 들어가기에 앞서 반드시 읽고 넘어가야 할 부분입니다. 이 책에서 단어를 설명해나가는 다섯 가지 원리를 자세하게 풀이했거든요. 이 책의 전체 배경이 되는 부분이기도 하답니다.

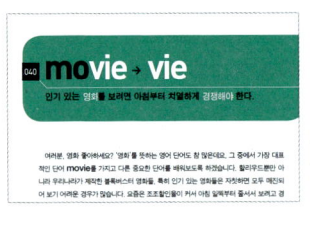

아주 쉬운 표제어에서 시작하여 중요하고 어려운 단어를 배워가는 과정을 간략하게 나타냈습니다.

정확한 용례가 필요한 단어의 경우 각종 신문이나 영화에 나왔던 대사들을 인용해 단어의 쓰임새를 명확하게 알 수 있도록 했습니다.

저자가 개발한 다양한 원리가 적용된 단어를 한 눈에 알아볼 수 있도록 정리한 맵입니다. 색 부분으로 굵게 표시된 것은 표제어가 해당 단어 속에 들어 있음을 나타내고요, 이탤릭체로 표기된 부분은 앞, 옆 단어 속에 있는 철자를 이용하여 얻은 단어임을 알려주는 표시입니다.

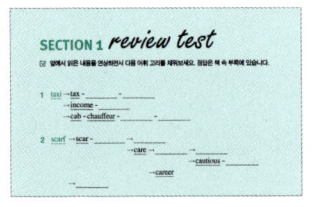

한 섹션이 끝날 때마다 해당 섹션에서 배운 단어를 확인해 볼 수 있도록 review test 코너를 두었습니다. 단어가 파생되는 순서대로 문제를 만들었으며, 중간 중간 힌트가 되는 답을 넣어 문제풀이에 의욕이 생기도록 했습니다. 참고로 review test의 정답은 책 속 부록에 있습니다.

단어는 반복을 해준 횟수에 비례하여 기억하는 기간이 길어집니다. 이 책에서는 SECTION 2가 끝난 후에는 SECTION 1의 단어를, SECTION 3가 끝나면 SECTION 2, SECTION 1의 단어를, SECTION 4가 끝나면 SECTION 3, SECTION 2, SECTION 1 단어를 체크해볼 수 있도록 축차적으로 구성했습니다. SECTION 1부터 차례대로 놓지 않고 바로 앞 SECTION에서 배운 단어부터 공부하도록 한 것은 바로 앞에 공부한 것을 복습하고 그 다음에 그 전에 배운 것을 복습하는 것이 학습효과가 더 높다고 이론적으로 증명되었기 때문입니다.

*이렇게 활용하세요.

1단계

자, 즐거운 단어 여행의 시작입니다. 각 표제어별로 즐겁게 단어를 학습하세요.

2단계

각 섹션별 학습이 끝났습니까? 그럼 해당 섹션에 있는 단어들을 보지 않고 죽 떠올려 볼 수 있도록 훈련하세요. 상상을 통해 단어를 학습하는 것이기 때문에 그리 어렵지 않을 겁니다. 참고로 본서의 축차적 학습방법을 활용해 앞의 섹션에서 배웠던 단어까지 빠짐없이 책을 보지 않고 기억할 수 있도록 하세요.

3단계

1, 2 단계를 통해 책 전체를 다 읽으셨다고요? 그럼 이제 책 뒤에 있는 표제 단어별 색인을 이용해 전체 알파벳 순으로 표제어와 그 아래 해당 단어들을 죽 기억할 수 있나 도전해보세요. 그렇게 술술 입에서 나오거나 머릿속에서 떠오르게 되면 여러분의 단어 학습은 성공한 것입니다.

목차

저자 서문
이런 특징이 있습니다.
이렇게 구성되어 있습니다.
이렇게 활용하세요.

단어 학습을 시작하기에 앞서

SECTION 1 단어 속 단어 찾기 (1) – 일상의 친숙한 명사

001	taxi → tax	40
002	scarf → scar	42
003	hamburger → urge	44
004	hospital → spit	46
005	spray → pray	49
006	number → numb	51
007	president → preside	54
008	mountain → mount	56
009	coffee → fee	58
010	monkey → monk	60
011	camera → era	62
012	grape → rape	64
013	beer → bee	66
014	father → fat	68
015	bank → ban	71
016	mother → moth	74
017	kitchen → hen	76
018	dinner → din	78
019	cousin → sin	80
020	teacher → ache	82
021	student → stud	84
022	piece → pie	86
023	switch → witch	88
024	furniture → fur	90
025	message → mess	92
026	black → lack	94
027	brush → rush	96
028	manicure → cure	98
029	finger → fin	100
030	butter → butt	102
031	juice → ice	104
032	carrot → rot	106
	SECTION 1 review test	108

SECTION 2 단어 속 단어 찾기 (2) - 활용도가 높은 명사

033	corner → corn	114
034	flower → flow	116
035	present → resent	118
036	bridge → ridge	120
037	dragon → drag	122
038	fire → fir	124
039	friend → end	126
040	movie → vie	128
041	museum → muse	130
042	address → add	132
043	plane → lane	135
044	player → layer	138
045	police → lice	141
046	rabbit → bit	144
047	August → gust	146
048	advice → vice	148
049	appointment → ointment	150
050	charm → harm	152
051	courage → rage	154
052	credit → edit	156
053	danger → anger	158
054	devil → evil	160
055	example → ample	162
056	failure → lure	164
057	generation → gene	166
058	ghost → host	168
059	peace → pea	170
060	pride → rid	172
061	problem → rob	174
062	question → quest	176
063	Wednesday → wed	178
	SECTION 2 review test	180

SECTION 3 단어 속 단어 찾기 (3) - 문장의 꽃, 동사·형용사·부사

064	afraid → raid	188
065	again → gain	190
066	appear → pear	192
067	approach → roach	195
068	because → cause	197
069	believe → lie	199
070	blame → lame	201
071	clean → lean	203
072	climb → limb	205
073	determine → deter	207
074	eastern → stern	210
075	excite → cite	212

076	foreign → reign	214
077	forget → forge	216
078	important → import	218
079	learn → earn	220
080	mistake → stake	222
081	paint → pain	224
082	please → lease	226
083	relate → elate	228
084	speak → peak	230
085	terrible → rib	232
086	their → heir	234
087	think → thin	236
088	throw → row	238
089	write → rite	241
	SECTION 3 review test	243

SECTION 4 단어 확장하기 (1) - actor~meter

090	actor → factor	252
091	ant → tenant	254
092	apple → grapple	256
093	bat → battle	258
094	bull → bullet	260
095	car → carbon	262
096	cat → catch	264
097	cent → scent	266
098	cold → scold	268
099	cream → scream	270
100	cut → cute	272
101	dam → damage	274
102	dry → laundry	276
103	dust → industry	278
104	eight → freight	280
105	even → revenge	282
106	face → preface	284
107	fan → infant	286
108	fit → benefit	288
109	gate → investigate	290
110	here → adhere	292
111	ill → pill	294
112	ink → sink	296
113	kid → kidnap	298
114	meter → cemetery	300
	SECTION 4 review test	302

SECTION 5 단어 확장하기 (2) - nut~word

115	nut → nutrient	314
116	parent → apparent	316
117	pass → passion	318
118	pat → patriot	320
119	pond → respond	322
120	promise → compromise	324
121	rain → drain	326
122	raise → praise	329
123	read → bread	331
124	reason → treason	333
125	red → hatred	336
126	roof → proof	338
127	room → broom	340
128	rose → prose	342
129	rude → intrude	344
130	science → conscience	346
131	size → capsize	348
132	son → arson	350
133	star → stare	352
134	sure → assure	354
135	war → warn	356
136	way → sway	359
137	wear → swear	361
138	word → sword	363
	SECTION 5 review test	365

SECTION 6 기타 - 자음 순환법, 철자 변형법 etc.

139	bomb → comb	378
140	brown → crown	380
141	cable → fable	382
142	daughter → laughter	384
143	road → load → toad	386
144	nurse → purse	388
145	receive → deceive	390
146	game → gambling	392
147	choose → select	394
148	obey → order	396
149	nude → naked	398
150	attitude → altitude → aptitude	400
	SECTION 6 review test	402
	index 표제 단어별 색인	414
	단어 비법노트	426

bankrupt
rupture
ban
urban
disturbance
disturb
v   a   n
rural

단어 학습을 시작하기에 앞서

bankrupt
ban
urban
disturb
rural

단어 학습의 패러다임을 바꿔라

단어, 영어 학습에서 절대적으로 중요한 것이죠. 아무리 문법 실력이 튼튼하다고 해도 단어가 뒷받침되지 않으면 그 영어 실력은 모래 위에 쌓은 성일 뿐입니다. 하지만 단어 학습, 어떻게 하고 계십니까? 아무 생각 없이 무조건 외우고, 시간이 지나면 잊어버리는 그런 행태를 반복하고 있지 않나요? 이제부터는 우리, 달라져봅시다.

1 단어 학습 문제점에 대한 진단

여러분들은 다음에 나오는 단어의 뜻을 정확히 알고 있습니까? 본 적은 있는데 뜻이 가물가물하다고요? 이 단어들을 포함하여 무척 어려운 단어들도 쉽고 재미있게 공부하는 방법을 앞으로 설명할 새로운 단어 학습 원리를 통해 알게 될 것입니다.

addiction	conscience	hypocrite	illusion	kidnap
lack	monk	numb	smother	urge

'영어 단어, 왜 잘 안 외어지지? 쉽고 재미있게 공부할 수 있는 방법은 없을까?' 많은 분들이 이런 고민을 합니다. 물론 영어 단어 학습에 특별한 방법이 필요 없을 수도 있습니다. 영어 문장에서 단어를 자연스럽게 익히는 것이 가장 좋은 방법이라는 것에는 아무도 이견을 가지지 않을 거고요. 또 영영사전을 통해 단어의 다양한 용례를 정확히 익히자는 견해도 좋은 학습법이라고 생각합니다. 하지만 문제는 영어 문장이나 영영사전을 통해 단어를 익히는 방법들이 현실적으로 학습자 입장에서는 실천하기가 그리 쉽지 않다는 것입니다. 그런 방법으로 영어 단어 공부하는 것이 싫어서가 아니라 공부의 효과가 보이지 않아서 그렇다고 생각합니다. 학습자의 게으름만 탓할 수는 없는 부분이 분명히 있는 것이지요. 그래서 단어 학습에 어원을 이용한 방법, 우리말 음을 이용한 방법, 주제별로 그룹핑을 하여 공부하는 방법 등 다양한 대안이 제시되고 있습니다. 그런데, 필자는 조금 다른 차원에서 영어 단어를 과학적으로 공부하는 법을 제시하고자 합니다. 우선 영어 단어를 공부할 때 나타나는 현상들을 몇 가지 짚어보겠습니다. 왜냐하면 실제로 학습자들이 영어 단어를 공부하는 현장에서 나타나는 현상들을 면밀히 분석한 후 학습자 입장에서

대안을 제시하는 것이 중요하다고 판단했기 때문입니다. 영어 단어 공부에 대한 문제점을 정확히 진단해야만 거기에 맞는 새로운 처방이 나올 수 있지 않겠습니까?

첫 번째 문제점: 어렵다고 여겨지는 단어는 아무리 암기하고 문장 속에서 익혀도 시간이 지나면 그 단어의 뜻이 가물가물해진다는 것입니다. 예로 '질식시키다'의 뜻을 가진 단어 smother를 공부했지만 일정한 시간이 지난 후 이 단어를 다시 보면 생각이 나지 않는 것이죠. 그래서 단순 반복을 할 수밖에 없고 그 와중에서 학습자는 지치게 됩니다. 하지만 독특한 방법으로 공부해서 시간이 한참 흐른 후에 그 단어를 봐도 그 뜻이 생각난다면 학습자는 자신감을 가지고 영어공부에 임할 수 있을 겁니다. 여기서 말하는 독특한 방법은 단어 smother를 mother 앞에 s를 붙였다고 생각하는 것입니다. 유괴된 아이가 경찰의 도움으로 다시 엄마(mother) 품으로 돌아왔을 때 엄마는 아이가 질식할(smother) 정도로 세게 포옹하며 안도의 한숨을 쉰다고 생각하면 smother가 오래도록 머릿속에 남아 있게 됩니다.

두 번째 문제점: 각 영어 단어에 대한 우리말 뜻을 그냥 외운다는 것입니다. 예를 들어 영어 단어 conscience에 대해 '양심'이라는 우리말 뜻만 외우기 때문에 두뇌가 능동적으로 작동될 여지가 전혀 없는 것이죠. 학습자 입장에서는 'conscience'라는 영어단어와 우리말 의미 규칙을 수동적으로 암기만 하기 때문에 수없이 많은 단순 반복을 거쳐서 그 단어의 뜻을 알 수밖에 없습니다. 하지만 '과학'(science)에 종사하는 사람들은 아무리 경제적 가치가 높다고 해도 환경을 파괴하거나 인류 생존에 위협이 되는 발명품이나 물질을 만들지 않겠다는 '양심'(conscience)을 가져야 한다고 생각하면 conscience를 쉽게 기억할 수 있을 것입니다. science 앞에 con을 붙이고, 상상력을 이용하여 science와 conscience를 연결하면 되는 것이죠.

세 번째 문제점: 영어 단어를 하나씩 개별적으로만 외운다는 것입니다. 예를 들어 hamburger란 단어 따로, urge란 단어 따로 이렇게 말이죠. 이렇게 개별적으로 외우면 하루에 암기할 수 있는 단어의 양이 한정되어 있어 효율적으로 학습하기가 어렵습니다. 하지만 놀이공원에서 놀이기구들을 타고 배가 고파진 아이가 엄마에게 햄버거(hamburger)를 사달라고 조른다(urge)로 상상하면 hamburger라는 쉬운 단어를 가지고 그 안에 들어 있는 urge를 재미있게 배울 수 있습니다. 이렇게 hamburger를 통해 urge를 공부한 후 urge 앞에 p를 붙이면 '숙청하다'는 뜻의 purge을 얻을 수 있으며, urge 앞에 s를 붙이면 '파도처럼 밀려오다'라는 뜻의 surge를 얻을 수 있습니다. 또한 근무를 마치고 집에 간 외과의사(surgeon)에게 급한 환자가 생겼으니 병원으로 나오라고 재촉한다(urge)고 연상하면 단어 surgeon 안에도 urge가 들어 있음을 알 수 있습니다. 개별적으로 공부하면 어려운 urge, purge, surge, surgeon을 hamburger라는 친숙한 단어로 쉽게 익힐 수 있는 것입니다. 단어를 하나씩 외우는 것이 아니라 쉬운 단어를 가지고 어렵다고 생각되는 단어

를 상상력으로 연결시켜 여러 단어를 쉽고 재미있게 기억하자는 것이 골자입니다.

네 번째 문제점: 영어 단어책을 공부한 후에 복습할 때도 또 보고 단어를 암기한다는 것입니다. 영어 단어책을 보고 공부하고 복습할 때도 책을 보고 공부하는 것은 너무나 당연한 이야기라고 생각할 것입니다. 그렇지만 공부한 내용을 그 다음에도 계속 책을 보고 학습한다는 것은 공부 내용을 수동적으로 익히는 것이 되어 반복을 여러 번 할 수밖에 없는 결과를 초래하게 됩니다. '아픈'의 뜻을 지닌 단어 ill을 통해 아파서 알약을 먹는다고 생각할 때, '알약'의 뜻을 가진 단어는 ill 앞에 p를 붙여서 pill을 얻게 되고, 알약을 먹다가 '흘리다'는 pill 앞에 s를 붙여 spill을 얻게 됩니다. 알약을 환자가 누워 있던 베개 위에 흘리면 pill 뒤에 ow를 붙여 pillow를 얻게 됩니다. 아프면(ill) 자꾸 헛것이나 환상이 보인다고 연상하면 '환상'은 ill 뒤에 usion을 붙인 illusion입니다. 아픈 데도 아무도 문병을 오지 않아 인생에 환멸을 느끼게 된다고 상상하면 illusion 앞에 dis를 붙여 disillusion을 얻게 됩니다. 이렇게 ill이라는 단어를 기반으로 상상력으로 자연스럽게 연결한 단어 pill, spill, pillow, illusion, disillusion을 기존의 방법처럼 보고 기억하는 것이 아니라 안 보고 기억하자는 것입니다. 임상실험 결과, 학습서를 보고 반복하는 것보다 안 보고 반복하는 것이 두뇌를 능동적으로 사용하게 하여 반복횟수를 획기적으로 줄여준다고 합니다. 안 보고 복습하는 것이 가능하려면 그에 맞는 방법이 제시되어야 하는데요, 그것이 바로 이 책이 제시하는 '상상력을 통한 단어 기억법'입니다. 잠재능력이 무한한 인간의 두뇌를 활용하여 영어 단어를 쉽고 재미있게 익히자는 것입니다.

다섯 번째 문제: 단어에 대한 예문은 그냥 단어의 뜻을 이해하기 위한 보조도구에 불과하다는 것입니다. 예를 들어 '의자'의 뜻을 가진 단어 chair에 There is a cat under the chair.라는 예문 제시가 일반적인 경우입니다. 하지만 예문 개념을 좀 더 적극적으로 활용하여 예문을 통해서 또 다른 어려운 단어나 문법을 배울 수 있다고 생각하자는 것입니다. chair에 대한 다음 예문을 보시죠.

Chairs are arranged in rows in the auditorium.
의자가 강당에 줄 맞춰 정렬되어 있다.

누구나 한 번쯤은 강당에 의자가 줄 맞춰서 정렬되어 있는 것을 본 적이 있을 겁니다. chair를 통해 서로 관련이 있는 중요한 단어 arrange(정렬하다), auditorium(강당)을 예문 속에서 쉽게 익힐 수 있습니다. 그리고 '정렬되어 있다'(are arranged)라는 수동태 문법을 얻을 수 있고, '줄 맞춰'의 in rows라는 좋은 영어 표현을 얻을 수 있습니다. 이와 같이 특정 단어의 예문을 우리가 일상에서 쉽게 겪는 것을 주된 내용으로 해서 그 단어와 연관된 다른 어려운 단어나 문법, 표현을 동시에 얻을 수 있다면 단어에 대한 예문이 지금까지와는 전혀 다른 성격을 가지게 될 것입니다.

또 단어 예문을 다음과 같이 생각해볼 수도 있습니다. 예를 들어 father라는 단어 안에는 '뚱뚱한'의 뜻을 가진 fat이 들어 있습니다. 그러면 father와 fat을 이용하여 다음과 같이 재미있는 문장을 만들어볼 수 있겠죠.

My **father** is too **fat** to touch his toes when he bends over.
우리 아버지는 너무 뚱뚱해서 허리를 굽혔을 때 발가락이 닿지 않아.

해당 단어가 들어 있는 문장을 읽다 보면 두 단어(father, fat)의 뜻도 명확하게 머릿속에 남고 문법(too ~ to 용법)도 훈련이 된다는 것을 알 수 있을 겁니다. 단어 예문 하나를 더 볼까요? 날씬해지려면 밤에 자기 전에 뭔가 먹고 싶어도 먹지 말아야겠다는 생각을 해야겠죠? '날씬한'은 '생각하다'의 think에 들어 있는 thin입니다. 그럼 think와 thin을 이용한 문장을 같이 볼까요?

Don't you **think** I look much **thinner** than before?
내가 전보다 훨씬 더 날씬해 보인다고 생각하지 않니?

역시 해당 단어(think, thin)를 익힘과 동시에 문법(much의 비교급 강조 용법)도 익힐 수 있다는 것을 확인할 수 있을 겁니다.

2 발상의 전환을 통한 새로운 단어 학습 원리

지금까지 영어 단어 학습의 문제점들을 살펴봤습니다. 문제점을 제시했으니 이 문제점을 해결할 수 있는 새로운 단어 학습 원리를 알아보도록 하겠습니다. 우선, 다음 단어들을 보시죠.

| raid | spit | resent | era | vice | fee |
| ample | lean | stern | tax | scar | |

그리 만만하게 볼 수 있는 단어들이 아닐 겁니다. 그럼, 다음 단어들을 볼까요?

| afraid | hospital | present | camera | advice | coffee |
| example | clean | eastern | taxi | scarf | |

바로 전에 본 단어보다는 익숙하고 쉬운 단어들입니다. 그런데 이 단어들을 잘 살펴보면 예전에는 몰랐던 사실을 알게 될 겁니다. raid, spit, resent, era, vice, ample, lean, stern이 afraid, hospital, present, camera, advice, example, clean, eastern이란 단어에 들어 있다는 것이죠. 몇 번을 보면서도 이것은 아마 눈치 채지 못했을 겁니다. 원래 서로 아무 관련이 없는 단어들이 필자가 제시하는 '상상력을 통한 단어 기억법'을 통해 서로 관련을 가지게 되었습니다. 각 단어들의 뜻을 다음과 같이 연결하여 쉽게 공부해보세요.

afraid – raid   내가 '두려워하는'건 적에게 갑자기 '습격'을 당하는 것이다.
hospital – spit   '병원'에서는 '침'을 뱉으면 안 된다.
present – resent   결혼기념일에 '선물'을 받지 못해서 '분개했다'.
camera – era   '카메라'의 발명으로 새로운 '시대'가 열렸다.
advice – vice   '충고'를 하는 이유는 마음에 있는 '악'을 없애기 위해서다.
example – ample   '예'를 '충분히' 들어 설명했다.
eastern – stern   '동양'인은 서양인에 비해 윤리의식이 '엄격하다'.
taxi – tax   '택시' 운전사도 '세금'을 내야 한다.
scarf – scar   '스카프'로 '상처'를 가렸다.
coffee – fee   '커피'를 마시고 '요금'을 냈다.

지금까지는 위의 단어 중 왼쪽에 있는 단어들은 '쉬운 단어'들이고 오른쪽에 있는 단어는 '어려운 단어'라고 생각했습니다. 그래서 어려운 단어는 반복을 많이 해서 암기하는 것 외에는 달리 방법이 없었고요. 이 과정에서 학습자들이 지치게 되고 성취도가 없는 공부 때문에 자꾸 중도에 포기하게 되는 문제가 생기는 것입니다. 이것은 문법이나 생활영어에도 마찬가지로 해당되는 심각한 문제입니다.

그렇다면 생각을 어떻게 바꿔보자는 걸까요? 위의 단어들 중 왼쪽에 있는 단어는 '자주 보는 단어'로 오른쪽에 있는 단어는 '자주 보지 않는 단어'로 생각하자는 것입니다. 어려운 단어라고 생각하면 기억도 안 되고 공부 부담도 많은 게 사실입니다. '어려운 단어'보다는 '자주 보지 않는 단어'라고 생각하면 심리적으로 부담도 적고, 자주 보는 쉬운 단어를 통해 어렵다고 여기던 단어들을 해결할 수 있다고 생각하게 되니 영어 공부의 기초인 단어 공부에 적극적인 태도를 가지게 될 수 있습니다.

사람의 두뇌는 자주 접하는 것은 반복 학습을 통해 뇌에 오래 저장시키는 성질이 있습니다. 그러나 자주 접하지 않는 것은 일정한 시간이 지나면 기억에서 사라지게 만들죠. 영어 속담에 'Out of sight, out of mind.'라는 말이 있습니다. '눈에서 멀어지면 마음에서 멀어진다.'는 뜻이지요. 이것을 영어 단어 학습 원리에 적용하면 다음과 같이 말할 수 있습니다. 'Out of sight, out of brain.' 즉, '눈에서 멀어지면 뇌에서 멀어진다.'입니다.

예를 들어 black이라는 단어를 100번 보는 동안에 lack이란 단어는 2~3회 밖에 볼 수 없기 때문에 lack이란 단어는 다음에 봐도 생각이 나지 않는 것입니다. 접할 수 있는 빈도수에 있어 엄청난 차이가 있는 것이죠. 하지만 '검은색'(black)은 빛이 부족(lack)하다'고 상상력으로 연결하여 lack이라는 단어가 '부족'의 뜻이 있다고 생각하면 black을 알면서 자연스럽게 lack도 black과 같은 빈도수가 되어 쉽게 기억할 수 있습니다. 단어 안에 어떤 특정 단어가 들어 있는 것이 중요한 것이 아니라 자주 접하지 않는 단어는 쉽게 잊혀지기 때문에 자주 접하는 쉬운 단어와 연관시키고 친근한 단어로 연결시켜서 어려운 단어를 쉽게 기억하자는 것이 본 단어 기억법의 핵심입니다. 이런 식으로 공부하면 단어 공부에 바치는 소모적인 시간을 막고 생산적인 학습이 가능해지는 것을 수업 현장에서 수도 없이 확인한 바 있습니다. 즉, 새로운 단어 학습 방법으로 학습자는 새로운 '계기'를 얻게 되어 이후 영문법, 생활영어, 독해, 영작문 등으로 연결되는 다른 영어 분야를 좀 더 자신감을 가지고 정복하려는 의지를 가지게 됩니다. 물론 영문법, 생활영어, 독해, 영작문 등의 새로운 공부법 역시 인간 두뇌의 능력을 이용하여 개발한 필자의 학습법이 참고가 될 수 있을 것이라고 생각합니다.

이와 같이 우리가 어렵다고 생각하는 단어들을 필자가 앞으로 제시할 다양한 단어 기억법을 통해 거의 무한대로 기억할 수 있는 것이 가능합니다. 우리가 알아야 할 영어 단어는 무척이나 많습니다. 영어 실력이 상당한 경우라도 새로운 영어 단어는 쉽게 외워지지 않습니다. 이럴 때 '상상력을 통한 단어 기억법'이 훈련되어 있다면 새로운 단어를 손쉽게 두뇌에 저장시키고 필요할 때 말하거나 쓰는 것이 가능할 것입니다. 우리는 과거의 추억을 기억한다고 말하지 암기한다고 하지 않습니다. 과거의 추억은 자연스럽게 그냥 머릿속에서 떠올려지는 것입니다. 과거의 추억을 전에 공부한 단어라고 생각해보세요. 과거의 추억처럼 공부한 영어 단어의 의미가 자연스럽게 떠올려지는 것이 가장 좋은 영어 단어 학습법입니다. 다시 한 번 이야기하지만 추억은 기억되는 것이지 암기되는 것이 아니잖아요.

자, 영어에 어려운 단어는 없습니다. 단지 자주 안 볼 뿐입니다.

3 새로운 단어 기억법의 특징들

[3-1] 쉬운 단어로 어려운 단어를 두뇌에 기억시킨다!

단어의 뜻을 단순히 암기한다는 것은 엄청난 고통을 강요하는 것입니다. 고통 속에 결실이 나오는 것은 엄연한 사실이나 불필요하거나 소모적인 고통은 사람을 좌절시키죠. 이런 고통에서 벗어나는 방법은 사람들의 두뇌를 이용하는 것입니다. '상상력을 통한 단어 기억법'은 인간 두뇌의 무한한 능력에 그 근거를 두고 있습니다. 인간의 두뇌는 좌뇌와 우뇌로 구성되어 있고, 단어 의미 파악 등의 논리적 사고를 담당하는 좌뇌와 각각의 단어를 상상력으로 연결시키는 우뇌를 서로 유기적으로 연결시키면 누구나 어렵게만 보이는 단어를 쉽고 재미있게 공부할 수 있습니다. 예를 들어 monk라는 단어를 그냥 '승려, 수도사'라고 외우는 것보다는 자주 보는 단어인 monkey 안에 들어 있다고 생각하고, 원숭이(monkey) 손오공과 삼장법사(monk)를 연상하여 두뇌에 저장하면 아주 오랫동안 기억될 것입니다.

또, numb이란 단어를 외우는 것도 보기보다 쉽지 않기 때문에 자주 보는 단어인 number를 떠올립니다. 복권에 당첨되어 엄청난 숫자(number)에 해당하는 돈을 받을 것을 생각하니 온 몸이 마비된(numb) 것 같다고 생각하면 numb이 '마비된'이란 뜻을 가진 단어인 것을 쉽게 알 수 있습니다.
이렇게 우리가 이미 알고 있는 쉬운 단어를 통해서 어렵다고 생각되는 단어를 무한히 두뇌에 저장할 수 있습니다. 단순히 저장하는 것이 아니라 '상상력을 통한 단어 기억법'을 통해 회화, 청취, 문법, 영작문 등에도 공부한 단어를 실제 활용할 수 있는 것이죠. 쉽다고 그냥 넘어갔던 단어들, 그냥 넘어갈 게 아니죠?

[3-2] 한 단어로 여러 단어를 두뇌에 저장할 수 있다!

앞서 설명한 것처럼 단어 하나하나를 개별적으로 공부하면 하루에 공부할 수 있는 양도 한정되어 있고, 능률도 오르지 않게 됩니다. 하지만 목표로 정한 단어들을 그냥 공부하는 것이 아니라 쉬운 한 단어로 여러 단어를 연결하여 공부할 수 있다면 적은 단어로 많은 단어를 얻을 수 있게 되어 효율적입니다. 즉, 5,000 단어를 그냥 외우는 것보다는 쉬운 1,000단어로 5개씩 연결해서 5,000단어를 공부하는 것이 더욱 효율적이라는 것입니다. address를 예로 들어 설명하겠습니다. address가 '주소'라는 뜻을 가지고 있다는 것은 다 알 텐데요, 사업상 새로운 사람을 알게 될 때마다 그 사람의 이메일 주소가 주소록에 추가될 겁니다. 이 '추가하다'는 address 안에 있는 add입니다. add의 명사형은 addition으로 '추가'의 뜻이고요. 커피나 콜라처럼 카페인이 많은 음료를 보통 사람들보다 더 많이 추가하여 마신다면 이 사람은 카페인에 중독된 사람일 겁니다. '중독'이란 단어는 '추가'의 뜻을 가진 addition에 coffee, coke의 첫 철자 c를 가운데 삽입시켜 만든 addiction입니다. 그러고 보니 이 address 안에는 '광고'라는 뜻의 ad도 들어 있습니다. advertisement의 줄임말이기도 한데요, 회사의 이메일 주소나 홈페이지 주소는 자꾸 광고를 해야 고객들이 좋은 의견을 보내고 홈페이지도 방문하겠죠. 그럼 한번 정리해볼까요?

address – add – addition – addiction – ad

address라는 쉬운 단어로 address를 포함하여 5개의 단어를 아주 쉽고 재미있게 공부할 수 있다는 것을 알게 되었을 겁니다. 이 address를 이용해 10개, 20개로도 연결하여 공부할 수 있습니다. 중요한 것은 쉬운 단어로 상상력을 활용한 연계 고리를 통하여 어렵다고 여겨지던 많은 단어를 잡을 수 있다는 겁니다. 신기하지 않습니까?

[3-3] 책을 보지 않고도 단어를 복습할 수 있다!

사람의 두뇌는 능동적이고 창의적으로 사용될 때 그 능력이 극대화될 수 있습니다. 단어 공부할 때도 활자로 쓰여 있는 것을 수동적으로 보고 또 보고 하는 것은 두뇌 활용을 수동적으로 하게 만들 뿐 아니라 말하기와 글쓰기에도 크게 도움이 되지 않는 경우가 많습니다. 하지만 '상상력을 통한 단어 기억법'을 활용하여 단어를 익히고, 학습한 내용을 책을 보지 않고 복습하는 훈련을 지속적으로 하면 두뇌를 능동적으로 쓰게 되어 불필요한 반복 횟수도 줄일 수 있고, 말하고 쓰는 데도 상당한 도움이 됩니다.

예를 들어 단어 write가 있습니다. 제사 지낼 때 '현고학생부군신위'라는 지방을 쓰는데요, 제사 지낼 때 이렇게 지방을 쓰는 것은 유교의 종교 의식입니다. '의식'이라는 단어는 write 안에 들어 있는 rite입니다. '의식'의 뜻을 가진 또 다른 단어는 rite처럼 rit로 시작하는 ritual입니다. 또 실질적인 내용보다는 '의식'이나 형식만 따지는 사람은 위선자일 수도 있습니다. '위선자'는 hypocrite로 안에 rite가 들어 있습니다. 정리하면 write - rite - ritual - hypocrite가 됩니다.

이와 같이 write라는 쉬운 단어로 어려운 단어인 rite, ritual, hypocrite를 보지 않고도 의미를 연결시켜가면서 공부하면 오랜 시간이 지나도 다 생각이 납니다.

[3-4] 시각적으로 자주 접하는 단어를 활용해 단어를 외울 수 있다!

우리 주변에서 쉽게 접하는 사람과 사물들, 영어책에서 자주 접하는 동사, 형용사, 부사를 통해서 단어를 무한히 확장해 공부하는 것이 가능합니다. 예를 들어 방을 보고 room을 떠올리는 것은 어렵지 않습니다. 이 room을 이용하여 '빗자루'의 뜻을 가진 broom과 '신랑'의 뜻을 가진 groom, '버섯'의 뜻을 가진 mushroom을 안 보고도 알파벳 순서대로 연결하여 외울 수 있습니다. 이처럼 시각적으로 자주 보는 단어인 room을 통해서 여러 단어를 쉽게 외울 수 있는 것이죠. 단어장이 아예 필요 없다는 얘기입니다. 쉬운 단어를 통해 안 보고도 다른 단어를 자꾸 머릿속에서 떠올리는 습관이 들기 때문에 스피킹에서도 대단히 유리하다는 것을 경험할 수 있을 겁니다.

동사 read를 통해서도 여러 단어를 쉽게 외울 수 있습니다. '빵'의 의미를 가진 bread, '무섭게 하다'의 뜻을 가진 dread, '퍼지다'의 뜻을 가진 spread, '실'의 뜻을 가진 thread를 알파벳 순서대로 연결하여 기억할 수 있습니다.

형용사 big을 이용하여 여러 단어를 쉽게 외울 수 있습니다. '파다'의 뜻을 가진 dig, '무화과'의 뜻을 가진 fig, '가발'이란 뜻을 가진 wig, '나뭇가지'의 뜻을 가진 twig을 알파벳 순서대로 연결하여 기억할 수 있습니다.

마지막으로 부사 really는 그 안에 '동맹시키다'라는 뜻의 ally가 들어 있습니다. ally 앞에 철자 r을 붙이면 '집회'라는 뜻을 가진 rally를 어렵지 않게 외울 수 있고요. really라는 쉬운 단어로 ally, rally라는 중요한 단어를 기억할 수 있습니다.

이와 같이 '상상력을 통한 단어 기억법'을 이용하면 굳이 책을 들고 다니지 않아도 주변에 있는 사물이나 자주 보는 단어들을 통해서 어려운 단어를 기억할 수 있습니다.

[3-5] 두 단어를 이용하여 자기만의 예문을 만들 수 있다!

'상상력을 통한 단어 기억법'은 앞에서 설명한 것처럼 서로 연관이 되는 단어를 통해서 자신만의 예문을 만들어 낼 수 있다는 장점이 있습니다. 예로 plane이란 단어 안에는 '길, 차로'를 뜻하는 단어 lane이 들어 있습니다. 두 단어를 이용하여 문장을 만들어볼까요?

> The **plane** made an emergency landing on the highway **lane**.
> 비행기가 고속도로 차로에 비상 착륙했다.

scarf에는 '상처, 흉터'를 뜻하는 scar가 들어 있습니다. 두 단어를 이용한 문장을 보시죠.

> He used the **scarf** to cover the **scar** of his neck.
> 그는 스카프를 이용하여 목의 상처를 가렸다.

kidnap에는 kid가 들어 있습니다. 두 단어를 이용한 문장을 보시죠.

> Watch your **kids** closely or someone may **kidnap** them.
> 아이들을 가까이서 지켜봐. 그렇지 않으면 누군가가 아이들을 유괴할지도 몰라.

앞의 예문에서 보는 바와 같이 쉬운 단어와 연결되는 어려운 단어로 예문을 만들어봄으로써 자기만의 단어로 만들 수 있습니다. 두 단어를 이용해 문장을 만들면서 적절한 문법 훈련도 가능함을 알 수 있습니다. 앞의 문장에는 to부정사의 부사적 용법, 명령문 or의 용법들이 쓰였습니다.

[3-6] 배운 단어 전체를 안보고 복습하는 것이 가능하다!

'상상력을 통한 단어 기억법'은 한 단어로 여러 단어를 모두 기억하는 것이 가능할 뿐만 아니라 공부한 전체 단어를 기억하는 것도 가능합니다. 앞에서 한 단어로 여러 단어를 연결해서 공부했던 단어를 설명한 순서대로 다시 정리해보겠습니다.

> hamburger - urge - purge - surge - surgeon
> ill - pill - spill - pillow - illusion - disillusion
> address - add - addition - addiction - ad
> write - rite - ritual - hypocrite

이 단어들 전체를 다 기억하기 위하여 다시 다음과 같이 정리했습니다.

> address - add - addition - addiction - ad
> hamburger - urge - purge - surge - surgeon
> ill - pill - spill - pillow - illusion - disillusion
> write - rite - ritual - hypocrite

처음에 제시된 기본 단어들이 알파벳 순서대로 재정렬되었다는 것을 알 수 있을 겁니다. 이와 같이 공부한 단어를 한개도 빠짐없이 모두 머릿속에 저장하는 것이 가능합니다.
지금까지 새로운 단어 학습 원리를 설명했습니다. 이 방법으로 공부한 많은 학생들이 제게 이런 말을 자주 한 기억이 납니다. "선생님, 잊어버리기가 더 힘들어요!"
외우기가 힘든 게 아니라 잊어버리는 게 더 힘들다면 영어 공부가 더 재미있어질 겁니다. 지금까지 혹시 그냥 맨밥을 먹듯이 공부한 건 아닌가요? 비빔밥에 참기름이나 고추장을 넣어서 맛있게 먹듯 상상력을 이용한 특별한 단어 기억법을 이용해 맛있는 단어 공부를 하는 건 어떨까요? 부으면 부을수록 차오르는 독의 물처럼 '상상력을 통한 단어 기억법'을 이용하여 공부한 단어를 하나도 빼지 않고 다 기억할 수 있도록 공부하세요. 그렇게 하려면 다음과 같은 내용을 항상 마음속에 새겨야 합니다.

공부한 내용을 안 보고 복습하는 습관(habit)을 몸에 배게 해서(inhabit), 실력이 향상되고(improve) 있음을 스스로의 체험으로 증명할(prove) 수 있도록 해야 한다.

여러분은 지겨운 시험(examination)만 강요하는 나라(nation)에 살고 싶나요, 아니면 상상력(imagination)을 통해 재미있게 공부하는 나라(nation)에 살고 싶나요?

2 단어를 기억하는 5가지 방법

자, 상상력을 통한 단어 기억법의 원리를 알았으니 그 원리를 이용한 다양한 단어 기억법에 대해 구체적으로 살펴보겠습니다. 항상 쉬운 단어를 기본으로 다른 어려운 단어들을 상상력을 통하여 연계시킨다는 점을 특히 유의하기 바랍니다.

필자가 개발한 단어 암기법은 10여 가지가 있으나 그 중에서 쉽게 익힐 수 있는 5가지 방법을 집중적으로 소개하겠습니다. 본서는 이 5가지 방법을 서로 혼합하여 쉬운 단어로 여러 단어를 연계하여 학습하는 방식을 택하고 있습니다.

1 한 단어 안에는 여러 단어가 들어 있다

이 방법은 가장 쉽고 재미있게 영어 단어를 기억하는 방법입니다. 우리가 이미 알고 있었던 쉬운 단어로 여러 단어를 효율적으로 기억할 수 있기 때문입니다. 이 방법은 다음과 같이 네 가지 방법으로 세분화될 수 있습니다.

[1-1] 쉬운 단어 안에 있는 어려운 단어 활용하기

우리가 이미 알고 있는 쉬운 단어 안에 있는 다른 단어를 뽑아내 기억하는 방법입니다. 가장 쉽게 영어 단어와 친해질 수 있는 방법이지요. 다음 단어들을 유심히 봐두세요.

president   speak   spray   carrot   grape

자주 보는 아주 쉬운 단어들입니다. 이 단어들을 보면서 뭐 다른 단어를 생각해본 적은 없을 거예요. 하지만, 이제 이 단어들이 어려운 단어들을 쉽게 기억하게 해주는 효자 역할을 톡톡히 할 것입니다. 다음의 설명을 보세요.

> **president** 안에는 '주민'이라는 뜻의 resident가 들어 있습니다. 대통령도 임기가 끝나면 평범한 주민으로 돌아가잖아요.
> **speak** 안에는 '정상'의 의미를 지닌 peak가 들어 있습니다. 산 정상에 올라 대자연에게 말을 건다고 상상하면 되겠죠.

spray 안에는 '기도하다'는 뜻의 pray가 들어 있습니다. 101번째 선보러 가는 노처녀가 거울을 보고 스프레이를 뿌리며 좋은 남자를 만나게 해달라고 기도한다고 생각하는 거죠.
carrot 안에는 '썩다'의 의미인 rot가 들어 있습니다. 당근이 몸에 좋다고 많이 사놨는데, 먹지 않고 오래 두어 썩고 있다고 생각하면 됩니다.
grape 안에는 '강간하다'의 뜻을 가진 rape와 '유인원'의 뜻을 가진 ape가 들어 있습니다. '포도밭에서 강간하는 놈은 짐승'으로 기억하면 재미있겠죠!

이런 예에서 보듯이 우리가 이미 알고 있는 쉬운 단어 안에 전혀 생각지도 못했던 중요한 단어들이 들어 있습니다. 그럼 쉬운 단어로 중요한 단어를 얻은 후 단어를 더 확장하는 방법을 알려 드리겠습니다.

president 안에 resident가 있다는 것은 이미 앞에서 알았습니다. 그럼, president에서 resident를 빼면 남는 철자 p를 활용해 연상 작용으로 단어를 기억할 수 있습니다. 대통령은 임기가 끝나면 주민이 되면서 대통령 재직 시에 가지고 있던 특권을 누리지 못하게 됩니다. 이때, 철자 p는 '특권'의 의미를 지닌 단어 privilege라고 생각하면 됩니다. 그러면 president, resident, privilege라는 단어들을 쉽게 연계해서 기억할 수 있습니다.

speak도 마찬가지입니다. speak 안에 들어 있는 peak를 빼면 남는 철자 s를 활용해 연상 작용으로 단어를 기억할 수 있습니다. '정상'을 뜻하는 단어는 peak이므로 '정상'을 뜻하는 동의어가 speak에서 peak를 빼고 남은 철자 s로 시작한다고 생각하는 것이죠. summit가 바로 '정상'이라는 뜻입니다. 그러면 speak, peak, summit라는 단어 연계 고리가 만들어 집니다. 이렇게 쉬운 단어 안에 있는 어려운 단어를 빼고 남은 철자도 다른 단어와 연계될 수 있다는 것을 꼭 기억하세요.

[1-2] 쉬운 단어 앞에 철자 붙이기

이것은 우리가 이미 알고 있는 쉬운 단어 앞에 새로운 철자를 붙여서 단어를 공부하는 방법입니다. 다음 단어들을 보시죠.

ant　　apple　　eight　　rain　　roof

역시, 아주 쉬운 단어들입니다. 하지만 다음의 설명을 읽어보시면 '아하!'하고 무릎을 치게 될 것입니다.

ant는 '개미'라는 뜻입니다. 열 마리(ten) 개미(ant)가 남의 집에 세 들어 산다고 상상해보세요. 네, '세입자'는 바로 tenant입니다. ant 앞에 ten을 붙였고요.

apple이 '사과'인 건 다 알 겁니다. 둘이서 사과를 먹다가 접시에 사과가 한 개 남으면 먼저 사과를 잡은 사람이 뺏기지 않으려고 사과를 꽉 잡을 겁니다. 그 '꽉 잡다'는 grapple로 apple 앞에 gr을 붙였습니다.

eight는 '8'의 의미입니다. 오랜만에 체중을 재보니 8킬로그램이나 몸무게가 늘었다고 생각해보세요. '몸무게'는 weight로 eight 앞에 w를 붙였습니다.

rain은 '비'라는 뜻의 단어입니다. 비오는 날 운전할 때 특히 지형이 험악한 곳에서는 조심해야 합니다. '지형'은 terrain으로 rain 앞에 ter을 붙였습니다. 지형도 하나의 '터(ter)'라고 생각하면 기억하기가 쉬울 겁니다.

roof는 '지붕'이란 의미의 단어입니다. 자객이 암살을 시도하고 지붕으로 도망가다 총에 맞아 지붕에 피를 흘려 그 피를 증거로 삼는다고 생각해보세요. '증거'는 proof로 roof에 p를 붙였습니다. 지붕에 피(p)를 흘렸다고 생각하면 쉽게 연결이 됩니다.

앞의 설명에서 보듯이 쉬운 단어 앞에 철자를 붙여 중요한 단어를 손쉽게 외우는 것이 가능합니다. 이 방법을 활용할 때도 쉬운 단어 앞에 붙이는 철자를 다시 응용해 다른 단어를 외우는 기법을 잊어서는 안 됩니다. 예를 들어 apple 앞에 gr을 붙여 '꽉 잡다'라는 뜻을 가진 grapple이 되었는데요, '꽉 잡다'의 뜻을 가진 다른 단어가 있는데, gr로 시작하는 grab입니다. 그러면 apple - grapple - grab의 연계 고리가 생겨서 단어를 쉽게 기억할 수 있습니다.

또, roof 앞에 p를 붙여 '증거'라는 뜻을 가진 proof라는 단어가 만들어졌습니다. 지붕으로 달아나다 총에 맞아 지붕 옆 덤불이나 강으로 뛰어든다고 생각해보세요. '뛰어들다'는 roof 앞에 붙인 p로 시작하는 plunge입니다. 쉬운 단어 앞에 붙인 철자도 다른 단어와 연계될 수 있음을 꼭 염두에 두세요. 영단어를 과학적으로 확장하는 데 있어 꼭 필요한 기법입니다.

[1-3] 쉬운 단어 뒤에 붙이기

이번에는 우리가 알고 있는 쉬운 단어 뒤에 철자를 붙여 새로운 단어를 배우는 방법입니다. 다음 단어들을 보시죠.

gas   kid   car   year   cow

역시 너무나 잘 알고 있는 쉬운 단어들입니다. 이 단어들을 활용하여 중요한 다른 단어들을 배워 보겠습니다.

gas는 '가스'의 뜻입니다. 군대 훈련에서 사람들을 가스실에 넣고 유독가스를 뿌리면 숨을 헐떡입니다. 이 '헐떡이다'가 gas에 p를 붙인 gasp입니다.

kid는 '아이'라는 뜻의 단어입니다. 돈 때문에 어린 아이를 유괴했다고 생각해보세요. '유괴하다'는 kid에 nap을 붙인 kidnap입니다.
car는 '차'라는 뜻이죠? 이 자동차에 화물을 싣고 갈 수도 있는데요, '화물'은 car에 go를 붙인 cargo입니다.
year라는 단어로 어떤 단어를 배울지 궁금하시죠? 새로운 해(year)를 맞이하여 소원이 성취되기를 갈망한다고 한번 상상해보세요. '갈망하다'는 year에 n을 붙인 yearn입니다.
cow는 '암소'의 뜻인데 직업이 투우사인 사람이 소를 두려워한다면 그는 겁쟁이겠죠? '겁쟁이'는 cow에 ard를 붙인 coward입니다.

이 방법을 활용할 때도 쉬운 단어 뒤에 붙이는 철자를 응용해 다른 단어를 연계해서 머릿속에 기억하는 기법을 꼭 알고 있어야 합니다. 예를 들어 gas에 p를 붙여 '헐떡이다'라는 뜻을 가진 gasp가 만들어졌는데요, '헐떡이다'의 뜻을 가진 다른 단어는 gas에 붙인 철자 p를 활용하면 얻을 수 있거든요. 바로 pant입니다. 역시 쉬운 단어 뒤에 붙인 철자도 다른 단어와 연계될 수 있다는 것, 꼭 알아두세요.

[1-4] 단어 앞뒤에 철자 붙이기

이 방법은 쉬운 단어 앞뒤에 철자를 붙여 새로운 단어를 공부하는 것입니다. 다음 단어들을 보세요.

dust   meter   cat   fan   go

역시 자주 보는 아주 쉬운 단어들입니다. 이 단어들로 어떤 단어들을 공부할 것인지 여러분도 궁금하시죠? 다음 설명을 읽으면 잘 이해가 될 것입니다.

dust는 '먼지'라는 뜻의 단어입니다. 산업 현장에서는 제품을 만들어내느라 많은 먼지가 발생하는데요, '산업'은 industry입니다. dust 앞, 뒤에 철자가 붙었습니다.
meter는 '미터'의 의미로 단위를 나타내죠. 무덤들이 모여 있는 묘지는 그 길이가 수백, 수천 미터일 겁니다. 묘지는 cemetery로 meter 앞, 뒤에 철자가 붙었습니다.
cat은 '고양이'라는 뜻입니다. 쥐들이 모여 있는 곳에 고양이가 나타나면 쥐들이 혼비백산하여 흩어질 겁니다. 이 '흩어지다'는 scatter로 cat 앞, 뒤에 철자가 붙었습니다.
fan은 '부채'라는 뜻입니다. 더운 여름에 부채로 '아기'의 얼굴을 살랑살랑 부쳐준다고 생각해보세요. 이런 '유아, 아기'는 infant로 fan 앞, 뒤에 철자가 붙었습니다.
go로는 어떤 단어를 배울 수 있을까요? '협상하러 네(ne)가 가'라는 말을 듣는다고 생각해보세요. '협상하다'는 negotiate로 go 앞, 뒤에 철자가 붙었습니다.

단어를 암기하는 첫 번째 방법은 이와 같이 우리가 이미 알고 있는 쉬운 단어를 이용하여 여러 단어를 얻는 것입니다.

2 자음 순환법

단어를 암기하는 두 번째 방법은 자음 순환법입니다. 이 방법은 우리가 이미 알고 있는 쉬운 단어의 첫 자음만 알파벳 순서대로 철자를 순환하여 여러 단어를 손쉽게 배우는 것입니다. 철자의 수가 그리 많지 않은 단어들이 주된 대상입니다. 철자 수가 많지 않으므로 그리 어렵지 않게 익힐 수 있습니다. 잘 알고 있는 쉬운 단어와 연계해 놓고 책을 보지 않고 배운 내용을 복습하는 훈련을 하면 오랫동안 머릿속에 저장되어 있는 체험을 하게 될 것입니다. 자음 순환법에 해당하는 수많은 단어 중 일부만 원리 설명을 위해 소개하겠습니다. 다음 단어들을 보세요.

big   blue   cable   design   receive

아주 쉬운 단어들이죠? 이 쉬운 단어들로 어떤 중요한 단어를 배울 수 있을지 먼저 철자가 3개인 big부터 시작하죠.

big(큰) - dig(파다) - fig(무화과) - pig(돼지) - wig(가발)

첫 철자를 알파벳 순서대로 변형했다는 것을 알 수 있을 겁니다. 단어의 연결은 반드시 상상력으로 연결해야 한다고 누차 강조한 바 있습니다. 다음은 철자가 4개인 blue입니다.

blue(파란) - clue(단서) - glue(접착제)

파란색 표지에 붙은 접착제가 범인이 남긴 단서라고 상상해서 단어를 서로 연계해서 기억하면 되겠죠. 다음은 철자가 5개인 cable을 이용한 단어들입니다.

cable(전선) - fable(우화) - sable(담비) - table(탁자)

철자가 6개인 design은 어떨까요?

design(디자인) - resign(사임하다)

디자이너가 디자인한 의상이 다른 사람의 것을 표절한 것으로 밝혀져 사임을 해야 하는 상황을 상상하면 되겠죠. 마지막으로 철자가 7개인 receive입니다.

receive(받다) - deceive(속이다)

남의 말을 자꾸 받아들이기만 하면 속을 수도 있다고 생각하면 되겠죠. 이와 같이 자음 순환법에 해당하는 단어들은 단어의 첫 철자만 알파벳순으로 변경하면 됩니다. 자음 순환법에 해당하는 단어들은 몇몇 예외(bomb-comb-tomb-womb)를 제외하고는 발음이 거의 같다는 특징이 있습니다. 예로 다음 단어들을 보세요.

brown(갈색) - **crown**(왕관) - **drown**(물에 빠지다) - **frown**(찡그리다)

brown이란 쉬운 단어로 drown과 frown을 쉽게 기억할 수 있습니다. 발음도 모두 동일해서 drown의 발음이 '드라운'인지 '드로운'인지 고민하지 않아도 됩니다. brown이 '브라운'인 것을 알고 있으니 drown은 '드라운'이 되는 것이지요.

3 철자 첨삭법

단어를 외우는 세 번째 방법은 철자 첨삭법입니다. 역시 우리가 이미 알고 있는 쉬운 단어에서 철자를 첨가하거나 삭제하여 만든 중요한 단어를 쉽게 머릿속에 기억시키는 방법입니다. 철자 첨삭법에 해당하는 수많은 단어 중 일부를 소개하겠습니다.

morning   window   place   first   action

너무나 쉬운 단어들이죠. 이 단어들을 통해 어떤 중요한 단어들을 얻을 수 있는지 다음 설명을 잘 읽어보세요.

morning은 '아침'이란 뜻입니다. 아버지가 돌아가신 날 3일째 되던 날 아침, 관이 묘지로 향할 때 가족들이 애도한다고 생각해보세요. 이 '애도'는 morning에 철자 u를 덧붙인 mourning입니다. 이 u는 장례식을 총괄하는 '장의사' undertaker의 첫 글자라고 생각하세요.
window는 '창문'이라는 뜻입니다. 낙엽이 떨어지는 가을날, 창가에 서서 전쟁에서 죽은 남편을 생각하는 미망인을 상상해보세요. '미망인'은 window에서 철자 n을 뺀 widow입니다.
place는 '장소'라는 뜻인데요, 왕이 새 궁전을 지을 장소를 물색하고 있습니다. 이 '궁전'은 place에 철자 a가 첨가된 palace입니다.
first는 '첫 번째의'라는 뜻인데요, 철자 r을 빼면 '주먹'이란 뜻을 가진 fist가 만들어집니다. 상대와 결투할 때 먼저 주먹으로 첫 선방을 날린다고 생각하면 쉽게 머릿속에 들어올 겁니다.
action은 '행동'이라는 뜻인데요, 여기에 철자 u를 첨가하면 '경매'라는 뜻을 가진 auction이 만들어집니다. 바닷가 포구에서는 매일 잡은 물고기로 경매 행위가 이루어지는 것을 생각하세요.

이런 식으로도 많은 단어를 얻을 수 있는데요. 중요한 것은 상상력과 연상을 통해서 익히는 것임을 잊지 마세요.

4 철자 변형법

이번에는 우리가 알고 있는 쉬운 단어의 철자 하나만 변형하여 새로운 단어를 익히는 방법입니다. 철자 변형법에 해당하는 단어 역시 수없이 많으므로 그 일부만 소개하겠습니다.

[4-1] 규칙적 철자 변형

영어 철자 중 b, f, l은 v, p, r과 발음이 비슷합니다. 물론 비슷하기만 할 뿐이지 같지는 않습니다. 이 점을 이용하여 단어를 공부하는 방법입니다. 다음 단어들을 볼까요?

best   flow   fresh   allow   cancel

역시 아주 쉬운 단어들이죠. 이 단어들을 이용해 어떻게 다른 단어를 외울 수 있는지 다음 설명을 잘 읽어보세요.

> best는 '최고의'라는 단어인데 첫 철자 b를 v로 바꾸면 vest가 만들어집니다. '조끼'라는 뜻으로 최고의 조끼를 입고 싶다고 생각하면 됩니다.
> flow는 '흐르다'의 뜻인데 단어의 첫 철자 f를 p로 바꾸면 plow가 만들어집니다. '밭을 갈다'라는 뜻으로 밭을 갈아 그 고랑에 물을 흐르게 한다고 생각하면 되겠죠.
> fresh는 '신선한'의 뜻으로 두 번째 철자 r을 l로 바꾸면 flesh가 만들어집니다. '살'이란 뜻으로 정육점에 있는 고기 '살'들은 신선해야겠죠.
> allow는 '허락하다'의 뜻으로 철자 ll을 rr로 바꾸면 arrow가 만들어집니다. '화살'이란 뜻으로 화살로 과녁 맞히기 게임을 할 수 있게 허락해 달라고 말한다고 상상하면 되겠죠.
> cancel은 '취소하다'의 뜻으로 l을 r로 바꾸면 cancer가 만들어집니다. '암'이란 뜻이고요, 암에 걸려 시한부 인생이 되면 그동안 세웠던 계획을 취소해야 하는 일이 발생할 겁니다.

[4-2] 불규칙 철자 변형법

b, f, l을 v, p, r처럼 비슷한 철자로 바꾸는 것이 아니라 완전히 다른 철자로 바꿔 단어를 기억하는 방법입니다. 많은 단어가 있으나 일부만 소개하겠습니다. 다음 단어들을 보세요.

computer   attitude   carnival

computer에 있는 철자 p를 m으로 바꾸면 commuter라는 단어가 만들어집니다. '통근자'라는 뜻인데요, 노트북 컴퓨터를 가지고 통근하는 통근자를 상상하면 됩니다.
attitude에 있는 철자 t를 p로 바꾸면 aptitude라는 단어가 만들어집니다. aptitude는 '적성'이라는 뜻인데요, 점수가 아닌, 자신의 적성에 맞춰 전공을 결정하는 자세가 필요합니다.
carnival 안에 있는 철자 r과 v를 각각 n과 b로 바꾸면 cannibal이 만들어집니다. cannibal은 '식인종'이라는 뜻으로 식인종들이 사람을 잡아와 축제를 벌인다고 상상하면 되겠죠.

5 의미연상법

단어를 효율적으로 공부하는 방법으로 의미연상법이 있습니다. 이 방법은 우리가 이미 알고 있는 쉬운 단어의 철자와 의미상으로 연결되는 어려운 단어를 공부하는 방법입니다. 다음과 같이 세 가지 방법이 있으며 설명을 잘 읽어보세요.

[5-1] 한 단어의 모든 철자를 이용하는 방법

우리가 알고 있는 쉬운 단어 doctor를 예로 들겠습니다.

d - diagnose (진단하다)
o - operate (수술하다)
c - cure (치료하다)
t - treat (치료하다)
o - observe (관찰하다)
r - recover (회복시키다)

병원에 환자가 오면 의사(doctor)는 환자의 질병을 진단한 후, 수술에 들어갑니다. 그렇게 치료를 하고 나서 환자의 상태를 잘 관찰한 후 환자가 건강하게 질병에서 회복될 수 있도록 합니다. 이렇게 doctor라는 쉬운 단어의 개별 철자를 이용하여 의사와 연관되어 있는 다른 단어를 연결하여 단어를 익히는 방법이 바로 의미연상법입니다. fire로 예를 하나 더 들어보죠.

f - flame (불길)
i - ignite (점화하다)
r - ruins (잔해)
e - extinguish (불을 끄다)

fire라는 쉬운 단어로 불이 나면 피어오르는 '불길', 불을 붙이는 행위인 '점화하다', 불이 나서 다 타고 나면 남는 '잔해', 화재가 발생할 때 신속하게 해야 하는 '불을 끄다'의 단어를 연결하여 학습할 수 있습니다.

[5-2] 한 단어의 일부 철자를 이용하는 방법

이번에는 쉬운 단어의 일부 철자를 이용하여 어려운 단어를 공부하는 방법입니다. 물론 한 단어의 모든 철자를 이용하여 단어를 외울 수도 있지만, 모든 철자가 의미상으로 연결되지 않는 경우도 있기 때문입니다. 다음 단어들을 보세요.

> period는 '기간'이라는 뜻으로 많이 쓰이는데요, 운전 면허증을 한번 생각해보세요. 일정 '기간'이 지나면 유효기간이 만료되는데, '만료되다'는 period 안에 있는 철자 e를 이용하면 됩니다. expire죠. 이렇게 기간이 만료되면 갱신해야 하는데, '갱신하다'는 period 안에 있는 철자 r을 이용한 renew입니다. 이렇게 period라는 단어의 모든 철자를 이용하는 것이 아니라, 일부 철자로 period와 의미상 연관이 있는 어려운 단어를 쉽게 공부할 수도 있습니다.
> newspaper는 '신문'이라는 뜻입니다. '신문'과 '사설'은 깊은 관계가 있지요? '사설'은 newspaper 안에 있는 철자 e를 이용하면 됩니다. editorial이죠. 또 '신문'과 '구독하다'도 관계가 있죠? '구독하다'는 newspaper 안에 있는 철자 s를 이용한 subscribe입니다. '신문'과 '기사' 역시 관계가 있죠? '기사'는 newspaper 안에 있는 철자 a를 이용한 article이랍니다. 이렇게 newspaper로 연관이 있는 어려운 단어 editorial, subscribe, article을 쉽게 기억할 수 있답니다.

[5-3] 한 단어의 철자 하나를 이용하는 방법

이번에는 쉬운 단어 속에 있는 철자 하나를 이용하여 어려운 단어를 외우는 방법입니다. 다음 단어들을 보세요.

> money는 '돈'의 의미로 이 money를 통해 '횡령하다'라는 뜻의 어려운 단어를 쉽게 기억할 수 있습니다. '돈'과 '횡령하다'는 서로 연관이 있죠? '횡령하다'는 뜻의 단어는 money 안에 있는 철자 e를 이용한 embezzle입니다.
> copy는 '복사하다'의 뜻인데요, 이 '복사하다'와 '표절하다'는 서로 연관이 있습니다. '표절하다'라는 단어는 copy 안에 있는 철자 p를 이용하면 얻을 수 있는 plagiarize입니다.

word는 '단어'라는 뜻인데요, 이 '단어'와 '해독하다'라는 어려운 단어는 서로 관계가 있습니다. 광개토대왕의 비문 중 일부 단어가 훼손되어 해독하기 어렵다고 생각해보세요. '해독하다'는 word 안에 들어 있는 철자 d를 이용하면 되는 decipher입니다.

embezzle, plagiarize, decipher는 정말 외우기 쉽지 않은 단어들입니다. 자주 볼 기회가 없으므로 공부를 했다고 해도 다음에 이 단어를 볼 때쯤이면 이미 기억에서 사라져 버리고 말죠. 그러므로 money, copy, word 등 이미 알고 있는 쉬운 단어를 볼 때마다 의미상 연관이 있는 단어 embezzle, plagiarize, decipher를 자꾸 말해보는 습관을 들이면 money, copy, word와 embezzle, plagiarize, decipher가 같은 빈도수가 되어 아무리 시간이 지난 후에 보더라도 쉽게 이 단어들을 떠올릴 수 있습니다. 이 의미연상법을 통해 단어를 거의 무한대로 확장하여 외울 수 있으므로, 철저히 훈련하면 어려운 단어를 머릿속에 저장해놓고 필요할 때 쉽게 말하고 쓸 수 있습니다.

◆ 다섯 가지 단어 기억법을 통한 단어의 확장

앞에서 설명한 다섯 가지 단어 기억법은 한 단어로 어려운 단어를 여러 개 기억하는 방법을 제시한 것입니다. 이 다섯 가지 단어 기억법을 서로 연결하여 많은 단어를 아주 쉽게 학습할 수 있는데요, believe를 예로 들어볼까요?

거짓말하는 사람은 믿을 수가 없지요? 이 '믿다'라는 뜻을 가진 believe 안에는 lie가 들어 있습니다. '한 단어 안에 여러 단어가 들어 있다'는 방법을 이용한 것입니다. 그럼 이 lie라는 단어에 자음순환법을 적용하여 다른 단어를 배워볼까요? die, lie, pie, tie라는 네 단어를 얻을 수 있습니다. 알파벳 순서, 잊지 않았죠? 그래야 단어를 안 보고 기억할 수 있으니까요. 그러면 이 새로운 네 단어로 또 다른 단어를 배워보겠습니다.

die – ingredient – obedience

ingredient는 '성분'이라는 뜻의 단어인데, die가 들어 있습니다. 잘못된 식품 성분 때문에 사람이 죽을 수도 있잖아요. obedience는 '복종'이라는 뜻의 단어인데 역시 die가 들어 있습니다. 군대에서 복종을 하지 않는 건, 곧 죽는다는 것을 뜻하는 것으로 상상하면 쉽게 기억할 수 있을 겁니다.

lie – client – customer – transaction

client는 '고객'이라는 뜻의 단어인데, lie가 들어 있습니다. 고객에게는 거짓말하면 안 되잖아요. 고객이란 뜻을 가진 또 다른 단어는 client처럼 c로 시작하는 customer입니다. 상점에서는 고객과 물건을 사고팔고 은행에서는 고객의 업무를 처리합니다. 이런 '고객'과 '업무처리'는 서로 관계가 있는데요, '업무처리'는 client 안에 있는 철자 t를 이용하면 얻을 수 있는 transaction입니다.

pie – pier – pierce – fierce

pier는 '부두'라는 뜻의 단어인데, 안에 pie가 들어 있습니다. 등대가 있는 부둣가 레스토랑에서 '파이'로 주린 배를 채우고 있다고 생각해보세요. pierce는 pier 뒤에 철자 ce를 붙인 것으로 '관통하다'라는 뜻입니다. 부둣가 레스토랑에서 파이를 먹고 있는데 레스토랑 밖에는 찬바람이 행인들의 옷 속으로 파고든다고 생각하면 됩니다. fierce는 pierce의 철자 중 p를 f로 바꾼 것으로 철자 변형법을 적용한 것입니다. '사나운'이란 뜻인데요, 사나운 찬바람이 뼛속 깊숙히 파고든다고 생각하면 됩니다.

tie – patient

patient라는 단어는 '환자'의 뜻으로 patient 안에 tie가 들어 있습니다. 정신병 환자들이 발작을 하면 병상에 묶어 놓잖아요. 그럼 believe로 배운 단어를 한번 확인해볼까요?

believe – lie → client – customer – transaction
→ die – ingredient – obedience
→ pie – pier – pierce – fierce
→ tie – patient

believe라는 쉬운 단어로 한 단어 속 여러 단어, 자음순환법, 의미연상법, 철자 변형법 등의 단어 기억법을 통해 총 14단어를 공부하는 것이 가능하다는 것을 확인했을 겁니다. 이와 같이 여러 단어 기억법을 적절히 서로 연결하여 많은 어려운 단어를 외우는 것이 가능합니다.

자, 이제 이 다섯 가지 단어 기억법을 이용하여 영어 단어 사냥에 나서 보도록 합시다. 준비됐나요?

"단어 안에 어떤 특정 단어가 들어 있는 것이 중요한 것이 아니라 자주 접하지 않는 단어는 기억에서 쉽게 잊혀지기 때문에 자주 접하는 쉬운 단어와 연관시키고 친근한 단어로 연결시켜서 어려운 단어를 쉽게 기억하자는 것이 본 단어 기억법의 핵심입니다."

bankrupt
rupture
ban urban
disturbance
disturb rural
v a n

SECTION 1

단어 속 단어 찾기 ❶

일상의 친숙한 명사

bankrupt
ban
urban
disturb
rural

001 taxi → tax

택시 운전사도 소득을 세금으로 낸다.

세계 어느 나라를 가도 도시에는 택시들이 많이 다닙니다. 이렇게 자주 접하는 **taxi**를 자세히 보면 **tax**라는 단어가 들어 있습니다. '세금'이라는 뜻이지요. 택시 운전사도 우리나라 국민이니까 세금을 내야겠죠? 하지만 이렇게 내야 할 세금을 내지 않는 '탈세'는 tax evasion이라고 합니다.

또 taxi에는 '도끼'라는 뜻을 지닌 **ax**도 들어 있습니다. 택시도 오래 되면 폐차장으로 보내지고, 그때는 도끼에 찍혀져 분해되어야 하는 운명에 처해지겠죠. 이 ax에 is를 붙이면 '축'이라는 뜻을 가진 단어 **axis**가 됩니다. 부시 대통령이 북한을 지명해서 표현해 유명해진 '악의 축'이라는 말이 바로 axis of evil이었습니다.

> President Bush classified Iran and North Korea as being part of "an **axis** of evil" in his 2002 State of the Union Address.
> 부시 대통령은 2002년 연두교서에서 이란과 북한을 '악의 축'의 일부라고 분류했다.

자, 다시 택시로 돌아가 볼까요? 택시 운전사가 세금을 내려면 소득이 있어야 하는데요, '소득'은 taxi에서 tax를 빼고 남는 철자 i를 이용하면 됩니다. **income**이죠. 그래서 '소득세'는 income tax가 됩니다.

이 in의 반대인 out을 come에 붙이면 **outcome**이라는 단어를 얻게 되는데요, '결과, 성과'라는 뜻입니다.

> The candidate is anxiously waiting for the **outcome** of the election.
> 그 후보자는 선거 결과를 마음 졸이며 기다리고 있다.

여러분은 혹시 taxi의 또 다른 표현으로 **cab**이 있는 것을 아십니까? 짐 캐리가 주연한 영화 '라이어, 라이어 Liar, Liar'를 보면 이런 대사가 나옵니다.

> Did you come here in a **cab**?
> 여기 택시 타고 왔어요?

그래서 taxi driver를 cab driver라고도 합니다. 그럼 '자가용 운전사'는 무엇일까요? 이때는 cab의 첫 철자인 c를 이용하면 되는데요, **chauffeur**라고 합니다. 이 단어는 발음에 특히 유의해야 합니다.

저기 택시에 양배추가 가득 실려 있군요. 택시를 cab이라 한다고 그랬죠? '양배추'는 바로 이 cab을 이용하면 되는데, **cabbage**입니다. 또 요즘 같은 글로벌 시대에서 택시 운전사들도 외국인과 의사소통을 하려면 기본적인 어휘를 알아야 합니다.

이 '어휘' 역시 cab을 이용한 **vocabulary**입니다. 많이 들어봤을 텐데요, 그렇다면 택시 운전사가 제일 좋아하는 어휘가 뭔지 아세요? 바로 '잔돈'을 뜻하는 change입니다. 더 엄밀히 말하면 Keep the change.란 문구를 좋아하는 것이죠. 영화 '킹콩 King Kong'을 보면 섬으로 영화 촬영하러 가는 여배우가 배를 타려고 타고 온 택시에서 내리면서 택시 운전사에게 한 말이 'Keep the change.(잔돈은 가지세요.)'였습니다.

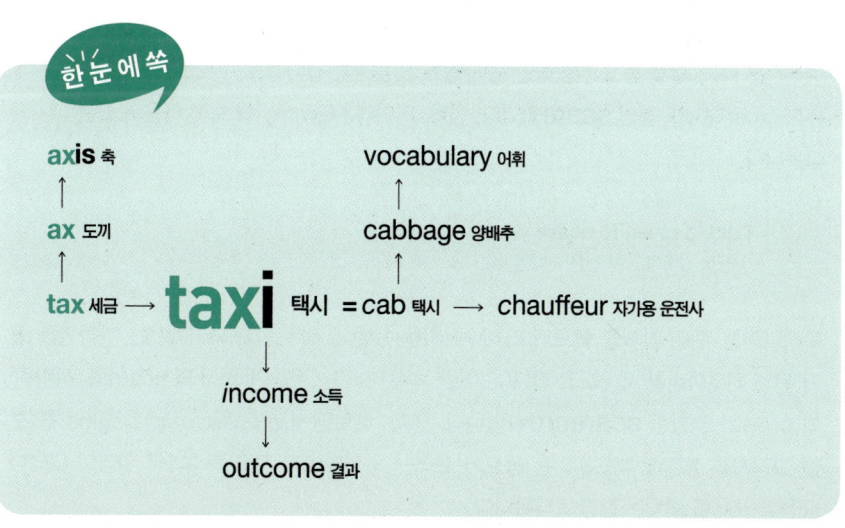

002 scarf → scar

스카프로 상처를 가리세요.

날씨가 쌀쌀할 때, 맵시 있게 스카프를 맨 사람을 보면 남다른 패션 감각이 느껴집니다. '스카프'는 영어로 **scarf**라고 표기합니다. 하지만 꼭 날씨가 추워서 scarf를 매는 건 아닐 거예요. 목에 상처나 흉터가 있어서 그것을 가리려고 매고 다닐 수도 있죠. 이런 '상처, 흉터'는 scarf 안에 있는 **scar**입니다. 영화 '101마리 달마시안 101 Dalmatians'을 보면 강아지들을 훔치려는 도둑들의 얼굴을 보고 이런 말을 하는 장면이 나옵니다.

> Look at the size of that **scar**. 저 흉터 크기 좀 봐.

영화 '해리 포터 Harry Porter' 1편에서도 마법학교로 가는 기차 안에서 해리 포터의 이마에 그려진 번개 모양의 상처를 보고 scar라고 말하는 장면, 기억나나요? 이 두 단어 scarf와 scar를 이용한 문장을 한 번 볼까요?

> He used the **scarf** to cover the **scar** on his neck.
> 그는 목에 난 상처를 가리려고 스카프를 사용했다.

여러분은 누가 칼을 들고 위협하면 몸에 상처 입을까봐 겁나겠죠? '무섭게 하다, 겁을 주다'는요, scar에 e를 붙인 **scare**입니다. 영화 '미이라 Mummy'를 보면 다음과 같은 대사가 나옵니다.

> I didn't mean to **scare** you.
> 당신을 겁주려고 한 것은 아니었어요.

우리나라는 주로 참새를 쫓으려고 허수아비를 논밭에 세우는데, 외국에서는 까마귀를 쫓기 위해 허수아비를 세운다고 합니다. 이런 '허수아비'는 '무섭게 하다'의 scare와 '까마귀'의 crow가 결합한 **scarecrow**입니다. 영화 '배트맨 비긴즈 Batman Begins'를 보면 고담시를 혼란에 빠뜨리려는 음모가 드러난 용의자에게 자꾸 허수아비 환영이 나타나 scarecrow를 외치는 장면이 나옵니다.

이렇게 '무섭게 하다, 놀라게 하다'의 뜻을 가진 동사가 scare만 있을까요? scarf에서 scar를 빼고 남은 철자 f를 활용한 **frighten**도 있답니다.

다시 scare로 돌아와서 보면 이 scare 안에 **care**가 들어 있는데요, '걱정, 조심'의 뜻이죠. care는 '~를 돌보다'의 take care of의 형태로 많이 쓰입니다. 누가 어떤 사람에게 무섭게 하면(scare) 당한 사람을 돌봐주어야(care) 하잖아요. 참고로 생활영어에서 'Care for a drink?'는 '뭐 좀 마실래요?'의 뜻입니다.

> I want you to take **care** of the baby.
> 네가 아기를 돌봐주었으면 좋겠다.

care의 형용사는 '조심스런'의 **careful**이고요, careful의 반대말은 '조심성 없는'의 **careless**입니다. careful 외에도 '조심성 있는'의 뜻을 가진 단어가 있는데요, 같은 철자 c로 시작하는 **cautious**입니다. cautious의 명사형으로 '조심'의 뜻을 가진 단어는 **caution**으로 건물이나 깨지기 쉬운 제품 포장지에 caution이란 글자가 써 있는 것을 많이 보았을 겁니다.

요즘처럼 직장 내 경쟁이 심한 때에는 자신의 경력에 흠집이 생기지 않도록 항상 조심해야 합니다. 이런 '경력, 이력'은 care에 er을 붙인 **career**입니다. 직업을 가지고 활발히 활동하는 여성을 career woman이라고 하는데, 정말 멋있어 보이지 않나요?

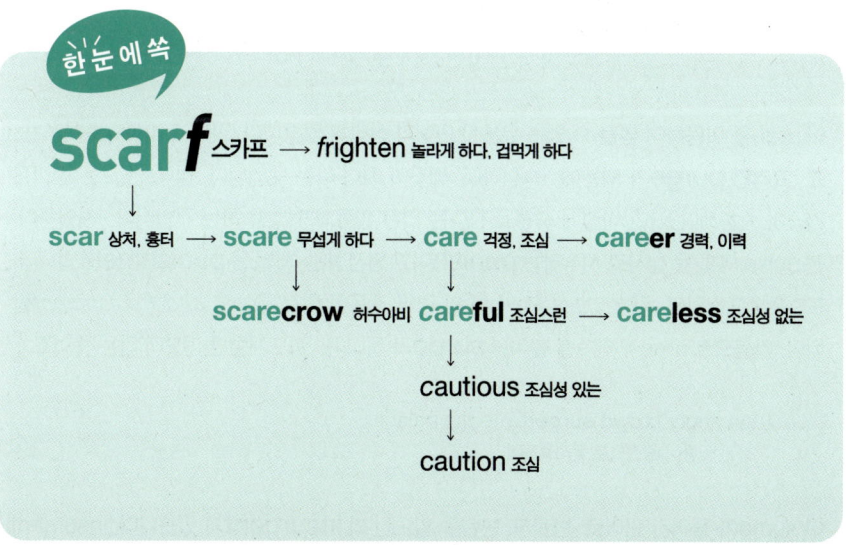

003 hamburger → urge

아이가 햄버거를 사달라고 엄마에게 재촉한다.

요즘 엄마들은 아이들에게 될 수 있으면 햄버거 **hamburger**를 먹이지 않으려고 합니다. 하지만 이미 그 입맛에 길들여진 아이는 사달라고 조르고, 재촉하죠. 바로 '조르다, 재촉하다'가 hamburger 안에 있는 **urge**입니다. 사실 느긋할 때는 조르고 재촉하지 않습니다. 상황이 긴급할 때 그러죠. 그때의 '긴급한'은 urge에 nt를 붙인 **urgent**랍니다. 상상력에서 둘째 가라면 서러워할 팀 버튼 감독의 영화 '찰리와 초콜릿 공장 *Charlie and the Chocolate Factory*'을 보면 페르시아 왕자가 초콜릿으로 궁전을 지었는데 날씨가 더워 그만 다 녹아버렸다는 내용을 찰리의 할아버지가 옛날을 회상하며 말하는 장면이 있습니다.

> The prince sent an **urgent** telegram requesting a new palace.
> 왕자는 새 궁전을 지어달라고 요청하는 긴급한 전보를 보냈단다.

이 urge의 명사형은 **urgency**로 '긴급'의 뜻입니다.

> The lawmaker is pressing ahead with **urgency**, wanting the bill to be passed.
> 그 의원은 법안이 통과되기를 바라면서 긴급하게 몰아붙이고 있다.

이 urge를 이용하여 얻을 수 있는 유용한 단어가 상당히 많습니다. 먼저 urge에 p를 붙여보죠. 그러면 **purge**가 되는데, '숙청하다, 깨끗이 하다'라는 뜻입니다. 맘에 안 드는 정적은 긴급히 숙청해야겠죠? 이렇게 숙청을 한다는 것은 일종의 처벌을 하는 것입니다. '처벌하다'는 purge와 같은 철자로 시작하는 **punish**이고 명사형인 '처벌'은 **punishment**입니다. 도스토예프스키의 유명한 소설 '죄와 벌'의 영어 제목이 바로 *Crime and Punishment*랍니다. 다음으로 urge 앞에 s를 붙이면 **surge**가 됩니다. '파도처럼 밀려오다'라는 뜻이죠.

> An angry crowd **surged** into the palace.
> 성난 군중이 궁전으로 몰려들었다.

이 surge가 들어간 단어로 '반란자, 반란을 일으킨'의 **insurgent**가 있습니다. insurgent troops는 '반란군'의 뜻인데요, 반란자들이 독재자가 살고 있는 궁에 파도처럼 몰려가는 것을 상상해보면 쉽게 연상이 될 것입니다. 자, 이제 urge를 이용한 마지막 단어를 배워볼까요? 심한 외상을 입은 환자가 응급실에 실려 왔다면 퇴근 후라고 해도 외과의사는 병원에 나오라고 재촉을 받을 수 있습니다. 이 '외과의사'가 바로 **surgeon**입니다. 외과의사하면 함께 나오는 것이 바로 '내과의사'인데요, **physician**입니다. '내과의사'인 physician과 '물리학자'인 physicist를 혼동하지 마세요.

이렇게 외과의사(surgeon)가 위중한 상태의 환자를 수술하여 소생시켰습니다. 그러면 생사의 고비를 넘긴 환자는 새로운 삶의 희망이란 싹을 키워갈 텐데요, 이때의 '싹이 트다'는 surgeon의 s를 b로 바꾼 **burgeon**입니다. 조금 어렵기는 하지만 영자신문을 읽을 때 꼭 필요한 단어입니다. surgeon과 연계해서 상상하면 쉽게 외울 수 있고, 오랫동안 머리에 남아 있을 겁니다.

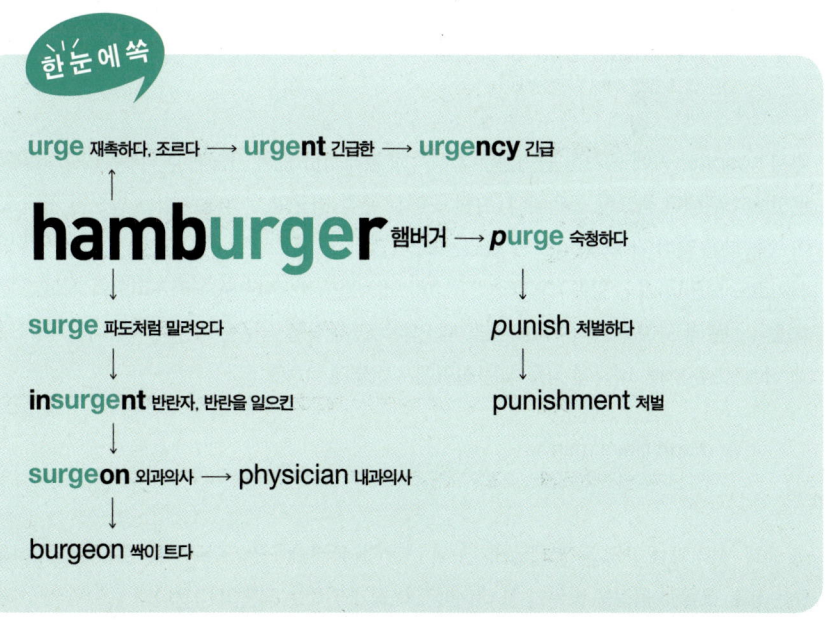

004 **hospital → spit**

병원에서는 침을 뱉지 마십시오.

살면서 멀리할수록 좋은 곳이 병원 **hospital**입니다. 게다가 의사, 간호사가 불친절하면 정말 가기 싫죠. 적어도 '환대' 받는다는 기분이 들어야 병원에 가고 싶어질 겁니다. 이 '환대'는 hospital에 ity만 붙이면 되는 **hospitality**입니다. 환경 재앙으로 미래가 빙하기로 접어든 상황을 그린 영화 '투모로우 The Day After Tomorrow' 마지막 부분에 다음과 같은 대사가 나옵니다.

> I'm deeply grateful for their **hospitality**.
> 그분들의 환대에 깊은 감사를 드립니다.

몸이 편찮으신 부모님을 모시고 병원에 갔더니 입원을 시켜야 한답니다. 이 '입원시키다'는 **hospitalize**입니다.

> He was **hospitalized** for cancer.
> 그는 암 치료를 위해 입원했다.

이제 hospital 속에 숨겨진 단어들부터 시작해 본격적인 단어 사냥에 나서 볼까요? 병원은 무엇보다 위생이 중요한 곳입니다. 그런 곳에서 온갖 병균이 우글대는 침을 뱉으면 안되죠. 이 '침, 침을 뱉다'가 hospital 안에 있는 **spit**입니다. 참고로 spit은 '고기 굽는 꼬챙이'의 의미로도 쓰인답니다. 영화 '타이타닉 Titanic'을 보면 레오나르도 디카프리오와 케이트 윈슬렛이 신분의 차이를 넘어 가까워졌을 때 인상적인 대화를 나누는 장면이 나옵니다. 여자가 배 위에서 남자처럼 바다에 침을 뱉는 장면에서 이렇게 말하죠.

> And **spit** like a man?
> 그러면 남자처럼 한 번 뱉어보라고?

또 영화 '찰리와 초콜릿 공장 Charlie and the Chocolate Factory'에서도 이 spit이 나오는데요, 초콜릿 공장을 방문한 한 아이에게 이렇게 말하는 장면이 나옵니다.

Spit it out.
당장 뱉어.

이 spit에는 '구덩이'라는 뜻의 **pit**이 들어 있습니다.

They dumped 10 bodies into a big **pit**.
그들은 시신 10구를 커다란 구덩이에 던져 넣었다.

여러분은 '겨드랑이'가 영어로 뭔지 아십니까? 바로 **armpit**입니다. 팔에서 움푹 들어갔기 때문에 그렇게 표현을 했나 봅니다. '미트 페어런츠 1, 2 Meets Parents 1, 2'로 잘 알려진 배우 벤 스틸러가 주연한 영화 '디제스터 Flirting With Disaster'를 보면 샤워하는 여자에게 다음과 같이 물어보는 장면이 나옵니다.

Do you mind if I look at your **armpit**?
당신 겨드랑이를 봐도 될까요?

이제는 hospital을 통해서 병원과 관련된 단어를 의미 연상법을 통해 정리해볼까요? 먼저 hospital의 첫 번째 철자 h를 이용하여 단어를 건져보겠습니다. 병원과 '위생'은 떼려야 뗄 수 없는 관계죠? 이 '위생'이 **hygiene**입니다. 그래서 '개인 위생'은 personal hygiene이고요. '위생적인'의 뜻을 가진 형용사는 **hygienic**입니다.

My friend doesn't care much about personal **hygiene**.
내 친구는 개인 위생에 대해 그다지 신경 쓰지 않는다.

병원 하면 '수술'이 떠오르지 않나요? 이 '수술'은 두 번째 철자 o를 이용한 **operation**입니다. 동사형은 '수술하다'의 **operate**인데요, '작동시키다'의 뜻도 있습니다. hospital의 세 번째 철자 s를 이용한 병원 관련 단어가 있는데요, 바로 **sanitation**입니다. '공중 위생'의 뜻이고요, 형용사형은 '공중 위생의'의 **sanitary**입니다.

병원에 환자가 없는 건 팥소가 빠진 찐빵과 같습니다. 이 '환자'는 네 번째 철자 p를 이용한 **patient**인데요, 이 patient가 형용사로 쓰일 때는 '참을성 있는'의 뜻입니다. 아무리 아프더라도 여러 사람이 있는 병실에서는 환자가 잘 참을 줄도 알아야겠죠? 이런 '인내심'은 patient의 명사형 **patience**입니다. 반대말인 '참을성이 없는'은 patient 앞에 반대의 의미를 나타내는 접두어 im-을 붙인 **impatient**고요. 그렇다면 impatient의 명사형인 '조급증'이 당연히 **impatience**인 것을 눈치 채셨군요. 현대에서 중세로 돌아간 사나이의 이야기를 다룬 영화 '흑기사 Black Knight'를 보면 자기 앞에서 제대로 춤을 추지 못하는 메신저를 보고 왕이 화가 나서 다음과 같이 말하는 장면이 나옵니다.

I'm getting **impatient**.
짐은 점점 참을성을 잃어가고 있도다.

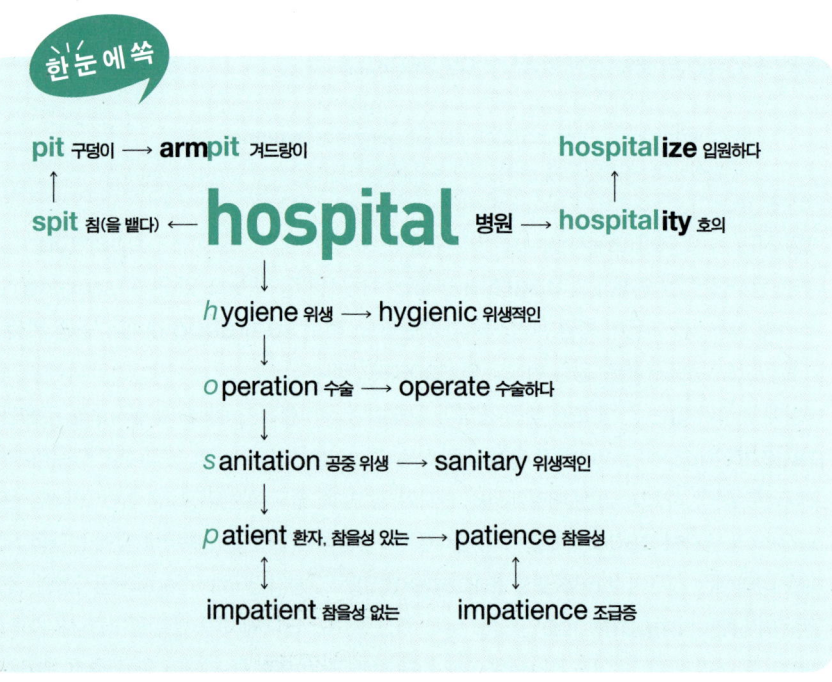

005 spray → pray

스프레이를 뿌리며 맘속으로 기도해요.

이상하게 선을 봐도 성사가 되지 않아 속이 상한 노처녀. 이번에 101번째 선보러 가는데 거울 앞에서 스프레이 **spray**를 뿌리면서 좋은 남자를 만나게 해달라고 기도를 합니다. 이 '기도하다'가 spray 안에 들어 있는 **pray**입니다. 명사형인 '기도'는 **prayer**고요.

> Opportunity to improve yourself is given through **prayer**, meditation, and reflection.
> 자신을 향상시킬 수 있는 기회는 기도와 명상, 그리고 반성을 통해서 얻을 수 있다.

기도와 관련된 단어가 바로 '제단'인데요, pray 안에 있는 a를 이용해서 '제단'이라는 뜻을 가진 **altar**를 얻을 수 있습니다. 영화 '헷지 *Over the Hedge*'를 보면 인간들이 식탁에 둘러 앉아 식사하는 장면을 보고 너구리가 다음과 같이 말하는 장면이 나옵니다.

> This is the **altar** where they worship.
> 여기가 그들이 숭배하는 제단이야.

신부님들은 보통 제단에서 기도하시잖아요. 이렇게 제단에서 기도를 하는 것은 현재의 자신을 더 나은 사람으로 바꾸려 하는 거라고 볼 수 있는데요, 이때의 '바꾸다, 변경하다'는 altar의 두 번째 a를 e로 바꾼 **alter**입니다. 여기서 나온 '대안'이 바로 **alternative**고요. 컴퓨터 자판에서 Alt키 많이 보셨죠? 바로 alternative의 약자랍니다. 예로 Alt키와 자판에 있는 S를 누르면 문서가 저장되는데, 일일이 메뉴를 이용하지 않고 단축시켜서 일을 처리하는 일종의 대안으로 볼 수 있지요.

자, 스프레이를 뿌리면서 기도도 했겠다, 좋은 남자를 만날 것 같은 기분에 이 여자의 얼굴에 한줄기 환한 빛이 스쳐 지나갑니다. 이때의 '광선'은 pray 안에 있는 **ray**입니다. 실생활에서는 X-ray라는 문구로 많이 접하는 단어입니다.

> The eclipse was so huge it blocked out the sun's **rays**.
> 일식이 너무 광대해서 태양빛을 차단해 버렸다.

이 ray라는 단어를 통해서 반드시 알아야 할 단어가 '정렬시키다'의 **array**입니다. '정렬시키다'의 뜻을 가진 다른 단어는 array의 arr을 이용한 **arrange**입니다.

> Chairs are **arranged** in rows in the auditorium.
> 의자가 강단에 줄 맞춰 정렬되어 있다.

드디어 선보는 장소가 나간 우리의 노처녀. 하지만 실망스럽게도 소심하고 심약해 보이는 상대남이 나왔습니다. 가뜩이나 일이 안풀린 노처녀 앞에 놓인 이 남자, 마치 성난 사자 앞에 놓인 먹잇감 같다고 말할 수 있을 겁니다. 그때의 '먹이'는 pray에서 철자 a를 e로 바꾸면 됩니다. **prey**가 되는 것이죠. 이 prey 안에 있는 e를 이용해서도 유용한 단어를 얻을 수 있는데요, '먹을 수 있는'의 뜻을 가진 **edible**이 바로 그것입니다. 동물들도 아무거나 먹는 것이 아니라 먹을 수 있는 먹이만 먹잖아요. 하지만 사람에게 이런 말을 쓰는 상황은 만들지 않아야겠죠?

006 number → numb

엄청난 숫자의 복권 당첨에 온몸이 마비되었다.

number는 '수'라는 뜻이죠. 수에는 짝수와 홀수가 있는데, even number는 '짝수', odd number는 '홀수'라는 것 알아두세요. 자, number 속에 숨어 있는 단어를 찾아볼까요? 우연히 산 복권이 엄청난 상금에 당첨되었습니다. 엄청난 액수가 적힌 숫자를 보면 온몸이 마비되는 것 같을 겁니다. 이 '마비된'이란 뜻의 영어 단어가 number 안에 있는 **numb**입니다.

> I have never swum in such cold water; my lips were blue and my feet **numb**.
> 나는 그렇게 차가운 물에서 수영한 적이 없었다. 입술은 파래졌고 발은 마비되어서 감각이 없었다.

number와 그 안에 들어 있는 numb, 이 두 단어를 활용해 문장을 만들어볼까요?

> My fingers seemed to be **numb** by the time I typed all the phone **numbers** of my clients.
> 고객 전화번호를 모두 타이핑했을 즈음해서는 내 손가락이 마비되는 것 같았다.

numb은 주로 형용사로 쓰이고요, '마비시키다'라는 뜻의 동사는 따로 있습니다. **paralyse**인데요, 명사인 '마비'는 **paralysis**입니다.

> He was **paralysed** below the waist from polio.
> 그는 소아마비로 허리 아래가 마비되었다.

이 마비와 연관 깊은 단어가 바로 '마취'인데요, paralysis에 들어 있는 a를 이용하면 얻을 수 있습니다. **anesthesia**죠. 단어가 어려워 보여도 안 보고 몇 번 반복하면 여러분 것으로 만들 수 있습니다. 두뇌를 능동적으로 사용하기 때문이죠. 이런 마취 상태에 빠지도록 하는 '마취제'는 **anesthetic**입니다. 찰스 왕세자를 다룬 전기 '웨일즈의 왕자 *The Prince of Wales*'의 앞부분을 보면 엘리자베스 여왕이 왕위 즉위 전에 찰스 왕세자를 낳을 당시의 정경을 묘사한 장면이 나옵니다.

> The Princess had been given an **anesthetic** to ease the birth pangs.
> 공주는 출산의 고통을 줄이기 위해 전신 마취를 받았다.

복권에 당첨되면 온몸이 마비되는 듯한 느낌이 들기도 하겠지만, 너무 놀란 나머지 갑자기 '말을 못하는' 상황이 올 수도 있을 겁니다. '말을 못하는, 멍청한'은 numb에서 n을 d로 바꾸면 됩니다. 바로 **dumb**이죠. 짐 캐리가 주연한 영화 '덤 앤 더머 Dumb and Dumber'를 생각해보세요. 멍청한 친구와 그보다 더 멍청한 친구가 벌이는 해프닝을 그린 영화였죠.
'말 못하는'을 배웠으니 사람이 가지고 있는 장애를 나타내는 대표적인 단어 두 개를 건져 볼까요? 먼저, '귀가 안 들리는'은 **deaf**입니다. '해리 포터와 아즈카반의 죄수 Harry Potter and the Prisoner of Azkaban'를 보면 좁은 통로에서 해리 포터를 만난 스네이프 교수가 등을 밝히며 계속 이야기하자 벽 속에 있는 사람들이 등을 끄라고 말합니다. 그런데도 스네이프 교수가 끄지 않으니까 다음과 같이 말하죠.

> Are you **deaf**?
> 귀 먹었어?

개인적으로 deaf라는 단어를 보면 여러 문장 중에 항상 이 장면이 먼저 떠오릅니다. 특정 단어를 볼 때마다 재미있는 영화 장면이 떠오르면 오래 기억되고 발음까지 두뇌에 저장되니 일석이조일 겁니다. 목표를 정해서 한 단어씩 여러분도 시도해보세요. 단어가 모이기 시작하면 실력이 늘기 시작하는 것이고 그 재미가 쏠쏠하다는 것을 알 수 있을 겁니다.
다음으로 '눈이 먼'이란 뜻을 가진 영어 단어는 뭘까요? 바로 **blind**입니다. 참고로 강한 햇빛을 가리기 위해 블라인드 친다고 하는데요, 햇빛을 차단하는 것에는 블라인드 외에 '버티칼'도 있다는 것, 아시죠? 이 **vertical**은 원래 '수직의'라는 뜻입니다. 이에 상응하는 '수평의' 뜻을 가진 단어는 **horizontal**입니다. 명사형은 '수평선'의 **horizon**이고요.
말 못하고, 귀가 안 들리고, 눈이 먼 사람들은 모두 장애가 있는 사람들입니다. 이렇게 '장애가 있는'이라는 뜻의 단어는 blind 안에 있는 철자 d를 이용하는데, **disabled**가 됩니다.

> These seats are reserved for the elderly and **disabled**.
> 이 좌석은 나이 드신 분들과 장애인들을 위한 것입니다.

'장애가 있는'의 뜻을 가진 다른 영어 단어는 **handicapped**이고요, 이 handicapped 안에 들어 있는 c를 이용하여 비슷한 의미의 **crippled**를 얻을 수 있답니다.

> Because she was **crippled**, she was confined to a wheelchair.
> 장애가 있어서 그녀는 휠체어에 의지할 수밖에 없었다.

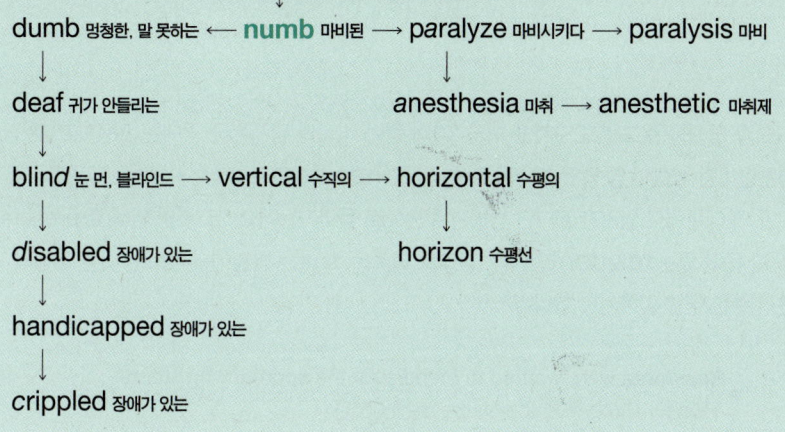

007 president → preside

대통령이 국무회의를 주재했다.

요즘 학생들은 그렇지 않지만 지금 30대 중반 이상의 남자분들 중에는 초등학교 때 꿈이 대통령이던 사람이 참 많았습니다. '대통령'은 **President**로 항상 대문자로 표기합니다. 하지만 이 대통령도 임기가 끝나면 평범한 주민으로 돌아가는데요, 그 '주민'이 바로 president에 쏙 들어 있는 **resident**입니다. 참고로 이 resident는 병원에서 intern 다음 과정의 '전문의 수련자'를 말하기도 합니다.

Residents were warned to prepare for the approaching storm.
주민들은 다가오는 폭풍에 대비하라는 경고를 받았다.

resident는 '주민'이고 동사인 '거주하다'는 그 속에 들어 있는 **reside**입니다. 혹시 전직 대통령이 거주하는 곳을 보신 적이 있나요? 거의가 다 으리으리한 대저택인데요, 이 '저택'은 **residence**입니다.
다시 president로 돌아와서요, 대통령은 국권 수호와 더불어 행정부 최고 수반으로 장관들이 참석하는 국무회의를 주재합니다. 이 '주재하다'가 president에 있는 **preside**입니다.

The **president** entered a conference room to **preside** over a cabinet meeting.
대통령은 각료 회의를 주재하기 위하여 회의실에 들어왔다.

이제는 president를 통해 어려운 단어를 재미있게 배워봅시다. 대통령(president)이 임기가 끝나 주민(resident)이 되면서 철자 p가 없어졌습니다. 이는 결국 대통령 재직 시에 가지고 있던 모든 특권이 없어진 건데요, 이 '특권'이 p로 시작하는 **privilege**입니다.

The **privilege** has long been abused for his own convenience.
그 사람의 편의 때문에 특권이 오랫동안 남용되어 왔다.

이런 대통령의 특권은 국민이 부여한 것으로 사리사욕을 위해 남용한다면 '비열한' 행동으로 비난받아 마땅합니다. 이 '비열한'의 뜻은 privilege에 들어 있는 **vile**입니다.

> I hate his **vile** behavior.
> 나는 그의 비열한 행동이 싫다.

마지막으로 대통령과 관련된 중요한 단어를 의미연상법으로 배워볼까요? 대통령 선거에 당선되면 일정한 시간이 지나 대통령에 취임을 합니다. 이 '취임하다'는 president에 있는 i를 이용하면 되는데요, **inaugurate**입니다. 명사형인 '취임'은 **inauguration**인 것, 꼭 기억해두세요.

008 mountain → mount

산에 오르다.

몇 가지 기본 장비만 갖추면 쉽게 할 수 있는 거라서 취미를 물어볼 때 등산이라고 하는 사람들이 많더군요. '산'은 **mountain**인데요, 이 안에 '오르다'라는 **mount**가 숨어 있답니다. 영화 '101 마리 달마시안 101 Dalmatians'을 보면 강아지들을 훔치려는 도둑이 울타리를 넘을 때 둘 중 하나가 나무에 올라가라면서 다음과 같이 말하는 재미있는 장면이 나옵니다.

> **Mount** the log. Extend the leg. When I count to three, we jump.
> 통나무에 올라가서 다리를 벌려. 내가 셋을 세면 뛰는 거야.

이 mount 앞에 a를 붙이면 '액수, 총합이 ~가 되다'의 뜻을 가진 **amount**가 됩니다. 액수가 어느 정도 올라야 총합이 나오므로 mount와 amount는 서로 연관이 된다고 볼 수 있습니다.

> He embezzled a large **amount** of money to finance his gambling.
> 그는 노름 자금을 대려고 많은 돈을 횡령했다.
> His annual income **amounts** to $100,000.
> 그의 연봉은 다 합쳐서 10만 달러에 이른다.

이제 이 mount를 가지고 다른 단어를 낚아볼까요? 먼저 **paramount**가 있는데요, '최고의'라는 뜻입니다. Paramount Pictures라는 영화사 들어본 적 있으시죠? 최고의 영화를 만드는 제작사란 뜻으로 이런 이름을 붙였을 거라는 것이 쉽게 짐작이 가네요.

> It is of **paramount** concern to protect her from danger.
> 그녀를 위험에서 보호하는 것이 최고의 관심사다.

다음으로 '타고 넘다, 극복하다'는 뜻의 **surmount**입니다.

You'd better **surmount** the obstacles you face now.
네가 지금 당면한 그 장애들을 극복하는 게 좋을 거야.

더운 여름날 등산을 하는데, 산 입구에 분수가 있다면 참 보기도 좋고 시원한 기분이 들 겁니다. 이 '분수'는 **fountain**으로 mountain의 첫 철자 m을 f로 바꾸기만 하면 되는데요, 이렇게 상상력으로 연결하면 단어가 오래 기억됩니다. 또 우리나라 산에는 절도 많이 있습니다. 이렇게 산과 절은 서로 관계가 있으므로 의미연상법을 이용해봅시다. mountain 안에 있는 철자 t로 시작하는 단어 **temple**이 '절'이라는 뜻입니다.

There used to be a **temple** here.
예전에 이곳에 절이 있었다.

절에 가면 잡념이 없어지고 깊은 생각을 하게 되죠. 그래서 그런가요? '심사숙고하다'는 뜻의 **contemplate** 안에 e가 빠진 temple이 숨어 있었습니다. 가만히 보니까 contemplate 에는 '접시'라는 뜻의 **plate**도 들어 있네요. 절의 스님들은 식사하는 공양시간도 수행이라 생각하고 깊은 생각을 하며 드시잖아요. 우리도 그렇게 생각하고 식사를 해보는 건 어떨까요?

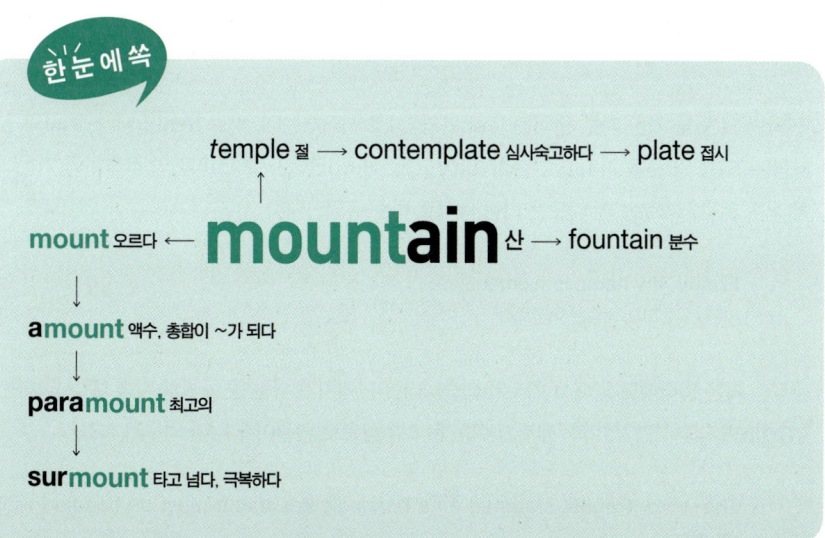

009 coffee → fee

커피를 마시면 요금을 내야죠.

우아한 커피숍에 앉아 향이 좋은 커피 **coffee**를 마셨습니다. 커피를 마시고 카페를 나올 때는 요금, 돈을 내야겠죠? 이 '요금'이 coffee 안에 있는 **fee**입니다. 그래서 '입장료'는 admission fee, '보험료'는 insurance fee, '특허료'는 patent fee, '수업료'는 tuition fee라고 씁니다. 그럼, 버스 요금, 기차 요금, 배 요금일 때도 fee를 쓸까요? 그때는 fee가 아니고요, fee처럼 f로 시작하는 **fare**를 씁니다. 그래서 '버스 요금'은 bus fare입니다. 가까운 거리보다는 멀리 갈 때 버스를 타잖아요. 그래서 '먼'이란 뜻의 far에 e를 붙인 거라고 연결하여 외우면 어렵지 않을 겁니다. 참고로, 멀리서 찾아온 손님에게 차비를 줘서 보내는 아름다운 풍속이 우리에게 있는 것, 알고 계시나요?

이제는 fee라는 단어를 이용해 다른 단어를 배워보겠습니다. 의료 보험료도 제 때 못 낼 정도로 집안이 어려우면 아이들이 제대로 먹지 못해 연약해질 수 있겠죠? 이 '연약한'은 **feeble**입니다.

His body grew **feebler** as the illness got worse.
병이 악화되어 가면서 그의 몸은 점점 더 연약해졌다.

'연약한'의 뜻을 가진 다른 단어는 feeble처럼 f로 시작하는데, 바로 **frail**입니다. frail의 명사형은 '약함'의 뜻을 가지고 있는 **frailty**고요. 이 frailty는 셰익스피어의 4대 비극 가운데 하나인 '햄릿 *Hamlet*'에 나오는 다음 대사로 아주 유명합니다.

Frailty, thy name is woman!
약한 자여, 그대 이름은 여자로다!

유리는 작은 충격에도 약해서 깨지기 쉽습니다. 이 '깨지기 쉬운'은 feeble처럼 f로 시작하는 **fragile**입니다. '연약한'과 '깨지기 쉬운'은 의미상으로 연결이 되니까 외우기 쉽죠?

The word '**fragile**' stamped on a box indicates that it must be handled with caution.

상자에 찍힌 fragile은 상자가 조심스럽게 다루어져야 한다는 것을 나타냅니다.

이번에는 조금 재미있게 다른 단어를 공부해볼까요? 어떤 사람이 커피를 너무 마셔서 카페인 중독으로 죽어서 관에 들어갔습니다. 이 '관'을 나타내는 말이 바로 **coffin**입니다. coffee에서 coff를 떼어내어 관 안에(in) 들어간다고 생각해서 in을 붙이면 coffin이 만들어집니다. '관'이라는 뜻을 가진 다른 단어도 c로 시작하는데요, 바로 **casket**입니다. 2004년 6월 New York Times는 레이건 전 미국 대통령이 사망하자 사진과 함께 다음과 같은 기사를 실었습니다.

> Nancy Reagan was comforted by Ron Reagan Jr., Patti Davis and Michael Reagan as they stood before Ronald Reagan's **coffin**.
> 낸시 레이건 여사가 로널드 레이건 전 대통령 관 앞에 서서 론 레이건 2세, 패티 데이비스, 마이클 레이건에게 위로를 받고 있다.

010 monkey → monk

원숭이 손오공을 구해준 승려 삼장법사!

동물원에 가본 적 있으시죠? 동물원에 가서 흔히 볼 수 있는 동물이 바로 원숭이 **monkey**입니다. 원숭이하면 또 생각나는 게 손오공입니다. 도술을 써서 천체의 궁전을 발칵 뒤집어놓은 손오공이 그 벌로 500년 동안 오행산에 갇혀 있었는데, 삼장법사가 구해준 이야기가 서유기에 나오잖아요. 삼장법사가 누구입니까? 스님이죠. 이 '스님'은 monkey 안에 들어 있는 **monk**입니다. 쉽게 연상이 되죠? 서양에서 monk는 '수도사'를 뜻합니다. 그럼 '수녀'는 뭘까요? **nun**입니다. 이 nun을 이용해서도 유용한 단어를 얻을 수가 있는데요, 시대가 시대인 만큼 수녀님들도 영어 공부를 아주 열심히 하신 분은 발음이 무지 좋습니다. 이때의 '발음'이 **pronunciation**입니다. pronunciation 안에 nun이 들어 있는 게 보이시지요? 그리고 '발음하다, 선언하다'의 동사는 **pronounce**입니다. 할아버지가 남긴 1억 달러를 상속받기 위해 24시간 안에 결혼해야 되는 내용을 그린 영화 '청혼 *The Bachelor*'의 결혼식 장면에 다음과 같은 대사가 나옵니다.

> I now **pronounce** you husband and wife.
> 나는 이제 두 사람을 남편과 아내로 선언합니다.

결혼식 장면이 나오는 모든 영화에서 주례가 마지막에 항상 위와 같은 말을 합니다. 그럼, pronounce가 '발음하다'의 뜻으로 쓰인 예문을 볼까요?

> In the word 'know', k is not **pronounced**.
> 단어 know에서 k는 발음되지 않는다.

다시 '수도사' monk로 돌아옵시다. 수도사는 수도원에서 수행에 정진하지요. 이 '수도원'은 monk 안에 있는 mon을 이용하면 되는데 **monastery**입니다. 그럼, 수녀원은 뭘까요? '수녀원'은 보통 **convent**라고 합니다. 이 수녀원에서 전국의 수녀들이 모여 '총회'나 '대회'를 열 수 있겠죠? '총회, 대회'란 뜻의 영어 단어는 convent를 이용한 **convention**입니다. 참고로 convention에는 '관습'이란 뜻도 있습니다.

Using the right hand to shake hands is a **convention**.
오른손을 이용해 악수하는 것이 관습이다.

'전통적인, 관습적인'의 뜻을 가진 convention의 형용사는 **conventional**인 것도 꼭 알아두세요.

Behind the modern buildings were houses of a more **conventional** design.
현대식 건물들 뒤에 더 전통적인 디자인으로 지어진 집들이 있었다.

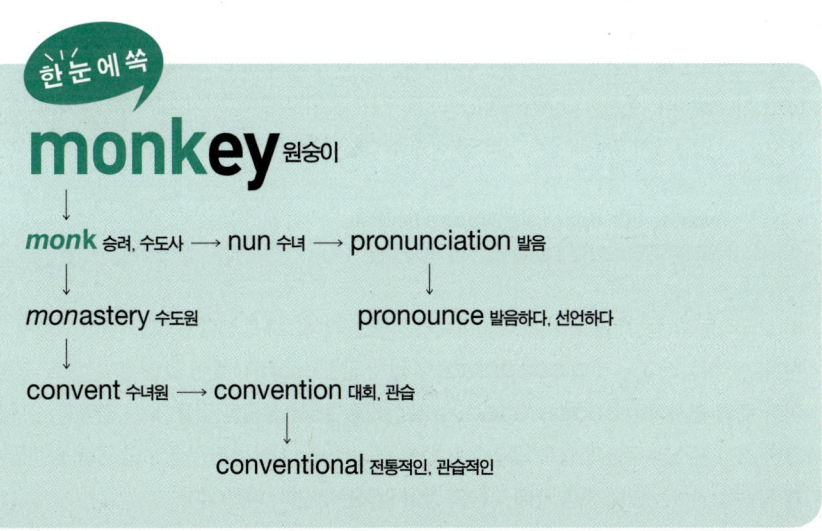

011 camera → era

카메라의 발명으로 새로운 시대가 열렸다.

여행 가서 남는 건 사진이라고 하죠? 이 사진을 찍는 디지털 카메라가 요즘은 거의 필수품이다시피 되었습니다. 이번에는 카메라 **camera**로 단어 공부를 해보겠습니다. 카메라가 처음 발명되었던 '시대'에는 사람들에게 이 카메라가 무척 신기했을 겁니다. 이 camera 안에 '시대'라는 뜻을 지닌 중요한 단어 **era**가 들어 있습니다.

> In an **era** of global competition, it is improper to take measures to reduce Koreans' spending abroad.
> 글로벌 경쟁 시대에 한국인의 해외 지출을 줄이는 조치를 취하는 것은 적절하지 못하다.

'시대'라는 뜻을 가진 또 다른 단어는 era처럼 e로 시작하는 **epoch**입니다. 참고로 이 epoch가 들어간 **epoch-making**은 '획기적인'의 뜻입니다.

> The glacial **epoch** lasted for thousands of years.
> 빙하시대는 수 천 년 동안 지속되었다.

era는 우리가 잘 알고 있는 오페라 **opera**에도 들어 있습니다. 18세기는 opera가 번성했던 시대입니다. 루치아노 파바로티는 그의 자서전 '파바로티, 나의 세계 *Pavarotti, My World*'의 서두에서 다음과 같이 말하면서 오페라에 대한 자신의 애정을 나타냅니다.

> I want to see **opera** survive and flourish.
> 나는 오페라가 살아남아 번성하는 것을 보고 싶다.

이 오페라는 각 등장인물들이 서로 협력해야만 좋은 작품으로 탄생할 수 있습니다. 그래서 그런가요? '협력하다'는 뜻의 **cooperate**에 앞서 말한 opera가 들어 있습니다. '협조, 협력'이란 뜻의 명사형은 **cooperation**이고요. 비행기에서 실종된 딸을 찾는 엄마의 사투를 그린 조디 포스터 주연의 영화 '플라이트 플랜 Flight Plan'의 초반부를 보면 공항 승객들에게 탑승을 권하는 안내 방송 끝에 다음과 같이 말하는 장면이 나옵니다.

Thank you for your **cooperation**.
협조해주셔서 감사합니다.

cooperation을 통해 다른 단어를 배워볼까요? 큰 회사가 제대로 굴러 가기 위해서는 직원들 간의 협력이 절대적으로 필요합니다. 이 '회사'는 cooperation에서 철자 두 개를 바꾼 **corporation**입니다. 앞서 말한 것처럼 corporation은 규모가 큰 회사를 말하고요, 일반적으로 표현하는 '회사'는 **company**입니다. 이런 회사에서 직원간의 동료 의식은 대단히 중요하죠. '동료'는 company를 이용하면 되는데요, **companion**입니다. '동료'라는 뜻을 가진 다른 단어도 com으로 시작합니다. **comrade**인데요, 이 comrade는 '동지'라는 뜻으로도 많이 쓰입니다. 특히 공산당에서 말하는 '동무'가 바로 comrade입니다. 마지막으로 '동료'라는 의미의 단어를 하나 더 배워볼까요? 바로 **colleague**인데요, 이렇게 com-, co-는 '함께'라는 의미를 지니고 있어서 '동료'라는 말을 나타낼 때 앞에 오는 것입니다.

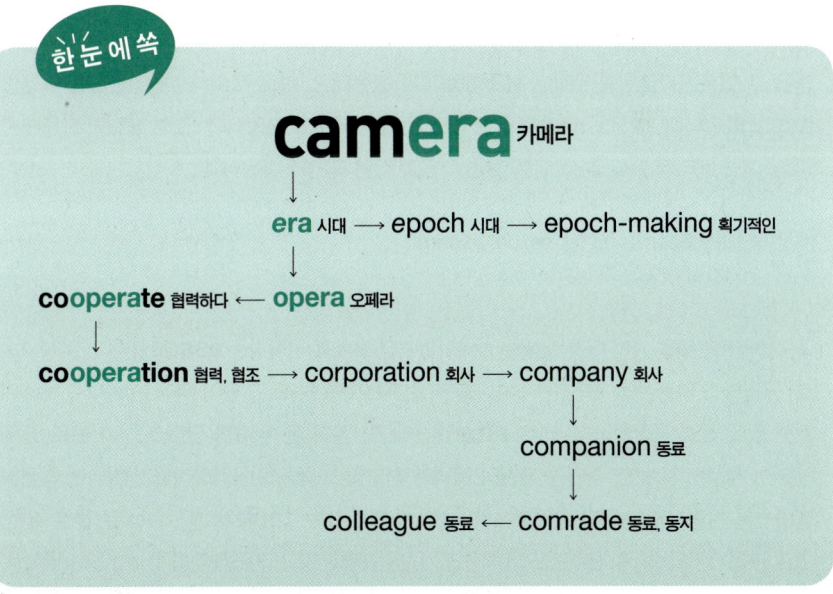

012 grape → rape
포도밭에서 강간하는 놈은 짐승이나 매한가지!

알알이 맺혀 있는 포도는 풍성한 수확을 의미합니다. 이 '포도'가 **grape**인데요, 탱글탱글한 느낌을 주는 단어 grape에 **rape**가 들어 있습니다. 바로 '강간하다'의 뜻인데요, 정말 무섭고 끔찍하고 하루 빨리 없어져야 할 범죄를 뜻하는 단어입니다. 브루스 윌리스가 주연한 영화 '스트라이킹 디스턴스 *Striking Distance*'를 보면 여자 경찰이 브루스 윌리스에게 다음과 같이 말하는 장면이 나옵니다.

> When I was in college, my roommate was **raped**.
> 제가 대학교 다닐 때 제 룸메이트가 강간을 당했어요.

이렇게 강제로 겁탈하는 사람은 짐승이나 다름없습니다. 사람의 탈을 쓴 짐승이라고 할 수 있죠. 그런데 참 신기하게도 rape 안에 **ape**가 들어 있습니다. '유인원'이라는 뜻인데, grape, rape, ape를 차례로 연결하면 '포도밭에서 강간하면 짐승' 뭐 이렇게 되겠죠.
rape가 '강간하다'고요, 이렇게 강간하는 '강간범'은 **rapist**입니다. '강간하다'와 연결하여 얻을 수 있는 단어로 '공격하다, 성폭행하다'가 있는데요, 바로 rape 안에 있는 a를 이용한 **assault**입니다. 이 assault는 '폭행'이란 뜻의 명사로도 쓰입니다. 르네 젤웨거가 주연한 영화 '너스 베티 *Nurse Betty*'를 보면 다음과 같은 대사가 나옵니다.

> He's been sued for sexual **assault**.
> 그는 성폭행으로 기소되었습니다.

'공격하다'의 뜻을 가진 다른 단어는 assault처럼 ass로 시작하는 **assail**입니다. 마지막으로 '공격하다'라는 뜻을 가진 단어 하나를 더 건져보도록 하죠. 그 단어 역시 assault, assail처럼 같은 a로 시작합니다. 바로 **attack**인데요, 많이 본 익숙한 단어죠? '나 홀로 집에 *Home Alone*'를 보면 주인공 케빈이 저녁에 침입할 도둑들을 공격하려고 방바닥에 압정을 깔아놓는 장면이 있습니다. 이 '압정'이 attack 안에 있는 **tack**입니다. tack은 물론 '압정으로 고정시키다'의 동사로도 쓰입니다. 인기 있는 만화 영화 '인크레더블 *The Incredibles*'

을 보면 아이가 학교 선생님 의자에 압정을 놓아서 선생님을 찔리게 만들었다고 식탁에서 엄마가 아버지에게 말하는 장면이 나옵니다. 하지만 이런 장난은 절대 하면 안 되겠죠?

He put a **tack** on the teacher's chair.
아이가 선생님 의자에 압정을 놓았지 뭐예요.

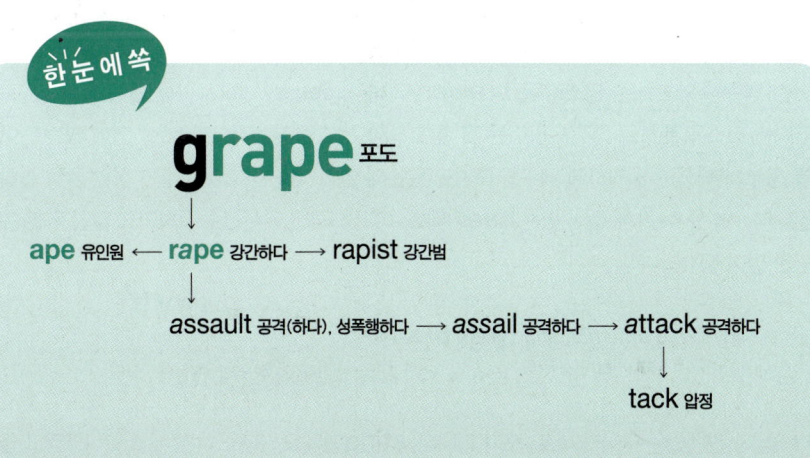

013 beer → bee

맥주를 마시다 벌 때문에 깜짝 놀라다.

땀 흘려 운동하고 나서 마시는 맥주의 맛은 정말 기가 막힙니다. 이 '맥주'가 바로 **beer**입니다. 이 맥주와 '거품, 따르다'라는 단어는 서로 관계가 있죠? 이 단어들을 이용하여 문장을 만들어보겠습니다. 단어를 배우고 예문을 익힐 때는 이렇게 쉬운 단어와 관련이 있는 좀 더 어려운 단어를 문장 속에서 함께 알아가는 것이 좋습니다. 사전에만 의존하지 말고, 좋은 영어 책을 읽을 때 문장이 좋으면 항상 키워드를 빼서 노트나 컴퓨터에 정리해 놓으세요. 그러면 여러분만의 독특한 단어 사전이 만들어질 겁니다.

> He saw the foam in the glass when he poured **beer** into it.
> 그는 맥주를 잔에 따르면서 잔에 생기는 거품을 보았다.

맥주 브랜드 중에 OB가 있는데요, '동양 맥주'의 영문 표기인 Oriental Brewery를 줄여서 표현한 것입니다. 흔히 맥주는 '양조하다'라고 하지 '만들다'라고 하지 않습니다. 이렇게 '맥주를 양조하다'는 beer의 b를 이용하면 됩니다. 바로 **brew**죠.

> Beer is **brewed** from malt.
> 맥주는 맥아(麥芽)로 양조된다.

이런 맥주를 양조하는 '양조장'은 **brewery**입니다. bakery, library 등 단어 끝이 -ry로 끝나면 장소를 뜻하는 경우가 많다는 것, 참고하세요. 그럼 본격적으로 beer 안에 있는 단어를 공부해볼까요? 시원하게 맥주를 마시고 있는데 벌이 '윙~'하고 날아들면 정말 깜짝 놀랄 겁니다. '벌'은 beer에 들어 있는 **bee**인데요, 이 '벌' 하면 권투선수 무하마드 알리가 한 유명한 말이 생각납니다.

> Fly like a butterfly, sting like a **bee**.
> 나비처럼 날아서 벌처럼 쏴라.

이 '벌'과 관계있는 단어가 바로 '쏘다'입니다. **sting**인데요, 혹시 "너 벌에 쏘였니?"라고 물어볼 때 뭐라고 말하는 줄 아세요? 바로 Did you get stung?입니다. 영화로 제작된 '엑스파일 X-File'에서 멀더 요원이 벌에 쏘였을 때 나오는 대사이기도 하죠. 이렇게 벌에 쏘이면 쏘인 부위는 벌겋게 부풀어 올라서 다른 부위와 구별하기가 쉽습니다. 이 '구별하다, 식별하다'가 **distinguish**인데요, distinguish 안에 sting이 들어 있는 것, 눈치 채셨죠?

> The twins were so much alike that I couldn't **distinguish** them.
> 쌍둥이가 너무 닮아서 나는 그 둘을 구별할 수가 없었다.

distinguish의 명사형은 '구별'이라는 뜻을 가진 **distinction**입니다.

> The **distinction** between the roles of the male and the female has become much less obvious these days.
> 요즘 들어 남성과 여성의 역할 구분이 훨씬 덜 명확해지고 있다.

distinguish의 형용사는 '뚜렷한'의 뜻을 가진 **distinct**입니다. 요즘처럼 개성이 중요한 시대에 자신만의 뚜렷한 개성을 가지는 것은 이제 선택이 아니라 필수겠죠?

> There is a **distinct** difference between the two.
> 두 사람 사이에는 뚜렷한 차이가 있다.

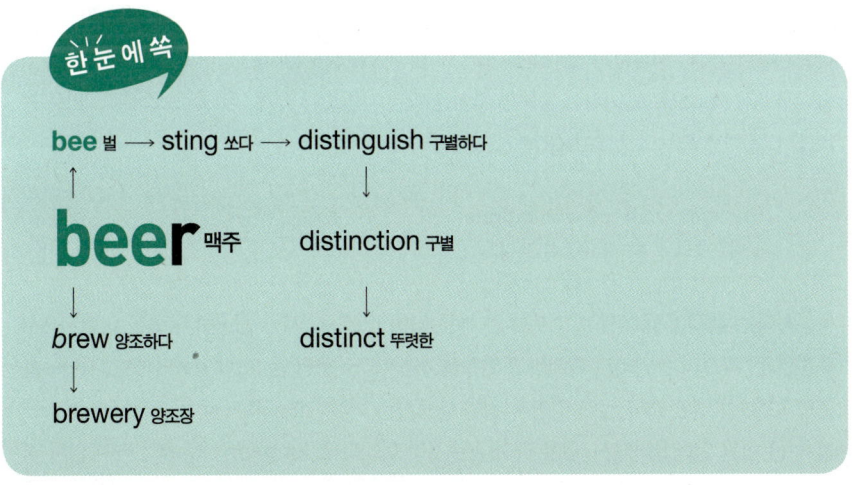

014 father → fat

아버지께서 뚱뚱한 자기 모습은 운명이라고 하신다.

아버지! 이 아버지란 말만 들어도 눈물이 왈칵 솟는다는 분들이 의외로 많더라고요. 이번에는 이 아버지 **father**로 중요한 단어들을 공부해보겠습니다. 여러분들의 아버지 모습은 어떤가요? 다 그렇지는 않겠지만 연세가 어느 정도 있으시다면 배가 나오고 약간 뚱뚱하신 분이 많으실 겁니다. '뚱뚱한'은 father 안에 들어 있는 **fat**입니다. father와 fat, 두 단어를 이용하여 문장을 만들어보죠.

> My **father** is too **fat** to touch his toes.
> 우리 아버지는 너무 뚱뚱해서 손이 발가락에 닿지 않는다.

또 fat은 명사로 '지방'이라는 뜻도 있습니다.

> **Fat** is not digested in the stomach but in the intestines.
> 지방은 위에서 소화되지 않고 장에서 소화가 진행된다.

fat은 3대 영양소의 하나죠. 그럼 나머지 영양소인 탄수화물과 단백질은 뭔지 아세요? '탄수화물'은 **carbohydrate**, '단백질'은 **protein**입니다. '프로틴 샴푸'라는 상표 기억나시나요? 머리카락의 주성분이 단백질인데요, 그 단백질을 보충한다는 의미로 그런 이름이 붙었습니다. 다시 fat으로 돌아가서 뚱뚱한 사람은 마른 사람보다 쉽게 피로를 느낍니다. '피로'는 fat을 이용하면 되는데요, **fatigue**가 그것입니다.

> Her eyes were red with **fatigue**.
> 그녀의 눈은 피로로 빨갛게 충혈되었다.

뚱뚱하다는 생각이 들어서 이것저것 안 해본 다이어트가 없지만 성공하지 못한 아버지께서 뚱뚱한 건 자신의 운명이자 팔자라고 한탄을 하십니다. '운명'은 fat에 eat의 첫 철자인 e를 붙인 **fate**입니다. 결국 많이 먹어서(eat) 뚱뚱해진 거잖아요. 영화 '알렉산더 Alexander'를 보면 어린 알렉산더에게 '왕은 태어나는 것이 아니다(A king isn't born.)'라며 엄마 역을 맡은 안젤리나 졸리가 다음과 같이 덧붙이는 장면이 나옵니다.

Fate is cruel.
운명은 잔인한 것이다.

fate 외에 '운명'이라는 뜻을 가진 또 다른 단어는 **destiny**입니다. 케빈 코스트너가 주연을 맡은 영화 '로빈 훗 Robin hood'을 보면 흑인 배우 모건 프리만이 이렇게 말한 대사가 나옵니다.

No man controls my **destiny**.
어느 누구도 내 운명을 통제할 수 없어.

가슴 떨리는 운명적인 만남도 처음에는 자그마하고 사소한 만남에서 시작되지요. 버스 안에서 우연히 만날 수도 있고, 도서관에서 우연히 만날 수도 있고요. 이 destiny 안에 있는 **tiny**가 바로 '작은'의 뜻입니다. 그래서 '작은(tiny) 만남이 커다란 운명(destiny)이 될 수도 있다'고 말할 수 있지요. 그러니 주변의 작은 만남을 소홀히 하지 마세요. 여러분의 운명을 송두리째 바꿔놓을 수도 있으니까요. 영화 '콜드 마운틴 Cold Mountain'을 보면 삶의 순간 순간은 마치 수 천 개의 다이아몬드와 같은 거라고 여주인공이 다음처럼 말하는 장면이 나옵니다.

They are like a bag of **tiny** diamonds.
순간 순간은 작은 다이아몬드가 들어 있는 주머니와 같은 것이지요.

또 '스파이 키드 Spy Kids'를 보면 두 남매가 타고 갈 비행기가 너무 작아서 다음과 같이 말하는 인상적인 장면이 나옵니다.

It's **tiny**.
그거 정말 작군.

자, 다시 아버지께로 눈길을 돌려볼까요? 뚱뚱한 아버지가 운동을 해서 다시 살을 빼겠다고 결심을 단단히 하셨습니다. 세상에나, 새 깃털처럼 가벼운 몸을 만들겠다고 각오를 하셨네요. 이 '깃털'은요, father에다 아버지가 운동을 해서 살을 빼겠다고 했으니까 exercise의 첫 철자 e를 중간에 첨가하면 됩니다. **feather**가 되는 것이지요. 영화 '프린세스 다이어리 Princess Diaries'를 보면 공주가 알레르기가 있다며 다음과 같이 말하는 대사가 나옵니다.

She is allergic to goose **feathers**.
공주님은 거위 깃털에 알레르기가 있어요.

자, 시간이 흘러 운동으로 깃털처럼 몸이 가벼워진 아버지가 몸에 꽉 끼는 까만 가죽옷을 아래로 쭉 빼입으시고 오토바이를 타고 외출합니다. '가죽'은 feather에서 f를 l로만 바꾸면 되는 **leather**입니다.

The **leather** jacket has worn out at the elbows.
그 가죽점퍼는 팔꿈치가 닳았다.

이렇게 멋진 가죽옷을 입고 나가셨는데, 날씨까지 화창하다면 정말 금상첨화겠죠? '날씨'는 leather의 l을 w로 바꾼 **weather**입니다. 미국 뉴스를 보면 끝날 즈음에 항상 날씨 프로그램이 나오는데요, 그때 화면에 거의 예외 없이 weather forecast라는 영어 단어가 나옵니다. '일기 예보'라는 뜻이거든요. 영화 '아일랜드 The Island'를 보면 복제인간들을 실어 나르는 일을 하는 비행조종사가 다음과 말하는 장면이 나옵니다.

We don't fly in bad **weather**.
우리는 악천후에는 비행하지 않아요.

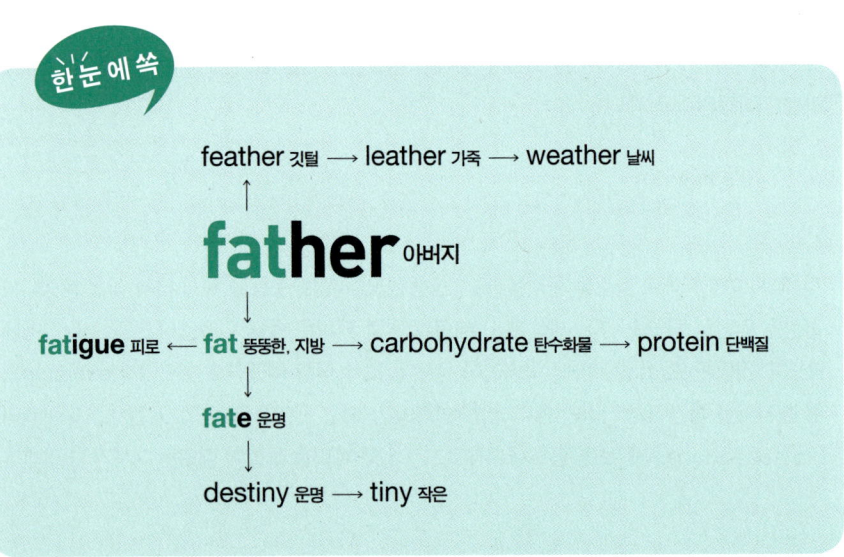

015 bank → ban

은행에서는 부정한 방식의 대출을 엄격히 금지한다.

부자가 되려면 항상 가까이 해야 할 곳이 바로 '은행'입니다. **bank**라고 하죠. 이 bank에는 '제방'이라는 뜻도 있습니다.

> I swam to the edge of the lake and climbed out onto the **bank**.
> 나는 호수 가장자리로 헤엄쳐가서 제방 위로 올라갔다.

이런 은행에서 거래를 못할 정도라면 기업이나 개인이 파산한 상태일 겁니다. 그래서 '파산한'의 영어 단어는 **bankrupt**입니다.

> The company went **bankrupt** after only two years of operation.
> 그 회사는 운영 2년 만에 파산했다.

이렇게 개인이나 회사가 파산했다면 삶 자체가 '파열된' 거나 마찬가지일 겁니다. '파열하다'는 bankrupt 안에 있는 rupt를 이용하면 되는데요, 바로 **rupture**입니다.

> If this pipe **ruptures**, the house will get flooded with water.
> 이 파이프가 파열하면 집은 물로 넘치게 될 것입니다.

은행에서는 대출을 해줄 때 철저하게 심사를 합니다. 외부의 압력 때문에 부정한 방법으로 대출해주는 것은 전적으로 금지하는데요, 이 '금지하다'가 bank 안에 있는 **ban**입니다. 빛이 눈에 들어오는 것을 막기 위해 쓰는 선글라스 상표 중에 '라이방'이라고 들어보셨나요? 바로 Ray Ban을 뜻하는 말인데, 택시 운전사분들이 이 '라이방'을 많이 쓰십니다.
여러분은 혹시 시골에 살아보신 적이 있나요? 확실히 시골보다는 도시에 '주차 금지' 등 이런 저런 금지 사항이 많습니다. 그래서 그런가요? 영어에서 '도시의'라는 형용사에 이 ban이 들어가더라고요. 바로 **urban**입니다.

Many people are moving to **urban** areas.
많은 사람들이 도시로 이주하고 있다.

또 도시에는 이런 저런 소란거리도 많은데요, 이 '소란'은 **disturbance**라고 합니다. disturbance 안에 쏙 들어간 urban이 보이십니까?

Sorry for the **disturbance**.
소란 피워서 죄송합니다.

disturbance의 동사형은 '방해하다'의 **disturb**입니다. 호텔 객실을 지나다 보면 'Do not disturb'라는 푯말이 도어록에 걸려 있는 것을 본 적이 있을 겁니다. 아직 안에 있으니 방해하지 말라는 뜻이지요.

She opened the door quietly so as not to **disturb** the sleeping baby.
그녀는 자고 있는 아기에게 방해가 되지 않도록 조용히 문을 열었다.

'도시의'라는 형용사를 배웠으니 그 상대어인 '시골의'라는 형용사도 알아야겠죠? 바로 **rural**입니다.

The **rural** life is much more peaceful than the city one.
전원생활이 도시생활보다 훨씬 더 평화롭다.

이번에는 ban을 활용하여 다른 단어를 건져볼까요? ban과 유사한 발음을 가진 단어로 **van**이 있습니다. 서두에서 설명한 철자 변형이라는 단어 암기법을 이용한 것이죠. van은 '미니밴'이라는 말로 많이 들어봤을 텐데요, 대체로 봉고차들을 지칭합니다. ban과 van을 이용한 단어에 banish와 vanish가 있습니다. **banish**는 '추방하다'의 뜻이고 **vanish**는 '사라지다'의 뜻입니다. 톰 크루즈와 니콜 키드만이 주연한 영화 '파 앤드 어웨이 *Far and Away*'를 보면 아일랜드에서 신대륙 미국에 건너간 두 주인공이 정착한 집에서 쫓겨나는 장면이 나옵니다.

These two are **banished**.
이 두 사람은 이제 추방되었죠.

또, 영화 '터미네이터 *Terminator*' 초반부를 보면 다음과 같은 내레이션이 나옵니다.

Three billion lives would **vanish** in an incident.
삼십억의 목숨이 사고로 사라질 것입니다.

하지만 banish와 vanish는 시간이 지나면 철자가 유사해서 서로 혼동이 될 수 있습니다. 절대 잊어버릴 수 없는 힌트 한 가지 드릴까요? 그럴 때는 vanish 안에 있는 van을 활용하여 '봉고차를 타고 사라진다'라고 생각하세요. 그럼 나머지 banish는 자동적으로 '추방하다'라는 뜻이란 것을 쉽게 떠올릴 수 있을 겁니다.

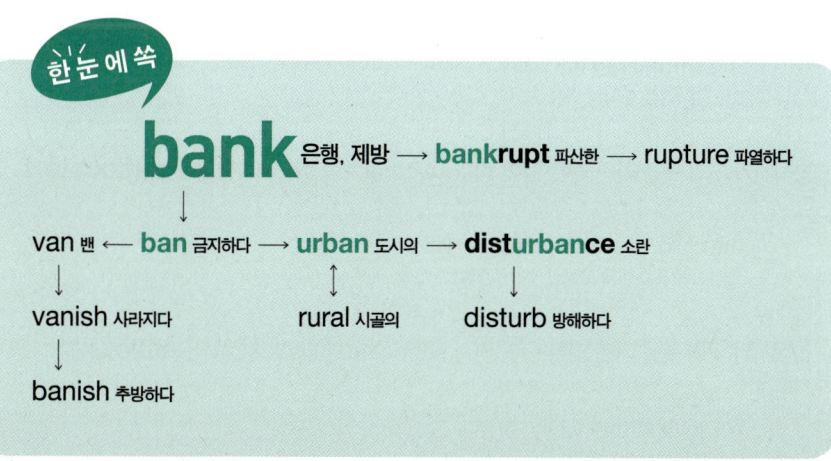

016 mother → moth

어머니가 나방을 쫓아내느라 분주하시다.

아버지란 단어로 여러 가지를 배웠는데, 어머니는 쏙 빼놓으면 안 되겠죠? 이제는 어머니 **mother**로 중요한 단어들을 배워봅시다. 우선 mother tongue은 '모국어'의 뜻임을 알아두세요. 여름에 열어 놓은 창으로 들어온 나방을 잡으러 엄마가 분주하게 뛰어다니십니다. '나방'은 바로 mother 안에 들어 있는 **moth**인데요, 두 단어를 이용하여 문장을 만들어보죠.

The **moth** landed on my **mother**'s hair.
나방이 엄마 머리카락 위에 앉았다.

어머니에게 자식은 그 무엇과도 바꿀 수 없는 소중한 존재입니다. 그런데 그 자식이 납치됐다가 경찰의 도움으로 1주일 만에 다시 어머니와 만나게 되었습니다. 그때 어머니는 다시 만난 아이를 보고 질식할 정도로 으스러지게 껴안을 겁니다. 이 '질식시키다'는 **smother**로 mother 앞에 s를 붙이면 됩니다. 사실 굉장히 어려운 단어인데 쉽게 외울 수 있겠죠? 개인적으로 smother라는 단어만 보면 꼭 생각나는 영화 장면이 있습니다. 영화 '피아니스트 *The Pianist*'를 보면 독일군에게 유태인들이 숨어 있던 곳이 발각되지 않게 하려고 한 어머니가 아기의 울음을 막으려다 숨막히게 해서 죽게 했다는 말을 하는 장면이 나옵니다.

She **smothered** her baby.
그녀가 아기를 숨막혀 죽게 했어.

'질식시키다'의 뜻을 가진 다른 단어 역시 smother처럼 s로 시작합니다. **suffocate**죠.

The child was **suffocating** in water.
그 아이는 물속에서 질식할 것만 같았다.

'질식시키다'의 뜻을 가진 다른 단어 역시 suffocate처럼 s로 시작하는 **stifle**입니다.

We were **stifled** by the heat.
우리는 더워서 숨이 막힐 지경이었다.

이 '질식시키다'라는 뜻이 좋은 것도 아닌데 비슷한 말은 참 여러 개가 있네요. 바로 s로 시작하는 **strangle**입니다. 주로 목을 졸라 질식시킬 때 쓰는 단어인데요, 가만히 보니까 strangle 안에 '각도'를 뜻하는 **angle**이 있습니다. 조금 끔찍하기는 하지만, 학습을 위해서 목을 조를 때 두 손의 각도를 잘 맞춰야 한다고 기억하세요.

> He **strangled** his wife to death.
> 그는 자기 아내를 목 졸라 죽였다.

계속 '질식시키다'의 의미로 쓰이는 단어를 배우고 있는데요, 여기서 '질식시키다'라는 뜻으로 배울 마지막 단어는 **choke**입니다. 영화 '쥬라기 공원 The Jurassic Park'을 보면 공룡에 쫓기다가 전선줄에 대롱대롱 매달리게 된 박사가 자기 목을 잡고 있던 여자 아이에게 이렇게 말하는 장면이 나옵니다.

> You are **choking** me.
> 너 때문에 숨이 막힌다.

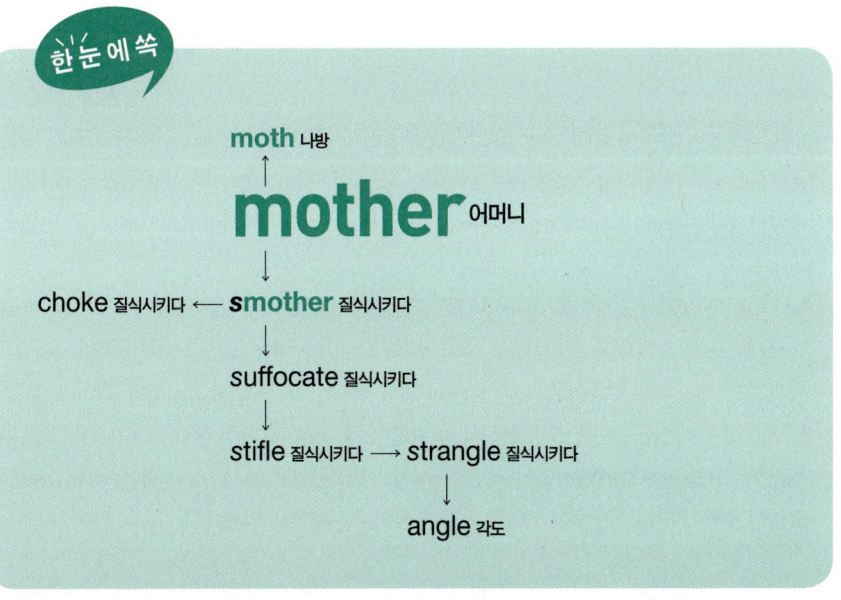

017 kitchen → hen

어머니가 부엌에서 암탉을 잡으신다.

요즘은 남자들에게도 친숙한 공간이 된 '부엌', 이번에는 **kitchen**을 가지고 유용한 단어를 알아보겠습니다. 우리나라 속담에 '사위 사랑은 장모'라는 말이 있죠. 오랜만에 처갓집에 오는 사위를 위해 장모가 암탉을 잡습니다. 이 '암탉'은 kitchen 안에 있는 **hen**입니다. 암탉이 hen이면 '수탉'은 뭘까요? 바로 **cock**입니다. 이 암탉이 알을 낳아 그 알이 부화하면 병아리가 나오는데요, '부화하다'는 hen의 h를 이용한 **hatch**입니다.

> Don't count your chickens before they are **hatched**.
> 떡 줄 사람은 생각지도 않는데 김칫국부터 마시지 마라.

사위에게 줄 암탉을 잡아 깃털을 뽑으려니 털들이 날려 가렵습니다. '가렵다'는 kitchen 안에 들어 있는 **itch**인데요, 생활에서 많이 쓰는 단어이니 꼭 알아두세요.

> My back **itches**.
> 등이 간지럽다.

사위가 먹성이 좋아서 닭을 많이 잡았는데, 웬일인지 닭이 남았습니다. 그러자 장모가 남은 닭을 작은 상자에 담아서 주었습니다. 이때의 '작은 상자'가 kitchen의 앞 음절만 딴 **kit**입니다. 이 kit이 언제 쓰이냐고요? 핀셋이나 연고가 담긴 '구급상자'를 First Aid Kit이라고 한답니다.

혹시 여러분 집에서 고양이를 키우시나요? 고양이가 있으면 남은 음식물을 줄 수 있어서 음식 쓰레기도 생기지 않고 일석이조죠. 특히 새끼 고양이는 먹는 모습도 너무 귀엽습니다. 이 '새끼 고양이'가 바로 **kitten**입니다. 만화나 팬시 캐릭터에서는 새끼 고양이가 '벙어리 장갑'을 끼고 있는 모습을 볼 수 있는데요, 너무 귀엽지 않나요? '벙어리 장갑'은 kitten의 k를 m으로만 바꾸면 되는 **mitten**입니다. 영화 '사랑의 크리스마스 All I want for Christmas'를 보면 오빠가 어린 여동생에게 다음과 같이 물어보는 장면이 나옵니다.

Where did you put your **mittens**?
너 장갑 어디다 놓고 왔어?

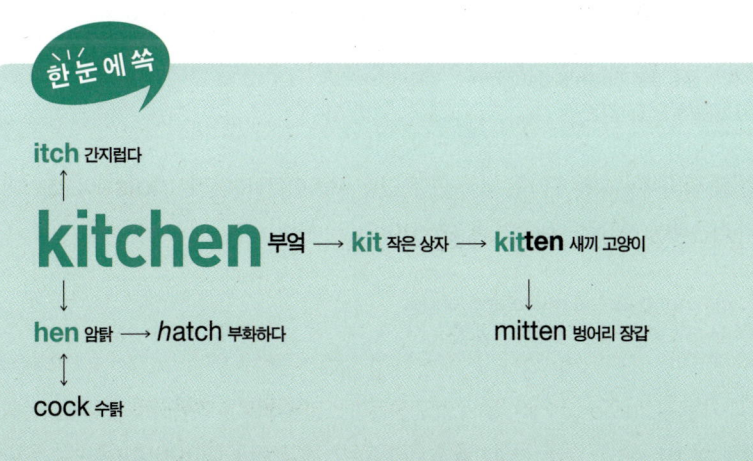

018 dinner → din

저녁 식사를 하는데 시끌벅적한 소리를 내다.

온가족이 모여 하루 일과를 얘기하며 피로를 풀 수 있는 때가 바로 저녁 식사 **dinner**입니다. 아주 중요한 단어인데요, 우선 dinner를 통해 '식사하다'라는 뜻의 동사를 배워봅시다. '식사하다'는 dinner에서 ner을 떼고, 그 자리에 e를 붙인 **dine**이고요, '식당'은 dining room이라고 합니다. 영화 '캐리비안의 해적 Pirates of the Caribbean'을 보면 해적에게 잡혀간 총독의 딸에게 이렇게 말하는 장면이 나옵니다.

> You will be **dining** with the captain.
> 너는 선장과 식사를 하게 될 거야.

아이들이 많은 집은 저녁 식사 시간이 그야말로 난리법석에 소란스러울 겁니다. 바로 아이들이 내는 '소음' 때문인데요, 이 dinner 안에 있는 **din**이 바로 '소음'의 뜻입니다. din과 소리는 같지만 철자가 다른 단어가 '대학 학장'이란 뜻의 **dean**입니다. 대학 학장의 사무실이야말로 학생들이 계속 오가기 때문에 이런 소음이 끊이지 않을 겁니다. 나스타샤 킨스키가 주연한 영화 '레드 레터 Red Letter'의 초반부를 보면 한 여학생이 성적 때문에 교수에게 은밀히 접근하려 하자 교수가 그 여학생에게 이렇게 말하는 장면이 나옵니다.

> You are the **dean's** daughter.
> 자네는 학장 딸이잖는가.

이 '소음'을 나타내는 다른 단어는 din 안에 있는 n을 이용하여 얻은 **noise**이고요, 이 noise의 형용사는 '시끄러운'이란 뜻을 지닌 **noisy**입니다.

> I can not bear the **noise** any longer.
> 나는 그 소음을 더 이상 참을 수가 없다.

영화 '쥬라기 공원 Jurassic Park'을 보면 공룡들이 소란을 피우는 장면이 심심찮게 나옵니다. 이렇게 소란을 피우는 '공룡'은 din을 활용하면 되는데요, 바로 **dinosaur**입니다. 영화

'아이스 에이지 2 *Ice Age 2*'를 보면 공룡의 멸종 이유를 공룡이 너무 거만해서 그렇게 되었다고 말하는 재미있는 장면이 나옵니다. 정말 그럴까요?

The **dinosaurs** got cocky.
공룡들이 너무 오만했어.

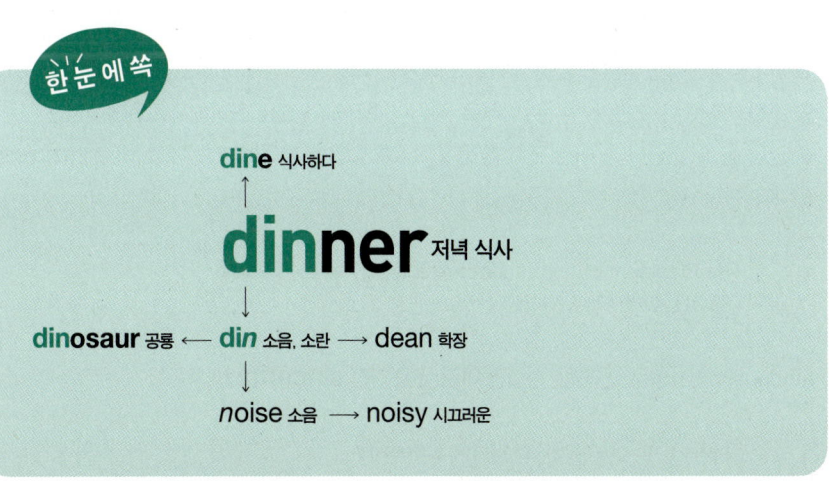

019 cou**sin** → **sin**

잘 사는 사촌을 시기하는 것도 **죄**다.

우리말 속담에 '사촌이 땅을 사면 배가 아프다'가 있습니다. '사촌'은 **cousin**인데요, 이렇게 남 잘되는 것을 시기하는 것도 일종의 죄입니다. 뭐 그렇다고 감옥까지 가는 건 아니고요. 이렇게 종교나 양심상의 '죄'는 cousin 안에 들어 있는 **sin**으로 나타냅니다. 성경에서 이야기하는 '원죄'가 바로 original sin입니다. 영화 '해리 포터와 불의 잔 Harry Potter and the Goblet of Fire'을 보면 다음과 같은 대사가 나옵니다.

> Curiosity is no **sin**.
> 호기심은 죄가 아니다.

이 sin에 ce를 붙인 것이 '~이래로'의 **since**입니다. 교육을 받고 이성이 있는 사람이라면 설사 죄를 지었더라도 나중에 가서는 자신의 죄를 뉘우치게 됩니다. 그럴 때는 어떤 계기가 있어야 합니다. 그래야 그 이래로 마음속의 죄를 뉘우칠 수 있잖아요.

> He has been lame in one leg **since** the accident.
> 그 사고 이래로 그는 한쪽 다리를 전다.

교회나 성당에서는 믿음을 굳건히 하기 위해 수련회를 가는 경우가 많은데요, 참 특이하게도 그 수련회에 갔다 오면, 갔다 온 '이래로' 사람이 예전보다 훨씬 진지해지고 괜찮아지는 경우를 많이 볼 수 있습니다. 이런 '진지한'을 since를 활용해 만들 수 있는데요, 바로 **sincere**입니다.

> The President offered a **sincere** apology to the people.
> 대통령은 국민들에게 진지하게 사과했다.

sincere의 명사형은 '진지함, 성실함'이란 뜻을 가진 **sincerity**입니다.

> There is no question about his **sincerity**.
> 그의 성실함에는 의심의 여지가 없다.

sincere는 since에 re가 붙은 단어입니다. 수련회에 다녀오고 나서 사람이 진지해졌다는 것은 결국 자신의 삶을 돌아보고 반성하여 삶을 좀 더 진지하게 살아보려고 하는 것의 표출입니다. 이렇게 '반성하다'는 since 다음에 붙은 re를 이용하면 됩니다. 바로 **reflect**지요. 이 reflect에는 '반사하다'라는 뜻도 있어서 reflect의 명사형 **reflection**은 '반사, 반영, 반성'이란 뜻을 가지고 있답니다.

> She looked at her face **reflected** in the mirror.
> 그녀는 거울에 반사된 자신의 얼굴을 보았다.

다시 sin으로 돌아와 몇 가지 단어를 더 얻어보겠습니다. 링컨 대통령, 케네디 대통령, 존 레논의 공통점이 무엇일까요? 바로 암살자에게 암살당했다는 것입니다. '암살자, 자객'은 **assassin**으로 여기에 sin이 들어 있네요. 암살자라고 해도 자기가 지은 죄에 대해서는 일말의 양심의 가책을 느낄 때도 있을 겁니다. 동사로 '암살하다'는 **assassinate**고요, '암살'은 **assassination**입니다. 정말 다시는 이런 비극적인 암살이 있어서는 안 되겠죠.

> 1963 is the year when President Kennedy was assassinated.
> 1963년은 케네디 대통령이 암살된 해이다.

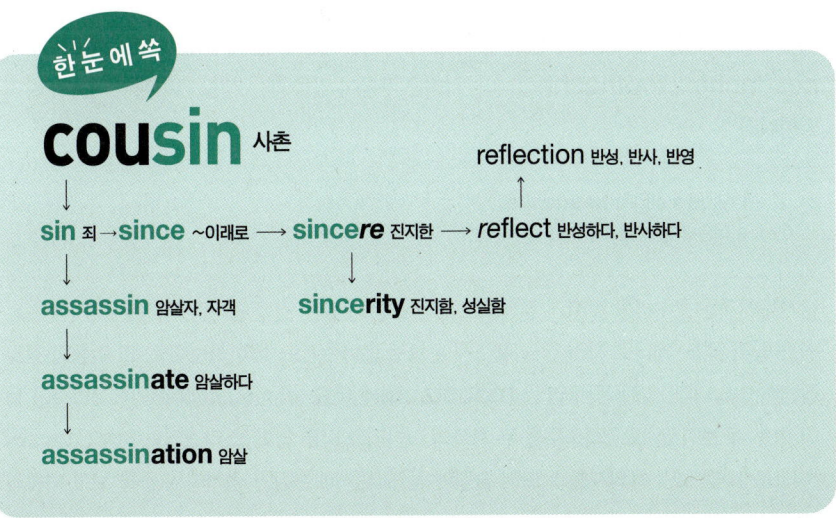

020 teacher → ache

좋은 선생님은 학생들의 아픔을 함께 하는 분이다.

요즘 가장 각광받는 직업이 뭔지 아십니까? 바로 선생님입니다. 안정되고 존경도 받을 수 있으니까요. 그런 '선생님'은 영어로 **teacher**입니다. 선생님도 여러 부류가 있지만, 집에 상주하여 가르쳐주시는 가정교사도 선생님이죠. '가정교사'라는 단어도 teacher처럼 t로 시작하는데요, 바로 **tutor**입니다.

자, 이제 teacher라는 쉬운 단어로 본격적으로 중요한 단어를 공부해봅시다. 미남 배우 이병헌이 시골 선생님으로 나오는 영화 '내 마음의 풍금'을 보면 도시락을 싸오지 못해 점심 시간마다 수도꼭지에 입을 대야 하는 학생 때문에 마음이 아픈 선생님이 그 학생에게 자기 도시락을 주는 장면이 나옵니다. 좋은 선생님은 이렇게 학생이 겪고 있는 '아픔'을 내 일처럼 생각하는 분일 겁니다. '아프다, 아픔'이란 뜻의 영어 단어는 teacher에 살포시 들어 있는 **ache**입니다.

> My heart **aches**.
> 내 마음이 아프다.

이 ache를 이용하면 진통제 광고에 나오는 '두통, 치통'도 쉽게 배울 수 있는데요, 바로 **headache**와 **toothache**입니다. 가벼운 두통이 있을 때는 생활 영어에서 다음과 같이 말합니다.

> I have a slight **headache**.
> 가벼운 두통 증세가 있어요.

남자들에게는 콧수염을 멋지게 길러보고 싶은 소망이 있는 것 같습니다. 하지만 멋지게 기르기가 쉽지 않죠. 제대로 자리 잡을 때까지 손으로 뽑아주기도 해야 하는데요, 그 아픔이 정말 장난이 아닙니다. 이런 '콧수염'은 **moustache**인데요, 이 moustache 안에 ache가 들어 있는 게 보이시나요? 좌충우돌 두 형사의 이야기를 다룬 영화 '스타스키와 허치 Starsky & Hutch'를 보면 용의자를 잡으러 술집에 들어갔을 때 변장한 형사의 모습을 보고 다음과 같이 말하는 장면이 나옵니다.

That's a fake moustache.
저건 가짜 콧수염이야.

기왕에 콧수염을 배웠으니 턱수염도 알아야겠죠? '턱수염'은 **beard**입니다. 내친 김에 얼굴 양쪽 가장자리에 나는 수염인 구레나룻도 알아보죠. '구레나룻'은 **whisker**랍니다. 잘만 기르면 멋진 수염, 자기 개성에 맞게 기르도록 합시다.

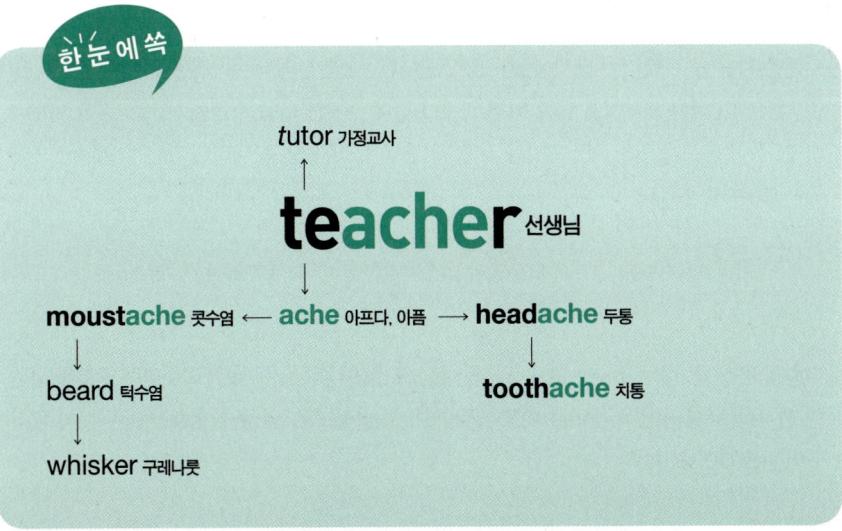

021 **student** → **stud**

모든 학생들의 소원은 공부 내용이 머릿속에 쏙쏙 박히는 것!

어른들이 잘 쓰는 말 가운데 하나가 "요즘 학생들은 옛날 학생들하고 많이 달라."입니다. 시대가 변했으니 당연히 다를 수밖에요. '학생'은 영어로 **student**입니다. 하지만 영어에는 '학생'이란 뜻을 가진 또 다른 단어로 **pupil**이 있으니 꼭 알아두세요. 참고로 pupil은 '동공'의 의미도 있답니다.

> During hours of darkness, the **pupils** of your eyes dilate to gather more light.
> 어두운 곳에서 여러 시간 있게 되면 빛을 더 많이 모으기 위해 동공이 팽창된다.

공부하는 학생 누구나가 바라는 것은 뭘까요? 바로 공부 내용이 머리에 쏙쏙 박혔으면 하는 것일 겁니다. 이 '박다'가 student 안에 있는 **stud**입니다. 참고로 이 stud는 사물이 박히는 것을 뜻한다는 것, 알아두세요.

> The king wore the crown **studded** with diamonds.
> 왕은 다이아몬드가 박힌 왕관을 썼다.

요즘은 차를 몰고 다니는 대학생들이 참 많습니다. 그래서 대학 주차장은 언제나 만원이죠. 한 대학생이 비싼 외제차를 몰고 와 학교 주차장에 주차한 다음 수업을 듣고 나중에 와보니 차 한 쪽이 움푹 들어가 있었습니다. 이렇게 '움푹 들어간 곳'을 나타낼 때는 student 안에 있는 **dent**를 씁니다.

> The passenger side of my car got **dents** and scratches all over.
> 내 차 조수석 부분이 움푹 들어갔고 온통 긁혀 있었다.

이렇게 움푹 들어가는 것에는 차도 있지만 볼살도 있습니다. 너무너무, 아주아주 공부를 열심히 한 나머지 볼이 움푹 들어갈 수도 있잖아요. 이럴 정도로 '열심인, 열렬한'이란 뜻의 영어 단어는 **ardent**입니다.

He is called an **ardent** patriot.
그는 열렬한 애국자로 불린다.

앞서 '쏙쏙 박다'가 stud라고 한 것, 아직 기억하시죠? 이 stud에 y를 붙이면 **study**가 됩니다. 이 study가 '공부하다'라는 동사의 뜻 외에 명사로 '서재'라는 뜻도 있다는 것, 알아두세요. 조용한 서재에서 공부를 하면 왠지 공부도 잘 되고 머리에 쏙쏙 박히지 않을까요?

I heard something strange from the **study**.
나는 서재에서 뭔가 이상한 소리를 들었다.

이렇게 공부를 열심히 하려면 튼튼한 몸은 필수입니다. '튼튼한, 억센'은 study를 활용하여 얻은 **sturdy**입니다. 중간에 r이 들어 있는 것, 놓치치 마세요.

dent 움푹 들어간 곳 → ardent 열심인, 열렬한
↑
student 학생 → pupil 학생
↓
stud 박히다 → study 공부하다, 서재 → sturdy 튼튼한, 억센

022 piece → pie
조각으로 나눠진 파이!

식당에서 식사를 마치니 디저트로 애플파이 조각이 나왔습니다. 이렇게 '조각'은 영어로 **piece**입니다. 생활영어에서는 It's a piece of cake.로 많이 쓰이는데, '식은 죽 먹기야'의 뜻입니다. 잘 보니 piece 안에 파이 **pie**가 들어 있습니다. 디저트로 많이들 먹는데요, 사실 둥그런 파이를 통째로 들고 먹는 사람은 많지 않습니다. 보통 여러 조각으로 나눠먹잖아요.

이때 piece의 p를 n으로 바꾸면 **niece**가 되는데 바로 '여자 조카'라는 뜻입니다. 혼자 먹는 파이보다 눈에 넣어도 아프지 않을 조카딸이랑 함께 먹으면 그 맛은 더 기막히겠죠? niece가 여자 조카라면 '남자 조카'는 뭘까요? 바로 **nephew**입니다. 영화 '니모 Finding Nemo'를 보면 물고기들을 괴롭히는 치과의사의 조카딸을 소개하는 장면이 나옵니다.

> She's my **niece**.
> 그 애가 내 조카딸이야.

파이는 같이 먹는 사람도 중요하지만 먹는 장소도 중요한데요, 멋진 부두 풍경이 한 눈에 보이는 레스토랑에서 먹는다면 그 맛은 더 끝내주겠죠? '부두'는 pie에 r을 붙인 **pier**입니다.

> The ship is moored at the **pier**.
> 배가 부두에 정박되어 있다.

부둣가 레스토랑에서 파이를 먹고 있는데, 바깥에는 살 속을 꿰뚫을 듯한 해풍이 불어 사람들이 움츠리고 걷고 있습니다. 이렇게 '관통하다, 꿰뚫다'는 pier를 이용하여 얻은 **pierce**입니다. 요새는 코나 배꼽, 심지어 혀에까지 '피어싱'하는 사람들이 많더라고요.

> The arrow **pierced** the target through.
> 화살이 표적을 완전히 관통했다.

'관통하다'의 뜻을 가진 다른 단어는 pierce처럼 p로 시작하는 **penetrate**입니다.

The bullet **penetrated** the wall.
총알이 벽을 관통했다.

이런 겨울 바람이 사납게 달려들면 정말 어찌할 바를 모르게 됩니다. 이때의 '사나운'은 pierce에서 p 대신 발음이 비슷한 f를 넣으면 됩니다. **fierce**이지요. 참고로 '사나운'이란 뜻을 가진 다른 단어가 있는데요, 역시 f로 시작하는 **ferocious**입니다.

It is dangerous to catch such **fierce** animals alive.
그런 사나운 동물들을 산 채로 잡는 것은 위험하다.

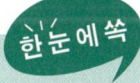

fierce 사나운 ⟶ ferocious 사나운
↑
pie 파이 → pier 부두 ⟶ **pierce** 꿰뚫다, 관통하다 ⟶ penetrate 관통하다
↑

↓
niece 여자 조카 ⟶ nephew 남자 조카

023 switch → witch

바꾸기를 능수능란하게 하는 자, 그대 이름은 마녀!

어두운 방에 들어가면 불을 켜려고 스위치를 누릅니다. **switch**는 우리가 이렇게 흔히 말하는 '스위치'라는 뜻 외에 동사로 '바꾸다'라는 뜻도 있습니다. 남자가 여자로 바뀌는 '스위치 Switch'라는 영화, 기억나요?

> He **switched** the talk to another subject.
> 그는 이야기를 다른 화제로 돌렸다.

switch와 마찬가지로 '바꾸다'라는 뜻을 가진 다른 단어 역시 s로 시작하는데요, **shift**입니다.

> **Shift** gears when you go up the hill.
> 언덕을 올라갈 때는 기어를 바꾸세요.

shift는 명사로 '교대'라는 뜻도 있어서요, night shift는 '밤교대', day shift는 '낮교대'의 뜻입니다. shift 끝에 있는 철자 t를 이용한 '바꾸다, 변형하다'라는 뜻의 단어가 하나 더 있는데요, 바로 **transform**입니다. 많이 쓰는 단어니까 꼭 알아두시고요, transform의 명사형은 '변형'이라는 뜻을 가진 **transformation**입니다.

자, 이제부터 switch 안에 들어 있는 단어를 가지고 본격적으로 시작해볼까요? 어렸을 때 읽은 동화책 내용 중에 심술궂은 마녀가 왕자를 두꺼비로 바꿔버리는 이야기가 있습니다. 이 '마녀'가 바로 switch 안에 있는 **witch**입니다. 그럼 남자인 '마법사'는 뭘까요? **wizard**입니다. 이 wizard가 들어 있는 '오즈의 마법사 The Wizard of Oz' 영화, 다들 기억하시죠? 또, 영화 '해리포터와 아즈카반의 죄수 Harry Potter and the Prisoner of Azkaban'를 보면 마법사들을 가두는 아즈카반 감옥을 탈출한 시리우스를 현상 수배한 움직이는 벽보에 다음과 같은 말이 쓰여 있었습니다.

> Have you seen this **wizard**?
> 이 마법사를 본 적이 있나요?

이제는 wizard로 다른 단어를 건져볼게요. 여러분 혹시, 도마뱀 보신 적 있으세요? 이 '도마뱀'은 위기에 처하면 자신의 꼬리를 잘라 도망가는 것으로 알려져 있습니다. 마치 어느 한 순간 사라져버리는 마법사처럼요. 그래서 그런가요? '도마뱀'은 wizard의 w를 l로 바꾼 **lizard** 입니다. 강혜정, 조승우가 주연한 영화 '도마뱀'은 에이즈에 걸린 한 여자가 자신을 사랑하는 남자에게서 도마뱀처럼 도망가는 내용을 그린 영화였습니다.

이 lizard를 이용해서도 중요한 다른 단어를 건질 수가 있어요. 추운 겨울, 눈보라가 몰아치는 밤에 도마뱀이 꼬리를 잘린 채 도망가고 있다고 상상해봅시다. 이 '눈보라'는 **blizzard** 인데요, blizzard에 철자 z가 두 개 들어간 것, 꼭 유의하세요.

shift 바꾸다, 교대 → transform 변형시키다 → transformation 변형
↑
switch 스위치, 바꾸다
↓
witch 마녀 → wizard 마법사 → lizard 도마뱀 → blizzard 눈보라

024 furniture → fur

가구 안에 들어 있는 값비싼 모피!

요새는 그렇지 않지만 한때 어떤 가구를 집안에 들여놓느냐가 부의 기준이 되었던 적이 있었습니다. '가구'는 영어로 **furniture**인 것, 알고 계시죠?

> You can make a lot of money by investing in antique **furniture**.
> 고가구에 투자해서 많은 돈을 벌 수 있다.

가구 안에 두는 것은 뭔가요? 옷이죠? 그 중에서도 값이 나가는 옷은 가구 안에 고이 모셔두는데, 그런 것 중에 모피 코트가 있습니다. 이 '모피'는 furniture 안에 있는 **fur**이고요, '모피 코트'는 fur coat입니다.

> This is her favorite **fur** coat.
> 이것은 그녀가 가장 좋아하는 모피 코트이다.

영화 '아이스 에이지 2 Ice Age 2'를 보면 여자 매머드가 남자 매머드를 보고 뚱뚱하다고 하니까 이렇게 대답하는 장면이 나옵니다.

> This is the **fur** that makes me look fat.
> 이 모피 때문에 내가 뚱뚱하게 보이는 거야.

모피의 종류는 여러 가지만 양털로 만든 것도 있는데, 그 '양털'은 fur와 같이 f로 시작하는 **fleece**입니다. 이런 모피나 양털이 환영 받는 계절은 겨울이잖아요. 추운 겨울날 모피 코트를 입고 외출했다가 돌아와서 따뜻한 화덕 앞에 앉아 몸을 녹이면 정말 행복이 따로 없습니다. 이런 '화덕, 용광로'는 따뜻함의 대명사 fur를 이용한 **furnace**입니다.

세계적인 환경운동가 대니 서가 한때 '모피 코트'에 반대하는 캠페인을 활발하게 벌였던 적이 있습니다. 모피 코트 한 벌을 위해 많은 동물들을 죽여야 한다는 것이 그 이유였죠. 그런 집회에 모인 사람들의 모습을 보면 모피 코트 때문에 수없이 많은 동물들을 죽이는 것에 대해 격분해 있는 상태라는 게 느껴지죠. 이때의 '격분'은 fur를 이용한 **fury**이고, '격분하는'의 형용사는 **furious**입니다.

> He was so **furious** that he couldn't maintain his composure.
> 그는 너무 격분하여 평정을 유지할 수가 없었다.

사람이 너무 격분하면 얼굴에 고랑 같은 주름살이 잡힐지도 모릅니다. 이 '고랑' 역시 fur를 이용하면 되는데요, 바로 **furrow**입니다. 우리 서로 이렇게 얼굴에 '고랑' 생길 정도로 심각하게 살지는 맙시다.

025 message → mess

희망의 메시지를 뒤죽박죽 엉망진창인 세상에 던지다!

엄지족이란 말, 들어보셨나요? 두 엄지로만 문자 메시지를 기가 막히게 빨리 보내는 사람들을 가리키는 말인데요, 이 **message**는 우리말로 원래 '전언'이라는 뜻이지만 요즘 이렇게 '전언'이라고 말하는 사람은 없습니다. 그냥 '메시지'라고만 하죠.

I want you to send me a text **message** after class.
수업 후에 나한테 문자 메시지 보내줘.

요즘처럼 혼란스런 세상에는 종교 지도자들과 같은 현인들의 한마디 한마디에 아주 목말라 하는 사람들이 많습니다. 그런 현인들이 해야 할 일은 바로 뒤죽박죽 엉망진창인 이 세상 사람들에게 희망의 메시지를 던지는 것이겠지요. 그런데요, 이렇게 현인들이 던지는 '메시지' message란 단어 속에 '뒤죽박죽, 엉망진창'이란 뜻의 **mess**가 들어 있다니 참 재미있네요. mess의 형용사는 '지저분한'이란 뜻의 **messy**입니다.

He eats food in a **messy** way.
그는 음식을 지저분하게 먹는다.

그리고 더 신기한 건, 이런 메시지를 던지는 '현자, 현인'의 뜻 역시 message 안에 들어 있다는 것입니다. 바로 **sage**입니다.
이 message에서 앞의 철자 e 하나만 a로 바꾸면 '마사지, 안마'의 뜻인 **massage**가 됩니다. 약간 살집이 있으신 어머니를 안마해드리다 보면 물컹한 살 덩어리가 잡힐 수도 있는데요, 이런 '덩어리'를 나타내는 단어가 massage 안에 있는 **mass**입니다. mass는 '덩어리'의 뜻 외에 '대량'이라는 뜻도 있습니다. 뚱뚱한 사람일수록 살 덩어리가 대량으로 잡히잖아요. 이런 식으로 연상하면 두 가지 뜻을 쉽게 외울 수 있을 겁니다. 그리고 전쟁 관련 기사에서 많이 나오는 어구로 '대량 살상 무기'가 있는데요, 바로 mass destruction weapon이랍니다. 참, 이 mass로 꼭 건져야 할 단어가 있는데, 바로 **amass**입니다. '쌓다, 축적하다'라는 뜻인데, 쌓다 보면 대량으로 많아지잖아요. '축적하다'의 뜻을 가진 다른 단어도 amass처럼 a

로 시작합니다. **accumulate**고요, 명사형은 **accumulation**으로 '축적'의 뜻입니다. 이 책으로 여러분의 영어 지식이 날로 축적되기를 바랍니다.

An intellectual person makes best use of knowledge rather than simply **accumulating** it.
지적인 사람은 지식을 그냥 축적하기보다는 그것을 최대한 활용한다.

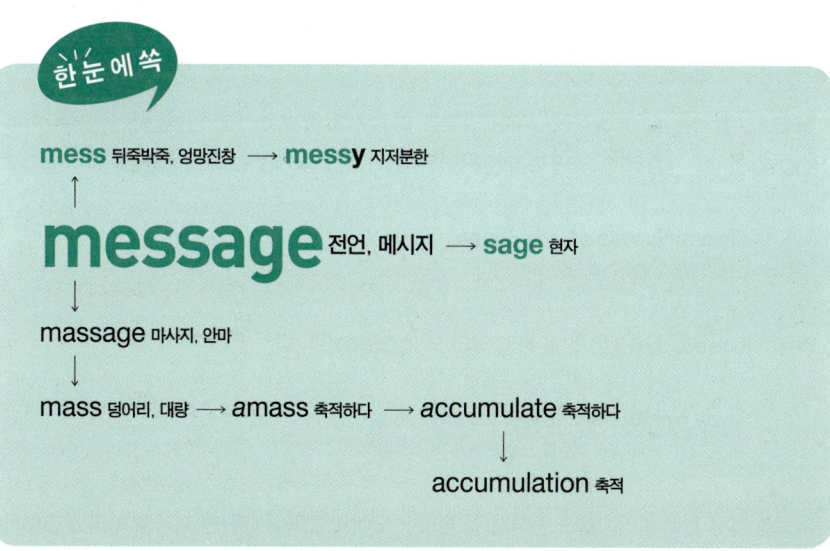

026 black → lack

검정색이 검정으로 보이는 것은 빛이 부족하기 때문이다.

아무리 갖은 유행이 넘쳐나도 가장 세련되고 도회적인 색으로 검정색을 뽑는데 패션 디자이너들은 주저하지 않습니다. 이런 '검정색'은 **black**입니다. 검정색은 빛이 부족하여 생기는 색상인데요, 이 black 안에 '부족, 결핍'이란 뜻의 **lack**이 들어 있습니다.

> Many people are dying for **lack** of food.
> 많은 사람들이 식량부족으로 죽어가고 있다.

여러분은 언제 나른하다고 느끼십니까? 사람마다 다르겠지만 무엇보다 잠이 부족하면 몸이 나른해지고 그렇게 되면 생활 리듬도 느슨해질 겁니다. 이런 '느슨한'은요, lack 앞에 sleep의 첫 글자인 s를 붙이면 됩니다. **slack**인 거지요. 왠지 단어 자체에서 느슨하다는 느낌이 팍박 오지 않나요? '느슨하게 하다, 완화시키다'라는 뜻의 동사는 **slacken**입니다.

> The prisoner's handcuffs were **slackened** after complaining they were too tight.
> 수갑이 너무 꽉 죄인다고 불평했더니 죄수의 수갑을 헐겁게 해주었다.

'느슨한, 헐거운'의 뜻을 가진 다른 단어는 slack 안에 있는 l을 이용하면 되는데 바로 **loose**입니다. 참고로 동사인 lose(잃어버리다)와 헷갈리지 않도록 주의하세요.

> He always wears his tie **loose**.
> 그는 언제나 넥타이를 느슨하게 맨다.

형용사 loose의 동사형은 '느슨하게 하다'의 **loosen**입니다.

> I saw him **loosen** his belt before eating.
> 나는 그가 식사 전에 벨트를 느슨하게 푸는 것을 봤다.

이렇게 식사 전에 허리띠를 느슨하게 풀 정도면 도대체 얼마나 대단한 식사를 하려고 그럴까요? 우리나라에서는 그다지 많이 먹지 않지만 서양 요리에서 거위는 굉장히 푸짐한 요리의 대명사입니다. 게다가 거위간 요리는 세계 3대 진미 중에 하나로 꼽힐 만큼 맛이 좋다고 합니다. 이 정도면 벨트를 느슨하게 푸는 것도 무리는 아니지요. 이런 '거위'는 loose에서 l을 g로 바꾼 **goose**입니다. 이 goose는 복수형이 특이하니까 꼭 알아두세요. 바로 geese랍니다.

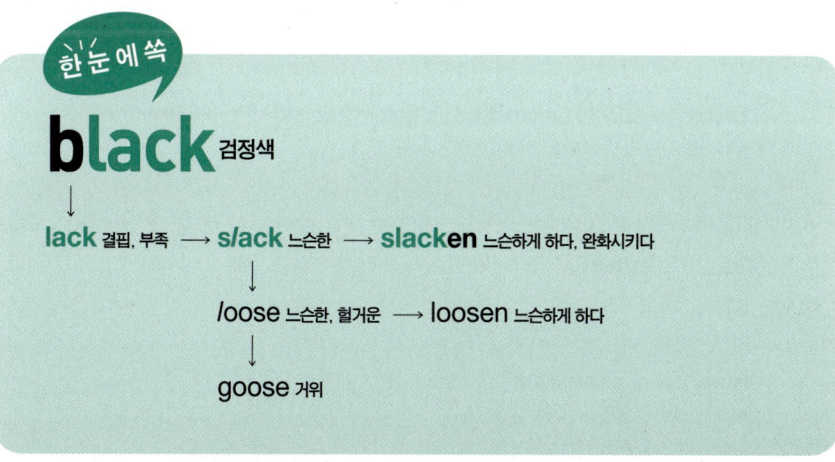

027 brush → rush

바쁜 출근 시간에는 이만 닦고 급히 나간다.

치아는 오복 가운데 하나라고 합니다. 그만큼 중요하다는 뜻이지요. 그런 소중한 치아를 잘 관리하려면 부지런히 양치질을 해야 하는데요, 이 '이를 닦다'의 단어가 바로 **brush**입니다. brush는 이 외에도 '솔, 솔질하다'의 뜻을 가지고 있답니다.

> Don't forget to **brush** your teeth before you go to bed.
> 잠자리에 들기 전에 양치질하는 것, 잊지 마라.

가뜩이나 바쁜 출근 시간, 늦잠을 자서 양치질만 얼른 하고 서둘러 직장에 출근합니다. 이렇게 '급히 가다'가 brush 안에 있는 **rush**입니다. 그래서 바쁜 '출퇴근 시간'을 rush hour라고 하잖아요.

> The accident victim was **rushed** to the hospital in an ambulance.
> 그 사고 피해자는 앰뷸런스에 실려 병원으로 서둘러 옮겨졌다.

하지만 뭐든 급히 하면 일을 망치는 법. 바쁘다고 급히 가다가 추돌사고가 나서 차가 뭉개졌습니다. 이런 '뭉개다, 눌러 부수다'의 영어 단어는 rush 앞에 car의 첫 철자인 c를 붙이면 됩니다. **crush**가 되는 거죠.

> The ginger should be **crushed** up before it is added to the dish.
> 생강은 요리에 넣기 전에 잘 으깨야 한다.

'급히 가다, 서두르다'는 뜻의 다른 단어는 rush의 제일 끝에 있는 철자 h를 이용하면 얻을 수 있는데요, 바로 **hurry**입니다. '서두르다 허리 다치다'라는 말로 연상시키면 쉽게 기억할 수 있겠죠?

> **Hurry** up, or you will miss the train.
> 서둘러. 그렇지 않으면 기차를 놓칠 거야.

이 hurry는 '서두름'이라는 명사로도 쓰입니다.

Her father advised her not to marry in a hurry.
그녀의 아버지는 서둘러서 결혼하지 말라고 그녀에게 충고했다.

'서두름'이란 뜻을 가진 다른 단어도 hurry처럼 h로 시작하는데요, 바로 **haste**입니다. 중요한 약속이 있었는데 늦잠을 자는 바람에 치약을 짜서 서둘러 이를 닦습니다. 이 '치약'이 바로 **toothpaste**입니다. 이 단어 안에는 **paste**가 들어 있는데요, '반죽'이란 뜻입니다. 치약이 어떻게 보면 꼭 밀가루 반죽 같이 생겼잖아요.

다시 haste로 돌아가서요, haste와 관련해서 많이 쓰는 말이 '서두르면 일을 그르친다'는 영어 속담 Haste makes waste.입니다. 이 haste의 h를 w로 바꾸면 만들어지는 **waste**가 '낭비하다, 낭비'의 뜻이죠. 쓸데없는 일에 시간을 허비하는 친구에게 따끔하게 해줄 수 있는 말이 바로 You are wasting your time.인데요, 여러분 모두는 이런 얘기 따위는 듣지 않으실 거라 믿습니다.

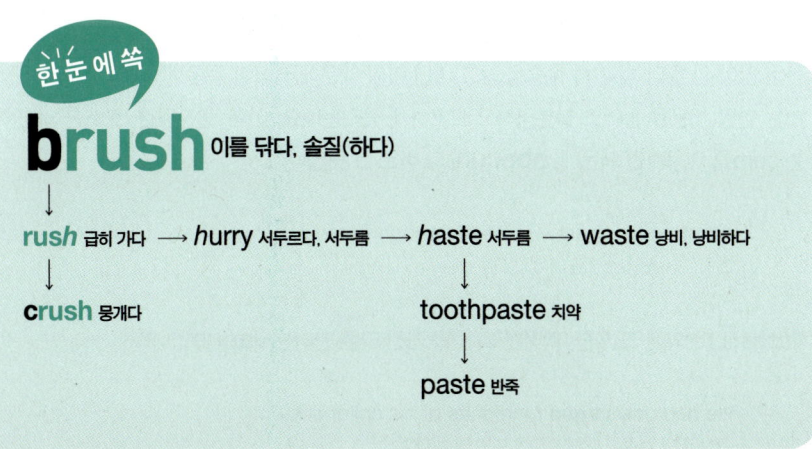

028 mani**cure** → **cure**

매니큐어 칠한 손톱에 할퀸 상처를 치료하러 병원에 가다.

요즘은 네일 아트라고 해서 손톱에 멋진 장식을 한 여성들을 많이 볼 수 있습니다. 어떤 것은 정말 예술이라는 말이 아깝지 않을 정도로 정교하고 감탄이 나올 정도인데요, 이 네일 아트는 결국 매니큐어를 칠하는 것이 기본이 되는 거잖아요. 이번에는 이 매니큐어 **manicure**로 중요한 단어들을 배워보도록 합시다.
남편과 부부싸움을 하다가 부인이 매니큐어 칠한 손톱으로 남자의 얼굴을 할퀴어버렸습니다. 그럼 할퀸 얼굴을 치료하러 남편은 병원에 가야겠죠. 이 '치료하다'가 manicure 안에 있는 **cure**입니다.

　　This medicine will **cure** your headache immediately.
　　이 약이 당신의 두통을 즉시 치료해줄 것입니다.

'치료, 치료하다'의 뜻을 지닌 다른 단어는 cure에서 뒤의 re를 이용하면 얻을 수 있는데요, 바로 **remedy**입니다.

　　The best **remedy** for laziness is strong discipline.
　　게으름을 고치는 최고의 치료제는 강력한 규율이다.

몸이 많이 안 좋아 치료 차 수술을 받고 나면 마취 때문에 의식이 몽롱해집니다. 이런 상태에서는 어떤 내용을 들어도 불분명하고 모호하게 들리는데요, 이때 '불분명한, 모호한'의 단어는 cure를 이용하면 되는데, **obscure**가 바로 그 뜻입니다.

　　An **obscure** figure was seen through the fog.
　　흐릿한 모습이 안개 속에서 보였다.

이 obscure 외에 '모호한, 희미한'의 뜻을 가진 다른 단어는 **vague**입니다.

　　He had only **vague** memories of his childhood.
　　그는 어린 시절에 대해 희미한 기억 밖에 없었다.

cure를 이용해 다른 단어를 더 건져볼까요? 자기 몸 생각은 하지 않고 무리해서 일하면 건강이 손상되어 이런 저런 치료를 받아야 합니다. 그러지 않으려면 무리하지 않고 가급적 안전하게 모든 일을 하려고 생각해야 되죠. 이때의 '안전한'은 **secure**입니다. 참고로 이 secure는 '확보하다'라는 의미의 동사로도 쓰입니다.

> Nomads have no fixed homes but move from region to region to **secure** their food supply.
> 유목민들은 정착 주거지 없이 식량을 확보하기 위하여 이곳저곳을 떠돌아다닌다.

secure의 명사형은 '안전, 안보'의 뜻을 지닌 **security**입니다. 미국 독립선언문을 둘러싸고 벌어지는 사건을 배경으로 니콜라스 케이지가 주연한 영화 '내셔널 시큐러티 National Security' 기억나시죠?

manicure 매니큐어

↓

secure 안전한, 확보하다 ← **cure** 치료하다 → re**medy** 치료, 치료하다

↓

security 안전, 안보   **obs**cure 모호한, 불분명한 → **vague** 모호한

029 finger → fin

손가락 끝으로 물고기 지느러미를 만졌다.

나이에 비해 젊어 보인다가 최고로 환영받는 인사가 되었습니다. 동안이 대세라는 거지요. 하지만 절대로 나이를 속일 수 없는 부분이 두 군데 있는데요, 바로 손과 목이랍니다. 특히 손가락에는 나이의 흔적이 여실히 드러나거든요. 이 '손가락'이 영어로 **finger**입니다.

생선을 사러 시장에 가면 손가락 끝으로 지느러미, 아가미 등을 만집니다. 신선도를 알아보기 위해서죠. 이 생선의 '지느러미'가 finger 안에 있는 **fin**입니다. fin이란 단어가 생소하다구요? 중국집에서 '샥스핀'이란 요리가 메뉴판에 써 있는 것을 본 적이 있을 겁니다. 그걸 영어로 표기한 것이 shark's fin인데요, '상어 지느러미' 요리란 뜻이죠. 이 샥스핀 때문에 '상어'가 **shark**라는 것까지 알게 되네요. 윌 스미스가 목소리 출연했던 만화 영화 '샤크 Shark'가 기억날 겁니다. 이 영화에서 상어가 '나는 채식주의자야.(I'm a vegetarian.)' 라고 말한 장면이 아주 재미있어서 지금도 기억이 나네요.

다시 손가락으로 돌아와서요, 이 손가락 중에서도 '엄지손가락'을 표현하는 단어는 따로 있습니다. 바로 **thumb**이지요.

> The baby is sucking his **thumb**.
> 아기가 손가락을 빨고 있다.

손가락은 특별한 장애를 입지 않은 한 누구나 10개로 유한합니다. '유한한'은 **finite**고요, 반대말 '무한한'은 **infinite**입니다. 두 단어 안에 fin이 들어 있는 게 보이시죠? 아까 말했듯이 이 손가락으로 물고기 지느러미를 만지면 그 비린내가 오래 남습니다. '오래 남아 있다'는 뜻의 단어는요, finger의 첫 철자 f를 l로 바꾸기만 하면 됩니다. **linger**가 되는 것이죠. 누구에게든 좋은 기억으로 오래오래 남는 사람이 되어야겠죠?

> Her smile **lingered** in his memory long after she was gone.
> 그녀가 떠난 후에도 그녀의 미소는 오랫동안 그의 기억에 남아 있었다.

030 butter → butt

버터가 묻은 엉덩이!

아침에 빵을 먹는 사람들이 많습니다. 빵에 고소한 버터를 쓱쓱 바르고 구우면 간단하게 맛있는 토스트를 먹을 수 있으니까요. 이번에는 이 버터 **butter**를 가지고 중요한 단어를 알아보겠습니다. 빵을 먹다가 실수로 식탁 의자에 버터를 떨어뜨렸습니다. 그런데 아뿔싸, 채 닦기도 전에 친구가 와서 털썩 앉아버렸습니다. 엉덩이에 버터가 묻었겠죠? 그 '엉덩이'가 바로 butter 안에 들어 있는 **butt**랍니다. 영화 '슈렉 Shrek'을 보면 피오나 공주와 슈렉이 산적을 물리치고 난 후 슈렉 엉덩이에 박혀 있는 화살을 보고 피오나 공주가 이렇게 말하는 장면이 나옵니다.

> There is an arrow on your **butt**.
> 엉덩이에 화살이 박혔네.

참고로 butt는 담배꽁초일 때의 '꽁초'라는 뜻도 있답니다.

> A neglected cigarette **butt** was the cause of the fire.
> 소홀히 다뤄진 담배꽁초가 화재의 원인이었다.

이 butter 안에는 **utter**라는 단어도 들어 있습니다. '말하다'의 뜻이지요.

> He likes to **utter** the famous phrase, "To be, or not to be; that is the question."
> 그는 '사느냐, 죽느냐 그것이 문제로다'라는 유명한 문구 말하는 것을 좋아한다.

이 utter가 형용사로 쓰이면 '완전한'의 의미가 되어서 utter darkness는 '칠흑 같은 어둠'이란 뜻입니다. 이번에는 utter를 통해 다른 중요한 단어를 배워볼 텐데요, 혼자 중얼거리는 것도 결국에는 말하는 것이죠. utter에 m을 붙여 만들어지는 **mutter**가 바로 '중얼거리다'의 뜻입니다.

> He **muttered** certain words to himself.
> 그는 혼잣말로 무슨 말인가를 중얼거렸다.

'중얼거리다'의 뜻을 가진 다른 단어 역시 mu로 시작합니다. **mumble**이죠. 우연의 일치인가요? '중얼거리다'의 뜻을 가진 또 다른 단어 역시 mu로 시작하는 **murmur**입니다.

> She started to **mumble** a few words.
> 그녀는 몇 마디 중얼거리기 시작했다.

앞서 utter가 '말하다'라는 뜻이 있다고 했는데요, 이 utter를 통해서 '말을 더듬다'라는 단어를 배울 수 있습니다. 더듬거리며 말하는 것도 어쨌든 말하는 거니까 utter와 연관성이 있다고 볼 수 있는데요, **stutter**가 바로 그 의미입니다. 두 연인의 가슴 시린 사랑 이야기를 다룬 영화 '노트북 The Notebook'을 보면 주인공인 노아의 아버지가 노아가 어렸을 때 말을 많이 더듬었다고 그의 연인 앨리에게 말하는 장면이 나옵니다.

> He used to **stutter**.
> 걔가 말을 더듬곤 했지.

'말을 더듬다'의 뜻을 지닌 다른 단어 역시 stutter처럼 st로 시작합니다. 바로 **stammer**인데요, 아래 예문처럼 말 더듬는 걸 자꾸 놀리면 더 더듬게 된다고 합니다.

> You must not make fun of your friend because he **stammers**.
> 친구가 말을 더듬는다고 그를 놀려서는 안 돼.

031 juice → ice

더울 땐 주스에 얼음을 넣어 마셔야 제 맛이죠.

여러분들, 주스 많이 마시죠? 이 주스 **juice**를 가지고도 영어 필수 단어를 굉장히 많이 배울 수가 있습니다. 먼저 juice에 숨은 단어부터 살펴볼까요? 더운 여름에 뜨뜻미지근한 juice를 마시는 것만큼 고역도 없죠. 여름철에는 뭐니뭐니해도 juice에 얼음을 넣어 시원하게 마셔야 제 맛입니다. 이 juice 안에 '얼음'을 뜻하는 **ice**가 들어 있습니다. 그리고 겨울에 집밖에 거꾸로 매달린 고드름을 보신 적 있을 겁니다. 이 고드름도 일종의 얼음이죠? '고드름'은 **icicle**입니다.

> There were **icicles** hanging from the eaves.
> 처마에 고드름들이 매달려 있었다.

냉장고에서 얼음통에 얼린 얼음을 꺼내 보면 육각형으로 되어 있습니다. 얼음 외에 육각형인 것으로 주사위도 있는데요, '주사위'는 ice 앞에 d를 붙인 **dice**입니다. 만화 영화 '엘도라도 El *dorado*'의 앞부분을 보면 다음과 같이 말하는 장면이 나옵니다.

> This time we will use our **dice**.
> 이번에는 우리 주사위를 사용할 겁니다.

이 dice를 이용해 정말 중요한 단어를 배워보도록 하겠습니다. 주사위를 던진다는 것은 다른 모든 배경들을 싹 무시하고 어찌 보면 굉장히 평등한 결정을 내린다는 의미가 됩니다. 따라서 어떤 결정을 내릴 때 사람들의 편견이 들어간 판단을 막기 위해서 주사위를 던져 결정할 수도 있는데요, 앞서 나온 '편견'이 바로 **prejudice**입니다. dice가 속에 들어 있는 것, 보이시죠?

> It is not easy to judge a person without **prejudice**.
> 편견 없이 사람을 판단하기가 쉽지 않다.

prejudice 안에 있는 judice를 활용하면 judicial이란 단어를 건질 수 있습니다. **judicial**은 '사법의'라는 뜻으로 '사법 경찰'은 judicial police라고 합니다.

Such illegal conduct should be indicted to the **judicial** authorities.
그러한 불법 행위는 사법 당국에 고발되어야 한다.

prejudice 외에 '편견'이란 뜻을 가진 다른 단어는 **bias**입니다. 이런 단어는 영어 학습에 필요한 것이기는 하지만 실생활에서는 멀리하면 멀리할수록 좋은 단어랍니다.

He has an emotional **bias** toward me.
그는 나에게 감정적인 편견을 가지고 있다.

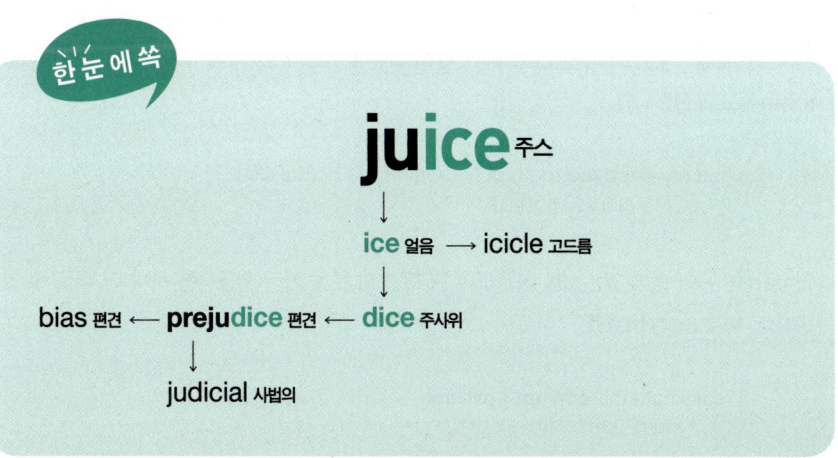

032 carrot → rot

당근을 사다 오래 두었더니 썩어버렸다.

눈에도 좋고 장에도 좋아서 인기 있는 채소가 바로 당근 **carrot**입니다.

> Eating raw **carrots** is good for your eyesight.
> 당근을 날로 먹으면 시력에 좋다.

흔하게 볼 수 있는 carrot으로 새로운 단어를 배워봅시다. 몸에 좋다고 잔뜩 사다놨는데 잘 먹지도 않고 해서 방치해 두었더니 당근이 썩어버렸습니다. 이 '썩다'는 carrot 안에 들어 있는 **rot**입니다.

> Foods are apt to **rot** quickly in summer.
> 여름에는 음식이 빨리 부패하기 쉽다.

rot의 형용사는 '썩은, 부패한'의 뜻을 지닌 **rotten**입니다.

> The apple was so **rotten** that it fell off the tree before it was picked.
> 사과가 너무 썩어서 따기도 전에 나무에서 떨어졌다.

'썩다'는 뜻을 가진 또 다른 단어 중에 **decay**가 있는데요, 그래서 '충치'를 decayed tooth라고 표현합니다.

> I had my **decayed** tooth pulled out at the dental clinic.
> 나는 치과에서 충치 하나를 뽑았다.

이 decay 단어 안에 있는 c를 이용하여 '부패한'의 뜻을 가진 형용사를 하나 더 배울 수 있습니다. 바로 **corrupt**죠.

> I really hate the **corrupt** politician.
> 나는 그 부패한 정치가가 정말 싫다.

corrupt의 명사형은 '부패'의 뜻인 **corruption**인데요, 영화 '쟌 다르크 Joan of Ark'를 보면 다음과 같이 말하는 대사가 나옵니다.

> There is no sign of **corruption** or violation.
> 부패나 위법의 흔적은 보이지 않습니다.

마지막으로 배울 '썩다'의 뜻을 가진 다른 단어 역시 decay처럼 dec로 시작합니다. **decompose**죠.

> The **decomposed** body made me throw up.
> 부패한 시체 때문에 토했어.

carrot을 이용하여 단어 하나를 더 건질 수 있는데요, carrot에서 c를 p로 바꾼 **parrot**입니다. 바로 '앵무새'라는 뜻인데, 당근을 쪼아 먹는 귀여운 앵무새의 모습을 연상하면 쉽게 기억할 수 있을 겁니다.

> **Parrots** are the only animal that can imitate human speech.
> 앵무새는 사람의 말을 모방할 수 있는 유일한 동물이다.

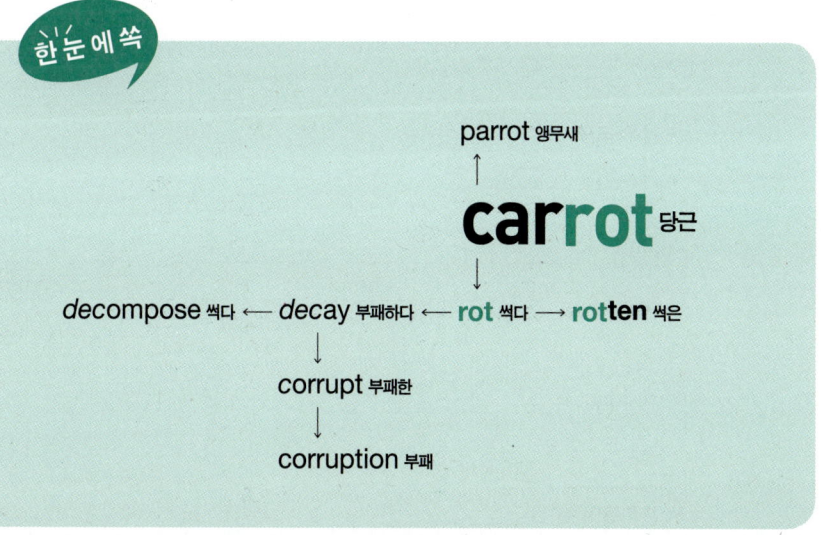

SECTION 1 *review test*

☑ 앞에서 읽은 내용을 연상하면서 다음 어휘 고리를 채워보세요. 정답은 책 속 부록에 있습니다.

1. taxi →tax - _____ - _____
   →income - _____
   →cab - chauffeur - _____ - _____

2. scarf →scar - _____ → _____
   →care → _____ → _____
   →cautious - _____
   →career
   → _____

3. hamburger →urge → _____ - _____
   →purge - _____ - _____
   →surge - _____ - _____ →physician
   →burgeon

4. hospital →hospitality - _____
   →spit - _____ - _____
   →hygiene - _____ - _____ - operate - _____ - _____
   - patient - _____ - _____ - impatience

5. spray →pray → _____
   →altar - _____ - _____
   →ray - _____ - _____
   →prey - _____

6. number →numb → _____ - _____ - _____ - _____
   →dumb - _____ - blind → _____ - _____ - crippled
   → vertical - _____ - _____

7. president →resident - _____ - _____
   → _____
   → _____ - vile
   →inaugurate - _____

8 mountain → mount → _____
                  → _____
                  → surmount
         → fountain
         → temple - _____ - _____

9 coffee → fee → _____
              → feeble - _____ - _____ - fragile
         → coffin - _____

10 monkey → monk → _____ - _____ - pronounce
              → monastery - _____ - _____ - conventional

11 camera → era → _____ - _____
              → opera - _____ - _____ - corporation - _____
                     - _____ - comrade - _____

12 grape → _____ → _____
              → rapist
              → assault - _____ - _____ - tack

13 beer → brew - _____
       → bee - _____ - _____ - distinction - _____

14 father → _____ → carbohydrate - _____
                   → fatigue
                   → fate - _____ - _____
        → feather - leather - weather

15 bank → bankrupt - _____
       → ban → _____ → _____ - disturb
                      → rural
       → van - _____ - _____

16 mother → _____
         → smother - _____ - _____ - strangle - _____
                  - choke

SECTION 1 review test   109

17 kitchen → _____ ↔ _____ - hatch
　　　　　→ itch
　　　　　→ kit - _____ - _____

18 dinner → dine - _____ → _____ - noisy
　　　　　　　　　　　　　　→ _____
　　　　　　　　　　　　　　→ dinosaur

19 cousin → sin → _____ - _____ → sincerity
　　　　　　　　　　　　　　→ _____ - reflection
　　　　　　　→ assassin - _____ - _____

20 teacher → tutor
　　　　　　→ _____ → _____ - toothache
　　　　　　→ mustache - _____ - _____

21 student → pupil
　　　　　　→ _____ - _____ - sturdy
　　　　　　→ dent - _____

22 piece → pie - _____ - _____ → penetrate
　　　　　　　　　　　　　　　　→ fierce - _____
　　　　　→ niece - _____

23 switch → _____ - _____ - transformation
　　　　　→ witch - _____ - lizard - _____

24 furniture → _____ → fleece - _____
　　　　　　　　　　　　→ _____ - furious
　　　　　　　　　　　　→ furrow

25 message → mess - _____
　　　　　　→ _____
　　　　　　→ massage - _____ - _____ - accumulate - _____

26 black → lack - _____ → _____
　　　　　　　　　　　　　→ loose → _____
　　　　　　　　　　　　　　　　→ _____

27 brush → rush → _____
→ _____ - haste → _____ - paste
→ _____

28 manicure → cure → _____
→ _____ - vague
→ secure - _____

29 finger → _____ → shark
→ _____ ↔ infinite
→ thumb
→ _____

30 butter → _____
→ utter → _____ - _____ - murmur
→ stutter - _____

31 juice → ice → _____
→ _____ - _____ → judicial
→ _____

32 carrot → rot → _____
→ decay → _____ - _____
→ decompose
→ _____

bankrupt
rupture
urban
disturbance
disturb
rural

SECTION 2

단어 속 단어 찾기 ❷

활용도가 높은 명사

bankrupt
ban
urban
disturb
rural

033 **corner → corn**

구석에서 몰래 옥수수 먹다 들킨 녀석!

corner는 '구석'의 뜻인데요, 이 corner를 이용해서도 다른 단어들을 많이 배울 수 있습니다. 나눠 먹는 것이 아까워 몰래 구석에서 옥수수를 먹는 친구 녀석을 발견했습니다. 이 '옥수수'가 corner 안에 있는 **corn**입니다. 이런 혼자만 아는 인간들은 경멸해 마땅합니다. 너무 심하다고요? 콩 한쪽도 나눠 먹는 게 당연지사잖아요. 이렇게 '경멸하다'는 corn 앞에 s를 붙이면 만들어지는 **scorn**입니다.

사람들이야 옥수수를 몰래 먹지만 다람쥐들은 도토리를 몰래 먹습니다. 이 '도토리'는 corn 앞에 a를 붙이면 되는데요, **acorn**이 됩니다. 라마라는 동물로 변해버린 왕의 이야기를 그린 만화 영화 '쿠스코? 쿠스코! The Emperor's New Groove'의 마지막 장면을 보면 다음과 같은 대사가 나옵니다.

> Did you eat the **acorn**?
> 네가 그 도토리 먹었니?

자, '경멸하다'로 scorn을 배웠으니 같은 뜻을 가진 다른 단어를 배워볼 텐데요, 먼저 **despise**가 있습니다. 영화 '아이즈 와이드 셧 Eyes Wide Shut'을 보면 주인공 톰 크루즈가 아내에게 다음과 같이 말하는 장면이 나옵니다.

> Please don't **despise** me.
> 제발 날 경멸하지 마.

다음으로 '경멸하다'의 뜻을 가진 단어는 despise처럼 d로 시작하는 **disdain**입니다.

> However rich you may be, you must not **disdain** a man because he is poor.
> 당신이 제아무리 부자라고 해도 가난하다고 해서 사람을 멸시해서는 안 된다.

'경멸하다, 멸시하다'와 반대의 뜻을 가진 단어는 '존경하다'의 **respect**입니다. 영화 '킹콩 King Kong'을 보면 괴팍한 영화감독이 다음과 같이 말하는 장면이 나옵니다.

They **respect** the film maker.
그들은 영화 제작자를 존경하지.

인간관계에서 despise, disdain 같은 단어보다는 respect 등의 단어를 많이 쓰도록 분위기를 조성하자구요.

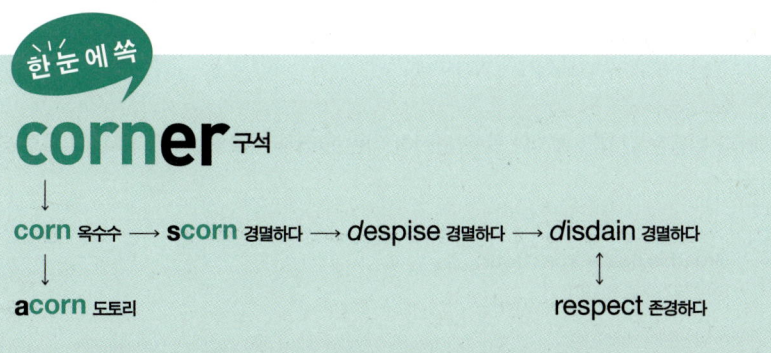

034 flower → flow

강가의 꽃이 강물에 떨어져 흘러가누나!

이번에는 받아도 기분 좋고, 주면 더 기분 좋은 꽃 **flower**로 새로운 단어들을 배워보겠습니다. 호젓한 강 옆에 있는 꽃나무에 피어 있던 꽃도 바람이 불어서 지게 되면 강물로 떨어져 흘러갈 겁니다. '흐르다'는 flower 안에 있는 **flow**죠.

> All rivers **flow** to the sea.
> 모든 강물은 바다로 흘러들어간다.

flow를 이용해서 다른 단어를 배워볼 텐데요, 쟁기로 밭을 갈고 이랑 사이로 물을 대면 물이 흘러갑니다. 이렇게 '밭을 갈다'는 flow의 f를 p로 바꾸어 만들면 되는 **plow**입니다.

> The farmer **plowed** his field with the new tractor.
> 농부는 새 트랙터로 밭을 갈았다.

입학, 졸업 시즌에는 꽃값이 아주 비쌉니다. 하긴 꽃가게도 그때가 대목이니까요. 하지만 너무 비싸다면 꽃집 주인에게 꽃값을 깎아달라고 부탁이라도 해봐야겠죠. 이렇게 '낮추다'라는 뜻을 가진 단어가 flower 안에 있는 **lower**입니다. 그래서 lower the price는 '가격을 낮추다'의 뜻입니다.

> Don't do anything that will **lower** your dignity.
> 당신의 위엄을 깎아내릴 짓일랑 하지 마세요.

flower와 발음은 같지만 철자와 뜻은 완전히 다른 단어가 바로 **flour**입니다. '밀가루'라는 뜻이죠.

> Bread is made from **flour**.
> 빵은 밀가루로 만든다.

옛날 6~70년대에 혼분식을 장려하던 때에는 밀가루를 수입해와 파는 사업이 무지 번창했었습니다. 이 '번창하다'는 flour를 이용하면 되는데요, **flourish**입니다.

Freedom of speech and creativity are necessary for societies to **flourish**.
언론의 자유와 창의성은 사회가 번창하기 위해서 필요하다.

'번창하다'라는 뜻을 가진 다른 단어는 **thrive**랍니다.

While many of our competitors are failing, we continue to **thrive**.
우리의 경쟁자들은 실패하고 있는 반면, 우리는 계속해서 번창하고 있다.

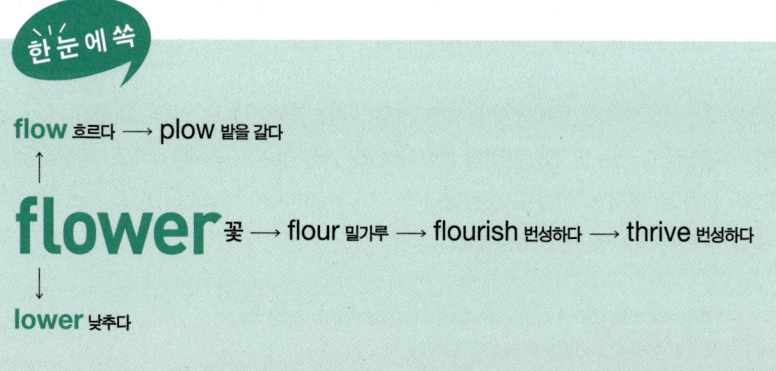

035 present → resent

특별한 날 선물을 받지 못해 매우 분개하다.

사람들 사이에서 좋은 관계를 맺고 유지하는 데 있어 선물은 참 중요합니다. 이 '선물'은 영어로 **present**인데요, 이 present는 '출석한, 현재의'라는 뜻의 형용사로도 쓰입니다. 이국적인 외모의 주인공이 인상적이던 만화 영화 '뮬란 Mulan'을 보면, 뚱뚱한 중매쟁이 (matchmaker)가 '파 뮬란'하고 이름을 부르자 뮬란이 우산을 접고 얼굴을 내밀며 'Present' 라고 대답하는 장면이 나옵니다. '여기 있어요.'라는 의미죠. 곧바로 중매쟁이가 "Speaking without permission."(허락 없이 대답하다니!)라고 감점을 주는 재밌는 장면이 나옵니다. 또 present는 '제시하다, 바치다'의 동사로도 쓰이는데, 이때는 명사, 형용사로 쓰일 때의 [préznt]와 달리 [prizént]로 발음이 됩니다.

이 present 안에 들어 있는 단어를 가지고 중요한 단어를 공부해볼 텐데요, 기념일이나 생일인데 누구 하나 선물해주는 사람이 없다면 정말 섭섭합니다. 당연히 챙겨줄 거라 믿었던 사람이라면 섭섭한 정도가 아니라 분개하게 될 텐데요, 이렇게 '분개하다'는 present 안에 들어 있는 **resent**입니다. 그리고 '분개, 분노'의 뜻을 가진 resent의 명사형은 **resentment** 입니다.

> I **resented** his being rude.
> 나는 그가 무례해서 너무 화가 났다.
>
> The servant felt **resentment** against his master.
> 하인은 주인에게 분노를 느꼈다.

present가 '선물'이라는 뜻이면서 동시에 '현재의'라는 형용사로도 쓰인다고 했습니다. 그럼 우리가 지금 살고 있는 현재는 무엇을 상징하나요? 그렇습니다. '현재'는 바로 나에게 주어진 최고의 '선물'로 현재는 '선물'을 상징합니다. 이 '상징하다'는 뜻의 단어를 present를 이용해 얻을 수 있는데, 바로 **represent**입니다.

> The stars in the American flag **represent** the State.
> 미국 성조기에 있는 별들은 각 주를 상징한다.

present 외에 '선물'의 뜻을 가진 다른 단어는 **gift**입니다. 이 단어는 '재능'의 의미로도 쓰이는데요, 이 '재능'이 신이 주신 선물이기도 하잖아요. 이 gift에 -ed를 붙인 **gifted**는 '재능 있는'의 의미로 많이 쓰입니다.

> He is **gifted** in literature.
> 그는 문학에 재능이 있다.

'재능'의 뜻을 가진 또 다른 단어는 gift의 마지막 철자 t를 이용하면 되는데요, **talent**입니다. 우리가 '탤런트, 탤런트'라고 말하는 게 바로 이 talent입니다. 따라서 연예인 탤런트를 나타낼 때는 TV actor라고 해야 정확한 표현입니다.

> At a job interview, your **talents**, capabilities and aptitudes will be evaluated.
> 면접에서 당신의 재능, 능력, 그리고 적성이 평가될 것이다.

여행을 가면 선물로 기념품을 사기도 합니다. 이 '기념품'이란 뜻의 단어는 present 안에 있는 s를 이용하면 얻을 수 있답니다. 아마 여행 많이 하는 사람들은 기념품 가게에 쓰여 있는 **souvenir**라는 단어를 본 적이 있을 텐데요, 작은 기념품이라도 챙겨주는 마음이 나중에 큰 마음으로 돌아올 수도 있다는 것, 기억하세요.

> He bought a little model of the Eiffel Tower as a **souvenir** of his holiday in Paris.
> 그는 파리에서 휴가를 보낸 기념품으로 작은 에펠탑 모형을 샀다.

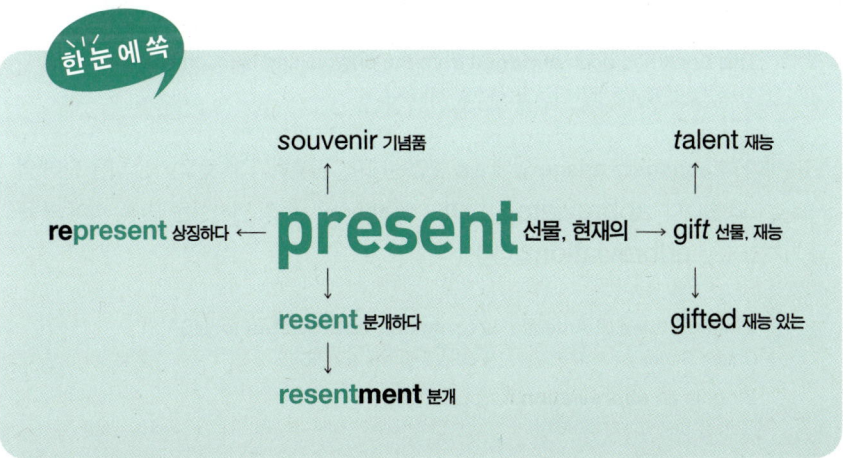

036 bridge → ridge

교량의 자태는 산마루에 올라가서 봐야 제대로 알 수 있다.

우리나라에서 제일 긴 다리가 어디인지 아세요? 바로 서해대교입니다. 이런 '교량, 다리'를 나타내는 단어는 **bridge**입니다.

> A heavy flood caused the **bridge** to collapse.
> 심한 홍수로 인해 다리가 붕괴됐다.

이런 다리는 차를 타고 휙 지나갈 때는 그 웅장한 멋을 느끼기가 쉽지 않습니다. 높은 산마루에 올라가 일몰 무렵의 다리를 보면 정말 말을 잇지 못할 정도로 아름답죠. 그 '산마루'가 bridge 안에 들어 있는 **ridge**입니다. 힘들게 산마루에 올라 훤히 트인 곳에서 다리를 바라보며 따끈한 영양죽을 먹으면 그 맛은 정말 기가 막힐 겁니다. 그 '죽'이 바로 ridge에 por을 붙인 **porridge**입니다.

다리나 교량을 놓는 이유는 뭘까요? 마주 보고 있는 두 곳을 다리를 놓아 연결하면 왕래하는 거리가 단축이 됩니다. 시간 절약을 할 수 있는 것이죠. 이렇게 '단축하다'의 뜻을 가진 단어는 bridge 앞에 a를 붙이면 되는 **abridge**입니다. 이 abridge는 기간이나 범위를 단축할 때 쓰인다는 것, 꼭 알아두세요. 참고로 abridge는 '요약하다'의 의미로도 쓰인답니다.

> This book has been **abridged** from the original and is much easier to read.
> 이 책은 원본에서 요약이 되어 훨씬 더 읽기가 쉽다.

'단축하다'의 abridge는 bridge 앞에 a를 붙였는데요, '단축하다'의 뜻을 가진 다른 단어 역시 a로 시작합니다. **abbreviate**죠. 그리고 이 abbreviate의 명사형은 '단축, 약어'의 뜻을 가지고 있는 **abbreviation**입니다.

> 'United States of America' is commonly **abbreviated** to 'USA'.
> United States of America는 보통 USA로 줄여서 표기한다.
>
> Bldg. is an **abbreviation** for building.
> Bldg.은 building의 약어이다.

ridge가 산에서 튀어나온 부분, 산마루를 말한다고 했는데요, 산을 보면 쑥 들어간 부분도 있잖아요. 그렇게 산에서 쑥 들어간 부분은 **valley**로 '계곡'입니다.

> The mountain is famous for its beautiful **valley**.
> 그 산은 아름다운 계곡으로 유명하다.

valley를 이용하여 다른 단어를 배워볼 수 있는데요, 계곡까지 가는 동안에 작은 오솔길들을 많이 만나게 됩니다. 이 '오솔길, 골목길'은 valley 안에 들어 있는 **alley**랍니다. '반지의 제왕'에 나왔던 미모의 여배우 리브 타일러가 여러 남자의 애간장을 태우는 영화 '맥쿨에서의 하룻밤 *One Night at McCool's*'의 첫 장면을 보면 어려움에 처했던 리브 타일러를 구해주고 그녀를 보자마자 첫눈에 반한 남자 주인공의 이런 대사가 나옵니다.

> This is not the kind of a girl you usually run into a dark **alley**.
> 이 사람은 네가 어두운 뒷골목에서 흔히 마주치는 그런 류의 여자가 아니야.

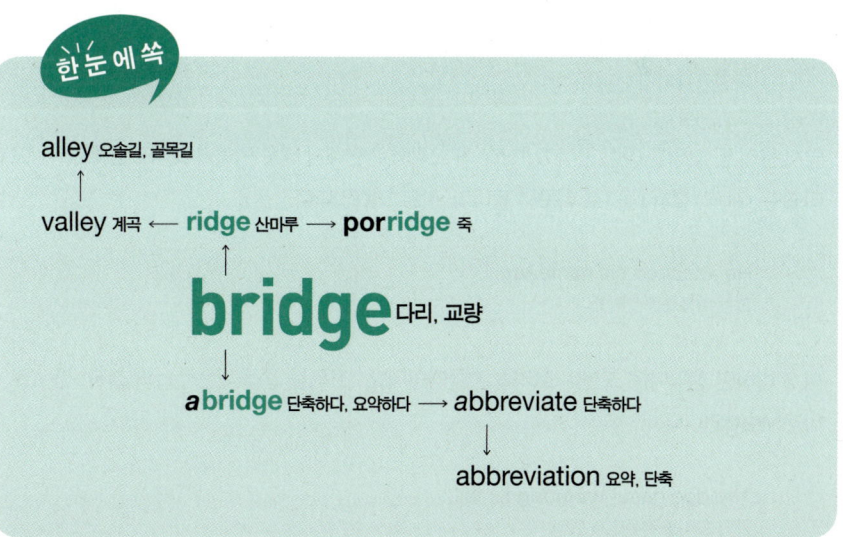

037 dragon → drag

용이 자신의 긴 꼬리를 질질 끌며 다닌다.

용을 실제로 보신 적이 있습니까? 아마 한 사람도 없을 겁니다. 왜냐고요? 용은 상상의 동물이니까요. 여러분이 봤던 용은 그림에서 본 것이 전부일 텐데요, 용의 모습이 어떤가요? 꼬리가 상당히 깁니다. 그래서 지상에 내려온다면 긴 꼬리를 질질 끌고 다니겠죠? 그 '질질 끌다'에 해당하는 단어가 바로 용 **dragon** 안에 들어 있는 **drag**입니다.

> Thousands of turtles **drag** themselves onto the beach and lay their eggs in the sand.
> 수 천 마리의 거북이들이 해변으로 몸을 끌고 가서 모래에 알을 낳는다.

옷이든 가방이든 너무 질질 끌고 다니면 누더기처럼 다 헤지고 맙니다. 신기하게도 '누더기'는 drag 안에 있는 **rag**입니다. 이렇게 옷을 험하게 입어 누더기처럼 만들어 놓으면 어머니에게 잔소리를 듣는 게 당연하겠죠? 이렇게 '잔소리하다'는요, rag에서 철자 r을 n으로만 바꾸면 됩니다. **nag**인 것이죠.

> Why do you **nag** at me all the time?
> 왜 항상 내게 잔소리하는 거야?

앞서 용이 긴 꼬리를 질질 끈다고 했죠? 이 꼬리와 관련해서 배울 단어가 꼬리표인데요, 이 '꼬리표'는 rag의 철자 r을 t로 바꾸면 됩니다. 바로 **tag**입니다.

> He attached his name **tag**.
> 그는 이름표를 부착했다.

이 꼬리하면 생각나는 표현이 꼬리를 흔든다인데요, '꼬리를 흔든다'는 tag의 철자 t를 w로 바꾼 **wag**입니다.

> The dog came **wagging** its tail.
> 개가 꼬리를 흔들면서 왔다.

wag으로 단어 하나를 건져볼까요? 요새는 거의 볼 수 없지만 미국 서부 영화를 보면 짐마차가 많이 나오는데요, 개가 그 '짐마차' 옆에서 꼬리를 흔들고 있다고 한번 상상해보세요. 이 '짐마차'가 바로 **wagon**입니다.

A **wagon** is clattering along the road.
짐마차가 달가닥거리며 지나가고 있다.

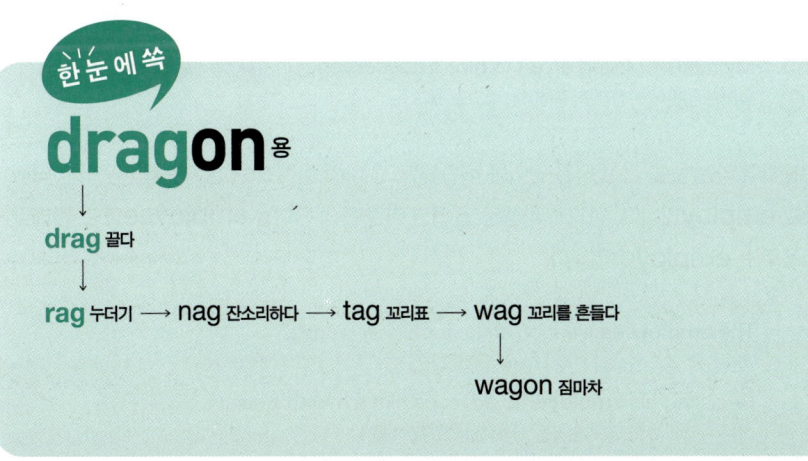

038 fire → fir

불을 피우러 벽난로에 전나무를 집어넣었다.

이번에 배울 단어는 '불'을 나타내는 단어 **fire**입니다. 보일러가 보편화된 요즘, 땔감을 준비하느라 분주한 곳은 겨울이 일찍 찾아오는 오지마을일 겁니다. 겨울용 땔감으로 전나무가 좋다고 하는데요, 겨울에 활활 타오르는 벽난로에 전나무를 하나씩 집어넣으며 사색할 수 있다면 정말 좋겠죠? 이 '전나무'가 fire 안에 들어 있는 **fir**입니다. 그럼 '벽난로'는 뭘까요? **fireplace**입니다.

> He kindled the logs in the **fireplace**.
> 그는 벽난로에 통나무를 넣어 불을 지폈다.

fire는 '불'이라는 뜻 이외에 동사로 '해고하다'의 뜻도 가지고 있습니다. 영화를 보면 'You are fired.(넌 해고야)'라는 표현이 상당히 많이 나옵니다. 영화 '조의 아파트 *Joe's Apartment*'를 보면 시골에서 도시로 올라온 주인공 조가 처음 얻은 직장에서 일을 잘하지 못하자 'You are fired'라는 말을 여러 번 반복해서 듣는 장면이 나왔습니다. '해고하다'라는 단어를 알았으면 그 반대말인 '고용하다'라는 단어도 알아야겠죠? '고용하다'는 fire의 f를 h로만 바꾸면 되는 **hire**입니다. 간단하죠?

> My mother placed an ad to **hire** a housekeeper in the newspaper.
> 엄마는 신문에 가정부를 구한다는 광고를 냈다.

'고용하다'라는 뜻을 가진 다른 단어를 배워볼까요? hire 끝에 있는 철자 e를 이용하면 되는데요, **employ**입니다. 여기서 파생된 '종업원'이란 뜻의 단어는 **employee**고요, 반대말 '고용주'는 **employer**입니다.

> The **employees** went on strike for higher wages.
> 직원들은 임금 인상을 위해 파업에 돌입했다.
> He asked his **employer** to advance him a month's salary.
> 그는 사장에게 한 달치 월급을 가불해달라고 부탁했다.

자, 이제는 의미연상법을 이용해 fire와 관련된 단어를 배워보겠습니다. '불'과 '불길'은 서로 관계가 있죠? 그래서 fire의 첫 철자 f를 이용해서 '불길'이라는 뜻의 **flame**을 얻을 수 있습니다. fire의 두 번째 철자 i를 이용해서는 '점화시키다'라는 뜻의 **ignite**를 얻을 수 있고요, fire의 세 번째 철자 r을 이용하면 불타고 남은 '잔해'라는 뜻의 **ruins**를 얻을 수 있습니다. 마지막으로 fire의 끝 철자 e를 이용하면 '불을 끄다'라는 뜻의 영단어 **extinguish**를 얻을 수 있답니다.

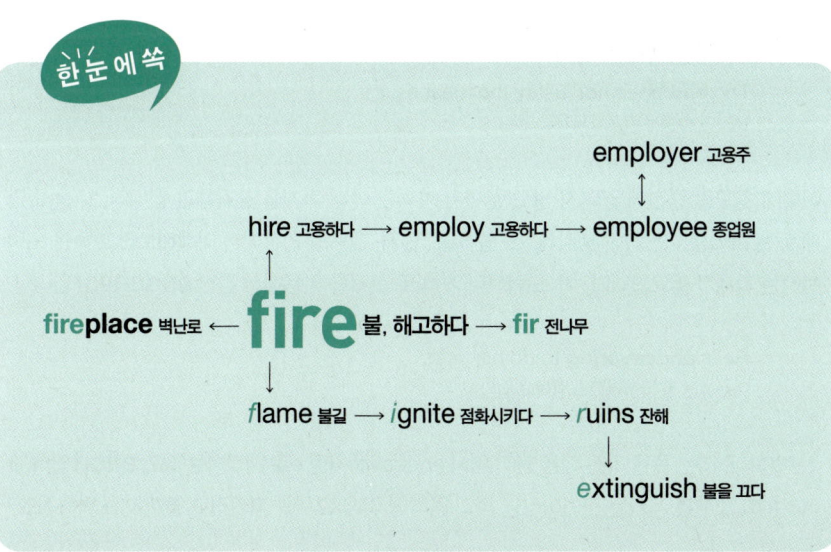

039 friend → end

친구와의 관계가 끝까지 가려면 서로가 노력해야 한다.

듣기만 해도 가슴이 뭉클해지는 단어 친구 **friend**가 이번에 배워볼 단어입니다. 이 friend가 들어간 속담과 생활영어가 많은데요, 가장 많이 쓰는 것 몇 개만 알아보고 가죠.

A **friend** in need is a **friend** indeed.
어려울 때 친구가 진짜 친구다.

What are **friends** for?
친구 좋다는 게 뭐야?

여러분은 친구들과의 관계가 어떤가요? 오랜 세월이 흘렀지만 계속 잘 지내는 사람도 있고, 중간에 끝장난 사람도 있을 텐데요, 이 friend에 '끝내다, 끝나다'라는 의미의 **end**가 들어 있는 것, 찾아내셨습니까? 이 end는요, 명사로 쓰일 때는 '끝, 목적'의 의미가 있다는 것도 꼭 알아두세요.

His contract is up at the **end** of the year.
그의 계약은 연말에 끝난다.

The **end** does not justify the means.
목적이 수단을 정당화시키지 않는다.

이렇게 친구랑 중간에 끝나지 않고 끝까지 가려면 여러 가지를 생각해야 합니다. friend 안에 있는 end를 이용하여 생각해보도록 하죠. 먼저, 친구의 입장에서 이해해보려고 하는 노력하려는 자세가 필요합니다. 이 '노력하다'가 바로 end를 이용해서 건진 **endeavor**입니다.

He is **endeavoring** to do his best.
그는 최선을 다하려고 노력하고 있다.

'노력(하다)'라는 뜻을 가진 다른 단어 역시 endeavor처럼 e로 시작하는데요, **effort**입니다. 여러분이 요새를 지키는 군인이라면 적의 공격에 맞서 요새를 지키려고 끝까지 노력하겠죠?

이 '요새'는 effort 안에 있는 fort를 이용하면 되는데요, 바로 **fortress**입니다. 사실 fort에도 '요새'라는 뜻이 있지만 fortress가 일반적으로 많이 쓰입니다. 영화 '반지의 제왕 The Lord of the Rings: the Two Towers'을 보면 요새를 두고 벌어지는 전투에서 다음과 같은 대사가 나옵니다.

> The **fortress** is taken.
> 요새가 함락되었습니다.

다음으로, 친구와의 관계를 오래 유지하려면 받으려고만 하지 말고 주려는 마음을 항상 가져야 합니다. 이 '주다'의 뜻을 가진 단어는 end 뒤에 ow를 붙이면 되는 **endow**입니다. 참고로 이 endow는 '재산 등을 기증하다, (재능·특징을) 부여하다'의 뉘앙스를 지닌 단어랍니다.

> Nature has **endowed** her with beauty and intelligence.
> 하늘은 그녀에게 미모와 지성을 주었다.

마지막으로 친구가 간혹 실망시키거나 기대에 어긋나는 일을 해도 그 친구의 진정성을 믿고 끝까지 참고 견뎌야 할 것입니다. '참다, 견디다'는 end에 ure를 붙이면 되는데요, **endure**입니다.

> You must have the capacity to **endure** a monotonous life.
> 여러분은 단조로운 삶도 견딜 수 있는 능력이 있어야 해요.

endeavor, endow, endure의 순서가 end 다음에 알파벳 순서(e, o, u)대로 되어 있다는 것 잊지 마세요.

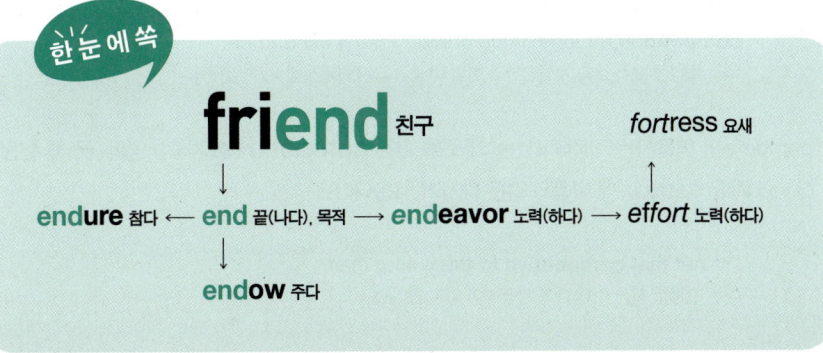

040 movie → vie

인기 있는 영화를 보려면 아침부터 치열하게 경쟁해야 한다.

여러분, 영화 좋아하세요? '영화'를 뜻하는 영어 단어도 참 많은데요, 그 중에서 가장 대표적인 단어 **movie**를 가지고 다른 중요한 단어를 배워보도록 하겠습니다. 할리우드뿐만 아니라 우리나라가 제작한 블록버스터 영화들, 특히 인기 있는 영화들은 자칫하면 모두 매진되어 보기 어려운 경우가 많습니다. 요즘은 조조할인율이 커서 아침 일찍부터 줄서서 보려고 경쟁하는 경우가 많은데요, 이 '경쟁하다'는 뜻의 영어 단어는 movie 안에 들어 있는 **vie**입니다.

> They **vied** with each other for victory.
> 그들은 우승을 놓고 서로 경쟁했다.

vie가 약간 낯설었나요? '경쟁하다'의 뜻으로 일반적으로 많이 쓰이는 단어는 **compete**랍니다. 영화 '찰리와 초콜릿 공장 *Charlie and the Chocolate Factory*'을 보면 여자 아이의 몸이 자꾸 부풀어 오르자 아이의 엄마가 이렇게 말하는 장면이 나옵니다.

> How is she supposed to **compete**?
> 그 아이더러 어떻게 경쟁하라는 말이에요?

compete의 명사형은 '경쟁'이란 뜻을 가진 **competition**입니다.

> A rapid increase in the number of college graduates has made the **competition** for jobs much greater than it used to be.
> 대학 졸업생 수가 급속히 증가하여 취업 경쟁이 과거보다 훨씬 더 치열해졌다.

compete의 형용사는 '경쟁력 있는'의 뜻을 가진 **competitive**입니다. 영화 '굿 윌 헌팅 *Good Will Hunting*'에 다음과 같은 대사가 나옵니다.

> I'm not that **competitive** to the young man.
> 나는 그 젊은이에 비해 그리 경쟁력이 있지 않아요.

이 compete를 이용해 다른 단어를 배워볼까요? 경쟁은 결국 어느 쪽의 승리로 귀결되어야만 끝마치게 되는 거죠. '끝내다, 완성하다'는 compete의 단어 중간에 l을 추가하면 됩니다. **complete**죠.

> I need two more words to **complete** the puzzle.
> 이 퍼즐을 완성하려면 두 단어가 필요해.

complete를 이용하여 다른 단어를 생각해볼까요? 아파트다, 골프장이다 환경을 파괴하는 여러 공사들이 끝나고 나면 생태계 종들이 멸종되어 버리거나 자원이 고갈될 수도 있습니다. 이때의 '고갈되다'가 **deplete**인데요, complete의 com 대신 de를 쓰면 됩니다. 알파벳 순서가 c 다음에 d잖아요. 그것을 이용하세요.

> These chemicals are thought to **deplete** the ozone layer.
> 이 화학물질들이 오존층을 고갈시키는 것으로 여겨지고 있다.

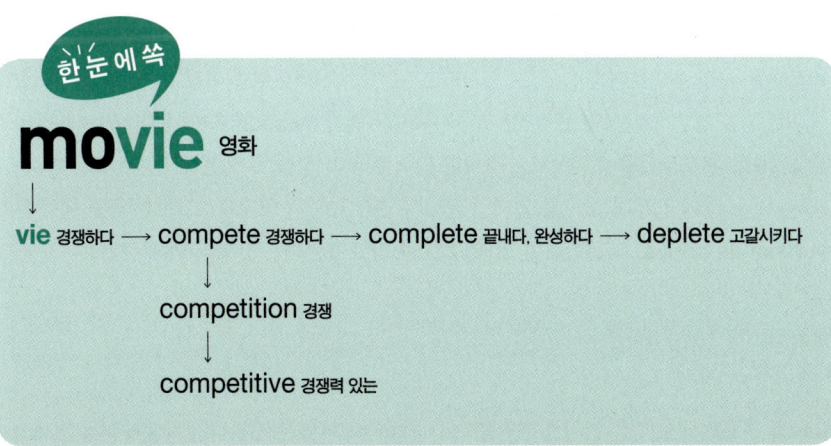

041 museum → muse

박물관에서 작품을 보며 깊은 명상에 잠기다.

세상에는 참 다양한 박물관이 많이 있습니다. 등잔 박물관에서 자동차 박물관에 이르기까지 종류도 가지가지죠.

> The **museum** is full of rare and precious treasures.
> 그 박물관은 희귀하고 귀중한 보물들로 가득 차 있다.

박물관에 들어가 보면 참 조용합니다. 선조들의 얼이 깃든 물품을 보면서 깊은 명상에 잠겨볼 수도 있는데요, 이 '명상하다'가 museum 안에 들어 있는 **muse**입니다. '명상하다'의 뜻을 가진 다른 단어 역시 muse처럼 m으로 시작하거든요. 바로 **meditate**입니다.

> He would **meditate** to calm himself down.
> 그는 마음을 차분히 가라앉히기 위해 명상하곤 했다.

이 meditate의 명사형은 '명상'의 뜻을 가지고 있는 **meditation**입니다.

> **Meditation** makes him peaceful in mind.
> 명상은 그의 마음을 평화롭게 만들어 준다.

박물관을 자주 찾다보면 아는 것도 많아지고 또 학습 성취도도 높아질 수 있습니다. 이렇게 박물관도 잘만 활용하면 좋겠죠? 그 '이용하다' 역시 museum 안에 들어 있는데요, 바로 **use**입니다. use를 이용해서도 중요한 단어를 많이 얻을 수 있는데 '남용하다, 학대하다'는 use 앞에 접두어 ab-를 붙이면 됩니다. **abuse**가 되지요. 그래서 '약물 남용'은 substance abuse, '아동학대'는 child abuse라고 표현하는 것 꼭 기억해두세요.

> He was blamed for **abusing** his position.
> 그는 직위를 남용해서 비난을 받았다.

use를 이용해서 또 다른 단어를 배워볼까요? 박물관에서 얻은 전통적인 사상과 삶을 현재의 삶과 융합시키려는 태도는 아주 중요합니다. 왜, 온고이지신이란 말도 있잖아요. 그렇게 '융합시키다'라는 단어는요, use 앞에 f를 붙이면 됩니다. 바로 **fuse**죠. 그리고 fuse의 명사형은 '융합'이란 뜻의 **fusion**입니다.

Can you explain to me what nuclear **fusion** is?
핵융합이 뭔지 나에게 설명해줄 수 있니?

전통과 현대라는 서로 이질적인 것이 융합된 모습은 처음에는 좀 혼란스럽게 보일 수도 있습니다. '혼란스럽게 하다'는 fuse를 이용하면 되는데, **confuse**가 바로 그것입니다. 할 베리가 주연한 영화 '캣 우먼 *Cat Woman*'의 뒷부분을 보면 다음과 같은 대사가 나옵니다.

You are **confusing** me with somebody else?
당신, 나를 누군가 다른 사람으로 혼동하고 있는 건가요?

fuse의 명사형이 fusion이라고 그랬죠? confuse의 명사형 역시 '혼란'이란 뜻의 **confusion**입니다.

After the new evidence was presented, the court fell into a state of **confusion**.
새로운 증거가 제시된 후에 법정은 혼란 상태로 빠져들었다.

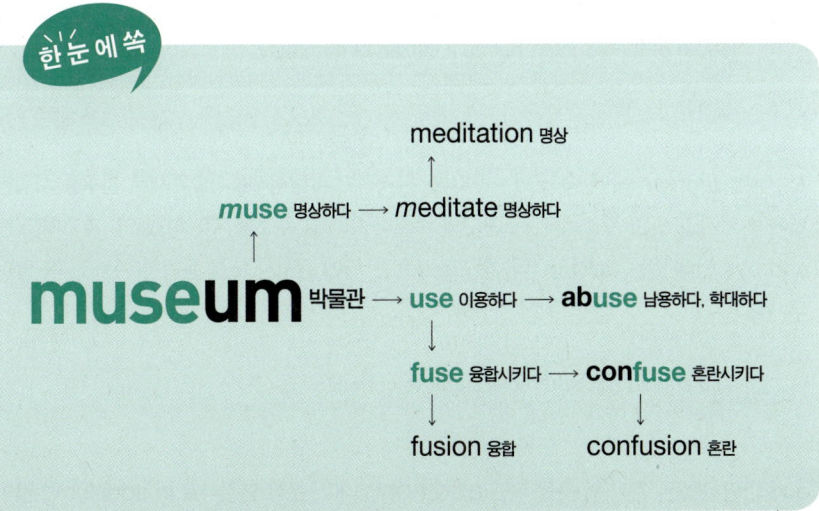

042 address → add

주소록에 친구의 주소를 추가하다.

소개팅을 하고 헤어질 때는 거의 모두 전화번호와 이메일 주소를 교환하게 됩니다. 이 '주소'가 **address**인 건 다 아시죠? 이 address라는 단어로 다른 단어를 공부해보도록 하죠. 먼저 편지를 써서 상대에게 부치려면 봉투에 주소를 써야 됩니다. '봉투'는 address 안에 들어 있는 철자 e를 이용한 **envelope**입니다. address와 envelope이 들어 있는 예문을 확인해보세요.

> She wrote the wrong **address** on the **envelope** after she finished writing a letter.
> 그녀는 편지를 다 쓰고 나서 봉투에 주소를 잘못 기입했다.

address는 '주소'라는 뜻 외에도 '연설하다'(make a speech, deliver a speech)의 뜻도 있습니다. 소행성의 지구 충돌을 다룬 영화 '아마게돈 *Armageddon*'을 보면 미 대통령의 다음과 같은 대사가 나옵니다.

> I **address** you tonight, not as the President of the United States, not as the leader of the country, but as a citizen of humanity.
> 저는 오늘밤 미국 대통령이나 이 나라의 지도자로서가 아니라 인류의 한 시민으로서 여러분에게 연설합니다.

자, 이제 address 속에 숨어 있는 단어를 본격적으로 탐험해볼까요? 새로 친구를 사귀면 자기가 가지고 있던 주소록에 그 친구의 주소나 이메일 주소를 추가하겠죠? '추가하다'는 address 안에 있는 **add**입니다. 참고로 add는 뒤에 전치사 to를 동반한다는 것, 꼭 알아두세요.

> You should not **add** more sugar to coffee.
> 커피에 설탕을 더 타선 안 돼.

add의 명사형은 '추가'의 뜻을 지닌 **addition**입니다. 문장 연결사로 In addition이 많이 나오는데, '게다가'의 뜻입니다. addition의 형용사는 **additional**로 '추가하는, 추가적인'의 뜻입니다.

> Budget constraints wouldn't allow the purchase of the **additional** equipment.
> 예산이 부족하여 추가로 장비를 구입하는 것이 어렵습니다.

이 addition을 이용하면 어려운 단어를 쉽게 배워볼 수 있는데요, coffee와 cigarette에는 카페인과 니코틴 성분이 있어 자꾸 추가해서 마시거나 피우면 중독이 되기 쉽습니다. coffee나 cigarette 모두 c로 시작하는데요, 이 '중독'이라는 단어는 addition의 중간에 c를 추가하면 됩니다. **addiction**인 거죠.

> She helped him fight his drug **addiction**.
> 그녀는 그가 마약 중독과 싸울 수 있도록 도와주었다.

addiction의 동사형은 '중독되게 하다'의 뜻을 가진 **addict**입니다.

> The man **addicted** to gambling deserted his wife and children.
> 도박에 중독된 그 남자는 처자식을 버렸다.

addict는 '중독자'라는 명사로도 쓰이는 것 알아두세요. 컴퓨터로 합성한 가상의 여배우가 나오는 영화 '시몬 *Simonne*'에는 다음과 같은 대사가 나옵니다.

> She is a computer **addict**.
> 그녀는 컴퓨터 중독자입니다.

여러분은 '사다리'가 **ladder**인 것, 알고 계신가요? 이 사다리 안에도 add가 들어 있지요. 사다리는 한걸음 한걸음 더하여 위로 올라가야 하잖아요. 이렇게 하나 하나 사다리를 타고 올라가 지붕을 고치는데 갑자기 소변이 마렵습니다. 일을 하다 중간에 내려가기도 뭣해서 참았더니 방광이 터질 것 같습니다. 이때의 '방광'은 ladder에 b를 붙인 **bladder**입니다. 이 bladder는 물고기의 '부레'라는 뜻도 있습니다.

다시 address를 살펴보니까 그 안에 ad가 들어 있네요. 이 ad는 advertisement를 줄인 말로 '광고'의 뜻입니다. 이렇게 영어에는 줄임말이 많은데요, veterinarian(수의사)도 줄여서 vet이라 하고, permanent도 줄여서 perm(퍼머)이라고 합니다.

My mother placed an **ad** to hire a housekeeper.
엄마가 가정부를 구한다는 광고를 냈다.

advertisement의 동사는 **advertise**로 '광고를 내다'의 뜻입니다.

The woman saw a refrigerator **advertised** in a magazine.
그 여자는 잡지에 광고가 난 냉장고를 봤다.

또 address 안에는 **dress**도 들어 있습니다. '의복, 정장'의 뜻인데요, 정장을 하고 외출하라고 말할 때는 'Get dressed'(옷 입어)라는 생활영어를 씁니다. 영화 '스튜어트 리틀 *Stuart Little*'을 보면 스튜어트의 가짜 부모가 스튜어트 리틀을 진짜 부모에게 데려다 주려고 하면서 했던 대사였습니다. '의복'의 뜻을 가지고 있는 다른 단어는 dress 안에 있는 철자 r을 이용한 **robe**입니다.

My wife is wearing a flowery **robe**.
내 아내는 꽃무늬 가운을 입고 있다.

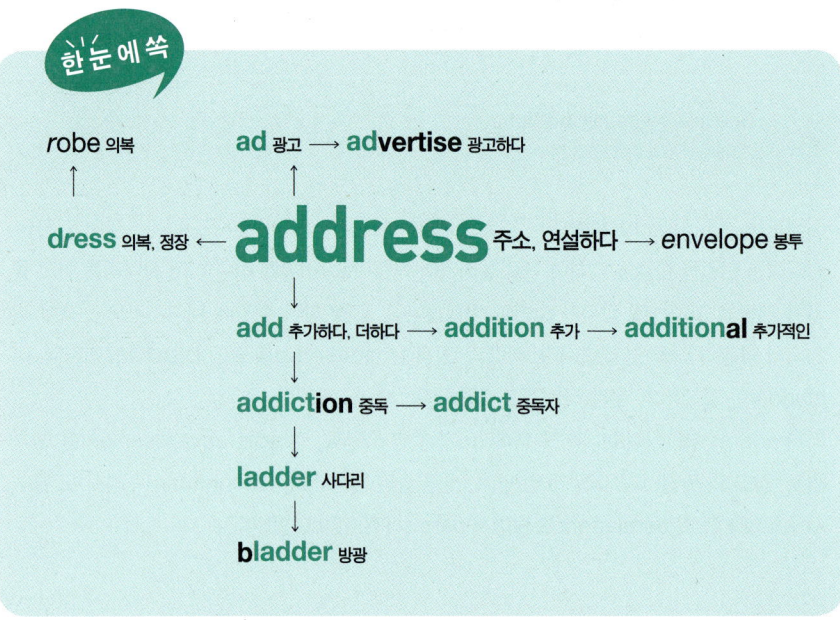

043 plane → lane

비상시에는 비행기가 차로에 비상착륙하기도 한다.

'비행기'는 **plane**이죠. 비행기가 뜨고 내리는 곳은 활주로지만 전쟁 같은 상황에서 비행기가 비상착륙을 해야 할 때는 고속도로 같은 차로도 활주로가 될 수 있습니다. 이때, 도로의 '차로'가 plane 안에 있는 **lane**입니다. 영어 표현에서 lane과 관련하여 많이 쓰는 어구는 '차선을 바꾸다'의 **change lanes**랍니다. 이 lane을 많이 들을 수 있는 때가 바로 수영이나 육상 경기가 벌어질 때입니다. 왜, '4번 레인 ○○○선수 ~'로 방송에서 많이 말하잖아요. 그럼 plane과 lane이 함께 들어 있는 문장을 볼까요?

> The **plane** made an emergency landing on the car **lane**.
> 그 비행기는 차로에 비상착륙했다.

plane에서 lane을 빼면 철자 p가 남습니다. 그냥 가야 할까요? 아니죠. 이 p를 이용해서 다른 단어를 건져야죠. 아무리 비상착륙이라 해도 비행기가 울퉁불퉁한 길에 비상착륙할 수 있을까요? 절대 안 됩니다. 포장이 된 도로여야만 비행기가 비상착륙할 수 있는데요, 이 '포장도로'가 p로 시작하는 **pavement**입니다. 영화 '경찰서를 털어라 Blue Streak'를 보면 다음과 같은 대사가 나옵니다.

> There is no **pavement**.
> 포장도로가 없는데요.
> I burned my bare feet on the hot **pavement**.
> 뜨거운 포장도로에 내 맨발을 데었다.

pavement의 동사형은 '길을 포장하다'의 **pave**인데요, pave가 들어간 명문 하나 보시죠.

> The road to happiness is **paved** with adversities.
> 행복으로 가는 길은 역경들로 포장되어 있다.

자, 다시 plane으로 다른 단어를 배워봅시다. 이 지구 내에서 돌아다닐 수 있는 것이 plane

이라면 화성 같은 행성을 돌아다니는 것은 우주선입니다. 이런 우주선도 어찌 보면 우주 내의 비행기라고 볼 수 있을 텐데요, 이 우주선으로 행성을 탐사한다고 할 때 '행성'은 plane에 t만 붙이면 쉽게 얻을 수 있습니다. **planet**이죠. 얼마 전에 태양계의 제일 마지막 행성이던 명왕성이 태양계에서 제외되었다는 얘기가 뉴스로 크게 다뤄진 적이 있었습니다.

> Astronomy is the science of stars and **planets**.
> 천문학은 별과 행성을 연구하는 학문이다.

plane과 발음은 같지만 뜻은 완전히 다른 단어로 plain이 있습니다. **plain**은 '평원'의 뜻인데요, 경비행기가 그림 같은 평원에 내려앉는 장면을 상상하면 두 단어를 서로 연상하면서 기억할 수 있습니다.

> The **plane** landed on the beautiful **plain**.
> 비행기가 아름다운 평원에 착륙했다.

이제는 plain을 통해 중요한 동사 두 개를 건져보겠습니다. 그 첫 번째가 **complain**인데요, '불평하다'는 뜻이지요. 사실 평원은 끝없이 펼쳐져 있을 뿐 오래 보고 있으면 금방 지루해집니다. 활동적인 사람들을 이렇게 평원에 오래 두면 재미없다고 불평을 해댈 게 뻔합니다.

> Residents have been **complaining** about the noise from the airport.
> 주민들은 공항에서 나오는 소음에 대해 불평하고 있다.

complain의 명사형은 '불평'이란 뜻을 지닌 **complaint**입니다.

> I am sick of listening to your **complaints**.
> 이제 네 불평을 듣는 게 지겨워.

plain을 통해 배울 수 있는 동사, 그 두 번째는 **explain**으로 '설명하다'의 뜻을 가지고 있습니다. 평원에 있는 것이 지루하다고 사람들이 불평하자 드넓은 평원을 보며 호연지기와 탁 트인 마음을 가져보게 하려고 데리고 왔다고 인솔자가 설명합니다.

> We can no more explain a passion to a person who has never experienced it than we can **explain** light to the blind.
> 장님에게 빛을 설명할 수 없는 것처럼 열정을 한 번도 경험해보지 못한 사람에게 열정을 설명할 수는 없다.

이 explain의 명사형은 '설명'의 뜻을 가진 **explanation**입니다.

He gave a concise **explanation** of the event.
그는 그 일을 간결하게 설명했다.

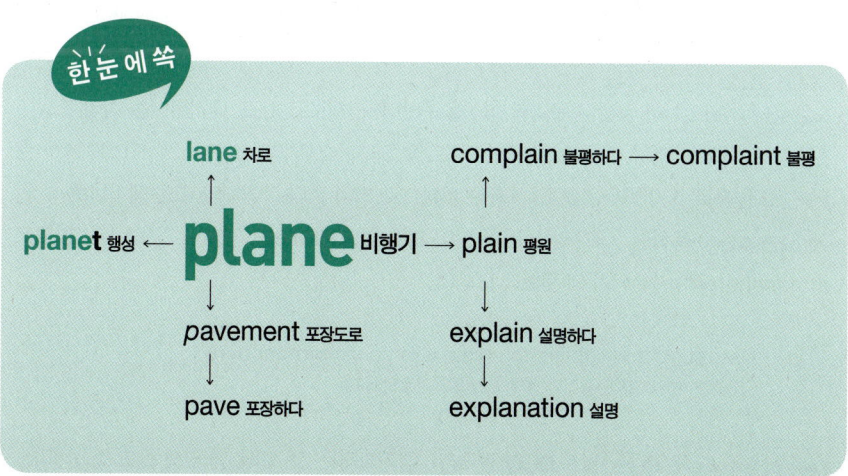

044 player → layer

선수층이 두꺼워야 좋은 성적을 낼 수 있다.

player는 '선수'라는 뜻입니다. 그래서 **substitute player**는 '후보 선수'라는 뜻이지요. '운동선수'를 뜻하는 다른 단어는 player 안에 있는 철자 a를 이용하면 얻을 수 있는데, 바로 **athlete**입니다. 영화 '스튜어트 리틀 2 Stuart Little 2'를 보면 새가 스튜어트를 보고 다음과 같이 물어보는 장면이 나옵니다.

> Are you an **athlete**?
> 너 운동선수니?

이제 player에 숨어 있는 단어를 한번 속속들이 찾아내보도록 합시다. 월드컵을 계기로 전 국민이 열광하는 스포츠가 된 축구, 다음번 월드컵에서 한국이 좋은 성적을 내려면 선수층이 두꺼워야 하는데요, 이런 '층'에 해당하는 단어가 바로 player 안에 있는 **layer**입니다. 그래서 **ozone layer**는 '오존층'의 뜻이 됩니다. 영화 '슈렉 Shrek'을 보면 동키가 풀밭을 지나면서 슈렉에게 여러 번 다음과 같이 말하는 장면이 나옵니다.

> Onions have **layers**.
> 양파는 여러 겹이 있어요.

오존층이 나왔으니까 잠깐 지구과학 상식을 한번 확인해보고 가죠. 대기권에는 여러 층들이 있는데요, 대기는 지상 120km층까지는 주로 질소와 산소로 되어 있고, 120~1,000km 층은 산소 원자로, 1,000~2,000km층은 헬륨으로 되어 있다고 합니다. 그런데 이 layer 안에 있는 a를 이용하면 '대기'라는 뜻의 단어 **atmosphere**를 얻을 수 있습니다. 참고로 atmosphere에는 '분위기'의 뜻도 있답니다.

> Use music and lighting to create a romantic **atmosphere**.
> 낭만적인 분위기를 만들려면 음악과 조명을 이용하세요.

player는 play에서 나온 말로 **play**는 '놀다, 경기하다'는 뜻 외에 '연극'의 뜻도 있습니다.

That was a good **play**.
그것은 훌륭한 연극이었어.

또 자세히 보면 play에 '내려놓다'라는 뜻의 단어 **lay**가 들어 있습니다. 이 lay는 '알을 낳다'는 뜻도 있어요.

It is natural for a salmon to **lay** its eggs where it was born.
연어가 태어난 곳에서 알을 낳는 것은 자연스런 일이다.

섬에 여행 왔다 돌아가려고 하는데 폭풍이 불면 배의 출항이 연기됩니다. 그때는 어떻게 해야 할까요? 할 수 없이 가방을 내려놓고 기다려야겠죠. 앞서 언급한 '연기하다'는요, lay 앞에 de를 붙인 **delay**입니다. 기상상태가 나쁜 날 공항에 가면 자주 볼 수 있는 단어입니다.

The train **delayed** because of the heavy snow.
기차는 폭설 때문에 연착되었다.

delay 외에 '연기하다'의 뜻을 가진 다른 단어는 **adjourn**입니다. 이 adjourn을 쉽게 외우는 방법 한 가지 알려드릴까요? 옛날 임금님 앞에서 중신들이 모여 국가 대사를 의논하던 회의를 어전회의라고 했습니다. 앗, 눈치 빠른 분들은 벌써 알아채셨군요. 그렇습니다. adjourn을 어전으로 생각해 '어전회의가 연기되었다'라고 연상하면 절대 잊어버리지 않을 겁니다.

The hearing was **adjourned** for a week.
청문회는 1주일 연기되었다.

'연기하다'의 다른 단어는 **postpone**입니다. 그리고 숙어로는 put off라는 것도 꼭 알아두세요.

Perhaps we should **postpone** the meeting until tomorrow.
아마도 회의를 내일까지 미뤄야 할 것 같습니다.

Don't **put off** till tomorrow what you can do today.
오늘 할 일을 내일로 미루지 마라.

layer 층 → atmosphere 대기, 분위기
↑
athlete 운동선수 ← **player** 선수
↓
play 놀다, 운동하다, 연극
↓
lay 내려놓다, 알을 낳다
↓
delay 연기하다 → adjourn 연기하다 → postpone 연기하다

045 police → lice

경찰이 한가하다고 이나 잡고 있다니!!

민중의 지팡이인 '경찰'은 **police**입니다. police는 쓸 때 앞에 the를 붙이고 복수로 취급해야 한다는 문법적 내용은 꼭 기억해 두세요.

> The **police** have not yet proved the victim's identity.
> 경찰은 피해자의 신원을 아직 밝혀내지 못했다.

많은 사건들이 발생하는 도시의 경찰은 할 일이 많아 분주히 돌아다니겠지만, 한적한 시골에서 근무하는 경찰은 한가해서 경찰복을 벗어 이나 잡고 있다고 한번 상상해보세요. 머릿속을 기어다니는 '이'는 police 안에 있는 **lice**입니다. louse의 복수형이죠.

> I sickened at the mere sight of the **lice**.
> 나는 이를 보기만 했는데도 속이 메스꺼웠다.

열심히 일해야 하는 경찰들 몸에 이가 기어다니면서 온 몸을 근지럽게 해 괴롭힌다면 콱 죽이고 싶은 '악의'가 생길 겁니다. 그때의 '악의'는 lice 앞에 ma를 붙이면 됩니다. 바로 **malice**죠.

> She bore **malice** against her boss after she was fired.
> 그녀는 해고된 뒤에 사장에게 악의를 품었다.

malice의 형용사는 '악의적인'이란 뜻을 가진 **malicious**인데요, 참고로 malicious prosecution은 '무고'의 의미입니다.

> There was no **malicious** intent in his words.
> 그의 말에 악의적인 의도는 없었다.

경찰이 드디어 자신을 괴롭히던 이를 잡았습니다. 너무나 짜증이 났다면 곱게 죽이고 싶은 마음이 들지 않을 겁니다. 그래서 좀 잔인하긴 하지만 이를 잘게 잘라서 죽입니다. 이때 lice 앞에 s만 붙이면 '잘게 자르다'는 뜻의 **slice**가 됩니다. 치즈 제품에 sliced cheese라고 쓰여 있는 것을 많이 보았을 텐데요, 얇고 일정하게 써는 것이 slice입니다.

> Don't forget to put the **sliced** cucumber in the salad.
> 샐러드에 얇게 자른 오이 넣는 것을 잊지 마라.

자, 이제 police로 정말 중요한 단어를 배워보도록 해요. 요즘은 단독 범행보다 공범을 끼고 범죄를 저지르는 경우가 많아서 경찰은 주범뿐 아니라 공범도 같이 잡아야 합니다. 이 '공범'은 **accomplice**인데요, accomplice 끝에 있는 plice가 police에서 철자 o만 뺀 것이라고 생각하면 쉽게 기억할 수 있을 것입니다. 존 그리샴의 소설을 영화화한 '의뢰인 The Client'을 보면 다음과 같은 대사가 나옵니다.

> You are an **accomplice**, aren't you?
> 너도 공범이지 않아?

이렇게 경찰이 공범까지 다 잡았으면 자기 일을 성취한 것이 되는데요, '성취하다'는 **accomplish**입니다. accomplice의 ce를 sh로만 바꿨습니다. 영화를 보면 'mission accomplished'란 표현이 자주 나오는데, 바로 '임무 완수'란 뜻이죠. accomplish의 명사형은 '성취'란 뜻의 **accomplishment**입니다.

> The speaker admired the **accomplishments** of the candidate.
> 연사는 후보자의 업적을 칭송했다.

'성취하다'의 뜻을 가진 또 다른 단어는 accomplish와 같이 ac로 시작하는 achieve입니다. 영화 '알렉산더 Alexander'의 끝부분을 보면 알렉산더에 대해 다음과 같이 말하는 장면이 나옵니다.

> In his short life, he **achieved** without doubt the mythic glory of his ancestor Achilles.
> 짧은 생애 동안 그는 의심할 바 없이 그의 조상 아킬레스의 신화적인 영광을 성취해냈다.

achieve의 명사형은 '성취'의 뜻을 지닌 **achievement**고요, 그래서 sense of achievement는 '성취감'을 말합니다. '성취하다, 달성하다'의 뜻을 가진 단어가 또 있는데요, accomplish, achieve처럼 a로 시작합니다. **attain**이죠. 영화 '가타카 Gattaca'를 보면 다음과 같은 대사가 나옵니다.

For the genetically superior, success is easier to **attain**.
유전적으로 우월한 사람들에게 성공은 쉽게 성취할 수 있는 것이지.

attain의 명사형은 '성취, 달성'의 의미를 지닌 **attainment**입니다.

His aim is beyond **attainment**.
그의 목표는 달성하기가 어렵다.

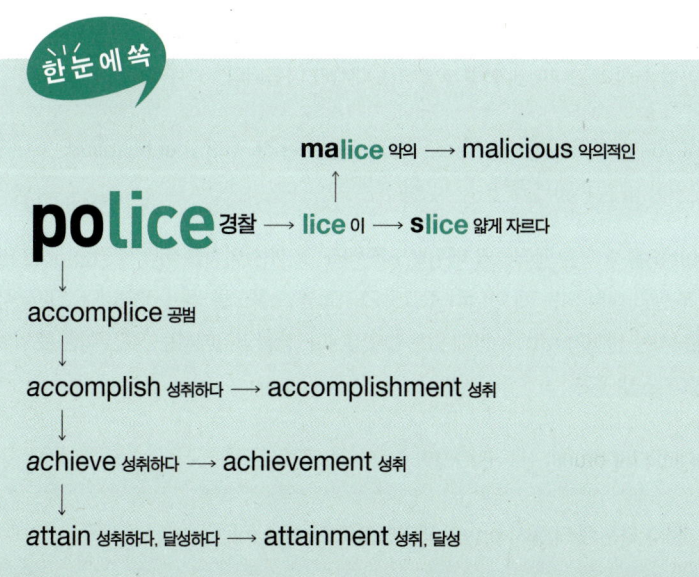

046 rab**bit** → **bit**

토끼가 작은 조각으로 잘라진 먹이를 오물오물 먹고 있다.

이번에 공부할 단어는 귀여운 '토끼'를 나타내는 **rabbit**입니다.

>The **rabbit** is looking around for something to eat.
>토끼가 먹을 것을 찾아 두리번거리고 있다.

rabbit은 주로 집에서 키우는 토끼고요, '산토끼'는 **hare**라고 합니다. hair와 발음이 같죠.

>I saw a **hare** hide in the burrow. 나는 산토끼가 굴에 숨는 것을 봤다.

hare로 다른 단어를 건져볼까요? hare 앞에 s를 붙이면 '공유하다'의 뜻을 가진 **share**를 얻을 수 있습니다. 산토끼들이 식량을 모아서 추운 겨울에 서로 공유할 수 있잖아요. 스티븐 킹의 소설을 영화화한 '돌로레스 클레이본 *Dolores Claiborne*'을 보면 남편에게 학대당하던 아내가 일식이 일어나는 밤에 남편을 살해하기로 마음을 먹습니다. 하지만 그런 여자의 마음을 모르는 마을 사람이 그녀에게 이렇게 말하는 대사가 나옵니다.

>I want you to go **share** this remarkable experience with your husband.
>당신이 남편이랑 이 멋진 경험을 함께 나누었으면 해요.

자, 다시 rabbit을 통해 다른 단어들을 배워보도록 하죠. 토끼는 먹이를 어떻게 먹습니까? 입이 작아서 크게 한입 왕창 먹는 게 아니라 조그만 조각들을 오물오물 씹어 먹습니다. 그때 '작은 조각'에 해당하는 단어가 rabbit 안에 있는 **bit**입니다. 생활영어에서는 '약간'이란 뜻의 a little bit로 많이 쓰입니다.

>I'm a little **bit** drunk. 나 약간 취했어.

참고로 bit은 '물다'라는 뜻의 동사 bite의 과거형으로도 쓰입니다.

>A mosquito **bit** me in the forest. 숲에서 모기가 나를 물었다.

사소한 작은 습관도 몸에 배면 고치기가 참 힘든데요, 이 '습관'은 bit을 이용하면 얻을 수 있습니다. **habit**이 되죠.

It is not easy to eliminate bad **habits**. 나쁜 습관을 없애기란 쉽지 않다.

하지만 좋은 습관은 오랫동안 거주시켜서 몸에 배도록 해야 합니다. 이 '거주시키다'는 habit 앞에 in을 붙인 **inhabit**이고요, 명사형인 '거주민'은 **inhabitant**입니다.

A roach is one of the oldest organisms that have **inhabited** the earth.
바퀴벌레가 지구상에 살고 있는 가장 오래된 유기체 가운데 하나이다.
The **inhabitants** of the village are farmers. 그 마을에 거주하는 이들은 농부다.

bit이란 단어로 다른 단어를 공부해볼 수도 있는데요, 어머어마한 우주선도 일단 우주로 쏘아 올려져 궤도에 진입하면 작은 조각처럼 보입니다. 이때 '궤도'는 bit 앞에 or을 붙인 **orbit**입니다.

A new satellite was launched into **orbit** around Mars.
새로운 위성이 화성 주변 궤도로 발사되었다.

우주선이 궤도에 진입하다 사고가 나서 우주비행사가 사망하면 신문 부고란에 실리게 됩니다. 이 '사망기사, 부고'가 **obituary**입니다.

An **obituary** is an article offering a brief summary of the deceased.
부고는 돌아가신 분에 대해 짤막하게 간추린 내용을 제공하는 기사다.

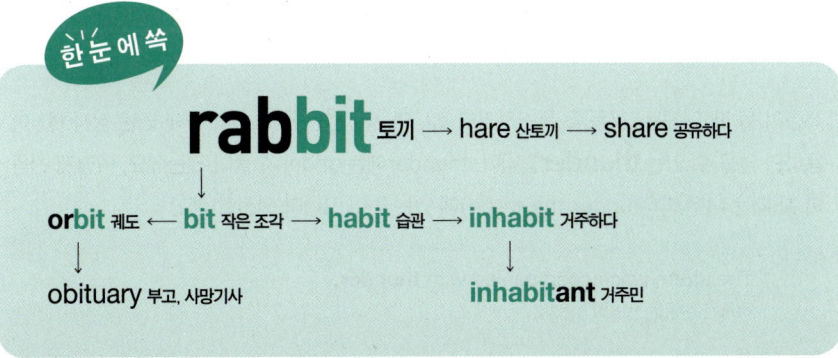

047 August → gust

8월의 돌풍이 휩쓸고 간 처참한 광경!

  6, 7월 장마가 끝나고 8월이 되면 본격적인 무더위와 더불어 한반도 전역에 태풍이 몰아쳐서 거의 매년 예외 없이 많은 피해가 발생하곤 합니다. 비도 많이 내리고 돌풍이 불기도 하지요. 그런데요, 참 재미있게도 '8월'을 뜻하는 **August** 안에 '돌풍, 질풍'이라는 뜻을 가진 **gust**가 들어 있습니다.

> A **gust** of wind blew the tent down.
> 돌풍이 텐트를 날려 보냈다.

이 '질풍'이라는 뜻의 다른 단어 역시 gust처럼 g로 시작하는데요, 바로 **gale**입니다. gust가 짧고 강하게 부는 것에 비해 gale은 굉장히 강하게 부는 것이라는 의미상 차이가 있다는 점은 참고로 알아두세요.

> The **gale** uprooted numerous trees.
> 질풍이 수많은 나무를 뿌리째 뽑아버렸다.

바늘 가는 곳에 실이 가듯, 돌풍 gust가 있는 곳에 폭풍이 빠질 수가 없겠죠. 이 '폭풍'이란 단어는 gust 안에 있는 st를 이용하면 되는데요, **storm**입니다.

> The beach is currently closed due to the approaching **storm**.
> 해변은 현재 다가오는 폭풍 때문에 폐쇄되었다.

폭풍이 올 때 대개는 '천둥'을 동반하기도 합니다. 이 '천둥'은 storm 안에 있는 철자 t를 이용하면 얻을 수 있는 **thunder**입니다. thunder에는 under가 들어 있는데요, 이렇게 천둥이 칠 때는 나무 아래(under the three)에 있는 것이 그나마 안전합니다.

> The storm was accompanied with **thunder**.
> 폭풍은 천둥을 동반하여 왔다.

태풍이 휩쓸고 간 후의 그 처참한 모습을 보면 정말 넌더리가 날 정도로 태풍이 싫을 겁니다. 이런 '넌더리, 혐오감'은 gust 앞에 dis를 붙이면 됩니다. 바로 **disgust**죠. 이 disgust의 형용사형은 '역겨운'이란 뜻을 가진 **disgusting**입니다.

It is **disgusting** to see people spit on the floor.
사람들이 바닥에 침 뱉는 것을 보는 건 참 역겹다.

048 advice → vice

애정 어린 충고를 받아들여 마음 속 악을 없애다.

이번에 배울 단어는 **advice**입니다. '충고'라는 뜻인데요, 동사형은 '충고하다'의 **advise**입니다. 동사형이 될 때 c가 s로 바뀌는 것에 주의하세요.

>Thank you for your **advice**.
>충고 고마워.
>
>My physician **advised** me to refrain from alcohol for the time being.
>의사는 당분간 술을 삼가라고 내게 충고했다.

이 advice 안에 참 중요한 단어가 들어 있습니다. 사람이 누군가에게 충고를 할 때는 그 사람이 제대로 못하고 있어 방향을 잡아줄 때, 또는 마음에 있는 악덕한 것을 없애도록 하려할 때일 겁니다. 마음에 있는 악덕한 것을 없애기 위해 충고한다고 할 때 이 '악덕'에 해당하는 단어가 바로 advice 안에 있는 **vice**입니다. 참고로 vice는 '부(副)'라는 뜻도 있어서 vice-president는 '부통령', vice-chairman은 '부의장'의 뜻입니다.

>Upon the death of the president, the **vice**-president would succeed.
>대통령 유고 시에는 부통령이 그 직위를 승계한다.

'악덕'의 상대어는 '미덕'이죠? 이 '미덕'은 vice의 vi와 연계해서 생각하세요. 바로 **virtue**입니다.

>**Virtue** leads to happiness, and vice to misery.
>덕행은 행복에 이르는 길이요 악덕은 불행에 이르는 길이다.

도처에 넘쳐나는 '악'을 없애려면 어떤 장치가 있어야 합니다. 성범죄자의 재범을 막기 위해 전자 팔찌 채우는 것을 검토하는 것도 '악'을 근절시키기 위한 하나의 장치가 될 수 있겠는데요, 이런 '장치'는 vice 앞에 de를 붙이면 됩니다. **device**죠.

The missile has a heat-seeking **device** which enables it to find its target.
미사일에는 열 추적 장치가 있어서 표적을 찾을 수 있게 한다.

device의 동사형은 '고안하다'의 뜻을 가진 **devise**입니다. advice의 동사형이 advise인 것을 생각하면 규칙성이 있다는 걸 알 수 있습니다.

The burglars **devised** a scheme for entering the bank at night.
강도들은 밤에 은행에 침입할 계획을 고안해냈다.

세상 사람들의 마음에 있는 모든 악덕을 몰아내고자 애쓰는 분 중의 한 분이 목사님이실 겁니다. 목사님은 예배 시간에 설교를 통해서 사람들 마음에 있는 악을 없애고자 강론하실 텐데요, 이때의 '예배'가 바로 **service**입니다. service 안에 vice가 들어 있는 게 보이십니까? 참고로 service는 '봉사, 용역'이라는 뜻도 있어서요, **goods and services**는 '재화와 용역'이란 뜻입니다. 이렇게 예배 시간에 목사님이 하시는 '설교'는 service에서 vice를 빼고 남는 ser를 이용하면 되는데요, 바로 **sermon**입니다.

His **sermon** came home to my heart.
그분의 설교가 가슴에 와 닿았다.

049 appointment → ointment

만나기로 약속한 의사 선생님이 상처에 연고를 발라주셨다.

appointment는 '약속'을 뜻하는데요, 영화 '찰리와 초콜릿 공장 Charlie and the Chocolate Factory' 뒷부분을 보면 초콜릿 공장의 주인인 윙카 씨가 찰리와 함께 치과의 사인 아버지를 찾아가는 장면이 나옵니다. 그런데 아버지는 윙카 씨를 못 알아보고 문 앞에서 이렇게 물어보죠.

Do you have an **appointment**?
약속을 하셨나요?

자, appointment 안에 숨은 단어부터 시작해볼까요? 의사 선생님과 약속을 하고 병원에 갔는데, 병원 입구에서 미끄러져 다리를 다쳤습니다. 그랬더니 의사 선생님께서 연고를 발라주시네요. 이 '연고'에 해당하는 단어가 appointment 안에 있는데요, 바로 **ointment**입니다. 그럼 '발라주다'는 영어로 뭐라고 할까요? appointment에서 ointment를 빼면 남는 app를 이용하면 되는데요, **apply**입니다. 이 ointment와 apply가 함께 들어가 있는 예문을 확인해볼까요?

The nurse **applied** some ointment to the wound to lessen the pain.
간호사가 고통을 덜어주려고 상처 부위에 연고를 발라주었다.

하지만 실제로 apply는 '적용하다'의 뜻으로 더 많이 쓰입니다.

Engineers **apply** scientific discoveries to industry.
엔지니어들은 과학적 발견들을 산업에 적용한다.

appointment 안에 있는 **appoint**는 '임명하다'의 뜻입니다. 사장님께서 보자고 하셔서 약속 시간에 맞추어 갔더니 부서 팀장으로 임명을 해주신 겁니다. 승진이 된 거죠.

I wonder if they'll **appoint** her as their new marketing manager.
그 사람들이 그녀를 신임 마케팅 부장으로 임명할지 궁금하군요.

appoint에는 자세히 보니까 **point**도 들어 있습니다. 명사로는 '점수, 끝, 점'의 뜻이지만 동사로는 '가리키다'의 뜻이 있습니다.

> The hand of the clock **points** to five.
> 시계 바늘이 5시를 가리키고 있다.

하지만 승진의 기쁨도 잠시, 임명된 부서의 팀이 맘에 들지 않으면 실망이 되겠죠. '실망시키다'는 appoint 앞에 dis를 붙이면 간단히 얻을 수 있는 **disappoint**고요, 이 disappoint의 명사형은 '실망'이라는 뜻을 가진 **disappointment**입니다. 우리 모두 실망하는 일 없이 살아야겠죠?

> It is absurd that many Koreans rejoice at the birth of a son but are **disappointed** at the birth of a daughter.
> 많은 한국 사람들이 아들이 태어날 때는 기뻐하지만 딸이 태어나면 실망한다는 건 불합리하다.
> To my **disappointment**, he didn't show up.
> 실망스럽게도 그는 오지 않았다.

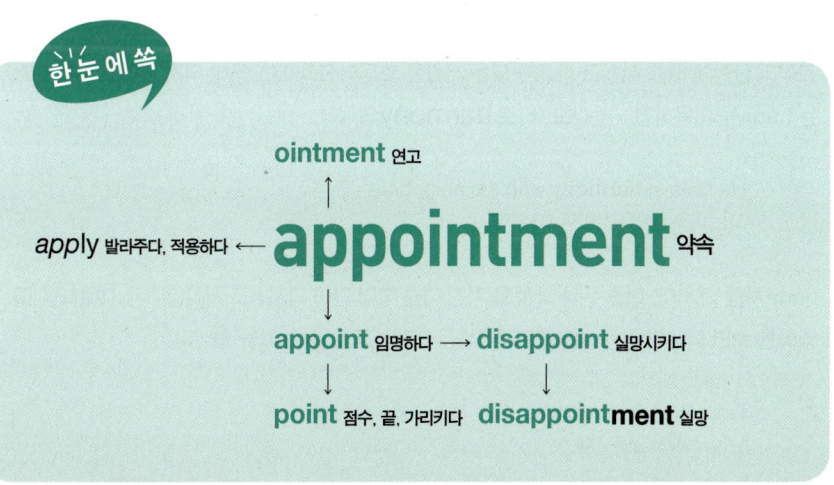

050 charm → harm

지나친 매력은 득이 아니라 해가 될 수 있다.

charm은 '매력'의 의미를 가진 단어로 화장품 회사 '참존'은 charm zone을 우리말 식으로 표기한 것입니다. 이 charm을 쉽고 재미있게 외우려면 '그 여자 '참' '매력'있네.' 라고 해도 되죠.

> He is captivated by the **charms** of a woman.
> 그는 여성의 매력에 사로잡혔다.

이렇게 매력 있는 여성은 남성들의 마음을 사로잡습니다. 하지만 그 매력이 지나쳐서 일도 못하게 하고 멍하게 만든다면, 남성들에게 득이 되는 것이 아니라 해를 끼치게 되는 거죠. 이 '해를 주다, 해'는 charm 안에 들어 있는 **harm**입니다. 영화 '해리 포터와 아즈카반의 죄수 Harry Potter and the Prisoner of Azkaban'에 마법학교 교장선생님이 학생들에게 무시무시한 아즈카반의 간수들인 디멘터들을 조심하라고 다음과 같이 말하는 장면이 나옵니다.

> Give them no reason to **harm** you.
> 너희들을 해칠 수 있는 이유를 그들에게 주지 않도록 해라.

조직의 단합에 해를 끼치고 방해가 되는 사람은 조직의 조화에 도움이 되지 않겠죠? 이 '조화'는 harm을 이용하면 되는데요, 바로 **harmony**입니다.

> He lives in **harmony** with his neighbors.
> 그는 이웃과 사이좋게 지내고 있다.

harm처럼 '해치다, 해를 주다'의 뜻을 가진 다른 영어 단어 역시 h로 시작합니다. **hurt**인데요, 영화를 보면 다음과 같은 생활영어가 많이 나오는 것을 알 수 있을 겁니다.

> I'm not gonna **hurt** you.
> 난 널 해치지 않을 거야.

이번에는 harm을 조금 재밌게 풀어서 설명해볼게요. 결혼식 전날 밤늦게 함진아비가 "함(harm) 사세요! 함(harm) 사세요!" 하면서 시끄럽게 돌아다니면 이거야 말로 편히 쉬는 동네 사람들에게 해를 끼치는 거죠. 이런 함을 질 때는요, 두 팔로 끈을 잘 잡아야 하거든요. harm 안에는 '팔'이라는 뜻의 **arm**이 들어 있습니다. 어제까지 멀쩡하다 오늘 팔에 깁스를 하고 나타난 친구에게는 다음과 같이 말할 수 있습니다.

What happened to your **arm**?
너 팔 어떻게 된 거야?

charm의 형용사형은 '매력적인'이란 뜻의 **charming**입니다. charming 외에 '매력적인'의 뜻을 가진 다른 단어는 charming의 철자 a를 이용하여 얻을 수 있는데요, 바로 **attractive**입니다. 그리고 attractive의 동사형은 '끌어당기다'의 **attract**입니다. 여러분도 이렇게 누군가의 시선을 '끌어당기거나', 누군가에게 '시선을 빼앗긴' 일이 있습니까?

The **attractive** woman caught the eyes of many men as she walked down the street.
그 매력적인 여성은 거리를 걸어가면서 많은 남성들의 시선을 끌었다.

He was **attracted** by her smile.
그는 그녀의 미소에 끌렸다.

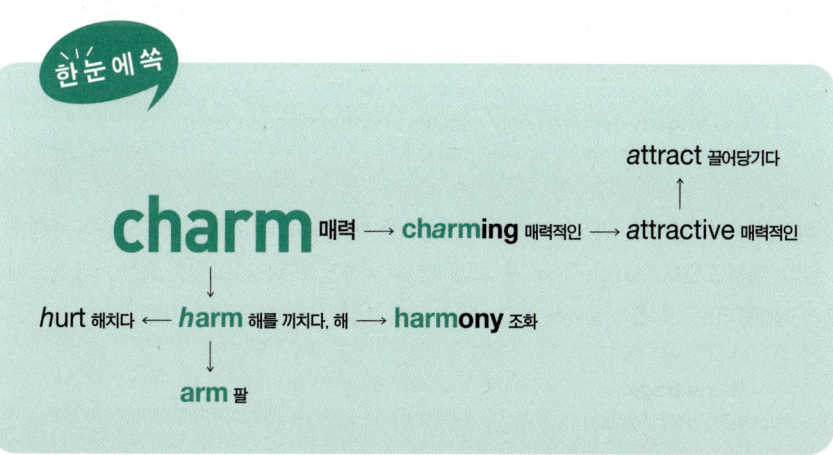

051 courage → rage

불의를 보면 용기를 내어 분노하는 마음으로 대항합시다!

자, 이번 단어는 **courage**입니다. '용기'라는 뜻이죠. 영화 '트로이 Troy'를 보면 아들의 시신을 찾으러 변장을 하고 아킬레스(브래드 피트)를 찾아온 트로이의 왕에게 다음과 같이 말하는 장면이 나옵니다.

> I admire your **courage**.
> 그대의 용기를 찬양하는 바이오.

여러분은 불의를 보면 어떻게 대처하십니까? 그냥 슬금슬금 피한다고요? 그것보다는 불의에 '분노'하는 마음으로 용기를 내어 대항하는 게 옳지 않을까요? 이 '분노'는 courage 안에 들어 있는 **rage**입니다.

> I saw him tremble with **rage**.
> 나는 그가 분노로 부들부들 떠는 것을 보았다.

인간으로서는 도저히 상상할 수 없는 비극적인 참사가 벌어졌을 때도 분노에 치를 떨죠. 이 '비극'은요, rage를 이용하면 얻을 수 있거든요. 바로 **tragedy**입니다. tragedy 안에 rage가 들어 있는 것, 보이시죠?

> The **tragedy** occurred only minutes after the plane took off.
> 비행기가 이륙한지 얼마 안 돼 비극이 일어났다.

'비극적인'이라는 뜻을 가진 tragedy의 형용사는 **tragic**입니다. 스칼렛 요한슨이 주연한 영화 '매치 포인트 Match Point'를 보면 자신의 약혼자였던 노라(스칼렛 요한슨)가 강도에게 살해됐다는 기사를 신문에서 보고 남자가 다음과 같이 말하는 장면이 나옵니다.

> This is **tragic**.
> 이런 비극적인 일이.

이 tragedy의 반대말 '희극'은 **comedy**입니다. 형용사는 '희극적인'의 뜻인 **comic**이죠.

> The comedian's facial expressions are **comic**.
> 그 코메디언의 얼굴 표정은 희극적이다.

비극적인 일을 당하고 실의에 빠져 있는 사람들에게는 용기를 북돋아 주고 격려해주어야 합니다. '격려하다'는 courage 앞에 en을 붙이면 되는데 바로 **encourage**고요, encourage의 명사형은 '격려'의 뜻을 지닌 **encouragement**입니다.

> My teacher **encouraged** me to write poems.
> 선생님은 내게 시를 써보라고 격려해주셨다.
>
> Your words were a great **encouragement** to me.
> 너의 말은 내게 큰 격려가 되었다.

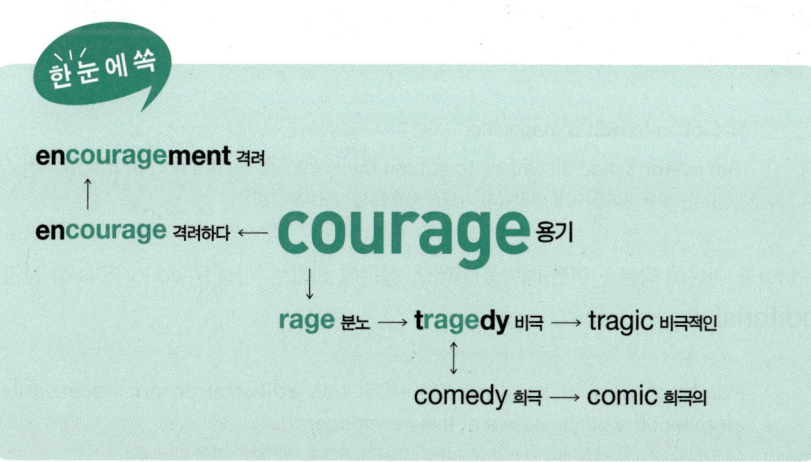

052 cr**edit** → **edit**

출판사가 독자의 신용을 얻는 방법은 멋지게 책을 편집하는 것이다.

credit은 '신용'이란 뜻인데요, credit card란 말로 일상생활에서 참 많이 쓰입니다. 혹시 영화에서 술집 벽에 'NO CREDIT'라고 써 있는 것을 본 적이 있으세요? 바로 '외상 사절'의 뜻이랍니다.

> He paid with a **credit** card because he was worried about running out of cash.
> 그는 현금이 떨어질까 걱정이 되어 신용카드로 결재했다.

영화 '디레일드 *Derailed*'를 보면 불륜 장면을 미끼로 돈을 요구하는 범인에게 돈을 건네 주자 범인이 주인공의 배를 세게 가격하면서 다음과 같이 말합니다.

> That's for cancelling your **credit** card.   이건 신용카드를 정지시킨 대가야.

현대 사회에서는 그 어느 것보다 신용이 중요합니다. 그 신용을 얻는 방법은 여러 가지가 있겠지만 지금 여러분이 읽고 있는 책을 만드는 출판사가 독자들로부터 신용을 얻으려면 책을 훌륭하게 편집해서 출간해야 할 것입니다. 이 '편집하다'가 credit 안에 들어 있는 **edit**고요, 이 편집일을 담당하는 '편집자'는 **editor**입니다.

> His job is to **edit** a magazine.   그는 잡지 편집하는 일을 한다.
> The **editor** asked all writers to submit their articles by the end of the month.
> 편집자는 모든 필자들에게 월말까지 기사를 제출해 달라고 부탁했다.

editor를 이용해 다른 단어를 배워볼 텐데요, 신문에 실리는 '사설'은 editor에 ial을 붙인 **editorial**입니다.

> Points of view or opinions stated in this **editorial** do not necessarily represent the official views of this newspaper.
> 이 사설에 언급된 관점이나 견해가 본 신문사의 공식 견해를 대변하는 것은 아닙니다.

edit의 명사형은 '편집, 판'의 뜻을 가진 **edition**입니다.

> The pirated **edition** of the book sold more than 100,000 copies.
> 그 책의 해적판은 십만 부 이상 팔렸다.

잡지나 신문을 보면 북극 탐험 등의 여행을 특별판으로 편집해서 잡지에 싣기도 합니다. 이때의 '원정, 탐험여행'은 edition을 이용해서 기억해보세요. 바로 **expedition**입니다.

> We will go on an **expedition** this weekend.
> 우리는 이번 주말에 탐험여행을 떠날 것이다.

영화 '아틀란티스 Atlantis' 초반부를 보면 박물관장이 주인공 마일로에게 다음과 같이 물어보는 장면이 나옵니다.

> You wanna go on an **expedition**?   너 탐험여행 가고 싶니?

expedition이 멀리 떠나는 여행이라면 가까운 곳으로 짧게 갔다 오는 여행은 expedition의 ex를 이용해서 배울 수 있습니다. **excursion**으로 '소풍'이란 뜻으로 상당히 많이 쓰이는 단어니까 꼭 외워 두세요.

> We will go on a school **excursion** to Pusan next week.
> 우리 다음 주에 부산으로 학교 수학여행 가.

053 danger → anger

나를 위험에 빠뜨리려는 사람을 보면 화가 난다.

공사 현장 등을 지날 때 많이 볼 수 있는 단어 **danger**는 '위험'이라는 뜻입니다. 이 danger의 형용사형은 '위험한'의 **dangerous**고요.

> She was not aware of the approaching **danger**.
> 그녀는 다가오는 위험을 인식하지 못했다.
> The thick fog made driving **dangerous**.
> 안개가 짙게 끼어서 운전하는 것이 위험했다.

누군가가 나를 위험에 빠뜨리려고 한다는 것을 알면 기분이 어떨까요? 무지무지 화가 날 겁니다. 이런 '화, 분노'의 뜻을 지닌 단어가 danger 안에 있는 **anger**입니다. 틱 낫 한 스님의 책 「화」의 원제가 바로 이 *Anger*로 화를 다스리는 법에 관해 이야기한 책입니다. 또 조엘 오스틴 목사의 '긍정의 힘 *Your Best Life Now*'이라는 책을 보면 다음과 같은 말이 나옵니다.

> If you express **anger** to somebody who has been angry with you, it's like adding fuel to a fire.
> 당신에게 화가 나 있는 누군가에게 분노를 표현한다면, 그것은 불에 기름을 끼얹은 것과 같다.

anger의 형용사형은 '화난'의 뜻을 가진 **angry**입니다.

> Are you **angry** with me?
> 나한테 화난 거야?

danger가 '위험'의 뜻이라고 했는데요, 이 '위험'의 뜻을 가진 또 다른 단어를 danger 제일 끝에 있는 철자 r을 활용하여 얻을 수 있습니다. 바로 **risk**입니다.

> Separating the sick from the healthy lessens the **risk** of infection.
> 아픈 사람들과 건강한 사람들을 분리시키면 감염의 위험이 줄어든다.

risk는 동사로 '위험을 무릅쓰고 ~하다'라는 의미로도 쓰이고요, risk의 형용사형은 '위험한'의 뜻을 가진 **risky**입니다.

> I'm willing to **risk** losing everything.
> 나는 기꺼이 모든 것을 잃을 위험을 무릅쓰겠다.
>
> The prime minister is in a **risky** situation.
> 총리는 위험한 상황에 처해 있다.

자, danger를 이용하여 마지막 단어를 배워보겠습니다. 앞에서 얘기했던 '~를 위험에 빠뜨리다'는 danger 앞에 en을 붙이면 되는데요, **endanger**입니다. 이 책을 읽는 여러분들은 절대 누구를 위험에 빠뜨리는 그런 일은 안 하실 걸로 믿습니다.

> The whale is considered to be an **endangered** species.
> 고래는 멸종 위기에 빠진 종으로 여겨지고 있다.

054 devil → evil

악마의 본성은 악하다.

2002, 2006 월드컵 때 태극전사를 열렬히 응원하던 '붉은 악마'를 기억하십니까? 그 붉은 악마는 영어로 Red Devil이었습니다. 이번에는 이 악마 **devil**로 단어를 공부해보겠습니다. 여러분, 악마는 선한가요, 악한가요? 물어보나마나 답은 당연히 '악하다'겠죠. 이 '악한'이 바로 devil 안에 들어 있는 **evil**입니다.

> In this book the writer contrasts good with **evil**.
> 이 책에서 작가는 선과 악을 대조하고 있다.

'사악한'이란 뜻을 가진 다른 단어로 **wicked**가 있습니다. 영화 '엑스 맨 X-Men'을 보면 다음과 같은 대사가 나옵니다.

> A toad has a **wicked** tongue.
> 두꺼비는 사악한 혀를 가지고 있지.

악마가 devil이라고 했는데요, '악마'의 뜻을 가진 다른 단어는 devil처럼 de로 시작하는 **demon**입니다. 사람마다 악마처럼 미운 사람이 다 다르겠지만요, 시위 진압 경찰 입장에서 보면 평화롭게 시위하지 않고 화염병이나 돌을 던지는 사람들이 악마처럼 미울 수도 있을 겁니다. 이 '시위하다'는 demon을 이용하여 얻을 수 있는데요, 바로 **demonstrate**입니다. 참고로 demonstrate에는 '설명하다, 증명하다'라는 뜻도 있답니다.

> His life **demonstrates** that having a positive attitude is of the utmost importance in being successful.
> 그 사람의 인생 자체가 긍정적인 태도를 가지는 것이 성공하는 데 있어서 가장 중요하다는 것을 증명해준다.

demonstrate의 명사형은 '시위, 설명, 증명'의 뜻인 **demonstration**입니다.

> The **demonstration** lasted for two hours before the crowd dispersed.

군중들이 해산하기 전까지 시위는 2시간 동안 계속되었다.

demon을 이용하여 다른 단어를 건져볼까요? 악마 같은 사람은 겉모습이 멀쩡해도 당하는 사람에게는 괴물로 보일 겁니다. 이 '괴물'은요, demon의 mon을 이용하면 되는데 **monster**가 그것입니다. 영화 '해리 포터와 비밀의 방 Harry Potter and the Chamber of Secrets'을 보면 다음과 같은 대사가 나옵니다.

The monster was born in the castle.
그 괴물은 성에서 태어났어.

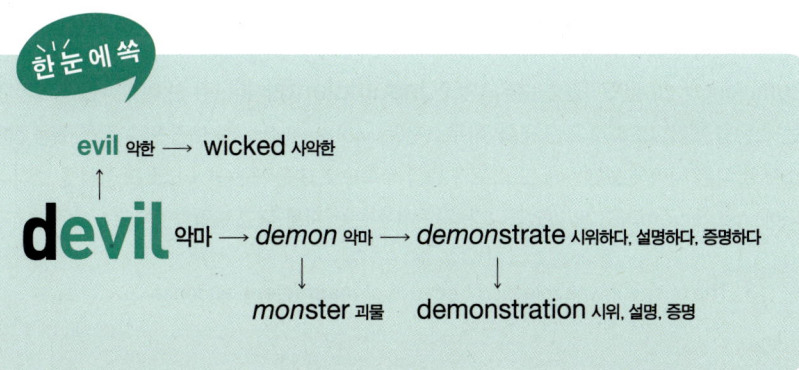

055 example → ample

선생님이 예를 충분히 들어 원리를 설명하신다.

example은 '예, 모범'이라는 뜻입니다. 독해나 회화에서 정말 많이 쓰는 '예를 들어'는 for example입니다.

> Give me a concrete **example**.
> 내게 구체적인 예를 들어봐.

어려운 원리를 가르칠 때 좋은 선생님은 학생들의 이해를 돕기 위해 예(example)를 충분히 들어 설명합니다. 이때의 '충분한'이 바로 example 안에 있는 **ample**입니다.

> He has an **ample** income to buy such an expensive car.
> 그는 그런 비싼 차를 살 만한 충분한 수입이 있다.

예를 많이 든다는 건 example의 복수형을 쓴다는 의미인데요, example의 복수형은 examples입니다. 이 examples의 복수형 어미 -s를 이용하여 '충분한'의 뜻을 가진 다른 단어를 배울 수 있습니다. 바로 **sufficient**죠.

> In order to keep ourselves healthy we should take moderate exercise and **sufficient** sleep.
> 건강을 유지하기 위해서는 적당한 운동과 충분한 수면을 취해야 한다.

sufficient의 반대말은 '불충분한'의 뜻인 **insufficient**입니다. 쥐 한 마리 때문에 벌어지는 소동을 포복절도하게 그린 영화 '마우스 헌트 *Mouse Hunt*'를 보면 원수 같은 쥐를 잡아 소포로 다른 나라에 보냈는데 그 소포가 요금 부족으로 되돌아왔습니다. 소포 상자를 보니 거기에 insufficient라고 써 있었습니다. 당연히 쥐는 상자를 찢고 도망갔겠지요.

> The suspect was released because of **insufficient** evidence.
> 용의자는 증거 불충분으로 석방되었다.

이제 ample로 중요한 다른 단어를 배워봅시다. 무역 거래를 하는 바이어들은 제품의 견본을 충분히 보고 확인한 후에야 구매 결정을 내릴 수가 있습니다. 이때의 '견본'은요, ample에 s만 붙이면 되는 **sample**입니다.

> This **sample** will be offered for nothing on request.
> 이 샘플은 요청하시면 무료로 제공됩니다.

'견본, 표본'의 뜻을 가진 다른 단어도 sample처럼 s로 시작합니다. **specimen**이죠.

> He's still a fine **specimen** of health.
> 그는 여전히 건강의 좋은 표본이다.

마지막으로 ample을 가지고 중요한 단어를 배워보겠습니다. 누군가 나를 중상모략한다는 사실을 알았습니다. 그때는 정말 분이 풀릴 때까지 그 사람을 짓밟고 싶은 마음이 들 건데요, 그 '짓밟다'가 바로 **trample**이랍니다.

> The hunter was **trampled** to death by the elephant.
> 그 사냥꾼은 코끼리한테 밟혀 죽었다.

ex**ample** 예, 모범

- sufficient 충분한 ← **ample** 충분한 → **s**ample 견본, 표본
- insufficient 불충분한   **tr**ample 짓밟다   specimen 견본, 표본

056 fai**lure** → **lure**

인생의 실패는 유혹을 뿌리치지 못해서 생긴다.

살면서 정말로 겪고 싶지 않은 것 중의 하나가 바로 '실패'인데요, 영어로 **failure**입니다.

> Your **failure** is mainly due to your negligence.
> 네가 실패하는 주요 요인은 네가 태만하기 때문이야.

우리가 삶에서 실패하는 이유에는 여러 가지가 있겠지만, 유혹에 넘어가기 때문은 아닐까요? 욕망의 유혹, 이성의 유혹, 잠의 유혹 등이요. 참 기가 막히게도 '유혹하다'에 해당하는 단어가 failure 안에 들어 있는데요, 바로 **lure**입니다. 주변에서 '루어 낚시'라는 말, 많이 들어보셨죠? 먹이로 유인해서 잡는 낚시를 말합니다.

> Don't let money **lure** you into a job you don't like.
> 돈에 유혹되어 원하지 않는 직장에 들어가지 마라.

'유혹하다'라는 뜻의 다른 단어는 **allure**입니다. 여기에도 lure가 들어 있네요.

> The salesman **allured** him to buy the car.
> 그 판매원은 그를 꾀어서 차를 사게 했다.

'유혹하다, 부추기다'의 뜻을 지닌 또 다른 단어는 lure 안에 있는 철자 e를 이용하면 되는데요, 바로 **entice**입니다. 그렇게 많이 접해본 단어는 아닐 테지만, 중요하니까 꼭 알아두세요.

> He was **enticed** to rob the bank.   그는 그 은행을 털자고 부추김을 받았다.

'유혹하다'의 뜻을 지닌 단어가 참 여러 개 있는데 이번에 배울 단어는 **seduce**입니다. 영화 '원초적 본능 2 Basic Instinct 2'를 보면 남자 주인공에게 동료가 조심하라고 하면서 다음과 같이 말하는 장면이 나옵니다.

> She is trying to **seduce** you.   그 여자가 지금 자네를 유혹하려고 하는 거라구.

마지막으로 배울 '유혹하다'의 뜻을 가진 단어는 **tempt**입니다. 이 tempt의 명사형은 '유혹'의 의미인 **temptation**인데, 한때 화장품 이름으로도 많이 쓰였습니다.

>He is strongly **tempted** when liquor is before him.
>그는 눈앞에 술이 있으면 강하게 유혹받는다.
>Eve could not resist the **temptation** of the delicious fruit.
>이브는 그 달콤한 과일의 유혹을 뿌리칠 수 없었다.

멋진 이성을 보면 유혹해보려고 작업을 시도하고 싶은 마음이 들 수도 있습니다. 이때의 '시도하다'는 tempt 앞에 at를 붙이면 됩니다. **attempt**죠. 영화 '슈렉 Shrek'의 시작 내레이션에 다음과 같은 내용이 있습니다.

>Many brave knights had **attempted** to free her from this dreadful prison.
>많은 용감한 기사들이 그녀를 이 무서운 감옥에서 풀어주려 시도했었다.

그런데 이성을 보면 진정한 사랑 대신 유혹하려는 생각만 하는 친구를 보면 경멸하고 싶은 마음이 들 겁니다. 이때의 '경멸'은 tempt 앞에 con을 붙인 **contempt**랍니다.

>He is beneath **contempt**. 그는 경멸할 가치조차 없다.

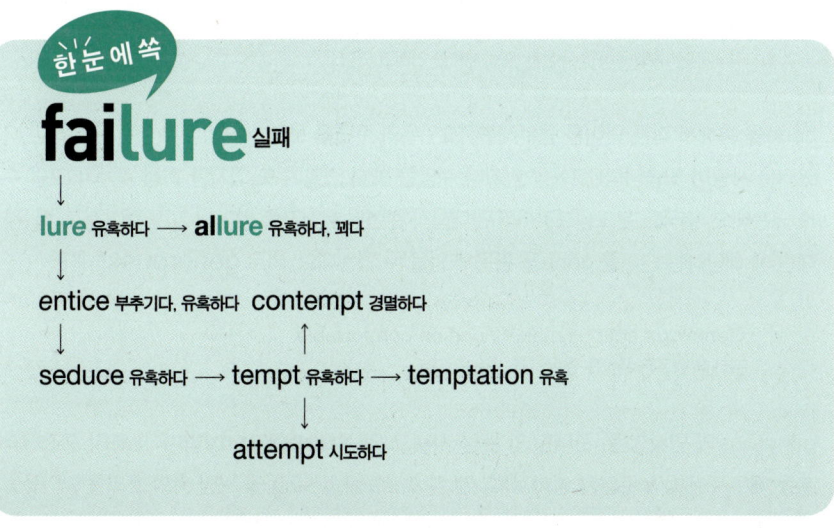

057 generation → gene

세대가 이어지는 건 조상의 유전자가 전해진다는 의미이다.

generation은 '세대'라는 뜻입니다. 그래서 '세대 차이'는 generation gap이라고 하지요. 요즘 어른과 아이들의 생각에 차이가 너무 나서 세대 차이가 아니라 '네대 차이'가 난다는 우스개 소리도 들립니다.

> Nature should be preserved for our next **generation**.
> 우리 다음 세대를 위해서라도 자연은 잘 보존되어야 한다.

세대가 이어져 간다는 것은 선조들의 유전자가 후손들에게 계속해서 전해진다는 의미입니다. 이 '유전자'가 바로 generation 안에 들어 있는 **gene**입니다. 그리고 이 gene의 형용사형은 '유전적인'의 뜻을 지니고 있는 **genetic**이고요. 그래서 '유전공학'을 영어로 genetic engineering이라고 한답니다.

> **Gene** therapy would enable us to treat the fatal diseases.
> 유전자 치료법으로 불치병 치료가 가능할 수도 있을 것이다.
>
> Each individual has a completely unique set of **genetic** information.
> 각 개인은 아주 독특한 유전자 정보 세트를 가지고 있다.

gene을 통해서 다른 단어를 공부해볼까요? 우리 주변을 보면 상대방에게 아주 관대하고 너그러운 사람이 있습니다. 교육을 받거나 수양을 해서 그럴 수도 있지만 천성 자체가 그럴 수도 있는데요, 결국은 부모님으로부터 관대함과 관련된 유전자를 받아서 그런 것이겠죠. 이 '관대한'에 해당하는 단어를 gene을 활용해 얻을 수 있는데요, 바로 **generous**입니다.

> **Generous** actions make a person comfortable.
> 관대한 행동은 사람을 편안하게 만들어 준다.

generous의 명사형은 '관대함'의 뜻을 지니고 있는 **generosity**입니다. 조디 포스터와 홍콩 배우 주윤발이 주연한 영화 '애나 앤 킹 Anna and King'을 보면 왕의 호의를 받아들일 수 없다며 조디 포스터가 다음과 같이 말하는 장면이 나옵니다.

> Sorry I can't accept this **generosity**.
> 죄송하지만, 이런 관대함을 저는 받아들일 수가 없습니다.

예전에 남자 아이들이 장래 희망으로 꿈꾸던 '장군, 제독'은 어찌 보면 유전적으로 장군감이 될 재목을 타고 난 사람이 된다고 볼 수도 있는데요, 이 '장군' 역시 gene을 이용하면 얻을 수 있습니다. **general**이죠. 참고로 이 general은 '일반적인'이란 의미의 형용사로도 쓰입니다.

> I want you to grow up to be a **general**.
> 나는 네가 커서 장군이 되었으면 좋겠다.
> It is **general** to say that fish is healthier than meat.
> 일반적으로 생선이 육류보다 건강에 좋다고 말한다.

마지막으로 generation 단어 안에는 **ration**이란 단어도 들어 있습니다. '식량, 배급량'이란 뜻인데요, 콩이나 옥수수처럼 유전자 변형 식품의 안전성 유무에 논란이 많은 것을 연상하면 쉽게 기억할 수 있을 것입니다.

> The refugees were given a daily **ration** of meat and bread.
> 난민들은 하루치에 해당하는 고기와 빵의 할당 식량을 받았다.

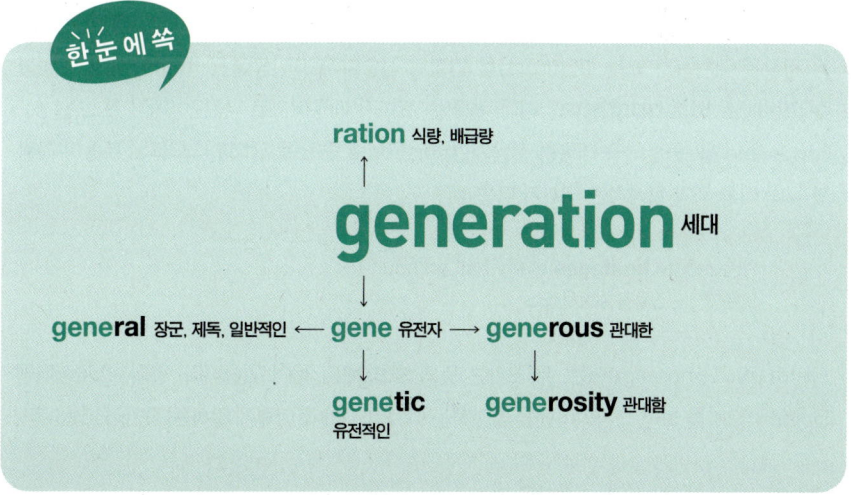

058 ghost → host

유령은 무덤을 지키는 주인!

이번에 배울 단어는 유령 **ghost**입니다. 데미 무어가 주연한 영화 '사랑과 영혼'의 원제가 Ghost였는데요, 원제대로 '유령'이라고 했으면 관객이 그 정도까지 몰리지 않았을 겁니다.

> I was frightened when I saw a **ghost** come out of the grave.
> 유령이 무덤에서 나오는 것을 봤을 때 나는 너무나 놀랐다.

유령은 누구입니까? 어떻게 보면 무덤을 지키는 주인이라고 생각할 수도 있죠. 이 '주인'이 ghost 안에 있는 **host**입니다. 이 host는 남자 주인을 말하고요, '여자 주인'은 **hostess** 입니다. 참고로 host가 동사로 쓰이면 '개최하다'의 뜻이 되는 것도 꼭 알고 계세요.

> She always does the **hostess** admirably.
> 그녀는 항상 여주인 역을 잘해낸다.
> In 2002, Korea **hosted** the 17th World Cup with Japan.
> 2002년에 한국은 일본과 제17회 월드컵을 개최했다.

이 host를 이용해서 단어를 공부해볼까요? 강도가 남의 집에 들어왔다가 신고를 받고 달려온 경찰과 대치하게 되자 주인(host)을 인질로 잡습니다. 이 '인질'은 host를 이용해 얻을 수 있는데요, 바로 **hostage**입니다. 해리슨 포드가 대통령으로 나왔던 '에어 포스 원 *Air Force One*'을 보면 미국 대통령 전용기인 Air Force One을 납치한 테러리스트들이 다음과 같이 미국 측과 협상하는 대사가 나옵니다.

> I'll execute **hostages** every half an hour.
> 30분마다 인질들을 처형하겠소.

가만히 보니까 hostage에는 '무대'라는 뜻의 **stage**가 들어 있습니다. 영화 '스파이더맨 *Spiderman*'을 보면 스파이더맨을 좋아하는 여자가 그에게 이렇게 말하는 장면이 나옵니다.

I wanna act on a **stage**. 난 무대에서 연기하고 싶어.

아까 유령이 무덤의 주인이라고 했는데요, '무덤'은 ghost에서 host를 빼고 남은 g를 이용하여 만들 수 있습니다. 바로 **grave**죠. 영화 '식스 센스 The Sixth Sense'를 보면 다음과 같은 대사가 나옵니다.

Then people like in **graves** or coffins?
그럼 사람들은 무덤이나 관 속에 있는 걸 좋아하나요?

무덤 앞에 있는 비석에는 돌아가신 분들에 관한 이런 저런 내용이 새겨져 있습니다. 이 '새기다'는 grave 앞에 en을 붙인 **engrave**입니다.

He **engraved** his name on the stone.
그는 돌에 자기 이름을 새겼다.

무덤(grave)에, 그것도 어두운 밤에 갈 수 있는 사람은 굉장히 용감한 사람일 텐데요, 이 '용감한'은 grave의 g를 b로만 바꾼 **brave**랍니다.

What a **brave** warrior he is!
이 얼마나 용감한 전사인가!

059 peace → pea

평화는 콩 한쪽도 나눠 먹으려는 마음에서 시작한다.

peace는 '평화'의 뜻입니다. 여러분은 평화라는 말을 들으면 무엇이 떠오르나요? 뭐니 뭐니해도 평화하면 비둘기가 떠오르죠.

> The dove represents **peace**.
> 비둘기는 평화를 상징한다.

가정의 평화, 국가 간의 평화는 작은 콩 하나라도 나누어 먹으려는 마음만 있으면 절대로 깨지지 않을 겁니다. 뭐든지 혼자 다 차지하려는 욕심 때문에 평화는 언제나 요원하기만 하죠. 이 '콩'이 peace 안에 있는 **pea**인데요, pea는 주로 완두콩을 말합니다. 그리고 참고로 **bean**은 '강낭콩'을 뜻합니다.

> I'm going to grind **peas** on a grindstone.
> 내가 콩을 맷돌에 갈게.
> I bought a cake of **bean** curd at the grocery store.
> 식료품 가게에서 나는 두부 한 모를 샀다.

콩은 농부가 재배하죠? 이 '농부'를 뜻하는 단어를 pea를 이용하여 얻을 수 있습니다. 바로 **peasant**죠. 영화 '잔 다르크 Joan of Ark'를 보면 전쟁을 치르기 전의 잔 다르크를 보고 다음과 같이 말하는 장면이 나옵니다.

> She is just a **peasant**.
> 그녀는 그냥 농사짓는 농부일 뿐입니다.

'농부'와 떼려야 뗄 수 없는 단어가 바로 '씨 뿌리다'일 것입니다. 그만큼 서로 관계가 깊은 단어들인데요, 이 내용을 영어로 하면 다음과 같습니다.

> As usual the **peasants** are busy scattering grain seeds.
> 평상시처럼 농부들은 곡식의 씨를 뿌리느라 바쁘다.

요즘은 한 가지만 키워서는 농가 소득을 올리기가 쉽지 않습니다. 그래서 다른 부업을 하는 농부들도 많은데요, 그 중의 하나로 꿩을 키울 수도 있을 것입니다. 이 '꿩'은요, 농부의 peasant 중간에 h만 첨가하면 됩니다. **pheasant**죠.

> Hunters poached **pheasants** in the woods.
> 사냥꾼들이 숲에서 꿩을 밀렵했다.

사실, 우리가 '농부'의 뜻으로 진짜 자주 쓰는 단어는 **farmer**입니다.

> The drought has made **farmers** anxious about the harvest.
> 가뭄 때문에 농부들은 수확을 걱정했다.

농부들은 밭에서도 일하지만 농장에서도 일하죠. 이 farmer 안에 '농장'에 해당하는 단어 **farm**이 들어 있습니다. 영화 '꼬마 돼지 베이브 2 *Babe 2*'를 보면 농장을 구하기 위해 도시로 가는 꼬마돼지의 이야기가 나오는 데 영화 초반에 이런 대사가 나옵니다.

> The boss is about to lose the **farm**.
> 주인님이 농장을 잃게 생겼어.

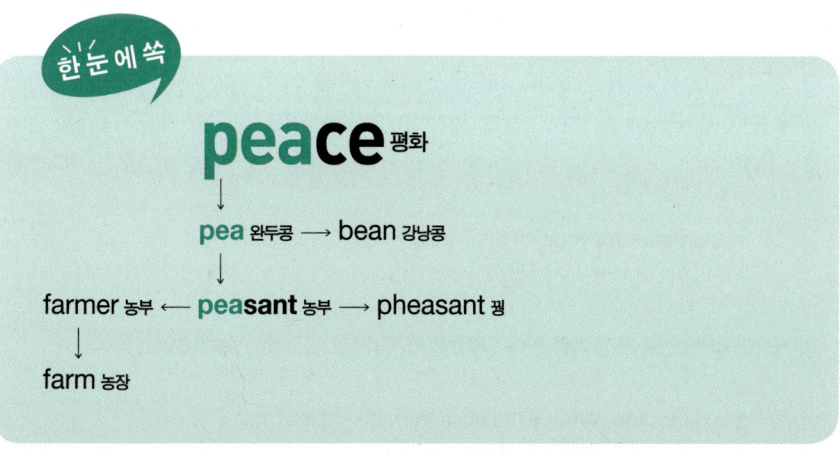

060 pride → rid

마음속에 생기는 오만함을 제거하도록 해야 한다.

pride는 '자부심, 오만함'의 뜻을 가지고 있는 단어입니다. 영국 소설가 제인 오스틴의 유명한 소설 '오만과 편견'의 영어 제목이 바로 *Pride and Prejudice*입니다.

He looked at his daughter with **pride**.
그는 자랑스럽게 딸을 바라보았다.

pride의 형용사는 '자랑스러운'의 **proud**입니다. '난 네가 무척 자랑스럽구나'의 I'm so proud of you.'는 영화에 너무나 많이 나오는 생활영어 표현입니다.
지금도 사람들이 몰고 다니는 자동차 이름 중에 pride가 있습니다. 한국에서 만들어 세계인이 타고 다니는, 그래서 자부심을 가지고 탈 자동차라는 의미로 공모를 통해 당선된 이름입니다. 이 pride 자동차를 신혼여행가는 신부가 탈 수도 있는데요, 그때의 '신부'는 pride의 p를 b로 바꾼 **bride**입니다. 영화의 결혼식 장면에서 마지막에 주례가 하는 말은 다음과 같이 정해져 있답니다.

I pronounce you husband and wife. You may kiss the **bride**.
이제 두 사람을 부부로 선언합니다. 신랑은 신부에게 키스해도 좋습니다.

자, 본격적으로 pride를 이용하여 새로운 단어를 배워볼까요? '오만함'이 마음속에서 자꾸 생겨나면 어떻게 해야 할까요? 그렇죠. 제거하려고 노력해야죠. 이 '제거하다'가 pride 안에 있는 **rid**입니다. rid 단독으로도 쓰이지만 get rid of로 표현한다는 것도 참고로 알아두세요.

You'd better **rid** yourself of all delusions.
망상 따위는 전부 버리는 게 좋을 거야.

'제거하다'라는 뜻을 가진 다른 영어 단어는 rid처럼 r로 시작하는 **remove**입니다.

It is difficult to **remove** the stain from the tablecloth.
식탁보에서 얼룩을 제거하기가 어렵다.

'제거하다'의 뜻을 가진 또 다른 단어는 remove의 제일 끝에 있는 철자 e를 활용하면 됩니다. **eliminate**인데요, 영화 '캣츠 앤 독스 *Cats and Dogs*'를 보면 다음과 같은 대사가 나옵니다.

I want them to **eliminate** him.
난 그 사람들이 그를 제거했으면 좋겠어요.

'제거하다'의 뜻을 가진 단어 두 개를 더 배워볼 텐데요, 그 두 단어 역시 eliminate처럼 e로 시작하는 **eradicate**와 **erase**입니다. eradicate는 뿌리째 뽑아서 제거하는 거고요, erase는 문질러 지워서 제거한다는 의미임을 참고로 알아두세요.

It's almost impossible to **eradicate** all the weeds from your garden.
정원에서 잡초를 모두 제거한다는 것은 거의 불가능한 일이다.

You want me to **erase** evidence?
넌 내가 증거를 없앴으면 좋겠어?

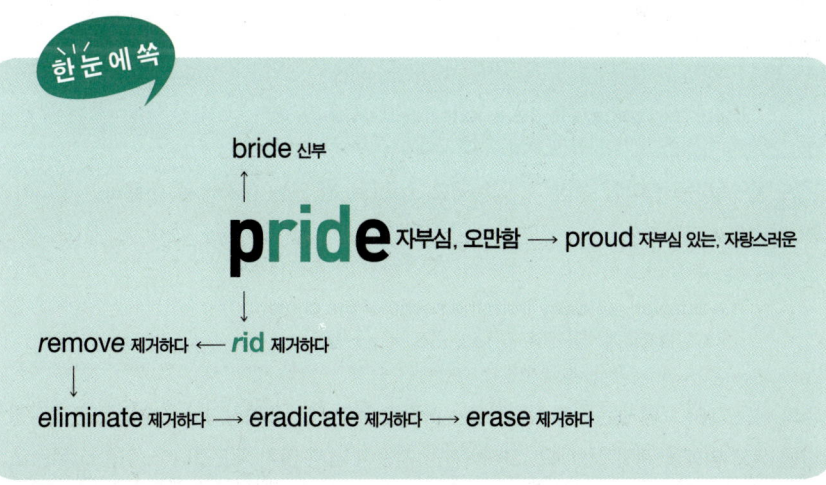

061 problem → rob

요즘 사회 문제는 강도질하는 사람이 늘어났다는 점이다.

problem은 '문제'라는 뜻의 단어입니다. 살면서 이 problem이란 말만 안 하고 살아도 참 좋을 텐데요.

I'll give you a clue to solve this **problem**.
내가 이 문제를 해결할 수 있는 실마리를 줄게.

경제가 어려워지면서 은행이나 집에 침입해 강도 행각을 벌이는 사람들이 늘어나 사회적으로 큰 문제가 되고 있습니다. 이 '강도질하다'는 problem 안에 들어 있는 **rob**입니다. 팀 버튼 감독의 영화 '빅 피쉬 Big Fish'를 보면 평화로운 마을의 시인이었던 한 남자가 강도로 돌변하여 은행을 털면서 다음과 같이 말하는 장면이 나옵니다.

I'm **robbing** this place.   나는 지금 이곳을 털고 있다.

강도짓을 하는 '강도'는 동사 rob을 활용하면 되는데요, 바로 **robber**입니다. 영화 '슈렉 Shrek'을 보면 피오나 공주를 성에서 구출한 슈렉과 동키가 숲 근처에 이르자 다음과 같이 말하는 장면이 나옵니다.

There are **robbers** in the woods.   숲에 강도들이 있어.

'강도'를 뜻하는 단어가 여러 개 있는데요, robber에 있는 철자 b를 이용하면 됩니다. **burglar**가 그렇죠.

The **burglar** ran away from the scene of the crime.
강도는 범행 현장에서 달아났다.

영화 같은 데서 보면 맨손으로 강도질하는 사람은 없습니다. 면장갑이나 수술용 얇은 고무장갑을 끼고 범행을 저지르는데요, 그래야만 지문이 남지 않기 때문입니다. 이런 고무는요,

robber의 철자 o를 u로 바꾸기만 하면 됩니다. **rubber**가 되는 것이죠.

I want you to put on **rubber** gloves when you wash dishes.
설거지할 때 네가 고무장갑을 꼈으면 좋겠다.

고무의 성질은 어떤가요? 잡아당기면 죽 늘어나는 성질이 있습니다. 한마디로 신축성이 있는데요, '신축성 있는'은 rubber 안에 있는 철자 e를 활용하면 얻을 수 있는 **elastic**입니다.

The **rubber** band is **elastic**. 그 고무밴드는 신축성이 있다.

지우개는 고무 rubber로 만드는데요, 이 고무지우개로 잘못 쓴 부분을 문지르고 다시 쓰곤 하는데, 이때의 '문지르다'가 rubber 안에 숨은 **rub**입니다.

I used an eraser on my pencil to **rub** out the wrong answer.
나는 연필에 달려 있는 지우개를 사용하여 오답을 문질러 지웠다.

rub보다 아주 세게 문질러 닦는 것은 **scrub**을 씁니다. 왠지 어감 상 세게 문지르는 듯한 느낌이 들지 않나요?

Scrub the floor till it shines. 반짝일 때까지 바닥을 문질러라.

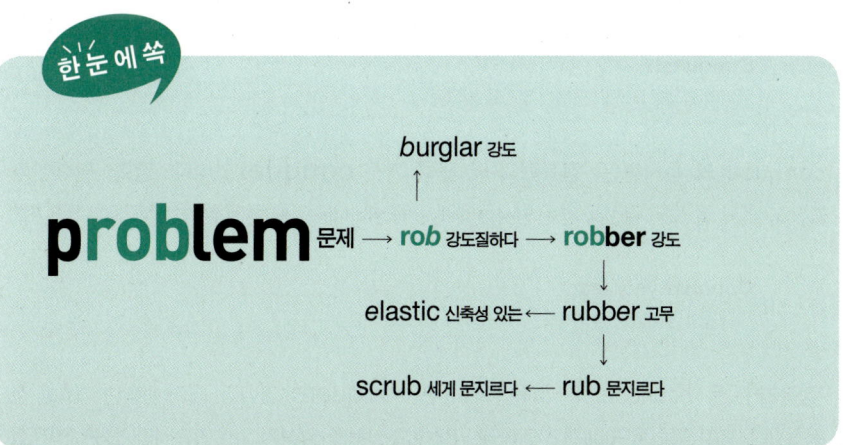

062 question → quest

질문을 던지는 것은 정답을 추구하고자 함이다.

question은 '질문'의 뜻으로 문장에서나 생활영어에서나 영화에서 다음과 같은 표현으로 자주 보는 단어입니다.

> Let me ask you a **question**.
> 뭐 하나 물어볼게요.

자, 이 question으로 다른 단어들을 배워볼 텐데요, 질문을 하는 것은 결국 정답을 추구하기 위해서 하는 것이죠. '추구, 추구하다'라는 뜻의 단어가 question 안에 있는 **quest**입니다.

> His aim of life is the **quest** of happiness.
> 그의 인생 목적은 행복의 추구이다.

사람마다 각자 추구하는 것이 다를 수 있습니다. 하지만 광개토대왕이나 알렉산더 대왕이 추구했던 것은 광대한 대륙의 정복이었습니다. 이 '정복'은요, quest 앞에 con을 붙이면 됩니다. 바로 **conquest**죠.

> The development of the English language was influenced by the Norman **Conquest**.
> 영어의 발달은 노르만 정복의 영향을 받았다.

conquest의 동사형은 '정복하다'의 뜻을 가진 **conquer**입니다. 영화 '알렉산더 Alexander'를 보면 결전을 앞둔 병사들에게 알렉산더 대왕이 이렇게 말하는 장면이 나옵니다.

> **Conquer** your fear.
> 그대들의 두려움을 정복하라.

'정복자'는 동사 conquer에 -or를 붙여 만든 **conqueror**입니다. 과거 광활한 대륙을 정복했던 정복자들을 보면 대개 잔인하게 약탈하고 살육을 일삼기 일쑤였습니다. 물론 전부 그

랬다는 것은 아닙니다. 이 '잔인한'의 뜻을 가진 영어 단어는 conqueror의 첫 철자 c를 이용하면 됩니다. **cruel**이죠.

> The **conqueror** is said to be **cruel**.
> 그 정복자는 잔인하다고들 한다.

'잔인한'의 뜻을 가진 또 다른 단어는 **brutal**입니다. 이 brutal은 너무나 잔인해서 사람 같지 않고 짐승 같은의 뉘앙스가 있다는 것, 참고로 알아두세요.

> He is a **brutal** murderer.
> 그는 잔인한 살인자다.

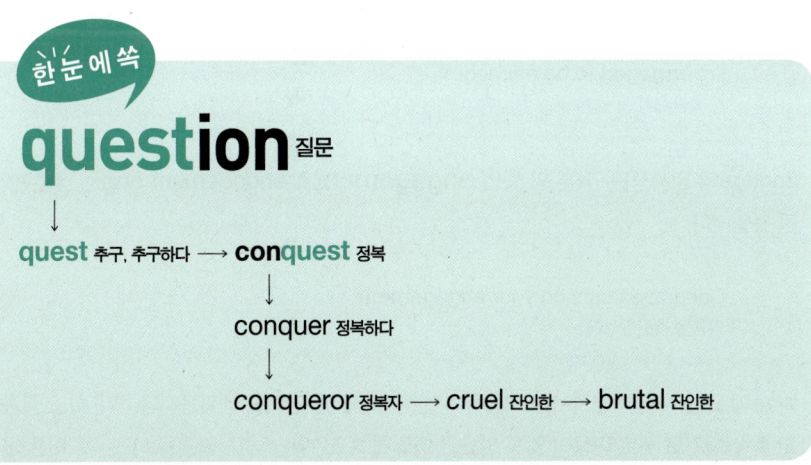

063 Wednesday → wed

이번 수요일에 결혼합니다.

1주일의 정 중앙에 있는 **Wednesday**는 '수요일'입니다. 하지만 달력에서는 줄여서 Wed라고 표기되어 있죠. 이 Wednesday 안에 '결혼하다'의 **wed**가 숨어 있습니다. 명사형인 '결혼'은 **wedding**입니다. 이 결혼과 기념일이란 단어는 참 밀접한 관계가 있는데요, '기념일'이 **anniversary**이므로 '결혼기념일'은 wedding anniversary입니다.

> The couple will celebrate their twentieth **wedding anniversary** this week.
> 그 부부는 이번 주에 20주년 결혼기념일을 축하할 것이다.

Wednesday는 줄여서 Wed로 표기한다고 했는데요, 의미 연상법을 이용해 Wed로 결혼과 관련된 중요한 단어들을 배워보겠습니다. Wed의 w에서 wed를 얻었으니 다음은 e차례입니다. 요즘은 결혼 전에 약혼하는 사람들이 많지 않은데요, 예전에는 거의 약혼식을 하곤 했습니다. 이 '약혼하다'가 e로 시작하는 **engage**입니다. 팀 버튼 감독의 영화 '빅 피쉬 Big Fish'를 보면 서커스단에서 스치듯 만났던 여자를 오매불망 그리워하다 그녀가 사는 집을 서커스 단장에게서 알아내어 이완 맥그리거가 그녀가 좋아하는 꽃을 가지고 그녀의 집을 찾아갔을 때 그녀가 이렇게 말하는 장면이 나옵니다.

> I'm **engaged** to be married.
> 전 약혼해서 곧 결혼해요.

engage의 명사형은 '약혼'의 뜻인 **engagement**로 engagement ring은 '약혼반지'란 뜻입니다.

> Congratulations on your **engagement**.
> 약혼을 축하합니다.

Wed에 있는 마지막 철자 d를 이용하여 결혼과 관련된 단어를 배워봅시다. 약혼하고 결혼하고 잘 살다가도 서로 마음이 맞지 않으면 어떻게 하죠? 맞습니다. 이혼을 하죠. 이 '이혼하다'

는 Wed의 d를 이용한 **divorce**가 되는 것이죠. 영화 '미스터 & 미세스 스미스 Mr. and Mrs. Smith'를 보면 상대방이 서로 킬러였다는 사실을 알고는 식당에서 아내를 만난 브래드 피트가 다음과 같은 말을 하는 장면이 나옵니다.

I want to **divorce**.
나 이혼하고 싶어.

살아가면서 Wed에서 배운 단어 중에 d로 시작하는 divorce는 쓸 일이 없는 게 좋겠죠?

Wednesday 수요일

engage 약혼하다 ← **wed** 결혼하다 → **wed**ding 결혼 → anniversary 기념일
↓   ↕
engagement 약혼   *d*ivorce 이혼(하다)

SECTION 2 *review test*

☑ 앞에서 읽은 내용을 연상하면서 다음 어휘 고리를 채워보세요. 정답은 책 속 부록에 있습니다.

1 corner → corn → _____ - _____ - disdain ↔ _____
   → _____

2 flower → flow - _____
   → _____
   → flour - _____ - _____

3 present → resent - _____
   → _____
   → gift - _____ - _____
   → souvenir

4 bridge → ridge → _____
   → abridge - _____ - _____
   → valley - _____

5 dragon → drag - _____ → _____
   → tag - _____ - _____

6 fire → _____ - fireplace
   → hire - _____ - _____ - employer
   → flame - _____ - _____ - _____

7 friend → end → _____ - _____ - fortress
   → endow
   → _____

8 movie → vie - _____ → _____ - competitive
   → _____ - deplete

9 museum → muse - _____ - _____
   → use → _____
   → fuse - _____ - _____ - confusion

10 address →envelope
   →add → _____ - _____ - addiction - _____
        → _____ - bladder
   →ad - _____
   →dress - _____

11 plane →lane
   → _____ - pave
   →planet
   → _____ →complain - _____
            →explain - _____

12 player →athlete
   → _____ - _____
   →play - _____ - _____ - adjourn - _____

13 police →lice → _____ - _____
              →slice
   →accomplice - _____ - _____ - achieve - _____ - _____ - attainment

14 rabbit →hare - _____
   →bit → _____ - _____ - inhabitant
       →orbit - _____

15 August →gust → _____
   →storm - _____
   → _____ - disgusting

16 advice → _____
   →vice → _____
        → _____ - sermon
   →device - _____

17 appointment → _____ - apply
   →appoint → _____
            → _____ - disappointment

SECTION 2 review test 181

18 charm → **harm** → _____ - _____
           → <u>arm</u>
         → <u>charming</u> - _____ - _____

19 courage → **rage** - _____ → _____
                          → <u>comedy</u> - _____
        → <u>encourage</u> - _____

20 credit → **edit** → _____ - _____
          → <u>edition</u> - _____ - _____

21 danger → **dangerous**
         → _____ - _____
         → <u>risk</u> - _____
         → _____

22 devil → **evil** - _____
       → <u>demon</u> → _____ - _____
            → _____

23 example → **ample** → _____ - <u>specimen</u>
               → _____
         → <u>sufficient</u> - _____

24 failure → **lure** → _____
         → _____ - <u>seduce</u> - _____ → <u>temptation</u>
                                          → _____
                                          → <u>contempt</u>

25 generation → **gene** → _____
              → _____ - <u>generosity</u>
            → <u>general</u>
      → _____

26 ghost → **host** → _____
           → _____ - <u>stage</u>
       → <u>grave</u> → _____
            → _____

27 peace → pea → _____
                    → peasant → _____
                               → farmer - _____

28 pride → proud
         → _____
         → rid - _____ - _____ - eradicate - _____

29 problem → rob - _____ → _____
                              → rubber → _____
                                       → _____ - _____

30 question → quest - _____ - _____ - conqueror - _____ - brutal

31 Wednesday → wed → _____ - _____
                  → _____ - engagement
                  → _____

> ☑ SECTION 1에서 배웠던 단어들을 다시 한 번 체크해봅시다.

- [ ] taxi 택시 - tax 세금 - ax 도끼 - axis 축 - income 소득 - outcome 결과 - cab 택시 - chauffeur 자가용 운전사 - cabbage 양배추 - vocabulary 어휘

- [ ] scarf 스카프 - scar 상처, 흉터 - scare 무섭게 하다 - scarecrow 허수아비 - frighten 놀라게 하다, 겁먹게 하다 - care 걱정, 조심 - careful 조심스런 - careless 조심성 없는 - cautious 조심성 있는 - caution 조심 - career 경력, 이력

- [ ] hamburger 햄버거 - urge 재촉하다, 조르다 - urgent 긴급한 - urgency 긴급 - purge 숙청하다 - punish 처벌하다 - punishment 처벌 - surge 파도처럼 밀려오다 - insurgent 반란자, 반란을 일으킨 - surgeon 외과의사 - physician 내과의사 - burgeon 싹이 트다

- [ ] hospital 병원 - hospitality 호의 - hospitalize 입원하다 - spit 침(을 뱉다) - pit 구덩이 - armpit 겨드랑이 - hygiene 위생 - hygienic 위생적인 - operation 수술 - operate 수술하다 - sanitation 위생 - sanitary 위생적인 - patient 환자, 참을성 있는 - patience 참을성 - impatient 참을성 없는 - impatience 조급증

- [ ] spray 스프레이, 뿌리다 - pray 기도하다 - prayer 기도 - altar 제단 - alter 바꾸다 - alternative 대안 - ray 광선 - array 정렬시키다 - arrange 정렬시키다 - prey 먹이 - edible 먹을 수 있는

- [ ] number 수, 숫자 - numb 마비된 - paralyze 마비시키다 - paralysis 마비 - anesthesia 마취 - anesthetic 마취제 - dumb 멍청한 - deaf 말 못하는 - blind 눈 먼, 블라인드 - vertical 수직의 - horizontal 수평의 - horizon 수평선 - disabled 장애가 있는 - crippled 장애가 있는

- [ ] president 대통령 - resident 거주민 - reside 거주하다 - residence 저택 - preside 주재하다 - privilege 특권 - vile 비열한 - inaugurate 취임하다 - inauguration 취임

- [ ] mountain 산 - mount 오르다 - amount 액수, 총합이 ~가 되다 - paramount 최고의 - surmount 타고 넘다, 극복하다 - fountain 분수 - temple 절 - contemplate 심사숙고하다 - plate 접시

- [ ] coffee 커피 - fee 요금 - fare 교통 요금 - feeble 연약한 - frail 연약한 - frailty 약함 - fragile 깨지기 쉬운 - coffin 관 - casket 관

- [ ] monkey 원숭이 - monk 스님, 수도사 - nun 수녀 - pronunciation 발음 - pronounce 발음하다, 선언하다 - monastery 수도원 - convent 수녀원 - convention 대회, 관습 - conventional 전통적인, 관습적인

- [ ] camera 카메라 - era 시대 - epoch 시대 - epoch-making 획기적인 - opera 오페라 - cooperate 협력하다 - cooperation 협조, 협력 - corporation 큰 회사 - company 회사 - companion 동료 - comrade 동료, 동지 - colleague 동료

- [ ] grape 포도 - rape 강간하다 - ape 유인원 - rapist 강간범 - assault 공격하다, 성폭행하다, 폭행 - assail 공격하다 - attack 공격하다 - tack 압정

- [ ] beer 맥주 - brew 양조하다 - brewery 양조장 - bee 벌 - sting 쏘다 - distinguish 구별하다 - distinction 구별 - distinct 뚜렷한

- [ ] father 아버지 - fat 뚱뚱한, 지방 - carbohydrate 탄수화물 - protein 단백질 - fatigue 피로 - fate 운명 - destiny 운명 - tiny 작은 - feather 깃털 - leather 가죽 - weather 날씨

- [ ] bank 은행, 제방 - bankrupt 파산한 - rupture 파열 - ban 금지하다 - urban 도시의 - disturbance 소란 - disturb 방해하다 - rural 시골의 - van 밴 - banish 추방하다 - vanish 사라지다

- [ ] mother 엄마 - moth 나방 - smother 질식시키다 - suffocate 질식시키다 - stifle 질식시키다 - strangle 질식시키다 - angle 각도 - choke 질식시키다

- [ ] kitchen 부엌 - hen 암탉 - cock 수탉 - hatch 부화하다 - itch 간지럽다 - kit 작은 상자 - kitten 어린 고양이 - mitten 벙어리장갑

- [ ] dinner 저녁 식사 - dine 식사하다 - din 소음, 소란 - dean 학장 - noise 소음 - noisy 시끄러운 - dinosaur 공룡

- [ ] cousin 사촌 - sin 죄 - since ~ 이래로 - sincere 진지한 - sincerity 진지함, 성실함 - reflect 반성하다, 반사하다 - reflection 반성 - assassin 암살자 - assassinate 암살하다 - assassination 암살

- [ ] teacher 선생님 - tutor 가정교사 - ache 아프다, 아픔 - headache 두통 - toothache 치통 - moustache 콧수염 - beard 턱수염 - whisker 구레나룻

- [ ] student 학생 - pupil 학생 - stud 박히다 - dent 움푹 들어간 곳 - ardent 열심인, 열렬한 - study 공부하다, 서재 - sturdy 튼튼한, 억센

- [ ] piece 조각 - pie 파이 - niece 여자조카 - nephew 남자조카 - pier 부두 - pierce 관통하다 - penetrate 관통하다 - fierce 사나운 - ferocious 사나운

- [ ] switch 스위치, 바꾸다 - shift 바꾸다, 교대 - transform 변형시키다 - transformation 변형 - witch 마녀 - wizard 마법사 - lizard 도마뱀 - blizzard 눈보라

- [ ] furniture 가구 - fur 모피 - fleece 양털 - furnace 화덕, 용광로 - fury 격분 - furious 격분한 - furrow 고랑

- [ ] message 전언, 메시지 - mess 뒤죽박죽, 엉망진창 - messy 지저분한 - sage 현자 - massage 마사지, 안마 - mass 덩어리, 대량 - amass 쌓다 - accumulate 축적하다 - accumulation 축적

- [ ] black 검정색 - lack 부족, 결핍 - slack 느슨한 - slacken 느슨하게 하다, 완화시키다 - loose 느슨한, 헐거운 - loosen 느슨하게 하다 - goose 거위

- [ ] brush 솔, 솔질하다 - rush 급히 가다 - crush 뭉개다 - hurry 서두르다, 서두름 - haste 서두름 - toothpaste 치약 - paste 반죽 - waste 낭비(하다)

- [ ] manicure 매니큐어 - cure 치료하다 - remedy 치료, 치료하다 - obscure 불분명한, 모호한 - vague 모호한 - secure 안전한, 확보하다 - security 안전, 안보

- [ ] finger 손가락 - fin 지느러미 - shark 상어 - thumb 엄지손가락 - finite 유한한 - infinite 무한한 - linger 오래 남아 있다

- [ ] butter 버터 - butt 엉덩이, 꽁초 - utter 말하다, 완전한 - mutter 중얼거리다 - mumble 중얼거리다 - murmur 중얼거리다 - stutter 말을 더듬다 - stammer 말을 더듬다

- [ ] juice 주스 - ice 얼음 - icicle 고드름 - dice 주사위 - prejudice 편견 - judicial 사법의 - bias 편견

- [ ] carrot 당근 - rot 썩다 - rotten 썩은 - decay 썩다 - corrupt 부패하다 - corruption 부패 - decompose 썩다 - parrot 앵무새

bankrupt
rupture
urban
disturbance
disturb
rural
van

SECTION 3

단어 속 단어 찾기 ❸

문장의 꽃, 동사·형용사·부사

bankrupt
ban
urban
disturb
rural

064 afraid → raid

사람들이 두려워하는 건 무방비 상태로 맞는 습격이다.

afraid는 '무서운'이라는 뜻의 형용사입니다. 할리우드의 천재 소녀 배우 다코타 패닝이 주연한 영화 '드리머 *Dreamer*'의 후반부를 보면 경기에 출장할 말의 발에 열이 있는 등 상태가 좋지 않자 어린 딸이 아버지에게 말이 꼴찌를 할까봐 겁이 나냐고 물어보는 장면이 나옵니다.

> Are you **afraid** we're gonna come in last?
> 우리가 꼴찌할까 봐 두려우세요?

이 afraid를 가지고 중요한 단어들을 살펴보겠습니다. 무방비 상태에서 갑자기 적이 습격을 해오면 무섭겠죠. 동남아를 덮친 쓰나미나 미국 루이지애나주를 휩쓴 카트리나 같은 재앙이 습격한다고 생각해보세요. 생각만 해도 끔찍한데요, '습격'이란 뜻에 해당하는 단어가 바로 afraid 안에 있는 **raid**입니다. 그래서 air raid는 '공습'의 의미고, **air strike**로 표현하기도 합니다.

> The police made a **raid** on the gambling house last night.
> 경찰이 어젯밤 도박장을 급습했다.

쓰나미나 카트리나처럼 갑작스런 자연재해의 습격을 받아 어려움에 처한 사람들에게는 도움을 주어야 하는데요, 이 '도움'은 raid 안에 있는 **aid**입니다. 주변에서 aid는 first aid kit (구급상자)이나 hearing aid(보청기)라는 표현으로 많이 쓰입니다.

> They provided humanitarian **aid** to the war zone.
> 그들은 전쟁 지역에 인도적인 원조를 제공했다.

언제나 옆에 있어서 필요할 때 도움이 되고 어려운 일을 처리해주는 사람을 우리는 '측근'이라고 하는데요, 바로 '도움'이란 뜻의 단어 aid에 철자 e를 붙이면 됩니다. 바로 **aide**죠.

He is a presidential **aide**.
그는 대통령 보좌관이다.

'도움, 원조'의 뜻을 지닌 다른 단어 역시 aid처럼 a로 시작하는 **assistance**입니다. 그리고 이 assistance의 동사형은 '도와주다'의 뜻을 가진 **assist**입니다. 축구나 농구에서 골을 넣는 데 도움을 주는 것을 '어시스트'라고 하는 것, 많이 들어보셨죠?

I hope you will let me know if I can be of any **assistance** to you in the future.
앞으로 제가 어떤 식으로든 도움이 될 일이 있으면 알려주시기 바랍니다.

My friend **assisted** me in moving to a new apartment.
새 아파트로 이사 가는 것을 내 친구가 도와주었다.

다시 aid로 돌아와서요, 옛날 소설이나 영화를 보면 하녀가 주인 옆에서 서서 주인이 하는 일을 도와주는 장면이 나옵니다. 이 '하녀'는 aid 앞에 m을 붙이면 됩니다. **maid**가 되는 거죠. 마지막으로 이 maid를 가지고 배워볼 수 있는 단어가 바로 '인어'를 뜻하는 **mermaid**입니다. maid 앞에 mer만 붙이면 간단하게 얻을 수 있죠?

When he clapped his hands, the **maid** appeared.
그가 손뼉을 치자 하녀가 나타났다.

A **mermaid** is a woman in stories who has a fish's tail instead of legs.
인어는 이야기에 나오는 여인으로 다리 대신 물고기의 꼬리를 가지고 있다.

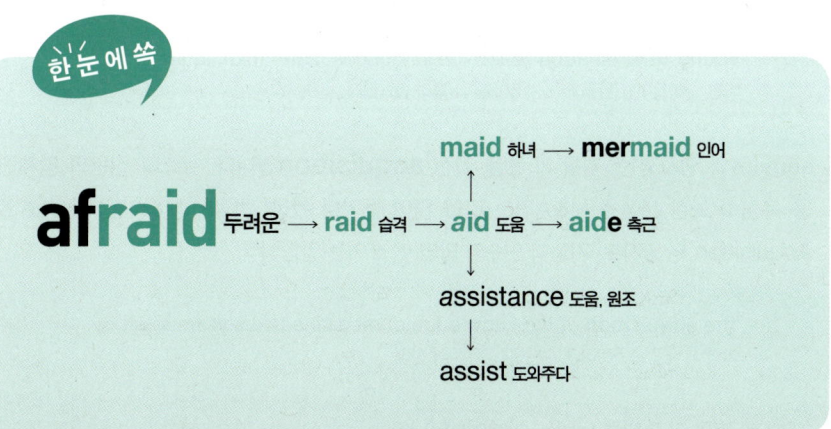

065 again → gain

깨달음을 통해 다시 얻은 삶의 축복!

again은 '다시'라는 뜻인데요, 다음과 같은 생활영어에 많이 쓰입니다.

> Don't ever do that **again**.
> 다시는 그런 짓 하지 마.

사고로 목숨을 잃을 뻔하다 살아남은 사람, 영적인 깨달음을 얻은 사람들은 어떻게 보면 새로운 삶을 다시 얻은 것이라고 할 수 있을 겁니다. 이 '얻다'에 해당하는 단어가 바로 again 안에 있는 **gain**입니다.

> He **gained** the highest marks in the examination.
> 그는 시험에서 최고점을 땄다.

이 '얻다'의 뜻을 가진 다른 단어는 again에서 gain을 빼고 남은 철자 a를 이용하면 얻을 수 있는데요, **acquire**입니다. '천형'이라 불리는 에이즈 AIDS는 Acquired Immune Deficiency Syndrome(후천성 면역 결핍증)의 약자인데요, 여기에 acquire가 들어 있습니다.

> Young children **acquire** foreign languages faster than adults.
> 어린 아이들이 어른들보다 외국어를 더 빨리 습득한다.

acquire의 명사형은 '획득'의 뜻을 가진 **acquisition**입니다. 뉴스나 신문의 경제면을 유심히 보신 분들은 M&A라는 말을 많이 듣거나 봤을 겁니다. M&A는 'Merge & Acquisition'의 약자로 '기업의 인수와 합병'에 쓰이는 말입니다.

> The **acquisition** of the knowledge of medicine takes years to study.
> 의학 지식을 습득하려면 수년 간 공부해야 한다.

'얻다'의 뜻을 가진 다른 단어는 **obtain**입니다.

The novelist **obtained** a great reputation.
그 소설가는 커다란 명성을 얻었다.

이번에는 acquire를 이용하여 다른 단어를 공부해보도록 하겠습니다. acquire에서 앞의 ac를 떼어내고 남은 quire에 in을 붙이면 '묻다'라는 뜻의 **inquire**가 되고요, re를 붙이면 '요구하다'라는 뜻의 **require**가 됩니다. acquire, inquire, require 이렇게 알파벳 순서대로 외우는 것 잊지 마시고 꼭 알아두세요.

He **inquired** what happened to the building.
그는 그 건물에 무슨 일이 일어났는지 물어보았다.

Hotel guests are **required** to vacate their rooms by twelve noon.
호텔에서는 객실 손님들에게 정오까지 방을 비워달라고 요구한다.

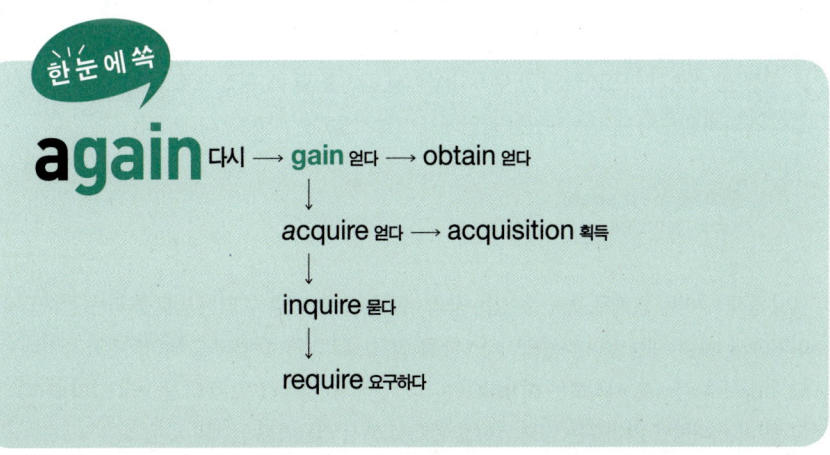

066 **ap**pear → **pear**

배나무에서 살포시 나타나는 어린 배의 모습!

appear는 '나타나다'의 의미로 쓰이는 동사입니다.

> The actress **appeared** before the audience.
> 여배우는 청중들 앞에 모습을 나타냈다.

이번엔 동사 appear를 가지고 새로운 단어를 공부해보도록 하겠습니다. 배나무를 본 적이 있나요? 배나무에 어린 배가 서서히 모습을 나타내기 시작하는 그 모습은 너무나 앙증맞고 귀엽습니다. 이 '배'가 바로 appear 안에 들어 있는 pear입니다.

> I prefer **pears** to apples.
> 나는 사과보다 배를 더 좋아한다.

독일의 대문호 쉴러가 쓴 「윌리엄 텔」을 보면 윌리엄 텔이 자기 아들 머리 위에 놓인 사과를 화살로 쏘아 맞힌 이야기가 있습니다. 설정을 조금 달리해서 머리 위에 있는 배를 창으로 맞힌다고 생각해볼까요? 아마 화살로 맞히는 것보다 훨씬 더 어려울 겁니다. 이때의 '창'은 pear 앞에 s를 붙인 **spear**입니다. s는 '쏘다'의 뜻을 가진 shoot의 첫 철자를 이용했다고 생각하면 훨씬 기억하기가 쉬울 겁니다. 영화 '에이스 벤추라 2 *Ace Ventura 2*'를 보면 동물 탐정 짐 캐리가 아프리카의 한 부족 마을에서 경기를 할 때 원 안으로 창을 던지라고 하자 그의 다리에 맞도록 던지는 재밌는 장면에서 이렇게 말하는 내용이 나옵니다.

> Throw me a **spear**.
> 나한테 창을 던져.

옛날 중국에 어떤 방패든 뚫을 수 있는 창과 어떤 창도 막아낼 수 있는 방패를 파는 장사꾼 이야기에서 '모순'이란 말이 나왔습니다. '창'을 알았으니 당연히 '방패'도 알아야겠죠? '방패'는요, spear처럼 s로 시작하는 **shield**랍니다. 그래서 '자동차 앞 유리'는 **windshield**라고 합니다. 바람을 막아주는 방패 역할을 한다고 해서 만들어진 단어일 것 같죠?

The police carried **shields** to protect themselves against the stones thrown by the mob.
경찰은 군중들이 던지는 돌로부터 자신들을 보호하기 위해 방패를 가지고 다녔다.

The mud splashed up to the windshield.
진흙이 자동차 앞 유리까지 튀었다.

다시 appear로 돌아와서요, appear의 명사형은 '외모, 출현'의 뜻을 지닌 **appearance** 입니다. 여전사의 활약을 그린 영화 '엘렉트라 Electra'를 보면 자신이 암살하기로 한 남자와 딸을 살려주고 이들과 도주하려고 할 때 외모를 바꿔보라는 말을 듣는 장면이 나옵니다.

Change your **appearance**.
당신의 외모를 바꿔보세요.

appear의 반대말은 '사라지다'의 **disappear**입니다. 영화 '나 홀로 집에 Home Alone'를 보면 식구들이 다 휴가를 떠나고 집에 혼자 남은 케빈이 무서워하기는 커녕 오히려 다음과 같이 말하는 인상적인 장면이 나옵니다.

I made my family **disappear**.
내가 우리 가족을 사라지게 만들었어.

그런데 disappear를 자세히 보니까 '수액'의 의미를 지닌 **sap**이 들어 있습니다. 몸에 좋은 수액이 나오는 고로쇠 나무에서 수액을 계속 채취해가면 결국에 가서는 그 수액이 사라지겠죠.

We collect **sap** from maple trees to make syrup.
우리는 단풍나무에서 수액을 모아 시럽을 만든다.

지구상에서 사라진 종 가운데는 공룡이 있습니다. 공룡이 사라졌다는 것은 결국 공룡이 멸종되었다는 뜻인데요, 이 '멸종된'은 disappear 안에 있는 철자 e를 이용하면 얻을 수 있습니다. 바로 **extinct**죠. 영화 '아이스 에이지 2 Ice Age 2'를 보면 매머드들은 멸종되지 않는다고 말하는 장면이 나옵니다.

Mammoths can't go **extinct**.
매머드는 멸종되지 않아.

그리고 이 extinct의 명사형은 '멸종'의 의미를 지닌 **extinction**이랍니다.

Otters are in danger of **extinction**.
수달은 멸종 위기에 처해 있다.

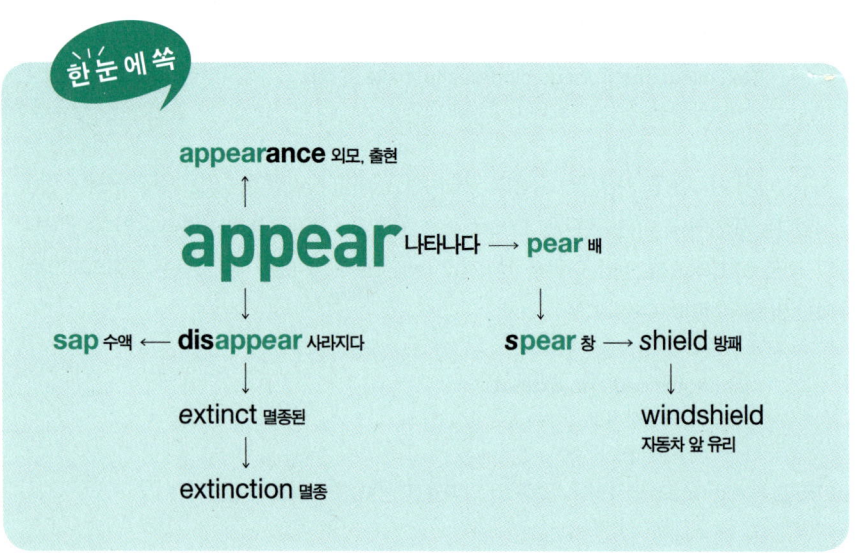

067 approach → roach

스멀스멀 다가오는 바퀴벌레에 식욕을 잃다.

approach는 '접근하다'는 뜻의 동사입니다.

> I'm too scared to **approach** the dog.
> 나는 너무 무서워서 그 개에 다가갈 수가 없다.

자, 이 approach로 다른 단어들을 공부해봅시다. 밥을 먹고 있는데, 저기서 바퀴벌레가 스멀스멀 다가오면 식욕이 싹 가실 겁니다. 이 '바퀴벌레'가요, approach 안에 있는 **roach**입니다. cockroach라고 말하기도 합니다.

> We kill **roaches** with an insecticide.
> 우리는 살충제로 바퀴벌레를 잡는다.

밥 먹고 있는데 바퀴벌레가 다가오면 식욕이 가신다고 했죠? 이 '식욕'은 approach에서 roach를 빼고 남은 철자 app를 활용한 **appetite**입니다.

> Don't ruin your **appetite** by eating cake before dinner.
> 저녁 먹기 전에 케이크 먹어서 식욕을 망치지 마라.

식사 전에 식욕을 돋우기 위해 먹는 것을 '애피타이저'라고 하는데 영어로 표기하면 **appetizer**입니다. 우리말로 하자면 '전채'가 됩니다. 식사 전에 먹는 것을 배웠으니까 식후에 입가심으로 먹는 것도 알아야겠죠? 바로 **dessert** '후식'입니다.

> We served some crackers and cheese as an **appetizer**.
> 우리는 전채로 크래커랑 치즈를 약간 제공했다.
> The meal includes **dessert** and coffee.
> 식사에는 디저트와 커피가 포함됩니다.

이 dessert에서 s를 빼면 **desert**가 됩니다. '사막'이라는 뜻인데요, 몽고의 사막에 추락한 비행기를 다룬 영화 '피닉스 Flight of Phoenix'를 보면 사막에 추락한 후 다음과 같이 말하는 장면이 나옵니다.

> We are in the middle of the **desert**.
> 우리는 지금 사막 한가운데에 있습니다.

이번에는 앞에서 배운 roach를 이용하여 중요한 단어를 배워보겠습니다. 사냥이 금지된 구역에서 보호받아야 할 야생동물의 밀렵을 일삼는 사람들은 정말 바퀴벌레만도 못한 인간일지도 모릅니다. 이 '밀렵하다'는 roach의 첫 철자 r을 p로 바꾸면 됩니다. **poach**죠. 그리고 이 밀렵을 일삼는 '밀렵꾼'은 바로 **poacher**랍니다.

> Two hunters **poached** deer on the farmer's land.
> 사냥꾼 두 명이 그 농부의 땅에서 사슴을 밀렵했다.

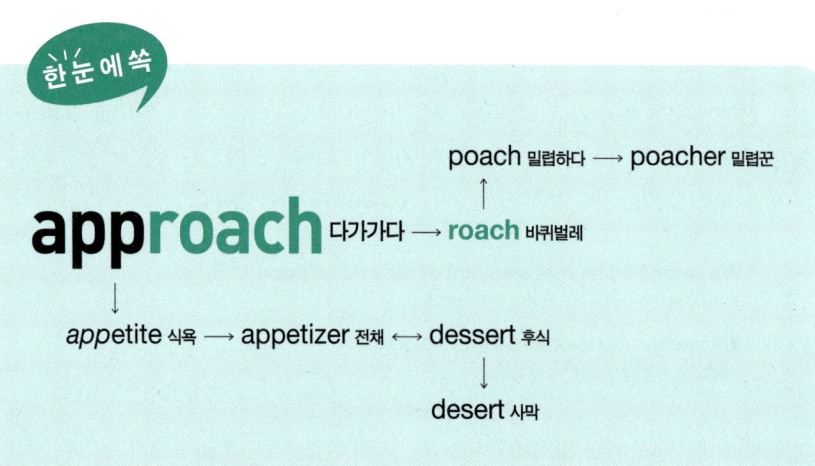

068 because → cause

~때문에 사고가 야기됐다는 건 원인이 있다는 뜻이다.

because는 '~때문에'의 뜻으로 쓰이는 접속사입니다.

They got married **because** they believed their eternal love.
그들은 자신들의 영원한 사랑을 믿었기 때문에 결혼했다.

하루에도 수없이 많은 사건, 사고가 발생합니다. 하지만 원인이 있으니까 사고가 일어날 텐데요, 이 '원인'에 해당하는 단어가 because 안에 있습니다. 바로 **cause**죠. 그래서 cause and effect는 '원인과 결과'의 뜻입니다. 참고로 cause는 동사로 '~을 야기시키다'의 의미로도 쓰입니다.

What was the **cause** of the accident?
그 사고의 원인이 뭐였어?

A heavy flood **caused** the bridge to collapse.
홍수가 나서 다리가 무너졌다.

회사에서 열심히 일을 하다보면, 시스템에 어떤 원인이 생겨서 일을 중단해야 하는 경우도 생깁니다. 이렇게 하던 일을 '중단하다'는 의미의 단어는 cause의 첫 철자 c를 p로 바꾸면 됩니다. **pause**가 되는 거죠. 아마 MP3나 CD player에 pause라고 써 있는 것을 많이 봤을 겁니다.

He **paused** to look at the view.
그는 잠깐 멈추고 풍경을 바라보았다.

이번에는 cause를 이용해서 영어 문법 공부에서 꼭 알아둬야 할 '절'에 해당하는 단어를 알아보겠습니다. 주어와 동사로 이루어진 '절'은요, cause에 철자 l을 첨가하면 됩니다. **clause**인 거죠. 교정을 보다 보면 문장 안에 있는 '절' 표현에 문제가 있어 전체 문장을 다시 써야 하는 문제가 야기될 수도 있습니다.

From now on, I will explain to you what a conditional **clause** is.
지금부터는 조건절이 무엇인지 여러분에게 설명하겠습니다.

'절'을 배웠으면 '구'에 해당하는 것도 알아둬야겠죠? '구'는 **phrase**입니다.

There are too many idiomatic **phrases** in the composition he wrote.
그가 쓴 작문에는 관용구가 너무 많이 들어 있다.

이 phrase를 이용해서도 중요한 단어를 공부할 수 있는데요, 여러 편의 작품을 쓴 작가가 쓴 글이나 문장을 보면 어떤 특정한 문구나 절을 자주 쓰는 양상이 발견되곤 합니다. 이 '측면, 양상'에 해당하는 단어가 바로 phrase에서 철자 r을 탈락시킨 **phase**입니다.

The war entered into a new **phase**.
전쟁은 새로운 국면에 접어들었다.

'국면, 측면'의 뜻을 지닌 다른 단어는 phase 안에 있는 철자 a를 이용하여 얻을 수 있는데요, 바로 **aspect**랍니다.

You must consider the problem from every **aspect**.
여러분은 그 문제를 모든 측면에서 고려해야 합니다.

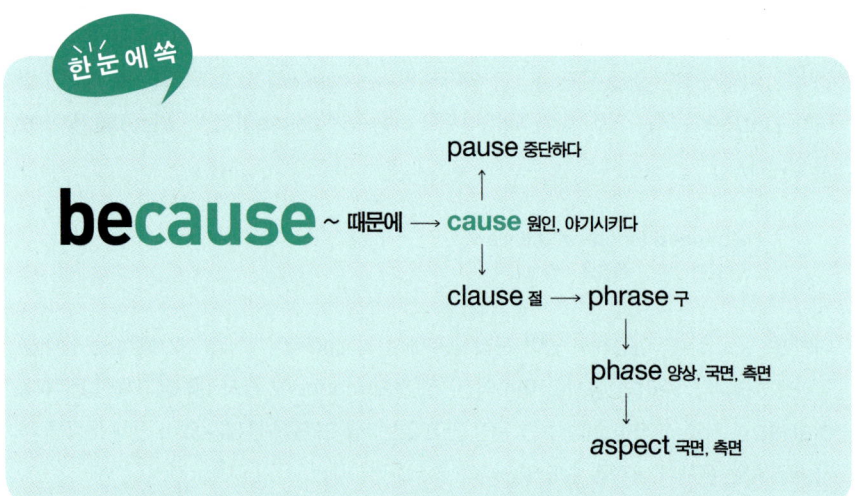

069 believe → lie

세상에서 가장 믿을 수 없는 사람은 거짓말하는 사람이다.

believe가 '믿다'의 뜻이라는 건 다 알고 있을 겁니다. 세상에서 거짓말하는 사람은 믿을 수가 없는데요, 이 '거짓말하다'가 believe 안에 들어 있답니다. 바로 **lie**죠. 참고로 lie는 '눕다'라는 뜻도 있으니까 꼭 알아두세요.

'음모 이론(Conspiracy Theory)'에 따르면 미국 어딘가에 외계인들을 감금하고 있는 시설이 있다고 해요. 하지만 외계인의 존재를 믿지 않는 사람에게 외계인이 있다고 하면 '에이, 거짓말' 이렇게 생각할 겁니다. 이때의 '외계인'이 바로 **alien**입니다. 안에 lie가 있는 것, 보이시죠? 없는 외계인을 자꾸 있다고 말하는 사람이 있으면 그 사람을 따돌려버리고 소외시킬 수도 있는데, 이때의 '소외시키다'는 **alienate**고요, 명사형인 '소외'는 **alienation**입니다. 물건을 파는 사람은 절대로 고객들에게 거짓말을 하면 안 됩니다. 이때의 '고객'을 뜻하는 단어가 바로 **client**입니다. client 안에 역시 lie가 들어 있는 게 보이죠? 존 그리샴의 소설 '의뢰인 *The Client*'은 영화로도 만들어져서 많은 관객들의 사랑을 받았습니다. '고객, 손님'의 뜻을 가진 다른 단어가 있는데요, client처럼 c로 시작하는 **customer**입니다. 참고로 client는 변호사, 의사 등에게서 기술적인 서비스를 받는 고객을 뜻하고요, customer는 점포에서 정기적으로 물건을 구입하는 고객을 뜻합니다. 차이점을 알고 활용하도록 하세요.

> Nowadays a lot of department stores use discount coupons to attract **customers**.
> 요즘 많은 백화점들이 손님을 끌기 위해 할인 쿠폰을 이용한다.

거짓말하는 사람은 절대 믿을 수 없지만, 반면에 거짓말하지 않고 믿음직한 언행을 하는 사람은 무슨 일이든 잘 해낼 것 같아 일을 맡기는 사람을 안도하도록 만들죠. 이 '안도케하다'라는 단어가 쉬운 단어는 아니지만, believe의 첫 철자 b만 r로 바꾸면 간단히 얻을 수 있답니다. **relieve**죠. 그리고 '안심, 안도'의 뜻을 가진 동사 relieve의 명사형은 **relief**입니다. 그럼 believe의 명사형 역시 **belief**라는 것, 알 수 있겠죠?

이렇게 -ieve로 끝나는 동사가 또 하나 있는데요, 바로 **grieve**입니다. '크게 슬퍼하다'라는 뜻이고요, '큰 슬픔'의 뜻을 가진 grieve의 명사형은 believe, relieve의 명사형처럼 **grief**
입니다. 이렇게 보니까 영어 역시 일종의 규칙이 있다는 게 보이시나요? 보이시면 됐습니다.

070 blame → lame

장애인을 비난하는 자, 사고로 자신이 다리를 절뚝거릴 수도 있다.

blame은 '비난하다'의 뜻으로 쓰이는 동사입니다.

> He was **blamed** for the accident.
> 그는 그 사고 때문에 비난을 받았다.

이 blame을 가지고 다른 단어들을 공부해보겠습니다. 다리를 저는 장애인이 실수로 발을 밟았다고 해서 마구 뭐라고 비난하는 건 성숙한 인격을 지닌 사람이 보일 자세가 아닙니다. 이 '저는, 절뚝거리는'의 뜻을 가지고 있는 단어가 바로 blame 안에 있는 **lame**입니다.

> He was aware that she was **lame** in one leg.
> 그는 그녀가 한쪽 다리를 전다는 것을 알고 있었다.

얼마 전까지 멀쩡하던 사람이 갑자기 사고가 나서 제대로 걷지 못하고 평생 다리를 절며 살아야 한다면 기분이 어떨까요? 아마도 자신의 현재 처지 때문에 비탄에 빠져 무척 슬퍼할 겁니다. '비탄하다'는요, 앞서 익힌 lame을 이용하면 얻을 수 있습니다. 바로 **lament**입니다.

> He **lamented** the death of his fiancée.
> 그는 약혼녀의 죽음을 슬퍼했다.

또 필라멘트가 합선이 되어 화재가 나서 집이 홀랑 다 타버렸습니다. 한겨울에 그런 일을 당하면 정말 땅을 치며 비탄하게 될 텐데요, 전구에 있는 '필라멘트'는 lament 앞에 fi를 붙인 **filament**입니다.

> The light bulb has gone out because the **filament** is broken.
> 필라멘트가 끊어져서 전구가 나갔다.

lame은 형용사로 '절뚝거리는'의 뜻이고요, '절뚝거리다'의 뜻을 가진 다른 동사는 lame처럼 l로 시작하는 **limp**입니다.

He **limped** after his bike accident.
자전거 사고를 당하고 나서 그는 절뚝거렸다.

lame, limp 모두 '다리'와 관계 있는 단어인데요, '다리' 역시 lame, limp처럼 l로 시작합니다. 다 아는 **leg**죠.

Runners need strong **legs**. 달리기 선수들에게는 튼튼한 다리가 필요하다.

올림픽 마라톤에서 우승한 손기정 선수나 황영조 선수의 다리는 그냥 다리가 아닙니다. 인간 한계를 시험하는 마라톤 코스의 끝(end)까지 최선을 다했기 때문에 우리에게는 전설적인 다리로 각인되어 있습니다. 이 '전설'은 leg에 end를 붙인 **legend**입니다. 팀 버튼 감독의 영화 '빅 피쉬 Big Fish' 시작 부분을 보면 다음과 같은 내레이션이 나옵니다.

By the time I was born, he was already a **legend**.
내가 태어날 즈음에 그는 이미 하나의 전설이 되어 있었다.

손기정 선수나 황영조 선수의 다리로 상징되는 불굴의 의지는 후손들에게 물려줄 만한 소중한 유산입니다. 이 '유산'은 leg에 acy를 붙이면 됩니다. **legacy**인데요, 이때의 유산은 유형, 무형의 것을 통칭한답니다.

He left a **legacy** to his nephew. 그는 조카에게 유산을 남겼다.

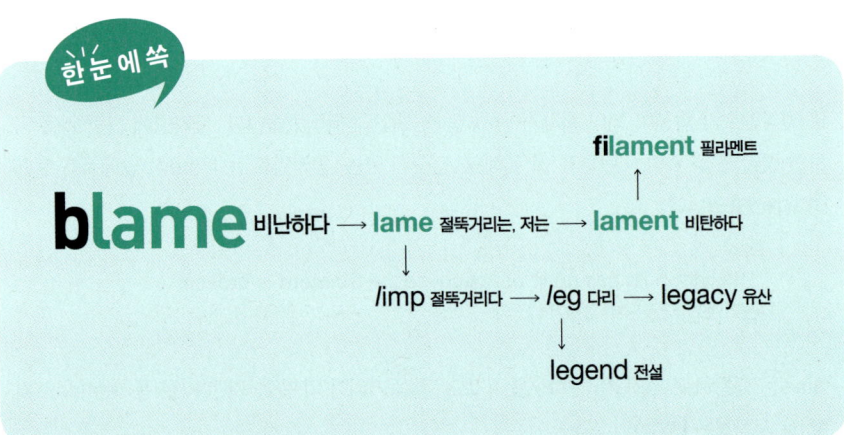

071 clean → lean

깨끗한 담장에 기대어 잠시 휴식을 취하다.

clean은 형용사로는 '깨끗한', 동사로는 '청소하다'의 뜻을 가지고 있습니다.

> The water is **clean** and safe to drink.
> 그 물은 마시기에 깨끗하고 안전하다.

clean으로 여러 단어를 공부해볼 텐데요, 길을 가다가 너무 힘들어서 어찌 해야 할 바를 모르고 있는데, 저기 아주 깨끗한 담장이 보입니다. 이때 잠시 벽에 몸을 기대어 쉬면 피로가 조금 풀리겠죠? 그런데, 재미있게도 '기대다'에 해당하는 단어가 clean 안에 들어 있습니다. 바로 **lean**입니다.

> I told you not to **lean** against the fence.
> 내가 담장에 기대지 말라고 말했잖아.

lean을 이용하여 다른 단어를 또 건져볼까요? lean 앞에 g를 붙이면 '모으다, 줍다'라는 뜻의 **glean**을 얻게 됩니다.

> Reporters **glean** information by conducting numerous interviews.
> 기자들은 수많은 인터뷰를 하면서 정보를 모은다.

'모으다'의 뜻을 가진 다른 단어는 glean처럼 g로 시작하는 gather입니다.

> Rolling stones **gather** no moss. 구르는 돌에는 이끼가 끼지 않는다.

자, 다시 clean으로 돌아와서요, clean 끝에 있는 철자 n을 r로 바꾸면 '분명한'이란 뜻을 가진 **clear**가 됩니다. 그리고 반대말은 '불분명한'의 의미를 지닌 **unclear**입니다.

> It is **clear** that he didn't steal the treasure.
> 그가 그 보물을 훔치지 않았다는 게 분명하다.

I couldn't understand his **unclear** explanation.
나는 그의 불분명한 설명을 이해할 수가 없었다.

unclear를 통해서도 중요한 단어를 배울 수가 있습니다. 특수 위성으로 탐지를 했는데도, 어떤 국가가 핵무기를 가지고 있는지 아닌지 불분명하다면 국제적으로 큰 문제가 되겠죠? 이 '핵의'라는 형용사에 해당하는 단어는요, unclear의 앞의 철자 un의 위치를 서로 바꿔주면 됩니다. **nuclear**인 것이죠. 그래서 '핵무기'는 nuclear weapon, '핵가족'은 nuclear family랍니다.

It is extremely dangerous to store **nuclear** waste underground.
핵 폐기물을 지하에 저장하는 것은 대단히 위험하다.

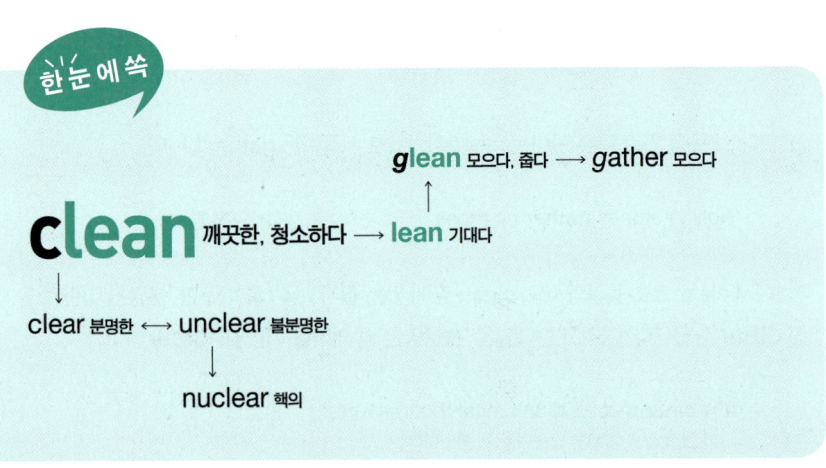

072 climb → limb

절벽을 오를 때는 사지를 이용해 기어가다시피 한다.

climb은 '오르다'의 뜻입니다. 톰 행크스가 주연한 영화 '포레스트 검프 Forrest Gump'를 보면 포레스트 검프가 엄마가 자신에게 나무 오르는 법을 가르쳐주었다고 말하는 장면이 나옵니다.

> **She taught me how to climb.**
> 엄마는 내게 나무 오르는 법을 가르쳐주었어요.

이제 climb을 이용해서 본격적으로 단어를 배워보겠습니다. 산에 오르다 보면 처음에는 두 발로 씩씩하게 걸어가지만, 가파른 절벽을 만나게 되면 두 팔까지 함께 사용해서 올라야 합니다. 즉, 사지를 써서 올라야 하는데요, 이 '사지'가 climb 안에 있는 **limb**입니다.

> **My limbs trembled when I heard the news.**
> 그 소식을 들었을 때 난 사지가 부들부들 떨렸다.

앞서 사지를 이용해서 절벽을 오른다고 했죠? 이 '절벽'은 climb에서 limb을 빼고 남은 철자 c를 이용하면 얻을 수 있는 **cliff**입니다. 이 cliff가 들어간 유명한 영화가 실베스터 스탤론 주연의 '클리프행어 Cliffhanger'입니다. 그리고 '절벽'의 뜻을 가진 다른 단어는 **precipice**입니다. 조금 어려운 단어지만 cliff와 함께 꼭 알아두세요.

> **She stood on the cliff and looked down at the ocean below.**
> 그녀는 절벽에 서서 아래 바다를 내려다보았다.
>
> **A rock fell over the precipice.**
> 바위 하나가 절벽 아래로 떨어졌다.

사지를 이용해서 절벽을 오른다고 했는데요, 이렇게 사지를 이용해서 오른다는 것은 결국 기어가는 것이나 다름없는 거겠죠? '기어가다'는 역시 climb에서 limb을 빼고 남은 철자 c를 이용하면 됩니다. 바로 **crawl**이죠.

I felt something **crawl** up my arm.
나는 뭔가가 내 팔을 기어 올라가고 있는 게 느껴졌다.

'기어가다'의 뜻을 지닌 다른 단어는 crawl처럼 cr로 시작하는 **creep**입니다.

Vines of morning-glories **creep** on the fence.
나팔꽃 줄기가 담장을 기어 올라간다.

절벽은 무척이나 가파릅니다. 그렇기 때문에 한 걸음 한 걸음 조심조심하면서 내딛게 되는데, 이때의 '걸음'은 **step**이고요, '가파른'은 step에 철자 e 하나를 추가한 **steep**입니다.

Car drivers must be cautious when going up a **steep** hill.
자동차 운전자들은 가파른 언덕을 올라갈 때 조심해야 한다.

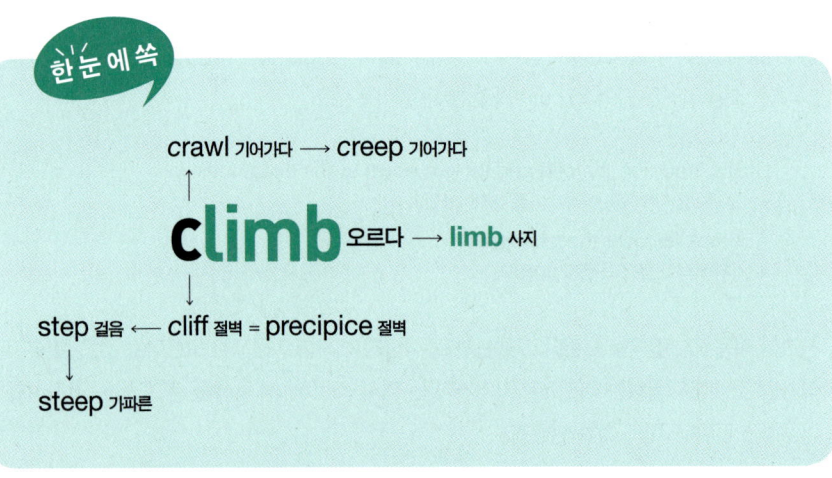

073 determine → deter

결심을 하면 제대로 수행하지 못하게 하는 **요인들이 있다.**

determine은 '결심하다, 결정하다'의 뜻으로 쓰이는 중요한 동사입니다.

One's character is **determined** on heredity and environment.
사람의 성격은 유전과 환경에 의해 결정된다.

어떤 일을 하겠다고 독하게 결심을 했지만 그 결심한 게 지속되지 못하도록 만드는 것들이 많이 있습니다. 주변의 이런 저런 유혹들이 결심이 오래 계속되지 못하게 만드는데요, 이렇게 '못하게 하다'의 뜻을 가진 단어가 바로 determine 안에 있는 **deter**입니다.

The cold **deterred** him from going out.
추위 때문에 그는 외출을 하지 못했다.

외적인 요인 때문에 결심한 것을 제대로 못하게 되면 그만큼 달성하고자 했던 일이 미뤄지고 연기가 되는 것입니다. 이때의 '연기하다, 미루다'는 deter의 철자 t를 f로 바꾸면 됩니다. **defer**가 되는 것이죠.

We wish to **defer** our decision for a week.
우리는 결정을 일주일간 미루고 싶다.

한번 결심한 것이 사흘을 못가 깨지는 것을 '작심삼일'이라고 합니다. 하지만 진정한 승자는 자기를 이겨내는 사람이라고 하지요. 한번 결심을 하면 중간에 깨지 않고 그 기간을 오래 지속하는 것이 좋습니다. 그래서 그런가요? determine 안에는 이 '기간'을 나타내는 단어 **term**도 함께 들어 있습니다.

The president is serving his last five-year **term** in office.
대통령은 5년 임기의 마지막을 봉직하고 있다.

공무원 등의 재임 기간이 끝난다는 것은 공직 생활을 종결지었다는 것을 의미합니다. 앞서 배운 '기간'을 뜻하는 term을 이용해서 '종결시키다'의 단어를 얻을 수 있는데요, 바로 **terminate**입니다.

> Our company's management **terminated** negotiations on a new union contract.
> 우리 회사 경영진은 새 노동조합 계약에 따라 협상을 종결지었다.

다시 determine으로 돌아와서 중요한 단어를 공부해볼게요. 결심을 일관성 있게 밀고 나가려 해도 생활 곳곳에 숨어 있는 유혹들은 마치 땅에 매설되어 있는 지뢰처럼 언제 어느 때 툭 튀어나와 걸림돌이 될지 알 수가 없습니다. 그러고 보니 determine에는 정말 많은 단어들이 숨어 있는 것 같습니다. 이 '지뢰'가 바로 determine 안에 있는 **mine**이거든요. 영화 '잉글리시 페이션트 English Patient'를 보면 사랑하는 사람을 잃은 간호병 줄리엣 비노쉬가 정신 나간 사람처럼 지뢰밭 쪽으로 걸어가자 그것을 보고 한 사병이 다음과 같이 말하는 장면이 나옵니다.

> You are walking in the **mine** field.
> 당신 지금 지뢰밭을 걷고 있어요.

참고로 mine은 '광산'의 의미로도 쓰인다는 것, 알아두세요.

> Some big gold **mines** run for miles under the earth.
> 몇몇 큰 금광은 땅 속으로 수 마일이나 뻗어 있다.

이번엔 mine을 가지고 중요한 단어를 낚아볼까요? 60~70년대는 석탄 산업의 활황으로 강원도 탄광 지역 경제가 크게 활기를 띄었습니다. 하지만 석유와 천연가스가 연료로 쓰이면서 석탄 산업은 급격한 사양길을 걷게 되었습니다. 그래서 폐광되는 곳도 많았는데요, 아무런 준비 없이 갑작스럽게 폐광이 되면 광부와 그 가족들은 기아에 허덕일지도 모릅니다. 이 '기아'가 바로 mine 앞에 fa를 붙인 **famine**입니다. fa는 '실패하다'의 뜻을 지닌 fail에서 따왔다고 생각하면서 익히면 좀 더 쉽게 기억할 수 있을 겁니다.

> If the harvest is poor, there is always the possibility of a **famine**.
> 수확이 형편없다면 기근의 가능성은 언제나 있는 것이다.

mine 지뢰, 광산 → **fa****mine** 기아, 기근

determine 결정하다, 결심하다 → **deter** 못하게 하다

term 기간 → **term****inate** 종결시키다

defer 연기하다

074 eastern → stern

아직까지 동양 사람의 윤리의식은 상당히 엄격한 편이다.

eastern은 '동쪽의'라는 뜻을 가지고 있는 형용사입니다. 그리고 대문자로 시작하면 '동양의'의 의미를 갖게 됩니다.

She lives in the **eastern** part of the city.
그녀는 그 도시의 동부 지역에 살고 있다.

자, 이제 이 eastern을 이용하여 회화와 작문에 유용하게 쓸 수 있는 여러 단어들을 배워보겠습니다. 서구화의 물결로 동양 사람들이 많이 개방적이 되었다고는 하지만, 아직까지 서양 사람들에 비해 윤리의식 등은 상당히 엄격한 편입니다. 이 '엄격한'에 해당하는 단어가 eastern 안에 들어 있는데요, 바로 **stern**입니다.

I respected my father because, although he was **stern**, he was fair.
나는 아버지를 존경했다. 비록 엄격하긴 하셨어도 공정하셨기 때문이다.

'엄격한'의 뜻을 가진 다른 단어 역시 stern과 마찬가지로 st로 시작하는 **strict**입니다. 참고로 strict는 규율 등을 엄정하게 지키는 것이고요, stern은 태도 등이 엄격하여 인정사정이 없다는 뉘앙스를 가지고 있답니다.

The teacher was such a **strict** person that he didn't make a joke.
그 선생님은 아주 엄한 분이어서 농담을 안하셨다.

'엄격한'의 의미를 지니고 있는 또 다른 단어로 **stringent**가 있습니다. stern, strict와 마찬가지로 st로 시작합니다.

The company is losing money and must have a **stringent** financial plan to survive.
그 회사는 적자를 내고 있어서 살아남기 위해서는 엄격한 재정 계획이 있어야 한다.

이번에는 strict를 이용하여 단어를 건져봅시다. 한 국가 내에서도 규칙이나 법률이 엄격하게 적용되는 지역이 있고, 그렇지 않은 지역이 있는데요, 이 '지역'은 strict 앞에 di를 붙인 **district**입니다.

> People brought up in a provincial **district** retain traces of its accent no matter how many years they may spend in Seoul.
> 지방에서 자란 사람에게는 서울에서 아무리 오래 살아도 자기 출신 지역 억양의 흔적이 있다.

마지막으로 strict를 이용하여 한 단어 더 건져보겠습니다. 중요한 기밀 서류 등을 보관하거나 위험한 지역은 엄격한 규정으로 출입을 제한할 수도 있는데요, 이 '제한하다'는 strict 앞에 re를 붙이면 됩니다. **restrict**가 되는 것이죠. 그리고 이 restrict의 명사형은 '제한'이란 의미의 **restriction**입니다.

> Our club membership is strictly **restricted** to twenty.
> 우리 클럽의 회원 자격은 20살로 엄격히 제한되어 있다.
>
> Life is hampered by a variety of **restrictions**.
> 인생은 여러 가지 제약 때문에 방해를 받는다.

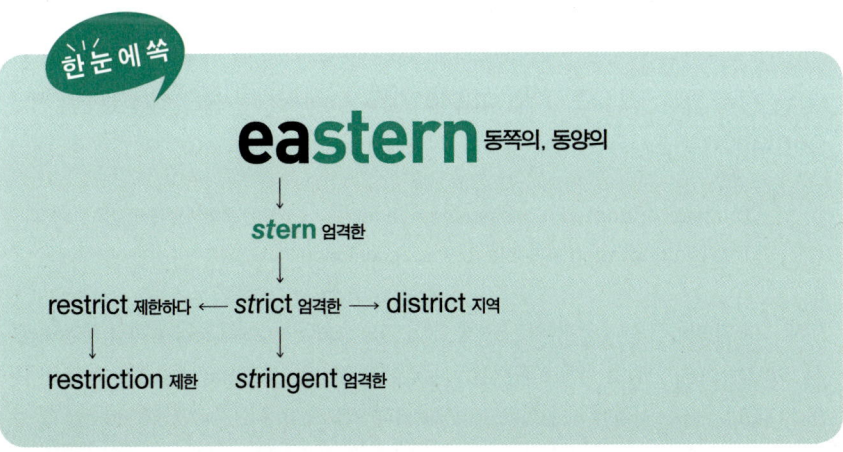

075 ex**cite** → **cite**

너무 흥분하여 들었던 말도 제대로 인용하지 못했다.

excite는 '흥분시키다'의 뜻을 가지고 있는 동사입니다.

> I was so **excited** that I could hardly sleep at night.
> 나는 너무 흥분이 돼서 밤에 거의 잠을 잘 수가 없었다.

이 excite로도 중요한 단어를 여러 개 건질 수가 있습니다. 오랫동안 자기를 따라다니던 남학생의 정성에 감복하여 여학생이 그 남학생에게 앞으로 사귀어보자고 말을 했습니다. 그 말을 들은 남학생은 흥분해서 친구에게 '그 애가 나보고 사귀어보자고 했어'라고 여학생이 한 말을 그대로 인용해서 말해줄 수 있겠죠? 이 '인용하다'의 뜻을 가진 단어가 excite 안에 들어 있는 **cite**입니다.

> In his report, the scientist **cited** the work of other researchers.
> 과학자는 보고서에서 다른 연구원들의 연구를 인용했다.

이 cite 앞에 re를 붙이면 '낭송하다, 암송하다'는 뜻의 **recite**가 됩니다.

> The girl **recited** a poem before the audience. 소녀는 청중 앞에서 시를 낭송했다.

'인용하다'의 뜻을 가진 다른 단어는 **quote**인데요, quote의 명사형은 '인용'의 뜻을 지닌 **quotation**입니다.

> The teacher **quoted** a passage from a fable. 선생님은 우화에서 한 구절을 인용했다.
> This is a **quotation** suitable for the occasion. 이것이 그 경우에 적절한 인용구이다.

이제, cite와 발음이 같아 청취에서 혼란을 많이 겪는 site와 sight의 뜻을 알아볼 텐데요, 먼저, **site**는 요즘 '인터넷 사이트'라는 말로 우리에게 친숙한 단어가 되었습니다. '장소'란 뜻을 가지고 있지요. '시월애'의 할리우드 리메이크작 '레이크 하우스 *The Lake House*'를 보면 여자가 알려준 주소에 갔더니 공사장이었다고 다음과 같이 말하는 장면이 나옵니다.

It's just a construction **site**. 그곳은 그냥 공사장이에요.

일부러 그런 것은 아니지만 공사장(construction site) 반대편에 학교가 있는 경우가 참 많습니다. 이 '반대편의'라는 뜻의 영어 단어는 site 앞에 oppo를 붙인 **opposite**입니다.

The cathedral is on the **opposite** side of the post office.
성당은 우체국 맞은편에 있다.

다음으로 cite와 같은 발음이 나는 단어 **sight**입니다. '경치, 광경'의 뜻을 가지고 있죠.

I saw the **sights** of Hong Kong by bus.
나는 버스를 타고 가면서 홍콩의 경치를 봤다.

일에, 공부에 스트레스는 팍팍 쌓이고, TV 여행 프로그램에서 그리스 산토리니 섬 같은 멋진 장소의 아름다운 풍경이 나오면 가고 싶지만 갈 수 없는 마음에 절로 한숨이 나옵니다. 이 '한숨'은요, 바로 sight 안에 있는 **sigh**입니다. 이렇게 한숨지으면서 살지 않아야 할 텐데요.

I heard her breathe a **sigh** of relief.
나는 그녀가 안도의 한숨을 내쉬는 소리를 들었다.

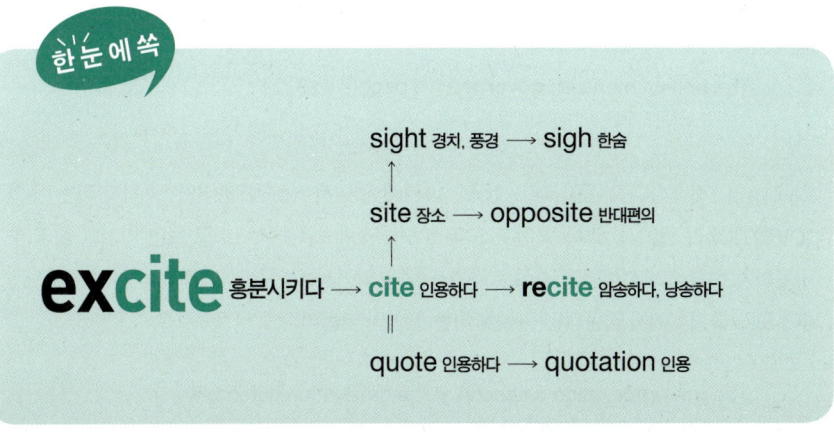

076 foreign → reign

외국의 지배를 받는 것이 바로 식민 지배이다.

foreign은 '외국의'라는 뜻의 형용사로 foreign language는 '외어'의 뜻이죠.

It is impossible to master a **foreign** language in a short period of time.
짧은 기간에 외국어를 통달하는 것은 불가능하다.

여러분, 식민통치란 말 들어보셨죠? 자국인이 아닌 외국인이 식민지 시민을 지배하는 것을 말합니다. 예로 티베트는 지금도 여전히 중국이 지배하고 있습니다. 2006년 7월 중국은 티베트 지배를 영구히 하기 위해 중국에서 포탈라궁이 있는 티베트 라싸까지 이어지는 칭짱 철도를 개통한 바 있습니다. 이 '지배하다'에 해당하는 말이 foreign 안에 들어 있는 **reign**입니다. 과거 일제 식민 지배를 받은 우리는 식민 지배의 아픔이 어떤 것인지 공감할 수 있는 부분입니다.

The king **reigned** the country for more than 50 years.
왕은 50년 이상 그 국가를 통치했다.

이 reign을 통해 건질 중요한 단어들이 있습니다. '통치하다'의 뜻을 가진 다른 단어는 reign 안에 있는 철자 g를 이용하면 얻을 수 있습니다. **govern**이죠.

The benign monarch **governed** his people well.
인자한 군주는 자신의 백성들을 잘 다스렸다.

govern이 '지배하다'의 뜻이라고 했죠? 여기에 접미사 -or을 붙이면 '주지사'라는 뜻의 **governor**가 됩니다. 영화 '홀랜드 오퍼스 Mr. Holland's Opus'를 보면 악기를 잘 다루지 못하던 여학생이 선생님의 격려로 악기를 불게 되면서 자신감이 생겨 결국 여성 주지사가 되어 모교 졸업식에서 감동적인 연설을 하는 장면이 나옵니다.

The **governor** made a speech at the graduation ceremony.
주지사가 졸업식에서 연설을 했다.

이 govern에 -ment를 붙인 **government**는 '지배, 정부'의 뜻입니다.

A good **government** will not oppress the people.
훌륭한 정부는 국민을 억압하지 않는다.

다시 reign으로 돌아와서요, 오랫동안 식민 지배의 압제에 시달렸던 국민들이 가장 바라는 건 자신들의 나라가 주권국가가 되는 것일 겁니다. 주권 국가가 무엇입니까? 주권을 가지고 있는 국가란 얘기잖아요. 이 '주권이 있는'의 단어가 **sovereign**입니다. 안에 reign이 있는 게 보이시죠? 이 sovereign의 명사형은 '주권'의 의미를 가진 **sovereignty**입니다.

The country declared itself to be a **sovereign** state.
그 나라는 자국이 주권국가임을 선포하였다.

The island has been a problem for the two countries declaring **sovereignty** over it. 그 섬은 각기 영유권을 주장하는 양국 사이의 현안이 되고 있다.

마지막으로 foreign으로 배울 수 있는 중요한 단어가 있는데요, '외국의'란 의미는 '이국적인'이라는 뜻과도 연결이 됩니다. 이 '이국적인'은 foreign 안에 있는 철자 e를 활용한 **exotic** 입니다.

The **exotic** plants from the tropics are especially beautiful.
열대 지방의 이국적인 식물들이 특히 아름답다.

077 forget → forge

대장장이가 잊지 않아야 할 것은 쇳물에 칼을 벼리는 것!

forget은 '잊다'의 뜻으로 참으로 많이 쓰이는 동사입니다.

> Don't **forget** to lock the door when you go out.
> 외출할 때 문 잠그는 것 잊지 마.

이 forget을 이용하여 다른 단어들을 공부해봅시다. 좋은 책을 읽거나 좋은 영화를 보고 얻은 감동을 일상에서 실천하려고 노력을 하는데도, 자꾸 화를 내거나 절망에 빠지는 경우가 많습니다. 그건, 마치 쇳물을 녹여 칼을 벼려내듯이 자신을 단련시키는 것을 순간적으로 잊어버리기 때문에 일어나는 일이라고 생각합니다. '벼리다, ~으로 만들어 내다, 단련시키다'에 해당하는 단어가 바로 forget 안에 있는 **forge**입니다.

> The king ordered him to **forge** a sword.
> 왕은 그에게 검을 만들라고 명령했다.

forge는 또 '위조하다'의 뜻도 있습니다. 프랑스의 핵실험을 저지하기 위한 그린피스의 투쟁을 그린 영화 '레인보우 워리어 *Rainbow Warrior*'를 보면 그린피스가 타고 있던 배를 폭파시킨 범인들이 공항을 빠져나가다가 뉴질랜드 경찰에 체포되는 장면에서 다음과 같은 대사가 나옵니다.

> These passports were **forged**.
> 이 여권들은 위조된 것이야.

자신의 마음을 치열하게 단련하는 것은 마치 협곡이 아름다운 모습으로 우뚝 솟기까지 비바람에 깎이는 과정과 비슷할 수도 있습니다. 이때의 '협곡'은요, forge의 첫 번째 철자 f를 g로 바꾸면 됩니다. **gorge**인 것이죠.

> They lost all of their equipment in an unsuccessful attempt to cross the **gorge**.

그들은 협곡을 건너려고 하다가 장비만 다 잃어 버렸다.

'협곡'의 뜻을 가진 다른 단어는 **canyon**입니다. 미국의 '그랜드 캐년 Grand Canyon'으로 많이 들어본 익숙한 단어일 겁니다.

> Visitors almost always express amazement at the immensity of the **canyon**.
> 방문객들은 그 광대한 협곡을 보면 거의 누구나 놀라움을 나타낸다.

다시 gorge로 돌아가서 중요한 단어를 알아볼까요? 멋진 협곡을 보면 자연이 빚어낸 아름다움에 넋을 읽게 되는데요, 이때 '멋진'이란 뜻의 단어는 gorge를 이용한 **gorgeous**입니다.

> What a **gorgeous** mountain it is!
> 이 얼마나 멋진 산인가!

'멋진'의 뜻을 가진 다른 단어는 gorgeous 끝에 있는 철자 s를 이용하면 되는데요, **splendid**입니다.

> The beautiful gymnast gave us a **splendid** performance.
> 그 아름다운 체조 선수는 멋진 연기를 보여 주었다.

'멋진'이란 뜻을 가진 또 다른 단어 역시 splendid처럼 s로 시작하는 superb입니다.

> I built her a **superb** house.
> 나는 그녀에게 멋진 집을 지어주었다.

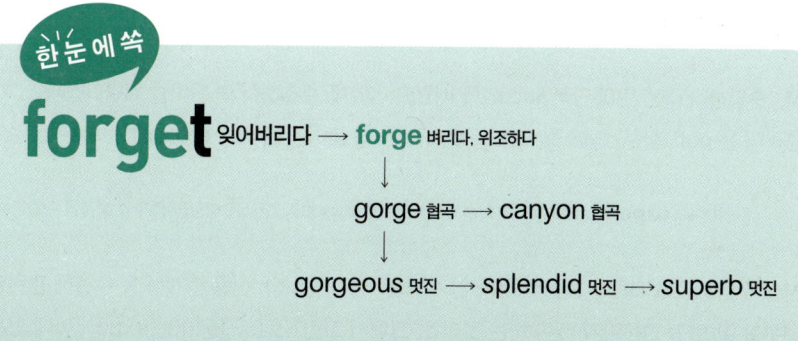

078 important → import

자원 부족 국가에서 중요한 건 좋은 자재를 수입하는 것이다.

important는 '중요한'의 뜻으로 쓰이는 형용사인데요, 말 그대로 정말로 중요한 단어입니다. 니콜라스 케이지가 주연한 영화 '내셔날 트레저 National Treasure'를 보면 미국의 독립선언문(Declaration of Independence)에 대해 다음과 같이 말하는 장면이 나옵니다.

> This is one of the most **important** documents in history.
> 이것은 역사상 가장 중요한 문서 중 하나다.

우리나라는 자원이 풍부한 나라가 아니라서 우리나라에 없는 중요한 원자재는 외국에서 수입을 해야 합니다. 이 '수입하다'가 important 안에 있는 **import**입니다. import는 원래 '항구(port) 안으로(in)'라는 의미에서 '수입하다'의 의미로 쓰이게 되었고요, port에 있는 철자 p의 영향을 받아 in이 im으로 된 것은 참고로 알아두세요. p로 시작하는 철자 앞에 접두사나 반의어를 붙일 때는 모두 im을 붙입니다. impolite, impossible, impatient...

> The orange juice was made from oranges **imported** from California.
> 그 오렌지 주스는 캘리포니아에서 수입된 오렌지로 만들어졌다.

수입은 주로 항구를 통해서 이루어지는데, 이 '항구'는 import 안에 있는 **port**입니다.

> Busan is the largest **port** in Korea.   부산은 한국에서 제일 큰 항구다.

자, '수입하다'라는 뜻의 단어 import를 배웠으니 이제 '수출하다'의 단어를 배워야겠네요. '수출하다'는 port(항구) 앞에 '밖으로'를 뜻하는 ex를 붙이면 됩니다. **export**가 되는 것이죠.

> Korea **exports** many different kinds of goods.   한국은 다양한 종류의 상품을 수출한다.

사실 수입도 그렇지만 수출은 아무나 할 수 있는 게 아닙니다. 신용장 개설 등 수출에 관련된 업무를 잘 아는 전문가가 해야 하는 것이죠. 그래서 그런가요? '전문가'는 export 안에 있는 철자 o를 e로 바꾸면 간단히 얻을 수 있답니다. **expert**고요, 그리고 이 전문가가 가지고 있는 지식이 전문 지식이잖아요. 이 '전문 지식'은 **expertise**랍니다.

> She's one of the foremost **experts** on child psychology.
> 그녀는 아동 심리 분야에서 최고 전문가 중 한 사람이다.
> He has an **expertise** in computer programming.
> 그는 컴퓨터 프로그래밍에 전문 지식을 가지고 있다.

이번에는 port를 이용한 단어입니다. 선장이던 아버지의 초상화 뒷배경이 항구가 될 수 있다고 상상해보세요. 이때의 '초상화'는 **portrait**입니다. port가 들어 있는 게 보이죠? 줄리아 로버츠가 여학교 미술교사로 나왔던 영화 '모나리자 스마일 Mona Lisa Smile'을 보면 여교사가 학생들에게 반 고흐의 초상화를 보여주면서 다음과 같이 말하는 장면이 나옵니다.

> He never sold his paintings in his lifetime. This is his self-**portrait**.
> 고흐는 생전에 그림을 판 적이 없어. 이것은 그의 자화상이고.

이 초상화를 보면 초상화 속에 그려져 있는 인물이 가진 온화함이나 강인함 등 그 사람의 특성을 잘 알 수 있습니다. 이 '특성'이 portrait 안에 있는 **trait**입니다.

> Generosity is one of her most pleasing **traits**.
> 관대함이 그녀가 가진 가장 호감이 가는 특성 가운데 하나이다.

하지만 나라를 팔아먹은 반역자 이완용의 초상화를 보는 기분은 어떨까요? 그닥 좋지는 않을 겁니다. 이 '반역자'는요, trait 뒤에 or을 붙인 **traitor**랍니다.

> A **traitor** sold military secrets to an enemy country.
> 반역자 하나가 군사 기밀을 적국에 팔아 넘겼다.

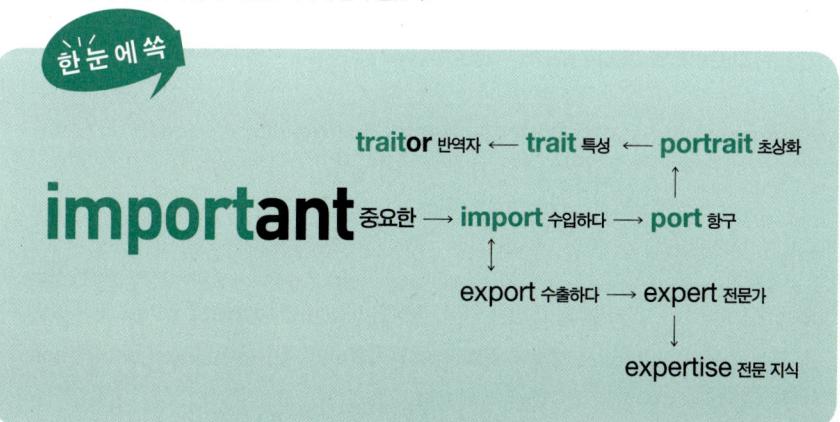

079 learn → earn

열심히 배우는 것만으로도 많은 것을 얻게 된다.

learn은 '배우다'의 뜻으로 쓰이는 동사입니다.

> If I were born in America, I wouldn't have to go through this trouble to **learn** English.
> 내가 미국에서 태어났다면 이렇게 영어를 배우는 수고를 하지 않아도 됐을 텐데.

책에서든, 인생 경험에서든 많은 것을 배우면 그만큼 많은 것을 얻게 됩니다. 이 '얻다, 벌다'의 뜻을 가진 단어가 learn 안에 들어 있는 **earn**입니다.

> The more you learn, the more you **earn**.
> 많이 배우면 배울수록 더 많은 것을 얻게 된다.
>
> He deposits all the money that he **earns** in a bank.
> 그는 번 돈을 모두 은행에 예금한다.

이 earn으로도 중요한 단어를 얻을 수 있는데요, 돈을 벌던가, 뭔가를 얻으려면 자기가 하고 있는 일을 최선을 다해 열심히 하려는 자세가 필요합니다. 이 '열심히 하는, 열렬한'의 뜻을 가진 단어는 earn에 est를 붙인 **earnest**입니다.

> She is **earnest** in her desire to help the poor.
> 그녀는 가난한 사람들을 도우려는 열망으로 열심히 한다.

이 earnest 안에는 '둥지'의 의미를 지닌 **nest**가 들어 있습니다.

> The magpie built a **nest** from twigs.
> 까치가 나뭇가지로 둥지를 지었다.

nest라는 단어는 우리가 잘 알고 있는 단어 '정직한'의 의미인 **honest** 안에도 들어 있습니다. 그러고 보니 살아가면서 사람이 갖춰야 할 덕목을 나타내는 단어인 earnest와 honest

에 nest라는 단어가 둥지를 틀고 있네요. 모든 일을 열심히 하려고 하고 정직한 자세로 사람들을 대한다면 정말 성공하지 않을 수가 없겠죠? 여러분 마음속에도 이렇게 열심히 하는 자세와 정직한 태도가 둥지를 틀기 바랍니다.

> I trust him because he is **honest**.
> 그 사람이 정직해서 나는 그를 신뢰한다.

honest의 명사형은 '정직'의 의미를 지닌 **honesty**입니다. 유명한 팝 가수 빌리 조엘의 노래 제목에도 Honesty가 있습니다.

> **Honesty** is the best policy.
> 정직이 최선의 방책이다.

마지막으로 learn을 통해서 한 단어만 더 배워보겠습니다. 선생님의 강의를 통해서도 많은 것을 배우는데요, 이 '강의'는 learn 안에 있는 철자 le를 이용하면 됩니다. 바로 **lecture**랍니다.

> I was so impressed by his **lecture**.
> 나는 그의 강의에 너무나 깊은 인상을 받았다.

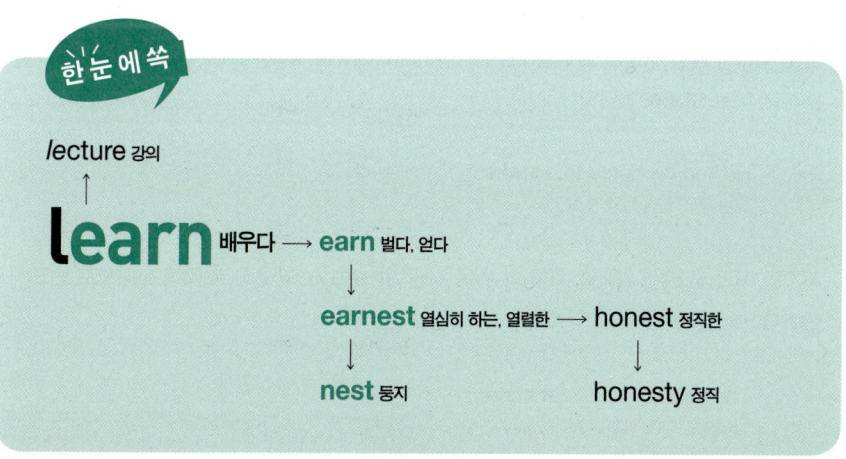

080 mistake → stake

길을 가다 실수로 말뚝에 걸려 넘어졌다.

mistake는 명사로는 '실수', 동사로는 '실수하다'의 의미로 쓰입니다. 영화를 보다 보면 다음과 같은 표현이 무척 자주 나옵니다.

> You are making a big **mistake**.
> 너 지금 큰 실수하고 있는 거야.

이 mistake라는 단어를 통해서도 상당히 중요한 단어들을 공부해볼 수 있는데요, 안개 속을 걸어가다가 실수로 말뚝에 걸려 넘어졌습니다. 이 '안개'는 mistake 안에 있는 **mist**입니다.

> The morning **mists** were still hovering over the field.
> 아침 안개가 들녘에 아직도 끼어 있었다.

이 mist는 '엷은 안개'를 뜻하고요, '짙은 안개'는 **fog**입니다.

> The **fog** is so thick that you must drive slowly.
> 안개가 너무 짙어서 천천히 운전해야 한다.

안개 속에서 말뚝에 걸려 실수로 넘어졌다고 했죠? 이 '말뚝'도 역시 mistake 안에 들어 있는데요, 바로 **stake**입니다.

> He tied his horse to a **stake**.
> 그는 자기 말을 말뚝에 묶었다.

하지만 이 stake는 '위험에 처한'의 뜻을 지닌 **at stake**의 형태로 많이 쓰이므로 반드시 알아두어야 합니다.

> The nation's fate is **at stake**.
> 나라의 운명이 위험에 처해 있다.

이번에는 mist를 통해 다른 단어를 공부해볼게요. 앞서 말한 안개 속에서 말뚝에 걸려 넘어진 사람이 화학자라고 생각해보세요. '화학자'는요, mist 앞에 che를 붙인 **chemist**입니다. 화학자 하면 바로 떠오르는 짝꿍이 바로 물리학자죠. 이 '물리학자'는 **physicist**입니다.

> The two **chemists** shared the Nobel prize.
> 두 명의 화학자가 노벨상을 공동 수상했다.
>
> He is an eminent **physicist**.
> 그는 저명한 물리학자다.

이 chemist를 이용해서 얻을 수 있는 중요한 단어가 바로 '연금술사'입니다. 이 '연금술사'는 chemist 앞에 al을 붙이면 되는 **alchemist**죠. 브라질 출신의 작가 파울로 코엘료의 세계적인 베스트셀러 제목이 '연금술사 *The Alchemist*'였는데요, 이 작품의 첫 문장이 다음과 같이 시작합니다.

> The **alchemist** picked up a book that someone in the caravan had brought.
> 연금술사는 대상 가운데 누군가가 가져온 책을 한권 집어 들었다.

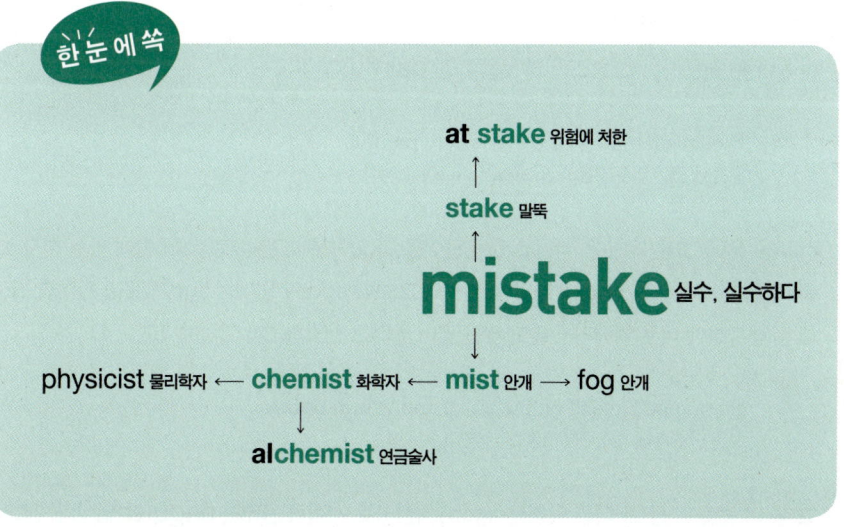

081 paint → pain

페인트칠을 하다 독한 냄새 때문에 고통을 받았다.

이번에 공부할 단어는 '페인트, 페인트 칠을 하다'의 **paint**입니다. 아파트가 오래 되면 페인트(paint)칠을 해서 새 집처럼 보이게 만듭니다.

He **painted** the roof of his house blue.
그는 자기 집 지붕을 파랗게 칠했다.

혹시, 페인트 냄새 맡아보셨나요? 그 냄새가 너무 독해서 오래 맡으면 머리도 아프고, 기분도 나쁘고 어쨌든 고통을 받게 됩니다. 이 '고통'이라는 단어는요, paint 안에 들어 있는 **pain**입니다. pain이란 단어는 나라 이름인 Spain에도 들어 있습니다. 한때 스페인이 프랑코 총통의 독재로 많은 국민들이 고통을 겪었다는 것을 생각하면 쉽게 연상하여 기억할 수 있을 겁니다. 그리고 이 pain과 연관해 많이 쓰는 속담은 바로 이것이죠.

No **pain**, no gain.
고통이 없으면 얻는 것도 없다.

이 pain의 형용사는 '고통스런'의 뜻을 가진 **painful**입니다.

The tiniest mote in the eye is very **painful**.
눈 안에 있는 아주 작은 티끌조차도 너무 고통스럽다.

pain을 통해 '고통'의 뜻을 지니고 있는 단어를 더 알아볼까요? 바로 pain 안에 있는 철자 a를 이용하면 되는데요, **agony**입니다. 그러고 보니 agony 안에는 ago가 들어 있네요. 오래 전의 고통에 너무 얽매이지 말고 잊는 것이 좋다고 생각하면서 기억하세요.

He burned himself on the stove and was in **agony**.
그는 난로에 데어서 무척 고통스러워했다.

'고통'의 뜻을 가진 또 다른 단어는 agony처럼 a로 시작하는데요, **anguish**입니다. 참고로 anguish는 슬픔으로 인한 고통을 주로 뜻합니다.

> She felt **anguish** when her mother died.
> 그녀는 어머니가 돌아가셨을 때 그 슬픔으로 고통을 느꼈다.

다시 paint로 돌아와서요, 환기가 안 되는 밀폐된 곳에서 페인트칠을 하면 페인트 냄새가 너무 독해 기절해버릴 수도 있습니다. '기절하다'는 paint의 첫 철자 p를 비슷한 발음이 나는 철자 f로 바꾸면 간단히 얻을 수 있습니다. **faint**죠. 영화 '해리 포터와 아즈카반의 죄수 Harry Potter and the Prisoner of Azkaban'를 보면 해리 포터가 디멘터들을 보고 기절한 것을 듣고 교실에서 말포이가 다음과 같이 말하는 장면이 나옵니다.

> Is it true you **fainted**?
> 너 기절했던 거 사실이야?

'기절하다'는 숙어로 **pass out**을 쓰기도 합니다. 이 '기절하다'의 뜻을 가진 또 다른 단어는 **swoon**인데요, 숙어 pass out에 있는 철자 s를 이용해 얻은 것이라 생각하고 기억하세요.

> When he looked at the ghost, he **passed out** with surprise.
> 유령을 봤을 때 그는 놀라서 기절했다.
> She **swooned** at the sight of the snake.
> 그녀는 뱀을 보고서 기절했다.

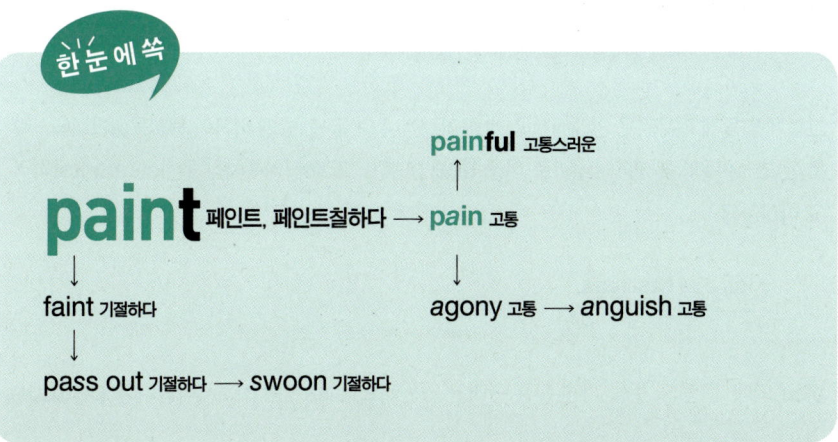

082 please → lease

세입자가 제발 임대해달라고 집주인에게 간청했다.

이번에 학습할 단어는 **please**로 '기쁘게 하다'라는 뜻의 동사입니다.

> She is hard to **please**.
> 그녀는 비위 맞추기가 어렵다.

이 please는요, '기쁘게 하다'의 뜻 외에도, 명령문 다음에 놓이면 '제발'의 의미를 가지게 됩니다. 이사철이어서 전세를 구하기 힘든 세입자가 마음에 드는 집을 발견하고는 집주인에게 '제발 임대해달라고 간청한다'고 상상해보세요. 이때의 '임대'는요, please 안에 있는 **lease**입니다.

> Did you decide whether to renew your **lease**?
> 임대 계약을 갱신할 건지 결정했어요?

제발 임대해달라고 간청한다고 했죠? 이때의 '탄원, 간청'은 please 안에 들어 있는 **plea**입니다.

> She made a tearful **plea** for a home for her family.
> 그녀는 가족이 살 집을 달라고 눈물 섞인 탄원을 했다.

그렇게 힘들게 겨우겨우 임대해서 집에 들어갔더니 아 글쎄, 방에 벼룩이 득실득실합니다. '벼룩'은요, plea의 첫 철자 p를 f로 바꾼 **flea**입니다. 그래서 '벼룩시장'을 flea market이라고 하잖아요.

> His dog has **fleas**.
> 그의 개한테는 벼룩이 있다.

plea 외에 '탄원'의 뜻을 가진 다른 단어가 있는데요, plea처럼 p로 시작합니다. **petition**이죠.

He presented a **petition** to the judge.
그는 탄원서를 판사에게 제출했다.

이렇게 탄원을 할 때는 여러 번 반복해야 효과가 있습니다. '반복'은 petition 앞에 '다시'를 뜻하는 접두사 re를 붙인 **repetition**이랍니다. 그리고 repetition의 동사형은 '반복하다'의 뜻을 가진 **repeat**입니다. Repeat after me.(절 따라 하세요.)로 생활영어에서 자주 쓰이죠.

Repetition of the words in that song makes the song easy to remember.
그 노래는 가사가 반복이 되어 외우기가 쉽다.

다시 please로 돌아와서요, please 외에 '즐겁게 해주다'란 뜻을 가진 다른 단어는 please 안에 있는 철자 e를 이용하면 얻을 수 있습니다. **entertain**이죠. 명사형은 '즐겁게 해주는 사람', 즉 '연예인'의 뜻을 가진 **entertainer**인데요, '만능 엔터테이너'라는 말을 많이 들어봤을 겁니다. 영어로는 versatile entertainer라고 합니다. 러셀 크로우가 주연한 영화 '글래디에이터 *Gladiator*'를 보면 노예가 되어 원형경기장에서 검투 경기를 마친 막시무스 장군이 로마 귀족들을 향하여 다음과 같이 말하는 인상적인 장면이 나옵니다.

Are you not **entertained**?
이래도 즐겁지 아니한가?

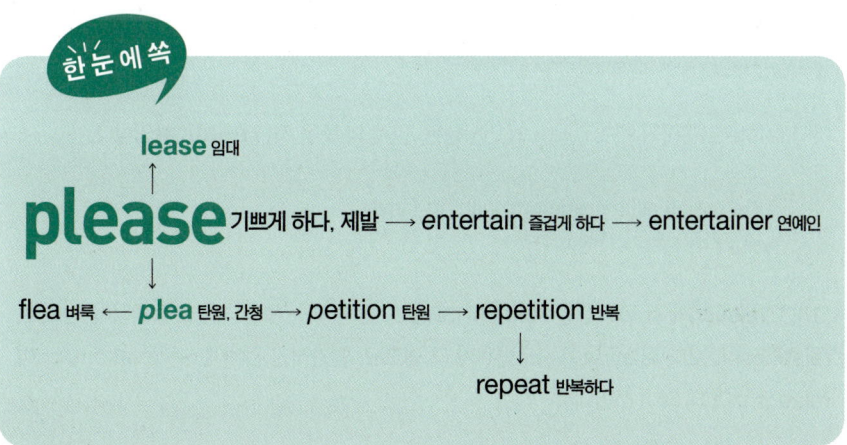

083 relate → elate

사람과 사람이 관련될 때는 서로 고무시켜주는 자세가 필요하다.

relate는 '관련시키다'의 뜻을 가지고 있는 동사입니다.

It is said that global warming is directly **related** to carbon dioxide emissions.
지구 온난화는 이산화탄소 방출과 직접적으로 관련이 있다고들 한다.

이번에는 이 relate를 통해서 다른 단어들을 공부해봅시다. 사람과 사람이 관계를 맺을 때는 어떤 자세로 임해야 할까요? 뭐 사람에 따라 여러 대답이 나올 수 있겠지만요, 상대방을 고무시키고 드높이려는 자세가 필요하지 않을까요? 그때의 '고무시키다'가 바로 relate 안에 있는 **elate**입니다.

The good news **elated** me.
좋은 소식을 듣고 내 마음이 고무되었다.

'고무시키다, 고양시키다'의 뜻을 가진 다른 단어 역시 elate처럼 e로 시작하는데요, 바로 **enhance**입니다.

He **enhanced** national prestige by winning the game.
그는 그 경기에서 승리해 국가의 위신을 드높였다.

다시 relate로 돌아가서요, relate의 명사형은 '관계'의 뜻을 지닌 **relation**입니다.

He cut off all the **relations** with his family.
그는 가족과 모든 관계를 끊었다.

그리고 relation에 ship이 붙은 **relationship**도 '관계'라는 뜻을 지니고 있습니다. 참고로, relationship보다 relation이 사용범위가 더 넓고요, 인간적인 관계에서는 relationship이 relation보다 더 많이 쓰입니다.

Do you have a good **relationship** with your parents?
부모님과 관계는 좋나요?

'관련'의 뜻을 가진 다른 단어 역시 relation, relationship처럼 re로 시작합니다. **relevance**죠.

What he says has no **relevance** to the subject.
그가 말하는 것은 그 주제와 관련이 없다.

이 relevance의 형용사형은 '관련 있는'의 뜻을 가진 **relevant**랍니다.

I think your experiences working elsewhere are very **relevant** here.
다른 곳에서 일한 귀하의 경력이 여기 일과 밀접한 관련이 있는 것 같군요.

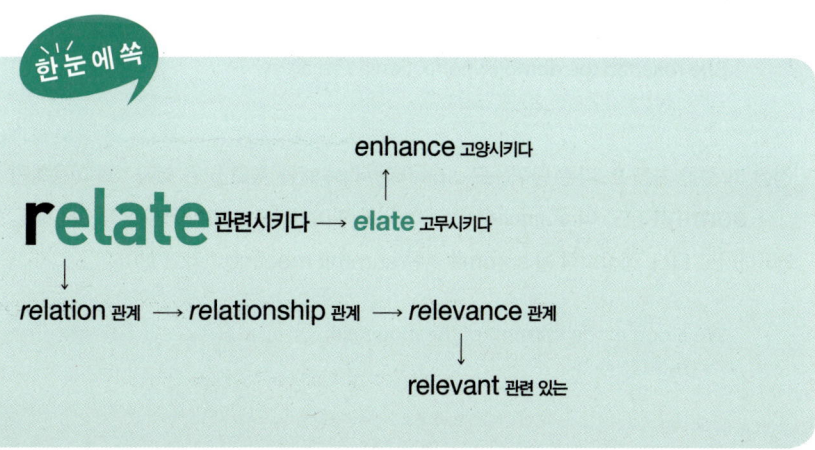

084 **speak** → **peak**

소원이 있을 때 신에게 말하기 좋은 곳은 바로 산 정상이다.

speak는 '말하다'라는 뜻의 대표적인 동사입니다. 특히 언어를 말한다고 할 때나 전화에서 통화한다고 할 때는 이 speak 동사를 사용합니다.

> Can I **speak** to your father?
> 너네 아빠와 통화할 수 있을까?

이 speak를 이용해서도 중요한 단어들을 배울 수가 있습니다. 자기가 정말 이루고자 하는 것이 있을 때 산 정상에 올라가 신에게 자신이 기원하고 있는 것을 말하는 것도 마음의 정성을 보여주는 한 단면일 수 있습니다. 앞서 말한 산의 '정상'이 바로 speak 안에 있는 **peak**입니다.

> The snowcapped **peak** contrasted with the blue sky.
> 눈 덮인 산 정상이 푸른 하늘과 대조를 이루었다.

우리는 보통 정상에 올랐다는 말을 절정에 이르렀다는 말과 같은 뜻으로 쓰기도 합니다. 이 '절정'은 peak 안에 있는 철자 a를 이용하면 되는데요, 바로 **acme**입니다.

> She reached the **acme** of perfection as an artist.
> 그녀는 화가로서 완벽한 절정에 도달했다.

'정상'의 뜻을 가진 또 다른 단어는요, speak에서 peak를 빼고 남은 철자 s를 이용하면 됩니다. **summit**이죠. 이 summit은 '산꼭대기'를 의미하기도 하고, '국가 정상, 정상회담'을 의미하기도 해서 '정상회담'을 summit 혹은 **summit meeting**이라고 합니다.

> We stood at the **summit** of the mountain.
> 우리는 산 정상에 섰다.

어떤 분야의 정상에 섰다는 것은 최고가 되었다는 뜻도 됩니다. '최고의'란 뜻을 가진 단어는 summit의 철자 su를 이용한 **supreme**입니다. 법원 중에서도 최고 법원은 대법원이죠? 그래서 영어로 '대법원'을 Supreme Court라고 합니다. 그리고 이 supreme의 명사형은 '최고'의 뜻을 가진 **supremacy**입니다.

> The **Supreme** Court is expected to reject the appeal.
> 대법원이 상고를 기각할 것으로 예상되고 있다.
> We struggled for commercial **supremacy** in the markets of the world.
> 우리는 세계 시장에서 상업상 패권을 두고 다투었다.

'최고의, 최상의'의 뜻을 가진 다른 단어는 supreme 안에 있는 철자 u를 이용하면 되는데요, 바로 **uppermost**입니다.

> It is her happiness that is **uppermost** in my mind.
> 내 마음 속에서 가장 중요한 것은 그녀의 행복이다.

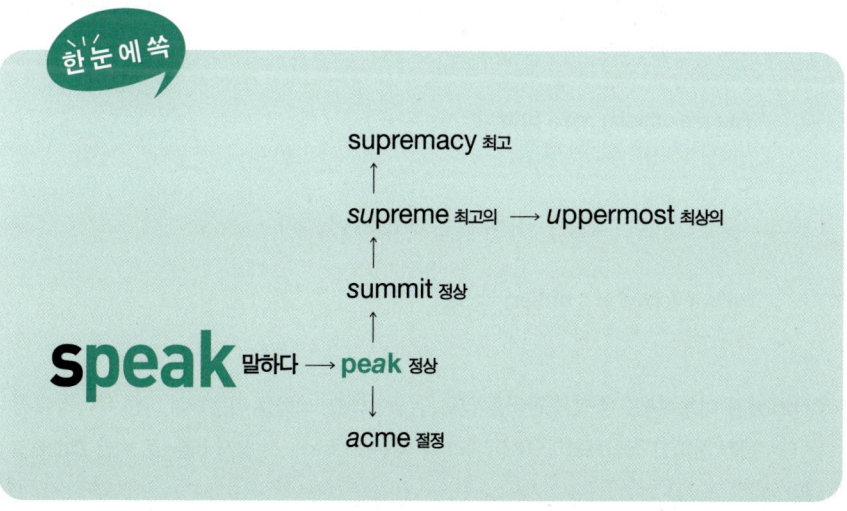

085 terrible → rib

끔찍한 폭행 사건으로 갈비뼈를 다쳤다.

terrible은 '끔찍한'의 뜻입니다. 자동차 사고가 난 현장에 가면 그 광경이 아주 끔찍하죠.

There was a **terrible** car accident on the highway.
고속도로에서 끔찍한 자동차 사고가 있었다.

이 terrible을 가지고 여러 단어를 배워보겠습니다. 길을 가다가 깡패와 싸움이 붙어 코피가 터지고 갈비뼈가 부러지는 끔찍한 폭행을 당했습니다. 이때 '갈비'는 terrible 안에 있는 **rib**입니다.

He fell and broke a **rib**.
그는 넘어져서 갈비뼈가 부러졌다.

옛날에 명절이 다가오면 윗사람에게 잘 봐달라고 뇌물을 바칠 때 주로 주었던 것이 갈비였습니다. 지금은 현금을 사과상자에 담아서 주지만요. 이 '뇌물'은 rib을 활용해 얻을 수 있는데요, 바로 **bribe**입니다. 영화 '쉰들러 리스트 *Shindler's List*'를 보면 다음과 같이 말하는 장면이 나옵니다.

You are offering me a **bribe**?
지금 나에게 뇌물 주는 거야?

이렇게 뇌물을 주고받는 과정인 '뇌물수수'는 **bribery**입니다.

He is involved in a **bribery** case.
그는 뇌물수수 사건에 연루되어 있다.

이 bribe를 이용해서도 중요한 단어를 얻을 수 있는데요, 뇌물을 이용하여 다른 부족의 추장을 매수하려 한다고 상상해볼까요? 이때의 '부족'은 bribe의 첫 철자 b를 t로 바꾼 **tribe**입니다.

Savage tribes still live in some parts of the world.
아직도 세계 일부 지역에는 미개 부족이 살고 있다.

다시 rib으로 돌아와서요, 상상하기도 끔찍한 일이지만 아기침대에서 아기를 들어 올리다가 실수로 떨어뜨려 아기가 갈비뼈를 조금 다쳤습니다. 이때의 '아기침대'는 rib 앞에 c를 붙이면 됩니다. **crib**이죠. 참고로 crib은 '묘사하다'의 뜻을 가진 describe에 들어 있기도 하답니다.

The baby fell out of her **crib**.
아기가 아기침대 밖으로 떨어졌다.

아기침대와 함께 아기 키우는 데 있어 꼭 필요한 것이 바로 요람입니다. 이 '요람'은 crib과 마찬가지로 cr로 시작하는 **cradle**입니다. 태어나면서부터 죽을 때까지 개인의 복지를 책임지는 스웨덴형 복지를 상징하는 말이 '요람에서 무덤까지'인데요, 영어로는 From the cradle to the grave입니다. 한때 모든 엄마들의 간담을 서늘하게 했던 '요람을 흔드는 손 The Hands that Rock the Cradle'이라는 영화의 제목으로 사용되기도 했습니다.

A baby is sleeping in the **cradle**.
아기가 요람에서 자고 있다.

086 their → heir

재벌은 그들의 상속인인 자식들에게 재산을 상속한다.

their는 영어를 처음 배울 때부터 보기 시작한 단어일 겁니다. 그래도 돌다리도 두들겨보고 간다는 마음으로 확인해보면 대명사 they의 소유격으로 '그들의'라는 뜻이죠.

> The people are having **their** picture taken.
> 사람들이 자기네 사진을 찍고 있다.

their를 가지고 무슨 단어를 공부할 수 있을까 궁금하지요? 이제 시작해보겠습니다. 돈이 많은 사람이든 아니든 자식에게 많은 돈을 상속하고 싶어하는 건 같은 것 같습니다. 특히 재벌들은 편법으로 증여하는 방식으로 상속인 자식들에게 상속을 하여 문제가 되는 경우가 많죠. 이때의 '상속인'이 바로 their 안에 들어 있는 **heir**입니다. '재벌, 그들의 상속인'이라고 연결하여 생각해보면 쉽게 기억할 수 있을 겁니다. 참고로 heir의 h는 묵음입니다.

> He is the **heir** who has the right to inherit his father's property.
> 그는 아버지의 재산을 물려받을 권리를 가진 상속인이다.

heir는 '남자 상속인'이고요, '여자 상속인'은 heir에 ess를 붙인 **heiress**입니다.

> She is an **heiress** to a large fortune.
> 그녀는 많은 재산을 상속받은 상속인이다.

자, 단어 their 안에 heir가 있다는 걸 알았습니다. 재벌은 자식들에게 재산을 물려주고 왕은 세자에게 왕좌를 물려줍니다. 이 '왕좌'는 their에서 heir를 빼고 남은 철자 t를 이용하면 됩니다. **throne**이죠.

> The king's eldest son is the heir to the **throne**.
> 왕의 장자가 왕좌의 상속자이다.

heir 예문에서 보는 바와 같이 '상속인'과 '물려받다'는 서로 깊은 관계가 있는 단어입니다. 이 '물려받다'가 **inherit**이고 inherit의 명사형은 '유산'의 뜻을 가진 **inheritance**입니다.

> He **inherited** a large fortune from his uncle.
> 그는 삼촌한테서 많은 재산을 물려받았다.
>
> A quarrel over an **inheritance** estranged the brothers for many years.
> 유산 다툼으로 오랫동안 형제들이 멀리 지내게 되었다.

inheritance 외에 '유산'의 의미를 지닌 다른 단어는 **heritage**랍니다. 참고로 heritage는 대대로 전해 오는 전통이나 전승을 뜻하고요, inheritance는 유전적 성질(체질)이나 유전 등을 나타내는 등의 뉘앙스 차이가 약간 있답니다.

> I like to know about Greek cultural **heritage**.
> 나는 그리스의 문화유산에 대해 알고 싶다.

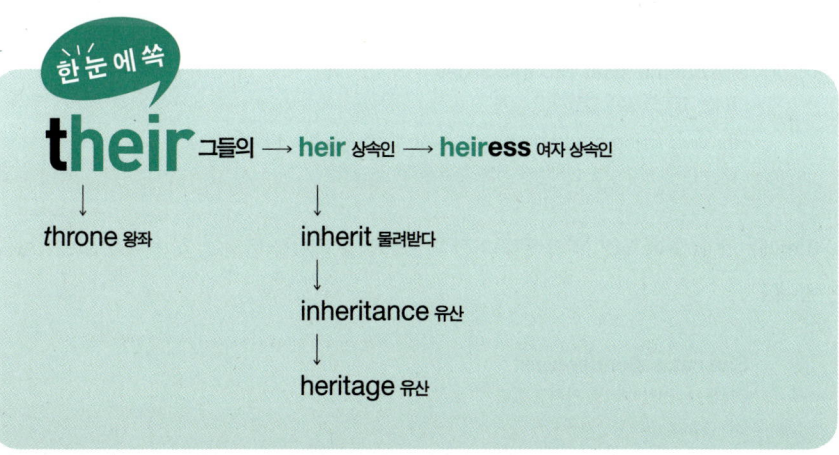

087 think → thin

다이어트 중일 때는 미래를 생각하면서 참아야 날씬해진다.

think는 '생각하다'의 뜻으로 문장에서나 실생활에서 너무나 많이 쓰는 동사입니다.

I **think** love is the most precious thing in the world.
나는 사랑이 세상에서 가장 귀중한 것이라고 생각한다.

요즘은 뚱뚱하지도 않은데 살을 빼겠다고 마음먹은 사람들이 한 둘이 아니더라고요. 하지만 그렇게 다이어트를 하겠다고 결심해도 저녁에 드라마에서 배우들이 라면을 맛있게 먹는 모습을 보면 먹고 싶은 마음이 들죠. 그래도 날씬한 미래의 자기 모습을 생각하면서 이를 악물고 참게 됩니다. 이 '날씬한'이 think 안에 들어 있는 **thin**입니다. '생각을 해야 날씬해진다' 어때요, 새겨둘만 하죠?

You look much **thinner** today.
너 오늘따라 훨씬 더 날씬해 보인다.

이 thin은 '날씬한'의 뜻 외에 '얇은'의 뜻도 있습니다. 그럼 반대말인 '두꺼운'은 뭐냐고요? thin의 thi까지는 똑같은 **thick**입니다.

She cut the meat into **thin** slices.
그녀는 고기를 얇게 썰었다.

His loud voice could be heard even through the **thick** wall.
그의 커다란 목소리는 심지어 두꺼운 벽을 통해서도 들렸다.

이번에는 thin 외에 '날씬한'의 뜻을 가진 다른 단어를 배워볼 텐데요, 첫 번째로 **slender**입니다.

She has a **slender** waist.
그녀는 날씬한 허리를 가지고 있다.

'날씬한'의 뜻을 가진 다른 단어 역시 slender처럼 s로 시작합니다. **slim**인데요, 특히 아기 기저귀 제품 이름에 '슬림'이 들어가는 경우가 많죠.

> There is no chance for fat people to get **slim** unless they really watch what they eat.
> 음식을 조심해서 먹지 않으면 뚱뚱한 사람들이 날씬해질 가능성은 없다.

다시 think로 돌아와서요, think의 명사형은 '생각, 사상'의 의미를 가진 **thought**입니다. 철학자 니체가 말한 다음 문장을 예문으로 참조하세요.

> All great **thoughts** were conceived while walking.
> 모든 위대한 사상은 산책하는 동안 만들어졌다.

think의 형용사형은 **thoughtful**로 '사려 깊은'의 뜻이 있고요, 사람에게만 쓰는 것, 꼭 기억해두세요.

> I think she is very **thoughtful** because she doesn't say the first thing she thinks.
> 그녀는 생각나는 대로 말하지 않아서 아주 사려 깊은 사람인 것 같다.

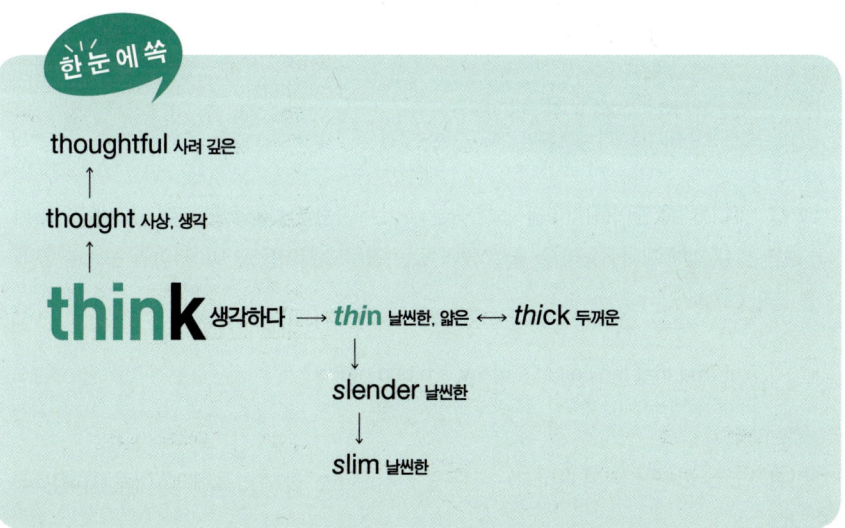

088 throw → row

농구공을 던지세요. 일렬로 앉아 있는 관중들에게!

throw는 '던지다'의 뜻으로 쓰이는 동사입니다. 몽골 사막에 불시착한 후에 벌어지는 일을 그린 영화 '피닉스 Flight of Phoenix'를 보면 사라진 동료를 찾으러 가기 위해 대장이 다음과 같이 말하는 장면이 나옵니다.

Throw me that canteen.
그 수통을 나한테 던져.

이 동사 throw를 이용하여 단어 사냥에 나서 볼까요? 농구경기 전에 선수들이 코트에서 연습하다가 공에 자신의 이름을 적은 농구공을 일렬로 앉아 있는 관중석에 팬서비스 차원으로 던지는 장면을 가끔 보았을 겁니다. 이때의 '열, 줄'이 throw 안에 있는 **row**입니다.

Chairs are arranged in **rows** in the auditorium.
의자가 강당에 일렬로 정렬되어 있다.

이 row는 동사로 '노젓다'의 뜻도 있습니다.

He **rowed** a boat across the lake.
그는 호수를 가로질러 배를 저어 갔다.

row를 가지고 다른 단어를 알아볼까요? 하늘 높이 매달린 전선줄을 본 적이 있으세요? 자세히 보면 참새 외에 까마귀들이 한 줄로 앉아 있는 경우도 많거든요. 이 '까마귀'는 row 앞에 c를 붙인 **crow**입니다.

Is it true that the call of a **crow** is a bad omen?
까마귀의 울음소리는 불길한 징조라는 게 사실이야?

까마귀가 crow라면 거기에 대비되는, 행운을 가져온다는 '까치'는 뭘까요? 바로 **magpie**입니다.

> The **magpie** ate into a persimmon to the core.
> 까치가 감을 속까지 파먹었다.

다시 crow로 돌아와서요, 까마귀가 전선줄 위에 일렬로 앉아 있는 정도가 아니라 아주 무리를 지어 앉아 있어서 새까맣게 보일 때도 있는데요, 이 '무리'는 crow에 d를 붙이면 간단히 얻을 수 있습니다. **crowd**죠. 니콜 키드먼이 유엔 통역사로 나왔던 영화 '인터프리터 The Intepreter'를 보면 시위 군중을 보고 다음과 같이 말하는 장면이 나옵니다.

> Look at the **crowd**.
> 저 군중들을 보세요.

crow에 철자 d를 붙여 crowd를 만들었습니다. 우리나라는 까마귀가 모여 있으면 불길하다고 하여 멀리 쫓아보내기도 합니다. 쫓아보낸다는 것은 결국 뿔뿔이 해산시키는 거라고 볼 수 있겠죠? 이 '해산시키다'는 d로 시작하는 **disperse**입니다.

> The riot police used tear gas to **disperse** the crowd.
> 전투경찰은 군중들을 해산시키려고 최루탄을 사용했다.

하지만 아무리 쫓아내려고 해도 전선줄에 줄맞춰 앉아 있는 까마귀들이 꿈쩍도 하지 않습니다. 이럴 때는 화살이라도 쏘아서 흩어지게 해야겠죠? 이 '화살'은 row 앞에 ar을 붙인 **arrow**입니다. 영화 '뮬란 Mulan'을 보면 대장이 나무 기둥으로 쏜 화살을 뽑아오라고 뮬란에게 지시하는 장면이 나옵니다.

> Retrieve the **arrow**.
> 화살을 회수해 와라.

기껏 화살로 까마귀들을 쫓았더니, 이번에는 그 전선줄의 터줏대감인 참새들이 날아와 앉아서 다시 화살을 쏘았습니다. 이 '참새'는 arrow 앞에 spar을 붙인 **sparrow**입니다. 중세의 기사가 우연히 현재로 돌아와서 겪는 일을 재미있게 그린 영화 '저스트 비지팅 Just Visiting'의 초반부에 공주에게 다음과 같이 말하는 장면이 나옵니다.

> Your bride looks like a gorgeous **sparrow**.
> 당신 신부는 멋진 참새 같군요.

throw 던지다 → **row** 줄, 노젓다 → **arrow** 화살 → **sparrow** 참새
↓
crow 까마귀 → **magpie** 까치
↓
crowd 무리 → **disperse** 해산시키다

089 write → rite

제사 때 지방을 쓰는 건 유교 의식 가운데 하나이다.

write는 '(글을) 쓰다'의 뜻으로 많이 쓰는 동사입니다.

> He collected a lot of materials to **write** a book.
> 그는 책을 쓰려고 많은 자료를 수집했다.

이 write를 통해서도 많은 중요한 단어들을 얻을 수 있는데요, 제사를 지낼 때 집안 어르신들이 '현고학생부군신위' 등의 지방을 쓰십니다. 지방을 쓰는 것은 유교에 있어서 하나의 종교 의식이라고 볼 수 있죠. 이 '의식'에 해당하는 단어가 write 안에 있는 **rite**입니다. 혹시, 통과의례라는 말 들어보셨습니까? 그 '통과의례'가 바로 rite of passage입니다.

> As the man lay dying, a priest gave him his last **rites** before death.
> 남자가 죽어가고 있을 때, 신부님이 죽기 전 마지막 의식을 거행해주었다.

'의식'의 뜻을 가진 다른 단어 역시 rite처럼 rit로 시작하는데요, 바로 **ritual**입니다. 영화 '총각은 어려워 A Guy Thing'의 초반부를 보면 '총각 파티' Bachelor Party가 낡은 의식이라고 말하는 장면이 나옵니다.

> It is such an out-dated **ritual**.
> 그건 낡은 의식에 불과해.

이번에는 ritual로 다른 단어를 공부해볼 텐데요, 세상에는 인구 수만큼이나 많은 종교가 있습니다. 어떤 종교 의식에서는 죽은 이의 영혼의 힘을 불러오기도 한다고 해요. 이 '영혼의, 정신의'에 해당하는 단어가 바로 **spiritual**입니다. spiritual 안에 ritual이 들어 있는 거, 보이시죠? 그리고 spiritual의 명사형은 '영혼, 정신'의 뜻을 가진 **spirit**입니다.

> All religions seek for **spiritual** values instead of material ones.
> 모든 종교는 물질적인 가치보다는 정신적인 가치를 추구한다.

The belief that human beings live on earth after death in the form of **spirits** is widespread.
인간은 사후에 영혼의 형태로 지상에 산다는 믿음이 널리 퍼져 있다.

'영혼'의 뜻을 가진 다른 단어는 spirit처럼 s로 시작합니다. **soul**인데요, 이 soul은 부정어와 함께 쓰이면 '사람'의 뜻이 되기도 합니다.

Not a **soul** was to be seen in the street.
거리에 한 사람도 보이지 않았다.

마지막으로 write 안에 숨은 rite로 정말 중요한 단어 하나를 더 배우고 이번 단어를 마무리 지어보죠. 형식이나 의식만을 너무 강조하는 사람, 왠지 겉과 속이 다른 위선자 같아 보이지 않을까요? 이 '위선자'가 **hypocrite**입니다. hypocrite 안에 rite가 들어 있는 거, 확인하셨습니까?

We tend to associate politicians with **hypocrites**.
우리는 정치인을 보면 위선자를 연상하는 경향이 있다.

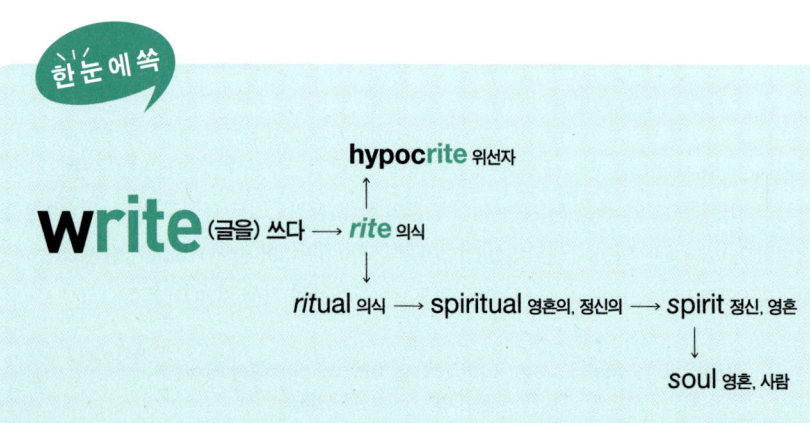

SECTION 3 review test

☑ 앞에서 읽은 내용을 연상하면서 다음 어휘 고리를 채워보세요. 정답은 책 속 부록에 있습니다.

1 afraid → raid - _____ → _____
                              → assistance - _____
                              → maid - _____

2 again → gain - _____ → _____ - obtain
                              → inquire
                              → _____

3 appear → pear - _____ - _____ - windshield
                              → appearance
                    → _____ → sap
                              → _____ - _____

4 approach → roach - _____ - _____
                    → appetite - _____ - _____ - desert

5 because → cause → _____
                    → _____ - phrase - _____ - _____

6 believe → lie → _____ - _____ - alienation
                    → _____ - customer
          → _____ - relief - _____
          → grieve - _____

7 blame → lame → _____ - _____
                    → _____ - _____ → legend
                              → _____

8 clean → lean - _____ - _____
          → _____ - _____ - nuclear

9 climb → _____ -cliff → _____
                    → _____ -steep
       → _____ -creep

10 determine → _____ - _____
            →term - _____
            → _____ -famine

11 eastern → _____ -strict → _____
                              →district
                              → _____ - _____

12 excite →cite → _____
          →quote - _____
          → _____ -opposite
          →sight - _____

13 foreign →reign → _____ -governor - _____
                  →sovereign - _____
           → _____

14 forget →forge - _____ → _____
                            →gorgeous - _____ - _____

15 important →import → _____ -portrait - _____ - _____
                     →export - _____ - _____

16 learn → _____ -earnest - _____ - _____ -honesty
        →lecture

17 mistake →mist → _____
                 →chemist - _____ - _____
           →stake → _____

18 paint → _____ → _____
                   →agony - _____
        →faint - _____ - _____

19 please → _____
   →plea → _____
      →petition - _____ - _____
   → _____ -entertainer

20 relate →elate - _____
   →relation - _____ - _____ -relevant

21 speak →peak - _____ - _____ -supreme → _____
                                          → _____

22 terrible →rib → _____ → _____
                           →tribe
      →crib - _____

23 their →heir → _____
      →inherit - _____ - _____
   →throne

24 think → _____ →thick
              → _____ -slim
   →thought - _____

25 throw →row →crow → _____
              →crowd - _____
      →arrow - _____

26 write →rite → _____ - _____ -spirit - _____
              →hypocrite

☑ SECTION 2에서 배웠던 단어들을 다시 한 번 체크해봅시다.

☐ corner 구석 - corn 옥수수 - scorn 경멸하다, 경멸 - acorn 도토리 - despise 경멸하다 - disdain 경멸하다 - respect 존경하다

☐ flower 꽃 - flow 흐르다 - plow 밭을 갈다 - lower 낮추다 - flour 밀가루 - flourish 번창하다 - thrive 번창하다

☐ present 선물, 현재의 - resent 분개하다 - resentment 분개 - represent 상징하다, 나타내다 - gift 선물, 재능 - gifted 재능 있는 - talent 재능 - souvenir 기념품

☐ bridge 다리 - ridge 산마루 - porridge 죽 - abridge 단축하다, 요약하다 - abbreviate 단축하다 - abbreviation 단축, 약어 - valley 계곡 - alley 오솔길, 골목길

☐ dragon 용 - drag 끌다 - rag 누더기 - nag 잔소리하다 - tag 꼬리표 - wag 꼬리를 흔들다 - wagon 짐마차

☐ fire 불, 해고하다 - fir 전나무 - fireplace 벽난로 - hire 고용하다 - employ 고용하다 - employee 종업원 - employer 고용주 - flame 불길 - ignite 점화시키다 - ruins 잔해 - extinguish 불을 끄다

☐ friend 친구 - end 끝(나다), 목적 - endeavor 노력하다 - effort 노력(하다) - fortress 요새 - endow 주다 - endure 견디다

☐ movie 영화 - vie 경쟁하다 - compete 경쟁하다 - competition 경쟁 - competitive 경쟁력 있는 - complete 끝내다, 완성하다 - deplete 고갈시키다

☐ museum 박물관 - muse 명상하다 - meditate 명상하다 - meditation 명상 - use 사용하다 - abuse 남용하다, 학대하다 - fuse 융합시키다 - fusion 융합 - confuse 혼란시키다 - confusion 혼란

☐ address 주소, 연설하다 - envelope 봉투 - add 추가하다, 더하다 - addition 추가 - additional 추가하는 - addiction 중독 - addict 중독되게 하다, 중독자 - ladder 사다리 - bladder 방광, 부레 - ad / advertisement 광고 - advertise 광고를 내다 - dress 의복, 정장 - robe 의복

☐ plane 비행기 - lane 차로 - pavement 포장도로 - pave 포장하다 - planet 행성 - plain 평원 - complain 불평하다 - complaint 불평 - explain 설명하다 - explanation 설명

☐ player 선수 - athlete 운동선수 - layer 층 - atmosphere 대기 - play 놀다, 연극 - lay 놓다, 알을 낳다 - delay 연기하다 - adjourn 연기하다 - postpone 연기하다

☐ police 경찰 - lice 이 - malice 악의 - malicious 악의적인 - slice 얇게 자르다 - accomplice 공범 - accomplish 성취하다 - accomplishment 성취 - achieve 성취하다 - achievement 성취 - attain 성취하다, 달성하다 - attainment 성취, 달성

☐ rabbit 토끼 - hare 산토끼 - share 공유하다 - bit 작은 조각 - habit 습관 - inhabit 거주하다 - inhabitant 거주민 - orbit 궤도 - obituary 사망기사

☐ August 8월 - gust 돌풍, 질풍 - gale 질풍 - storm 폭풍 - thunder 천둥 - disgust 넌더리, 혐오 - disgusting 역겨운

- [ ] advice 충고 - advise 충고하다 - vice 악 - virtue 미덕 - device 장치 - devise 고안하다 - service 예배, 봉사, 용역 - sermon 설교(하다)

- [ ] appointment 약속 - ointment 연고 - apply 발라주다, 적용하다 - appoint 임명하다 - point 끝, 점수, 가리키다 - disappoint 실망시키다 - disappointment 실망

- [ ] charm 매력 - harm 해를 끼치다, 해 - harmony 조화 - hurt 해치다 - arm 팔 - charming 매력적인 - attractive 매력적인 - attract 끌어당기다

- [ ] courage 용기 - rage 분노 - tragedy 비극 - tragic 비극적인 - comedy 희극 - comic 희극적인 - encourage 격려하다 - encouragement 격려

- [ ] credit 신용 - edit 편집하다 - editor 편집자 - editorial 사설 - edition 편집 - expedition 원정 - excursion 소풍

- [ ] danger 위험 - dangerous 위험한 - anger 화, 분노 - angry 화난 - risk 위험, 위험을 무릅쓰고 ~하다 - risky 위험한 - endanger 위험에 빠뜨리다

- [ ] devil 악마 - evil 악한 - wicked 사악한 - demon 악마 - demonstrate 시위하다, 설명하다, 증명하다 - demonstration 시위, 설명, 증명 - monster 괴물

- [ ] example 예, 모범 - ample 충분한 - sufficient 충분한 - insufficient 불충분한 - sample 견본 - specimen 표본 - trample 짓밟다

- [ ] failure 실패 - lure 유혹하다 - allure 유혹하다, 꾀다 - entice 유혹하다 - seduce 유혹하다 - tempt 유혹하다 - temptation 유혹 - attempt 시도하다 - contempt 경멸

- [ ] generation 세대 - gene 유전자 - genetic 유전적인 - generous 관대한 - generosity 관대함 - general 장군, 일반적인 - ration 식량, 할당량

- [ ] ghost 유령 - host 남자 주인, 개최하다 - hostess 여자 주인 - hostage 인질 - stage 무대 - grave 무덤 - engrave 새기다 - brave 용감한

- [ ] peace 평화 - pea 완두콩 - bean 강낭콩 - peasant 농부 - pheasant 꿩 - farmer 농부 - farm 농장

- [ ] pride 자부심, 오만함 - proud 자부심 있는, 자랑스러운 - bride 신부 - rid 제거하다 - remove 제거하다 - eliminate 제거하다 - eradicate 제거하다 - erase 제거하다

- [ ] problem 문제 - rob 강도질하다 - robber 강도 - burglar 강도 - rubber 고무 - elastic 신축성 있는 - rub 문지르다 - scrub 세게 문지르다

- [ ] question 질문 - quest 추구 - conquest 정복 - conquer 정복하다 - conqueror 정복자 - cruel 잔인한 - brutal 잔인한

- [ ] Wednesday 수요일 - wed 결혼하다 - wedding 결혼 - anniversary 기념일 - engage 약혼하다 - engagement 약혼 - divorce 이혼(하다)

> ☑ SECTION 1에서 배웠던 단어들을 다시 한 번 체크해봅시다.

- [ ] taxi 택시 - tax 세금 - ax 도끼 - axis 축 - income 소득 - outcome 결과 - cab 택시 - chauffeur 자가용 운전사 - cabbage 양배추 - vocabulary 어휘

- [ ] scarf 스카프 - scar 상처, 흉터 - scare 무섭게 하다 - scarecrow 허수아비 - frighten 놀라게 하다, 겁먹게 하다 - care 걱정, 조심 - careful 조심스런 - careless 조심성 없는 - cautious 조심성 있는 - caution 조심 - career 경력, 이력

- [ ] hamburger 햄버거 - urge 재촉하다, 조르다 - urgent 긴급한 - urgency 긴급 - purge 숙청하다 - punish 처벌하다 - punishment 처벌 - surge 파도처럼 밀려오다 - insurgent 반란자, 반란을 일으킨 - surgeon 외과의사 - physician 내과의사 - burgeon 싹이 트다

- [ ] hospital 병원 - hospitality 호의 - hospitalize 입원하다 - spit 침(을 뱉다) - pit 구덩이 - armpit 겨드랑이 - hygiene 위생 - hygienic 위생적인 - operation 수술 - operate 수술하다 - sanitation 위생 - sanitary 위생적인 - patient 환자, 참을성 있는 - patience 참을성 - impatient 참을성 없는 - impatience 조급증

- [ ] spray 스프레이, 뿌리다 - pray 기도하다 - prayer 기도 - altar 제단 - alter 바꾸다 - alternative 대안 - ray 광선 - array 정렬시키다 - arrange 정렬시키다 - prey 먹이 - edible 먹을 수 있는

- [ ] number 수, 숫자 - numb 마비된 - paralyze 마비시키다 - paralysis 마비 - anesthesia 마취 - anesthetic 마취제 - dumb 멍청한 - deaf 말 못하는 - blind 눈 먼, 블라인드 - vertical 수직의 - horizontal 수평선의 - horizon 수평선 - disabled 장애가 있는 - crippled 장애가 있는

- [ ] president 대통령 - resident 거주민 - reside 거주하다 - residence 저택 - preside 주재하다 - privilege 특권 - vile 비열한 - inaugurate 취임하다 - inauguration 취임

- [ ] mountain 산 - mount 오르다 - amount 액수, 총합이 ~가 되다 - paramount 최고의 - surmount 타고 넘다, 극복하다 - fountain 분수 - temple 절 - contemplate 심사숙고하다 - plate 접시

- [ ] coffee 커피 - fee 요금 - fare 교통 요금 - feeble 연약한 - frail 연약한 - frailty 약함 - fragile 깨지기 쉬운 - coffin 관 - casket 관

- [ ] monkey 원숭이 - monk 스님, 수도사 - nun 수녀 - pronunciation 발음 - pronounce 발음하다, 선언하다 - monastery 수도원 - convent 수녀원 - convention 대회, 관습 - conventional 전통적인, 관습적인

- [ ] camera 카메라 - era 시대 - epoch 시대 - epoch-making 획기적인 - opera 오페라 - cooperate 협력하다 - cooperation 협조, 협력 - corporation 큰 회사 - company 회사 - companion 동료 - comrade 동료, 동지 - colleague 동료

- [ ] grape 포도 - rape 강간하다 - ape 유인원 - rapist 강간범 - assault 공격하다, 성폭행하다, 폭행 - assail 공격하다 - attack 공격하다 - tack 압정

- [ ] beer 맥주 - brew 양조하다 - brewery 양조장 - bee 벌 - sting 쏘다 - distinguish 구별하다 - distinction 구별 - distinct 뚜렷한

- [ ] father 아버지 - fat 뚱뚱한, 지방 - carbohydrate 탄수화물 - protein 단백질 - fatigue 피로 - fate 운명 - destiny 운명 - tiny 작은 - feather 깃털 - leather 가죽 - weather 날씨

- [ ] bank 은행, 제방 - bankrupt 파산한 - rupture 파열 - ban 금지하다 - urban 도시의 - disturbance 소란 - disturb 방해하다 - rural 시골의 - van 밴 - banish 추방하다 - vanish 사라지다

- [ ] mother 엄마 - moth 나방 - smother 질식시키다 - suffocate 질식시키다 - stifle 질식시키다 - strangle 질식시키다 - angle 각도 - choke 질식시키다

- [ ] kitchen 부엌 - hen 암탉 - cock 수탉 - hatch 부화하다 - itch 간지럽다 - kit 작은 상자 - kitten 어린 고양이 - mitten 벙어리장갑

- [ ] dinner 저녁 식사 - dine 식사하다 - din 소음, 소란 - dean 학장 - noise 소음 - noisy 시끄러운 - dinosaur 공룡

- [ ] cousin 사촌 - sin 죄 - since ~ 이래로 - sincere 진지한 - sincerity 진지함, 성실함 - reflect 반성하다, 반사하다 - reflection 반성 - assassin 암살자 - assassinate 암살하다 - assassination 암살

- [ ] teacher 선생님 - tutor 가정교사 - ache 아프다, 아픔 - headache 두통 - toothache 치통 - moustache 콧수염 - beard 턱수염 - whisker 구레나룻

- [ ] student 학생 - pupil 학생 - stud 박히다 - dent 움푹 들어간 곳 - ardent 열심인, 열렬한 - study 공부하다, 서재 - sturdy 튼튼한, 억센

- [ ] piece 조각 - pie 파이 - niece 여자조카 - nephew 남자조카 - pier 부두 - pierce 관통하다 - penetrate 관통하다 - fierce 사나운 - ferocious 사나운

- [ ] switch 스위치, 바꾸다 - shift 바꾸다, 교대 - transform 변형시키다 - transformation 변형 - witch 마녀 - wizard 마법사 - lizard 도마뱀 - blizzard 눈보라

- [ ] furniture 가구 - fur 모피 - fleece 양털 - furnace 화덕, 용광로 - fury 격분 - furious 격분한 - furrow 고랑

- [ ] message 전언, 메시지 - mess 뒤죽박죽, 엉망진창 - messy 지저분한 - sage 현자 - massage 마사지, 안마 - mass 덩어리, 대량 - amass 쌓다 - accumulate 축적하다 - accumulation 축적

- [ ] black 검정색 - lack 부족, 결핍 - slack 느슨한 - slacken 느슨하게 하다, 완화시키다 - loose 느슨한, 헐거운 - loosen 느슨하게 하다 - goose 거위

- [ ] brush 솔, 솔질하다 - rush 급히 가다 - crush 뭉개다 - hurry 서두르다, 서두름 - haste 서두름 - toothpaste 치약 - paste 반죽 - waste 낭비(하다)

- [ ] manicure 매니큐어 - cure 치료하다 - remedy 치료, 치료하다 - obscure 불분명한, 모호한 - vague 모호한 - secure 안전한, 확보하다 - security 안전, 안보

- [ ] finger 손가락 - fin 지느러미 - shark 상어 - thumb 엄지손가락 - finite 유한한 - infinite 무한한 - linger 오래 남아 있다

- [ ] butter 버터 - butt 엉덩이, 꽁초 - utter 말하다, 완전한 - mutter 중얼거리다 - mumble 중얼거리다 - murmur 중얼거리다 - stutter 말을 더듬다 - stammer 말을 더듬다

- [ ] juice 주스 - ice 얼음 - icicle 고드름 - dice 주사위 - prejudice 편견 - judicial 사법의 - bias 편견

- [ ] carrot 당근 - rot 썩다 - rotten 썩은 - decay 썩다 - corrupt 부패한 - corruption 부패 - decompose 썩다 - parrot 앵무새

bankrupt
rupture
ban urban
disturbance
disturb
rural
v a n

SECTION 4

단어 확장하기! ❶

actor ~ meter

bankrupt
ban
urban
disturb
rural

090 f + actor → factor

훌륭한 배우가 되려면 연기력, 외모 등의 요소가 필요하다.

요즘에는 영화배우나 TV 탤런트, 모델 등 연예계 쪽으로 대성하고자 꿈꾸는 사람들이 많습니다. '영화배우'를 통틀어서 **actor**라고 하는데요, 정확하게 말하면 actor는 '남자 배우', **actress**는 '여배우'입니다. actress처럼 남성 명사에 -ess를 붙이면 여성을 뜻하는 명사가 되는데요, 예를 들어 author(남성 작가)-authoress(여성 작가), heir(상속인)-heiress(여성 상속인) 등이 있습니다.

> He is my favorite **actor**.
> 그는 내가 아주 좋아하는 배우다.

이제 actor를 활용해서 단어를 공부해볼까 합니다. 훌륭한 배우가 되려면 갖춰야 할 요소들이 많습니다. 연기력도 받쳐줘야 하고요, 외모도 출중해야 하고요, 그리고 무엇보다도 성실해야겠죠? actor 앞에 f만 살짝 놓으면 **factor**가 되어 '요인, 요소'의 의미를 나타냅니다.

> Motivation is a primary **factor** in learning.
> 동기 부여가 배움에 있어서 최우선시 되는 요소이다.

factor의 동의어는 **element**로 역시 '요인'이라는 뜻이죠. 하지만 이 element는 '원소'의 의미도 있거든요. 그래서 브루스 윌리스가 주연한 영화 '제5원소'의 원제가 'The Fifth Element'랍니다.

> The chief **element** of success is diligence.
> 성공의 주된 요인은 근면이다.

자, 이번에는 factor를 이용해서 단어를 건질 차례입니다. 공장이 잘 운영되려면 노동자들의 협력이나 철저한 기계 점검 등 여러 가지 요인들이 뒷받침되어야겠죠? 그런 '공장'은요, factor에 y를 붙인 **factory**입니다. 정말 이런 공장이 있다면 누구에게나 만족스러운 공장일 텐데요, '만족스러운'은 factory 앞에 satis를 붙인 **satisfactory**입니다.

His reply to my question was not **satisfactory**.
내 질문에 대한 그의 대답은 만족스럽지 못했다.

satisfactory의 동사형인 '만족시키다'는 **satisfy**고요, 이 satisfy의 명사형은 '만족'이라는 뜻의 **satisfaction**입니다.

The result didn't **satisfy** me.
그 결과는 내 맘에 들지 않았다.

Reading poems is one of his greatest **satisfactions**.
시 읽기는 그가 가장 만족스럽게 여기는 것 중에 하나이다.

앞서 배운 factor를 통하여 조금 어렵지만 아주 중요한 단어를 공부해볼까요? 요즘처럼 삭막한 시대에 꼭 필요한 단어라고 생각하는 게 바로 '은인, 은혜를 베푸는 사람'인데요, 사실 남에게 은인이 된다는 것은 그리 쉬운 일이 아니죠. 남을 도우려는 좋은 요소(측은지심)가 마음속에 있어야 가능한 일 아닐까요? 이런 '은인'이라는 의미의 단어는 factor 앞에 bene를 붙이면 되는 **benefactor**입니다.

He is looked up to as their **benefactor**.
그는 그들의 은인으로 존경받고 있다.

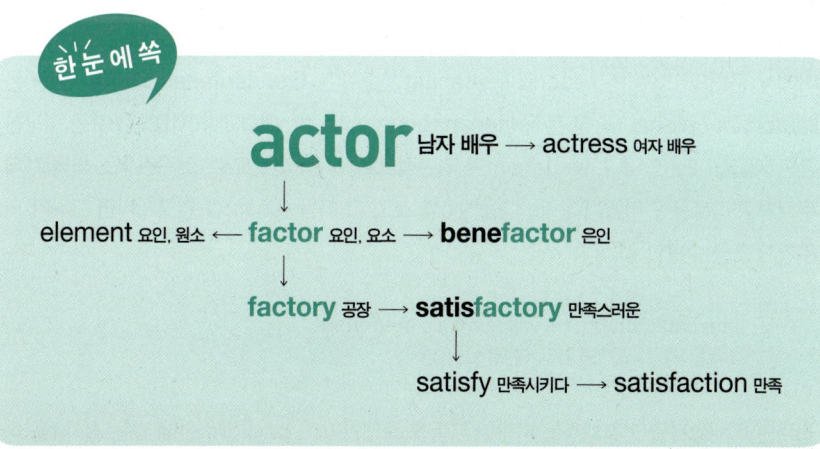

091 ten + ant → tenant

개미 열 마리가 남의 집에 세들어 살면? 바로 세입자!!

ant는 '개미'입니다. 그럼 개미집은 ant house일까요? 개미는 집단생활을 하기 때문에 '개미집'은 ant farm이라고 합니다. 개미가 집단생활을 한다고 했죠? 그럼, 이렇게 한번 상상해보세요. 개미 열 마리가 남의 집에 세입자로 세들어 산다고 말이에요. 개미 열 마리는 ten ants인데요, 남의 집에 세들어 사는 '세입자'는 **tenant**입니다. 그냥 공부하라면 재미없고 딱딱할 수 있지만 이렇게 하면 절대 잊어버리지 않겠죠? 반대로 '집주인'은 **landlord**입니다. tenant와 landlord를 이용한 다음 예문을 한번 보시죠.

> The **landlord** asked the **tenant** to leave if he could not afford to pay the rent.
> 집주인은 세입자에게 집세 낼 능력이 안 되면 나가달라고 요청했다.

집주인이 여성인 경우에는 **landlady**라고 합니다.

> The **landlady** has modified the terms of the lease.
> 집주인 여자는 임대 조건을 변경했다.

아주 까다로운 철자의 단어지만 tenant를 이용하면 상당히 쉽게 외울 수 있는 단어가 있습니다. 집을 세줬는데, 군인이 세입자로 들어왔습니다. 이 군인의 계급이 소위라고 하네요. 영어에서 군대의 '소위'는 second lieutenant, '중위'는 first lieutenant입니다. '중령'은 lieutenant colonel, '중장'은 lieutenant general입니다. 이렇게 **lieutenant**는 다양한 군인 계급을 표현합니다. lieutenant가 기본적으로 '부관'의 뜻으로 쓰이는데요, 의외로 외우기가 까다로운 단어입니다. lie 다음에 u를 쓰고 그 다음 tenant를 연결시키면 그나마 외우기가 조금 수월할 겁니다.

> If he can't attend, he will send his **lieutenant**.
> 그가 참석할 수 없다면 자기 부관을 보낼 것이다.

집주인과 세입자를 연결해주는 사람이 부동산 중개인이죠. landlord 안에 있는 철자 r을 이용해 단어를 얻을 수 있습니다. **real estate agent**가 바로 '부동산 중개인'입니다.

This is the house where I met the **real estate agent**.
이곳이 내가 그 부동산 중개인을 만난 집이다.

마지막으로 독성이 있는 개미에게 물리면 해독제가 필요한데요, 해독제가 바로 ant로 시작합니다. **antidote**로 토플이나 의학 관련 기사에서 많이 볼 수 있는 단어이므로 꼭 알아두세요.

The doctor prescribed an **antidote** for the poison the boy had swallowed.
의사는 아이가 삼킨 독을 해독시키는 해독제를 처방해주었다.

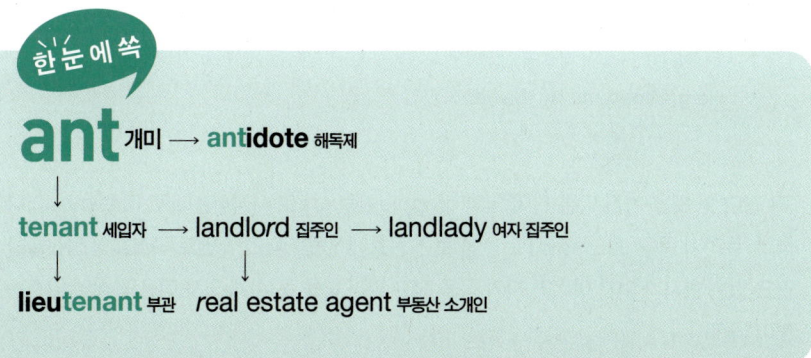

092 gr + apple → grapple

마지막 남은 **사과**를 빼앗기지 않으려 **꽉 쥐고** 있다.

건강에도 좋고 맛도 좋은 '사과'는 **apple**입니다. 그럼 잘못을 해서 말로 하는 '사과'는 뭘까요? 그것도 먹는 사과처럼 ap로 시작합니다. **apology**죠.

> The woman accepted his **apology** for spilling juice on her dress.
> 그 여자는 옷에 주스를 쏟았다고 하는 그 남자의 사과를 받아들였다.

apology의 동사형은 '사과하다'라는 뜻의 **apologize**입니다. 산드라 블록이 주연한 영화 '미스 에이전트 2 Miss Congeniality 2'를 보면 새로 전입 온 흑인 경찰 파트너와 시비가 붙자 산드라 블록이 다음과 같이 말하는 장면이 나옵니다.

> You'd better **apologize** to me.
> 당신, 나한테 사과하는 게 좋을 걸.

자, 다시 apple로 돌아와서요. 접시에 사과가 몇 개 있습니다. 아이들이 사이좋게 잘 먹다가 마지막 하나가 남게 되자 한 아이가 그 사과를 뺏기지 않으려고 세게 쥐고 있습니다. 이렇게 '꽉 잡다'는 apple 앞에 gr만 붙이면 됩니다. **grapple**이 되는 거죠. '꽉 잡다'의 뜻을 가진 단어에는 grapple처럼 gra로 시작하는 **grasp**가 있습니다.

> The two wrestlers **grappled** with each other.
> 두 레슬링 선수들이 서로 꽉 잡았다.
> He **grasped** me by the hand.
> 그는 내 손을 꽉 잡았다.

'꽉 잡다'의 뜻을 가진 다른 단어 역시 grapple처럼 gra로 시작하는데요, 바로 grab입니다. 영화 '쥬라기 공원 Jurassic Park'을 보면 공룡에게 쫓기다가 시멘트 구조물의 전선줄을 붙잡고 있는 박사가 여자 아이가 자기 목을 잡고 있어 숨을 못 쉬게 되자 다음과 같이 말하는 장면이 나옵니다.

You are choking me. **Grab** the wire.
너 때문에 숨이 막힌다. 옆에 있는 전선줄을 잡아.

grapple, grasp, grab 외에 '꽉 잡다'의 뜻을 가진 또 다른 단어 역시 gr로 시작합니다. **grip**인데요, grip은 명사로도 많이 쓰입니다. 영화 '해리 포터와 아즈카반의 죄수 Harry Potter and the Prisoner of Azkaban' 초반부를 보면 숙모에게 화가 난 해리 포터가 마법을 걸자 숙모가 잡은 유리잔이 깨지고 몸은 부풀어 올라 하늘로 올라가는 장면이 나옵니다. 유리잔이 깨질 때 숙모가 이렇게 말하죠.

I had a firm **grip**.
내가 너무 꽉 잡았나봐.

이렇게 한번 꽉 잡고 물면 절대 놓지 않는 게 있는데요, 바로 '게'입니다. 이 '게'는요, 앞에서 배운 grab의 g를 c로 바꾸면 되는 **crab**이랍니다.

I was nipped by the **crab**.
나는 게에게 물렸다.

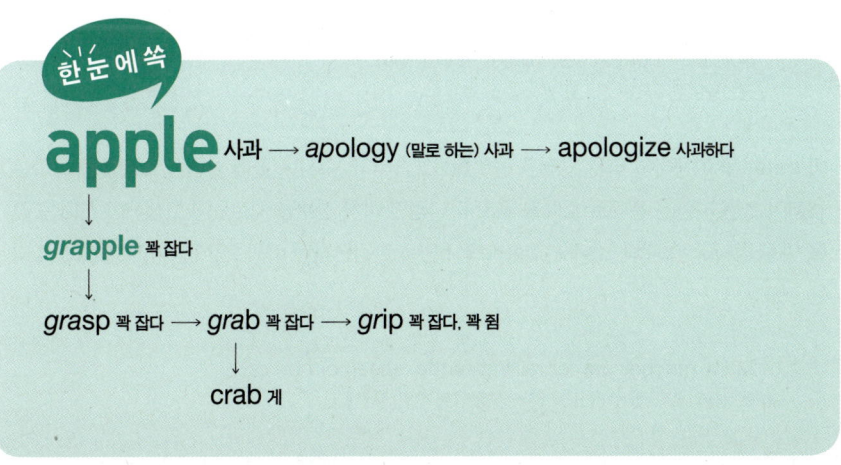

093 bat + tle → battle

방망이를 들고 전투하듯이 박쥐를 때려잡았다.

bat은 '박쥐'라는 뜻도 있고요, 야구에서 타자들이 쓰는 '방망이'의 뜻도 있습니다.

Bats live in a dark cave.
박쥐는 어두운 동굴에서 산다.

He grabbed the **bat** and hit him.
그는 방망이를 꽉 잡고 그를 때렸다.

bat 하니까 바로 떠오른 게 무엇이었나요? 혹시 배트맨이 아니었습니까? 배트맨 가슴에 노랗게 그려져 있는 게 바로 박쥐인데요, 영화를 보면 이 배트맨이 악당들과 한바탕 전투를 벌입니다. 이때의 '전투'가 바로 **battle**입니다. bat가 숨어 있는 게 보이십니까?

The two armies fought a **battle** on the border between the two countries.
양측 군대는 두 나라를 사이에 둔 국경에서 전투를 벌였다.

이 battle 외에도 '전투'를 뜻하는 단어가 있는데요, 신기하게 그 단어에도 bat가 들어갑니다. 바로 **combat**이죠.

Soldiers shoot at each other in **combat**.
군인들은 전투에서 서로를 향해 총을 쏜다.

이 battle을 이용하여 다른 단어를 공부해보겠습니다. 혹시 시골에 살면서 소떼들을 몰아본 경험이 있는 사람은 제대로 소떼를 몰고 다니려면 마치 전투를 치르듯이 고생해야 한다는 것을 아실 겁니다. 이때의 '소떼'는 battle의 b만 c로 간단하게 바꿔주면 됩니다. **cattle**이 되는 거죠.

Many ranches are for raising **cattle**, sheep or horses.
목장들이 많이 있는 건 소와 양과 말을 기르기 위해서이다.

아무래도 소를 키우는 목장 길은 아스팔트가 쫙 깔린 도로가 아니라 울퉁불퉁 비포장도로가 거의 대부분입니다. 그 비포장도로를 차가 달리면 덜커덩거리는데, 이 '덜컹거리다'가 **rattle** 입니다. 그리고 보니 rattle 안에는 '쥐'를 뜻하는 **rat**이 들어 있군요. 옛날 집 천장에는 쥐들이 왔다 갔다 하는 바람에 천장이 덜컹거린 적이 많았습니다.

>The doors **rattled** in the storm.
>폭풍으로 문이 덜컹거렸다.

rattle을 이용하여 얻을 수 있는 단어로 '방울뱀'이 있는데요, 바로 **rattlesnake**입니다.

>A **rattlesnake** is eating its prey.
>방울뱀이 먹이를 먹고 있다.

다시 bat으로 돌아와서요, 요즘은 명절 때 외국 사람들이 하는 서커스 정도만 TV로 볼 수 있을 정도로 서커스의 인기가 시들해졌지만, 예전에는 서커스가 굉장한 인기를 끌었습니다. 그중에서도 아슬아슬하게, 마치 박쥐가 동굴에서 휙 날아가듯이 줄타기를 하는 곡예사들이 특히 더 인기였습니다. 이 '곡예사'가 바로 **acrobat**이랍니다.

>Three **acrobats** swung high above the circus floor.
>곡예사 세 명이 서커스장 위의 높은 곳에서 그네를 탔다.

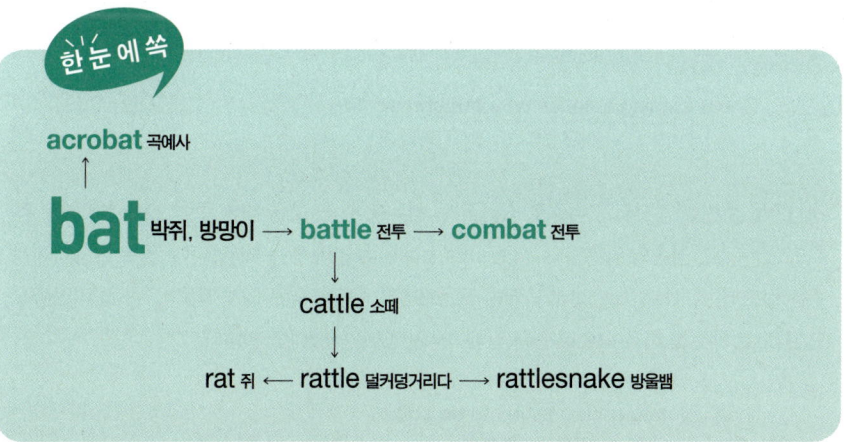

094 bull + et → bullet

미친 소가 마치 총알을 맞은 듯이 들쑤시고 다닌다.

bull은 '숫소'입니다. 시대를 풍미했던 유명한 농구선수 마이클 조던이 몸담았던 미국 농구팀이 바로 '시카고 불스 Chicago Bulls'였습니다.

> A **bull** is grazing in a field.
> 소 한마리가 들판에서 풀을 뜯고 있다.

이런 순하디 순한 소가 미쳐버리면 마치 총알을 맞은 것 마냥 여기저기 마을을 들쑤시고 다닙니다. 이럴 땐 정말 위험한데요, 이때의 '총알'은요, bull에 et를 붙이면 됩니다. **bullet**인 거죠. 영화 '여인의 향기 Scent of a Woman'를 보면 장님이 된 퇴역 장교 알 파치노가 자신의 삶을 비관하여 자신을 돌보는 아르바이트 학생에게 총알을 달라고 말하는 장면이 나옵니다.

> Give me your **bullets**.
> 총알을 내게 줘.

총알을 맞은 것처럼 미친 소가 마을을 헤집고 다닌다고 하면 이 소를 조심하라고 방송을 하고 게시판에도 크게 내용을 공고할 겁니다. 이때의 '게시'는 bullet에 in을 붙인 **bulletin**입니다. 그래서 '게시판'은 bulletin board라고 하죠.

> She is pinning a notice on a **bulletin** board.
> 그녀가 안내문을 게시판에 핀으로 고정시키고 있다.

게시판을 보면 가장자리가 나무로 되어 있는 경우도 있고, 조금 비싼 주석으로 되어 있는 경우도 있는데요, 금속의 일부인 '주석'은 바로 bulletin 안에 있는 **tin**입니다. 골프 우승자에게 주는 컵도 바로 'Tin Cup'입니다. 케빈 코스트너가 주연한 골프 영화 제목이 '틴 컵'이었잖아요. 참고로 맥주를 이 주석으로 만든 잔에 마시면 더욱 맛있다고 합니다.

> I want you to pour beer in the **tin cup**.
> 맥주를 주석 잔에 따라주셨으면 좋겠어요.

숫소가 bull이라면 그럼 '암소'는 뭘까요? 바로 **cow**입니다. 이 cow를 이용해서도 중요한 단어를 얻을 수 있는데요, 투우사가 직업인 사람이 소가 자기에게 다가오는 것을 두려워한다고 하면 그 사람은 겁쟁이일 게 틀림없습니다. 이 '겁쟁이'는 cow에 ard를 붙인 **coward**랍니다. 그런 '겁쟁이'들에게 빠져서는 안 되는 요소가 바로 '비겁함'이죠? 역시 cow를 이용한 단어 **cowardice**입니다.

I cannot stand being taken for a **coward**.
나는 겁쟁이로 여겨지는 것을 참을 수가 없다.

The general showed **cowardice** in the face of danger.
장군은 위험에 직면하자 비겁함을 보여주었다.

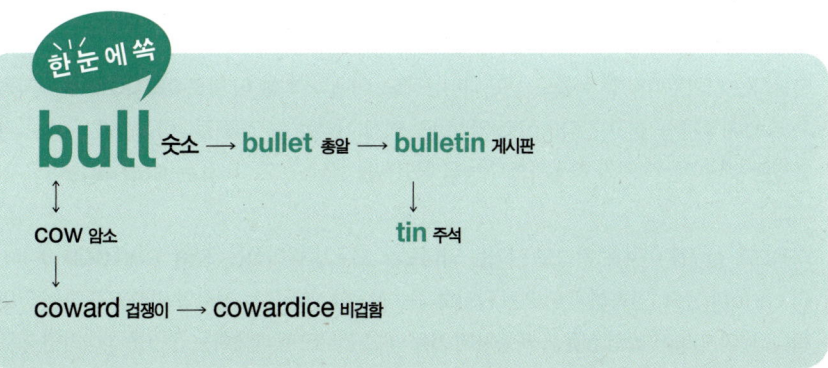

095 car + bon → carbon

자동차에서 이산화탄소가 많이 뿜어져 나온다.

우리 생활에 없어서는 안 될 자동차 **car** 뒤에 알파벳 순서대로 철자를 붙여서 새로운 단어를 배워보겠습니다. 그 첫 단어는 a로 시작하는 avan이 붙은 **caravan**입니다. 사막에서 장사를 하는 '대상'이란 뜻입니다. 사막에서 장사를 하는 대상에게 자동차 대신 꼭 필요한 운송수단이 바로 낙타입니다. 사막, 대상, 낙타는 서로 밀접한 관련이 있는 단어들인데요, 이 단어들을 이용해 다음과 같은 예문을 공부해볼까요?

A **caravan** of merchants and their camels crossed the desert.
상인들인 대상과 낙타가 사막을 건넜다.

다음에 배울 단어는 b로 시작하는 bon이 붙은 **carbon**입니다. '탄소'라는 뜻인데요, 이 자동차에서 이산화탄소가 많이 배출되죠? '탄소'를 알았으니 화학기호를 이용하여 '수소, 산소, 황'에 해당하는 영어 단어도 알아보겠습니다. 각 단어의 머리글자가 H, O, S인 것은 아시죠? '수소'는 **hydrogen**, '산소'는 **oxygen**, '황'은 **sulfur**랍니다.
다시 car로 돌아와서 이번에는 d로 시작하는 dinal이 붙은 **cardinal**입니다. 우리나라 천주교의 최고봉인 '추기경'을 뜻하는 단어인데요, 현재 우리나라에는 두 분이 계십니다.

He was appointed **cardinal** by the Vatican.
그는 바티칸에 의해 추기경으로 임명되었다.

자동차는 사람뿐 아니라 화물도 싣고 다니는데요, 이때의 '화물'이 바로 **cargo**입니다. 자동차(car)에 화물을 싣고 간다(go)로 연상하면 쉽게 기억할 수 있을 겁니다. 하지만 자동차가 없었던 옛날에는 마차가 자동차의 기능을 담당했을 텐데요, 그 '마차'는 **carriage**라고 합니다.
다음으로 car를 이용해 학습할 단어는 남녀노소 모두가 좋아하는 '만화' **cartoon**입니다. 이 cartoon은요, 만화책에 나오는 만화보다는 신문에 연재되는 성격의 만화를 뜻하는 단어랍니다. 이 만화가 실린 신문을 자동차에 가득 싣고 전국으로 배송하는 장면을 상상하면 되겠죠. 마지막으로 car를 이용해 배울 단어는 '새기다'는 의미의 **carve**입니다. 언제 어디서나 승리하는 사람이 되겠다는 의미로 자동차 뒤에 Victory를 상징하는 V를 새기고 다니는 사람이 있다고 상상하면 재밌게 기억할 수 있을 겁니다. 여러분들도 이렇게 재밌게 공부해보세요. 절대 잊어버리지 않고 쉽게 공부할 수 있답니다.

The boy **carved** his name on the wall.
그 소년은 자기 이름을 벽에 새겼다.

096 cat + ch → catch

고양이가 쥐를 잡으려고 뒤쫓고 있다.

우리나라 애완동물의 양대 산맥 가운데 하나가 **cat**인데요, 바로 '고양이'입니다.

> People love raising **cats** as pets.
> 사람들이 애완동물로 고양이 키우는 것을 좋아한다.

고양이가 잡는 것은 쥐입니다. 이 '쥐'는 cat에서 첫 글자 c를 r로 바꾼 **rat**입니다.

> The cat chased the **rat** down the dark street.
> 고양이는 어두운 거리를 따라 쥐를 뒤쫓아 갔다.

이번엔 cat를 이용해 중요한 단어를 공부해볼까요? 쥐들이 여러 마리 모여 있는데 고양이가 갑자기 나타나면 어떻게 될까요? 아마 혼비백산한 쥐들이 여기 저기 흩어지고 난리겠죠? 이렇게 '흩어지다'는 **scatter**입니다. scatter 안에 cat이 들어 있는 게 보이죠?

> Leaves **scattered** in the wind.
> 낙엽이 바람에 흩어졌다.

고양이가 쥐를 잡는다고 했는데요, 이 '잡다'는 cat 뒤에 ch를 붙인 **catch**입니다.

> It is difficult to **catch** the serial killer.
> 그 연쇄살인범을 잡는 것은 어렵다.

고양이가 쥐를 잡는 것을 보신 적이 있나요? 쥐도 나름 빠른 동물이라 고양이가 한 번에 탁 잡지는 못합니다. 도망치는 쥐를 고양이가 열심히 뒤쫓아 가서 잡는 것이거든요. 이렇게 '뒤쫓다, 추적하다'는 앞서 cat에 붙인 ch를 이용하면 됩니다. **chase**가 되는 것이죠. 영화 '오션스 트웰브 *Ocean's Twelve*'를 보면 캐서린 제타 존스가 노천카페에서 조지 클루니를 처음 만나 다음과 같이 말하는 장면이 나옵니다.

You were being **chased** by the police.
당신, 경찰에 쫓기고 있더군요.

chase를 이용하여 중요한 단어 하나를 배워볼까요? chase 앞에 pur을 붙이면 '구입하다, 구입'의 뜻을 가진 **purchase**가 만들어 집니다.

She wants to **purchase** a new necklace.
그녀는 새 목걸이를 사고 싶어 한다.

다시, catch로 돌아와서요, catch 외에 '잡다'의 뜻을 가진 다른 단어 역시 catch처럼 ca로 시작합니다. **capture**죠. 이 capture는요, '생포하다'의 뉘앙스가 있는 단어랍니다.

The soldiers shot down the airplane and **captured** a pilot.
병사들이 비행기를 쏴 추락시킨 후 조종사를 붙잡았다.

'잡다'의 뜻을 가진 또 다른 단어는 capture처럼 cap로 시작하는 **captivate**입니다. 주로 마음을 사로잡을 때 많이 쓰는 단어입니다.

Her beauty and intelligence have **captivated** many men.
그녀의 미모와 지성은 많은 남자들의 마음을 사로잡았다.

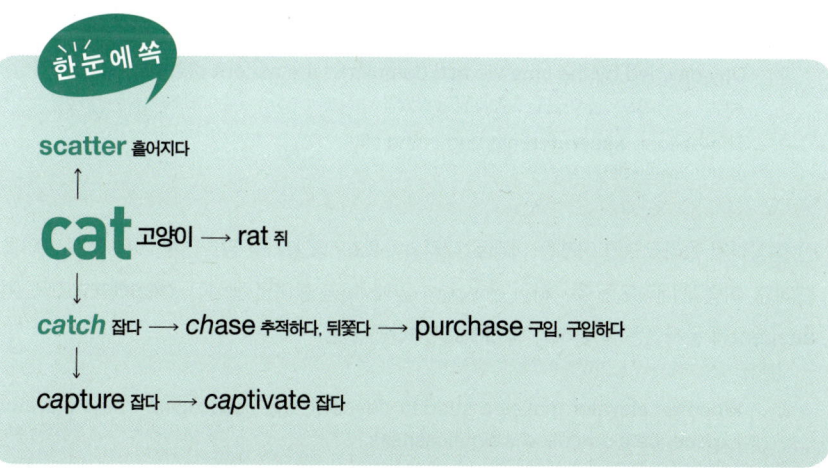

097 s + cent → scent

10센트로 향기가 좋은 장미꽃 한 송이를 샀다.

미국 동전에는 세 가지가 있는데요, 5센트는 nickel, 10센트는 dime, 25센트는 quarter 라고 합니다. 이 중에서 제일 크기가 작은 10센트 **cent** 동전으로 향기로운 장미꽃 한 송이를 사서 사랑하는 그 사람에게 준다고 상상해볼까요? '향기'는 cent 앞에 s를 붙이면 됩니다. **scent**가 되는데요, s는 '냄새'를 뜻하는 smell의 첫 글자라고 생각하면 기억하기가 쉬울 겁니다. 알 파치노에게 아카데미 남우주연상을 안겨준 영화가 바로 '여인의 향기'였는데요, 원제는 Scent of a Woman이었습니다. 퇴역 군인인 알 파치노가 눈먼 상태에서 아름다운 여인과 멋지게 탱고를 추던 장면이 지금도 선하네요.

>The **scent** of flowers from the garden pervaded the cottage.
>정원에서 풍겨오는 꽃향기가 오두막집에 퍼졌다.

이제 새로 배운 scent로 다른 단어들을 공부해볼게요. 이른 아침, 산에 올라가면 유독 꽃향기가 짙어서 발걸음도 가벼워집니다. 이렇게 올라가는 것, '상승'은요, 바로 향기를 뜻하는 scent 앞에 a를 붙이면 됩니다. **ascent**인 것이죠. 이 ascent의 동사형은 '상승하다'의 뜻을 지닌 **ascend**랍니다.

>Day dawned by the time we had completed the **ascent** of the mountain.
>우리가 산에 오르기를 마쳤을 즈음에 날이 밝았다.
>The balloon **ascended** high up in the sky.
>풍선이 하늘 높이 올라갔다.

산 정상까지 올라갔으면 이제는 아래로 내려와야겠죠? 꽃향기를 맡으면서 기분 좋게 내려올 텐데요, 이렇게 내려오는 것, '하강'은 scent 앞에 de를 붙이면 됩니다. **descent**고요, 이 descent의 동사형은 '하강하다'의 **descend**입니다.

>When an elevator makes a sudden **descent**, the passengers in the elevator experience a so-called weightlessness.

승강기가 갑자기 내려갈 때, 승객들은 소위 말하는 무중력 상태를 경험하게 된다.

He **descended** into the basement to get a shovel.
그는 삽을 가지러 지하실로 내려갔다.

descend가 아래로 내려가는 것이라고 했는데요, 우리가 말하는 '후손'이야말로 세대가 아래로 내려가는 것이잖아요. 그래서 '후손'은 descend에 ant를 붙인 **descendant**입니다.

I want you to keep in mind that we should keep the earth clean for our **descendants**.
여러분들께서 우리의 후손을 위해 지구를 깨끗이 보존해야 한다는 것을 명심해주셨으면 합니다.

'후손'이라는 descendant를 배웠다면 그 후손이 있게 한 '조상'이라는 단어도 반드시 알아야 합니다. 바로 **ancestor**인데요, 영화 '알렉산더 Alexander'를 보면 알렉산더 대왕이 병사들을 앞에 놓고 이렇게 외치는 장면이 나옵니다.

You all honored your country and your **ancestors**.
그대들 모두는 그대들의 조국과 조상을 명예롭게 했도다.

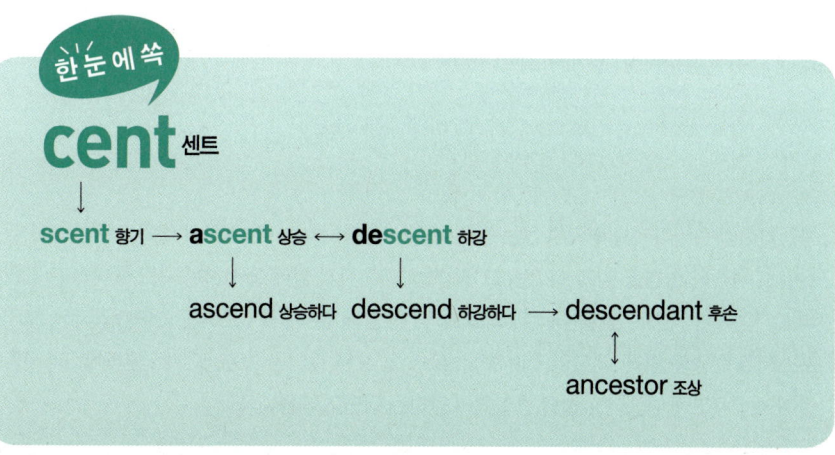

098 S + cold → scold

마음이 차가운 아이, 꾸중을 들어서일까?

cold는 형용사로는 '차가운', 명사로는 '감기'의 뜻을 가지고 있습니다. 감기라고 가볍게 보고 방치하면 폐렴이 될 수도 있으니 조심해야 합니다.

> His **cold** developed into pneumonia.
> 그의 감기가 심해져 폐렴이 되었다.

이번에는 이 cold를 가지고 여러 단어를 배워보겠습니다. 말을 듣지 않는다고 부모님께 꾸지람을 듣고 뺨에 볼기까지 맞은 아이라면 그 순간만은 부모님을 향한 마음이 차가와져 있을 겁니다. 앞서 말한 '꾸짖다'는 cold 앞에 s를 붙인 **scold**입니다.

> The child was **scolded** by his mother for his rude behavior in front of the guests.
> 그 아이는 손님들 앞에서 무례한 행동을 해서 엄마에게 꾸중을 들었다.

cold 앞에 붙인 철자 s가 '뺨을 때리다'의 **slap**과 '볼기를 때리다'의 **spank**를 나타낸다고 생각하면서 학습해보세요. 따로따로 외우면 엄청 어려운 단어들이 머리에 쏙 들어올 겁니다.

> She **slapped** his face with anger.
> 그녀는 화가 나서 그의 뺨을 때렸다.
> The child was **spanked** for his disobedience.
> 그 아이는 말을 듣지 않아 볼기를 맞았다.

콩쥐팥쥐형 드라마에서 빠지지 않는 장면이 하나 있습니다. 바로 계모의 딸이 이복동생의 잘못을 고자질하여 뺨을 맞게 하고는 그 광경을 보고 자기 방에 와서 박수치고 좋아하는 장면이죠. '박수치다'는요, '뺨을 때리다'의 slap의 첫 번째 철자 s를 c로 바꾼 **clap**입니다. 조디 포스터가 주연한 영화 '피고인 *The Accused*'을 보면 주인공이 손님에게 강간당할 때 사람들이 소리치고 좋아했다고 술집 종업원이 말하는 장면이 나옵니다.

They were yelling, **clapping** and cheering.
그들은 소리치고, 손뼉치고 환호했습니다.

이 clap이란 단어를 자세히 보니까 '무릎'의 뜻을 가진 **lap**이 들어 있습니다.

The drink spilled on her **lap**.
음료수가 그녀의 무릎 위로 엎질러졌다.

lap을 이용해서도 새로운 단어를 건질 수가 있는데요, 길을 가다가 넘어져 다친 무릎은 시간이 경과하면 치유가 됩니다. 이 '(시간의) 경과'는 lap에 se를 붙이면 됩니다. **lapse**가 되죠.

I was confirmed in my belief with the **lapse** of time.
시간이 경과함에 따라 나의 확신이 굳어졌다.

다친 무릎이 시간이 경과하면서 치유가 되는 기미를 보이다가도 간혹 상처가 도져 무너져 내리듯 갑자기 쓰러질 수도 있습니다. 이때 '무너지다'의 뜻을 나타내는 단어는 lapse 앞에 col을 붙인 **collapse**랍니다.

Fortunately nobody was hurt after the building **collapsed**.
건물이 무너졌을 때 다행히 아무도 다치지 않았다.

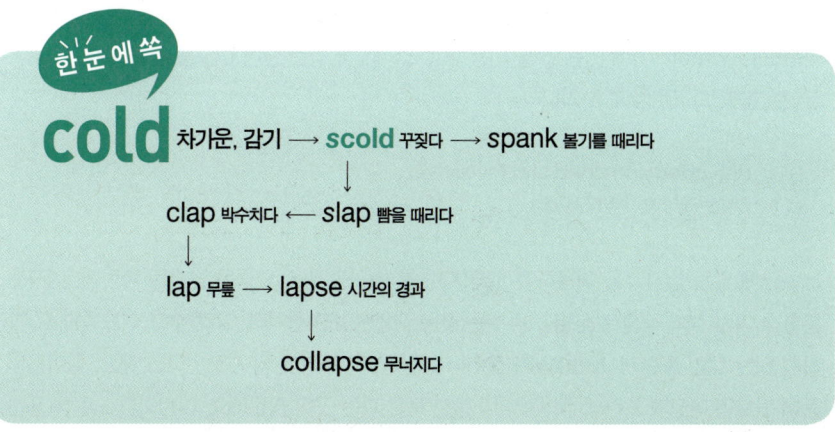

099 S + cream → scream

크림 케이크를 사달라고 아이가 크게 소리를 질렀다.

생크림 케이크나 아이스크림 좋아하는 사람들이 많은데요, 이번에는 크림 **cream**을 기반으로 '소리치다'의 의미를 가진 단어들을 모두 배워보도록 하겠습니다. 충치가 있어서 안 된다고 하는 엄마에게 아이가 크림 케이크를 사달라고 계속 크게 소리를 칩니다. 이 '소리치다'는요, cream 앞에 s를 붙이면 됩니다. **scream**이죠. 공포로 소리를 꽥꽥 지르게 하는 영화 '스크림'이 바로 이 *Scream*이랍니다.

> She **screamed** in sudden pain.
> 그녀는 갑작스런 고통으로 비명을 질렀다.

scream에 쓰인 단어를 이용해 '소리 지르다'의 뜻을 알아볼 텐데요, 먼저 첫 번째 철자 s를 이용하면 '소리 지르다'의 뜻을 가진 **shout**를 얻을 수 있습니다. shout 안에 out이 들어 있는 게 보이시죠? 보통 소리는 안에서 밖으로 내지르는 거니까 그렇게 연결하면 쉽게 연상할 수 있습니다.

> He **shouted** himself hoarse.
> 그는 목이 쉬도록 소리쳤다.

다음으로 scream 안에 있는 cr을 이용하여 '소리치다'라는 단어 **cry**를 얻을 수 있습니다. cry는 '울다'의 뜻으로도 쓰입니다.

> She **cried** and **cried** and fell asleep.
> 그녀는 울다 울다 잠이 들었다.

cry 안에 있는 철자 y를 이용하여 '소리치다'를 배워볼게요. 요즘은 남자는 파란색, 여자는 분홍색 이런 식의 색깔로 성별을 나누는 것은 지양한다고 합니다. 그래서 그 어느 쪽에도 속하지 않는 색인 노란색 **yellow**가 옷이나 장난감, 벽지 등에 많이 쓰인다고 해요. 놀이공원 등에 가보면 이렇게 노란색 장난감이나 풍선 등을 파는 곳이 많은데요, 어린이가 노란색 풍선을 사달라고 소리친다고 한번 상상해볼까요? 그런데 참 재밌게도 노란색을 나타내는 yellow 안에 '소리치다'의 뜻을 가진 동사 **yell**이 들어 있답니다.

You'd better not **yell** at me anymore.
더 이상 내게 소리치지 않는 게 좋을 거야.

scream에서 s를 이용하여 shout, cr을 이용하여 cry를 얻었습니다. 이제 마지막으로 철자 e를 이용하여 '소리치다'의 단어를 배워볼 텐데요, 바로 **exclaim**입니다. 참고로 exclaim 은 소리를 꽥꽥 지르다의 의미가 아니라 주로 감탄하여 소리칠 때 쓰는 동사입니다.

She **exclaimed** what a beautiful lake it was.
그녀는 이 얼마나 아름다운 호수냐고 감탄하여 소리쳤다.

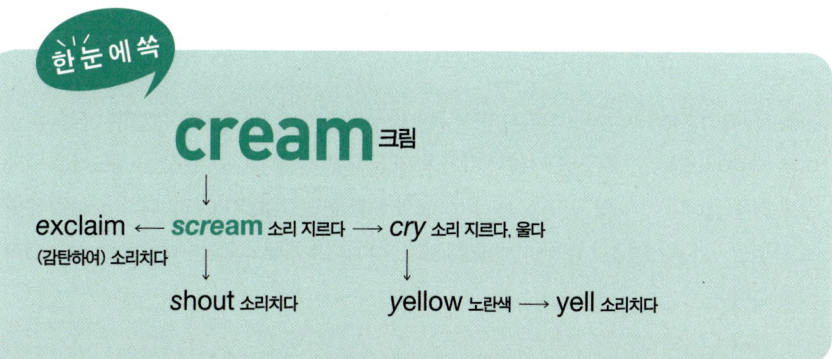

100 cut + e → cute

머리를 짧게 자르니 동글동글 귀여워 보인다.

cut은 '자르다'의 뜻으로 쓰이는 동사인데요, 손가락이나 발바닥을 베일 때에도 쓰입니다.

> She **cut** her finger while sharpening the pencil.
> 그녀는 연필을 깎다가 손가락을 베었다.

얼굴이 동그란 사람이 머리를 짧게 자르면 사람이 동글동글하니 귀여워 보입니다. 이 '귀여운'은 cut에 e만 붙이면 됩니다. **cute**죠.

> She was so **cute** that I had no choice but to hug her.
> 그녀는 너무 귀여워서 껴안아 주지 않을 수가 없었다.

이번에는 cute를 가지고 여러 중요한 단어를 배워볼까 합니다. 귀여운 어린 딸이 급성 폐렴으로 고생을 하고 있다면 정말 마음이 찢어지듯 아프겠죠. 이 '급성의'는 cute 앞에 a를 붙인 **acute**입니다. '급성의'에 해당하는 단어를 알았으니까 반의어인 '만성적인'도 함께 알아야 겠죠? 바로 **chronic**입니다.

> She is suffering from **acute** pneumonia.
> 그녀는 급성 폐렴으로 고통을 겪고 있다.
>
> She has had **chronic** pain in her back for years.
> 그녀는 수 년 간 만성적인 요통을 앓고 있다.

chronic을 이용해서도 여러 유용한 단어들을 알 수 있는데요, 오랫동안 만성적인 질병을 앓아온 사람이라면 약간 허풍을 더해서 자기 병에 대해 연대기까지 쓸 수 있을 정도라고 말할 수도 있을 겁니다. 이때의 '연대기'는 chronic에 le를 붙인 **chronicle**입니다. 소설과 영화로 유명한 '나니아 연대기 The Chronicles of Nania'의 원제로 이 chronicle을 자주 접해 봤을 겁니다.

The author wrote the vast **chronicle** of Napoleon Times.
그 작가는 나폴레옹 시대의 방대한 연대기를 집필했다.

다시 cute로 돌아와서요, 우리나라 역사를 보면 궁중에서 처첩간의 갈등이 심했던 경우가 참 많았습니다. 왕에게 귀여움을 받는 후궁에게 중전이 이런 저런 박해를 가한 일도 많았고요. 이 '박해하다'가 바로 **persecute**입니다. persecute 안에 cute가 들어 있는 게 보이시죠? 이 persecute의 명사형은 '박해'의 의미를 지닌 **persecution**입니다.

They were **persecuted** for their religion.
그들은 자신들이 믿는 종교로 인해 박해받았다.
They left the country for fear of **persecution**.
그들은 박해가 두려워 그 나라를 떠났다.

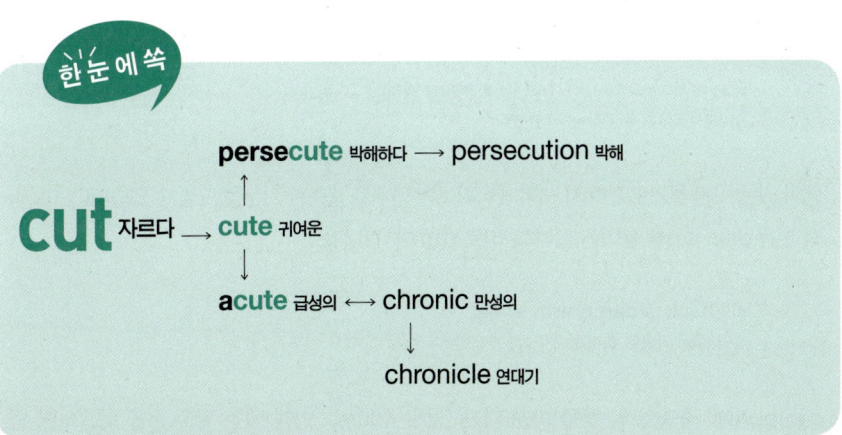

101 dam + age → damage

댐도 건설한 후 오래 지나면 손상을 입는다.

우리나라 전역을 보면 댐 **dam**들이 참 많습니다. 수해 방지가 제1의 목적이지만, 그 자체가 너무 장엄하고 멋있어서 관광명소로서의 역할도 톡톡히 해내고 있는데요, 개인적으로는 경북 청도에 있는 운문댐이 참 아름다운 것 같습니다.

> The walls of a **dam** are strong enough to withstand tremendous water pressure.
> 댐의 외벽은 엄청난 수압을 견뎌낼 정도로 튼튼하다.

이렇게 튼튼하게 건설한 댐도 세월이 흘러 오래되면 댐의 벽이 손상되어 금이 가서 위험한 상태가 될 수 있습니다. 이 dam에 '나이'의 뜻을 지닌 age를 붙이면 **damage**가 됩니다. '손상시키다'의 의미죠.

> Too much drinking can **damage** brain cells.
> 술을 너무 많이 마시면 뇌세포를 손상시킬 수 있다.

damage 안에 있는 **age**는 앞서 언급했듯이 '나이'란 뜻인데요, 동사로는 '나이가 들다'의 뜻으로도 쓰입니다.

> She is 65 years old, but has **aged** well.
> 그녀는 65살이지만 참 곱게 늙었다.

댐이 있는 곳은 물기로 인해서 새벽에 나가보면 안개로 축축한 기분을 느낄 수 있습니다. 이 '축축한'은 dam에 p를 붙이면 됩니다. 바로 **damp**입니다.

> His back is **damp** with sweat.
> 그의 등은 땀으로 축축하다.

damp 외에 '축축한'의 뜻을 가진 다른 단어는 damp 안에 있는 철자 m을 이용하면 얻을 수 있습니다. **moist**가 그것인데요, 이 moist의 명사형은 '수분, 습기'의 뜻을 지닌 **moisture**입니다.

> There are leaves **moist** with dew in the garden.
> 정원에 이슬로 축축한 나뭇잎들이 있다.
> Long exposure to **moisture** will cause nails to rust.
> 못을 습기에 오래 노출시키면 녹이 슨다.

이 moist의 동사형은 '축축하게 하다'의 뜻을 가진 **moisten**입니다. 참고로 명사에 -en이 붙으면 동사의 의미를 갖게 된다는 것, 꼭 알아두세요.

> She **moistened** a sponge with water and wiped the table.
> 그녀는 스폰지를 물에 적셔 테이블을 닦았다.

damp 축축한 → moist 축축한 → moisture 수분, 습기 → moisten 축축하게 하다

↑
dam 댐
↓

damage 손상시키다 → age 나이, 나이가 들다

102 laun + dry → laundry

드라이클리닝을 맡기는 곳은 바로 세탁소!

dry는 '건조한'의 뜻으로 쓰이는 형용사입니다. 건조한 날씨가 계속 되면 가장 걱정되는 것이 산불일 겁니다.

> In **dry** weather, forest fires are a great menace.
> 건조한 날씨에는 산불이 큰 위협이 된다.

일상생활에서 우리가 '드라이'라는 말을 가장 많이 쓸 때가 아마 세탁소에 옷 '드라이' 맡긴다고 할 때가 아닌가 싶은데요, 제대로 된 표현은 드라이클리닝입니다. 이렇게 드라이클리닝을 맡기는 '세탁소'는 dry 앞에 laun을 붙인 **laundry**입니다. laundry 안에 있는 dry를 보고 연상을 해보세요.

> Do you know where the nearest **laundry** is?
> 가장 가까운 세탁소가 어디 있는지 아세요?

이 laundry에는 '세탁소' 외에 '세탁물'이란 뜻도 있습니다.

> Doing **laundry** has become much easier thanks to the washer.
> 세탁기 덕분에 세탁하는 것이 훨씬 더 쉬워졌다.

laundry의 동사는 '세탁하다'의 뜻을 가진 **launder**입니다. 그래서 '돈 세탁하다'는 launder money라고 하는데요, 주로 떳떳하지 못한 돈을 관리할 때 쓰는 말입니다.

> It is very difficult to **launder** money these days.
> 요즘은 돈 세탁하는 것이 매우 어렵다.

날씨가 계속 건조한 상태로 지속되면 '가뭄'이 들었다는 뜻인데요, '가뭄'의 뜻을 갖는 단어는 dry의 철자 dr로 시작하는 **drought**입니다.

The farming land is experiencing a two-year **drought**.
그 농경지대는 2년 동안 가뭄을 겪고 있다.

이 drought를 이용해서 다른 단어를 배워볼 수도 있는데요. 가뭄이 들면 물기가 없어서인지 나무 줄기 등을 만져보면 촉촉하지 않고 거칠거칠합니다. 이렇게 '거친, 좋지 않은'의 뜻을 가진 단어가 drought 안에 있는 **rough**입니다.

When wood is first cut, it feels **rough**. 나무를 처음 잘랐을 때는 거칠거칠하다.

이 rough에는 '거친, 좋지 않은'의 뜻 외에도 '미숙한, 대충의'라는 뜻도 가지고 있습니다. 경찰에 입문한지 얼마 안 되는 신참 경찰은 자기가 맡는 사건은 철저히 조사하겠다고 굳게 마음 먹을 겁니다. 하지만 경력이 많지 않은 경찰이라면 아무래도 수사를 하다보면 서투른 부분이 눈에 띄기도 하죠. 이때 앞에서 나온 '철저한'의 뜻은 rough를 이용한 **thorough**입니다.

The police carried out a **thorough** investigation.
경찰은 철저하게 수사를 했다.

rough에서 앞의 철자 r을 t로 바꾸면 '억센, 질긴'의 뜻을 가진 **tough**가 됩니다. 방송매체 등에서 tough guy란 얘기 많이 들어봤죠?

He is **tough** and ambitious. 그는 억세고 야심찬 남자다.

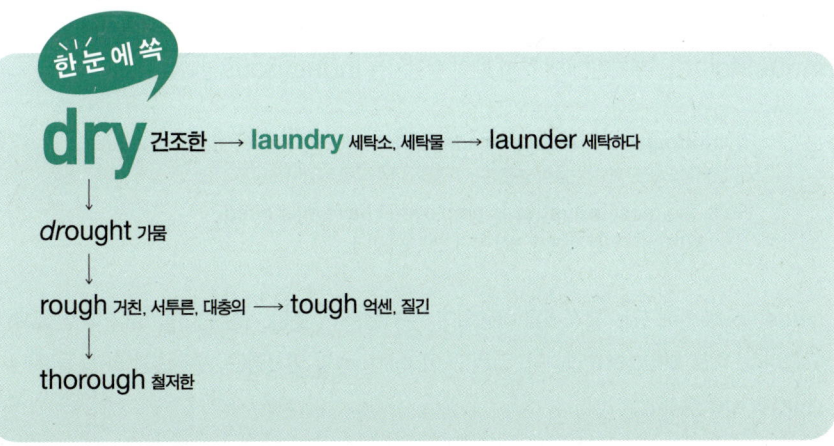

103 in + dust + ry → industry

먼지가 이는 산업체에서도 열심히 일하는 근로자들.

dust는 '먼지'라는 뜻입니다. 이 dust를 들을 때마다 그룹 'Kansas'의 명곡 'Dust in the wind'가 떠오릅니다. 해석해보면 '바람에 이는 먼지'인데요. 집 안으로 들어오는 햇빛 속에 먼지가 떠있는 것을 본 적이 있을 겁니다.

> **Dust** particles are floating in the sunlight.   먼지 입자가 햇빛에 떠다니고 있다.

이런 먼지가 많이 나오는 곳은 어디일까요? 아마 기계가 많이 돌아가는 산업단지나 공업단지일 겁니다. 이 '산업, 공업'에 해당하는 단어를 dust를 이용하면 얻을 수 있습니다. **industry**인 거죠. 참고로 industry는 '근면'이란 뜻도 있는데요, 먼지가 많은 산업체에서도 부지런히 근무하는 근로자들을 생각하면 쉽게 기억될 겁니다.

> **Industry** grew quickly after the discovery of electricity.
> 전기의 발견으로 산업은 급속도로 성장했다.
> His **industry** in college resulted in high grades.
> 대학에서 부지런히 공부한 결과로 그는 높은 학점을 받았다.

industry의 뜻이 두 개인만큼 파생 형용사형도 두 개입니다. '산업의, 공업의'의 의미일 때는 **industrial**이고, '부지런한'의 뜻일 때의 형용사는 **industrious**입니다.

> The **Industrial** Revolution made people move to cities from rural areas.
> 산업 혁명으로 인해 사람들이 농촌에서 도시로 이주하게 되었다.
> He is the most **industrious** employee I have ever hired.
> 그는 내가 고용한 직원 중에서 가장 부지런한 직원이다.

industrious 안에 있는 철자 d를 이용하여 '부지런한'의 뜻을 가진 단어를 하나 더 얻을 수 있습니다. 바로 **diligent**입니다. 그리고 이 diligent의 명사형은 '부지런함'의 뜻을 지닌 **diligence**입니다.

She is **diligent** in pursuit of a degree.
그녀는 학위를 따기 위해 부지런을 떤다.
He works with **diligence** because he loves his work.
그는 자기 일을 무척 좋아해서 부지런히 일한다.

철자가 비슷해서 industrial과 industrious의 뜻이 혼동되는 분들도 있을 텐데요, industrial 안에 '재판'의 뜻을 가진 **trial**이 있는 게 보이십니까? 산업체에서 '산업 폐기물' (industrial waste) 등을 불법으로 방출하면 재판을 받게 되고 벌금도 물게 되잖아요. 그렇게 연관지어서 학습하면 industrial과 industrious를 혼동하는 경우가 확연히 줄어들 겁니다. industrial 안에 단어 trial이 '재판'의 뜻이라고 했는데요, 브루스 윌리스가 2차 대전 중 미군 포로 장교로 나오는 영화 '하트의 전쟁 Hart's War'을 보면 다음과 같은 대사가 나옵니다.

There wouldn't be any **trial** at all. 그 어떤 재판도 없을 것이오.

이렇게 재판이 진행 중일 때는 필요할 경우 증인이 나와 증언을 하기도 합니다. 이때의 '증언하다'는 trial의 첫 철자 t를 활용하여 얻을 수 있는데요, 바로 **testify**입니다. 산드라 블록과 휴 그랜트가 주연한 로맨틱 코미디 영화 '투 윅스 노티스 Two Week's Notice'를 보면 휴 그랜트의 부인이 이혼을 요구하는 자리에서 거액을 요구하자 자기 부인도 회계사와 바람이 났다고 하면서 다음과 같이 말하는 장면이 나옵니다.

He is willing to **testify**. 그 사람이 기꺼이 증언하겠다는군.

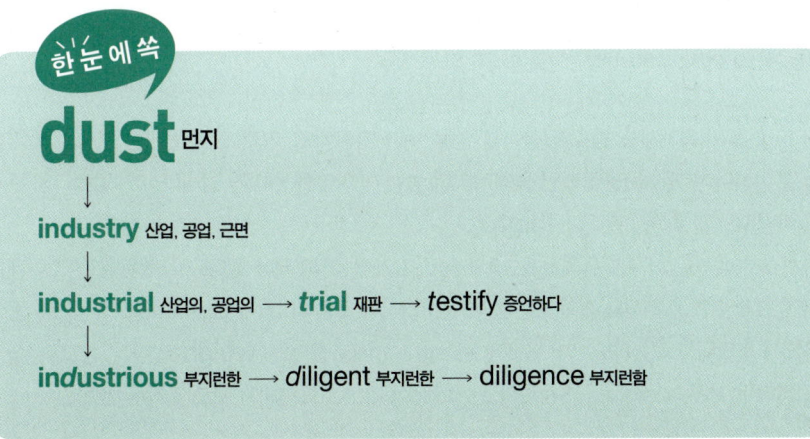

104 fr + eight → freight

감 8킬로를 화물로 받았다.

행운의 숫자가 7이라고 하지만, 의외로 8 **eight**를 자신의 행운의 숫자로 꼽는 분들이 많더라고요. 이번에는 참 쉬운 단어 eight로 새로운 단어들을 배워보겠습니다. 명절을 앞두고 친척집에서 수확한 감을 택배 화물로 8킬로그램이나 보내주었습니다. 정말 기분이 좋겠죠? 이 '화물'은요, eight 앞에 fr을 붙이면 쉽게 얻을 수 있는 **freight**입니다.

> This **freight** must be carefully handled when loading.
> 이 화물은 선적할 때 조심스럽게 다뤄야 한다.

좋은 선물도 받았겠다, 일가친척이 한 자리에 모이는 명절인지라 시골에 내려갔습니다. 가서 보니 1년 만에 본 조카아이의 키가 8센티미터나 훌쩍 자라 있었습니다. 이 '키'는 eight 앞에 h를 붙인 **height**입니다. 사실 의외로 철자 때문에 헷갈리는 단어인데요, eight 앞에 h를 붙인다고 생각하면 훨씬 쉽게 기억할 수 있을 겁니다. 그리고 이 height는 '키'라는 뜻 외에 '높이'라는 뜻도 있습니다. '높은'의 의미를 가진 **high**의 명사형이지요.

> His **height** makes him stand out in the crowd.
> 그의 키 때문에 사람들 사이에서 눈에 확 띈다.
> The building where I will work next week is very **high**.
> 내가 다음 주부터 일할 그 건물은 아주 높다.

이 high를 이용해서도 중요한 단어를 얻을 수가 있는데요, 키가 크고 늘씬한 여성과 키가 작은 여성이 함께 서 있게 되면 넓적다리의 높이가 확연히 차이가 납니다. 이 '넓적다리'는 high 앞에 t를 붙이면 됩니다. **thigh**죠.

다시 조카에게로 화제를 돌려볼까요? 조카가 키가 8센티미터나 컸다고 그랬는데요, 그렇게 키가 크게 되면 몸무게도 같이 느는 것이 정상입니다. 8센티미터가 크면서 8킬로그램이나 몸무게가 늘었다고 하는데요, 이 '몸무게'는 eight 앞에 w를 붙인 **weight**입니다. 참고로 '살을 빼다'는 lose weight, '살이 찌다'는 gain weight로 표현하는 것도 알아두세요.

Exercise is the best way to lose **weight**.
운동이 살을 빼는 가장 좋은 방법이다.

아, 하나를 빠트렸네요 weight의 동사형은 '몸무게가 ~ 나가다'의 **weigh**랍니다. 하지만 아래처럼 의사가 물어보는 것 외에 대놓고 물어보는 것은 실례인 것, 주의하세요.

How much do you **weigh**?
체중이 얼마나 나가십니까?

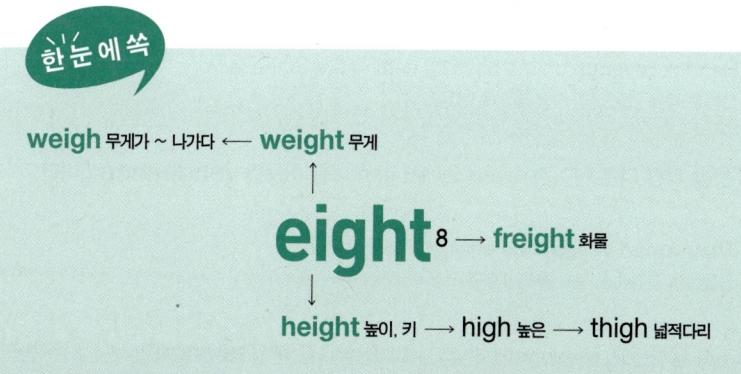

105 r + even + ge → revenge

서로 대등하게 하려고 복수를 하는 것은 위험한 생각이다.

even은 부사로 '심지어'의 뜻으로 많이 쓰입니다.

Even among close friends, courtesy should be maintained.
심지어 친한 친구 사이라도 예절은 지켜져야 한다.

even은 그 자체로 참 많은 뜻을 가진 단어인데요, 형용사로 '비긴, 대등한, 동등한'의 의미로 쓰입니다. 지나가다 장난으로 친구의 머리를 한 대 탁 치고 갔습니다. 그랬더니 그 다음날 친구가 머리를 한 대 탁 쳤다면 서로가 비등비등한 입장이 되는 것이죠. 그때는 이렇게 말할 수 있습니다.

We are **even**. 우리 이제 비긴 거다.

자, 이 뜻도 많고 쓰임새도 많은 even을 가지고 다른 단어를 배워봅시다. 남에게 당한 것을 마음속에 담고 있다가 상대방에게 언젠가는 복수해서 똑같이 하겠다고 생각하는 건 옳은 일일까요? 글쎄요, 복수는 또 다른 상처와 복수를 낳을 뿐입니다. 이렇기 때문에 진정한 용서가 필요한 걸 겁니다. 이 '복수'는 **revenge**인데요, revenge 안에 even이 들어 있는 것, 보이시죠?

He took **revenge** on the boss by setting fire to the factory.
그는 공장에 불을 질러 사장에게 복수했다.

'복수'의 뜻을 가진 다른 단어는 revenge에서 venge를 이용한 **vengeance**입니다.

They vowed **vengeance** against the dictator.
그들은 독재자에게 복수를 맹세했다.

'복수하다'의 동사는요, revenge에서 앞의 re 대신에 a를 붙인 **avenge**입니다. a는 '방화'를 뜻하는 arson의 첫 글자를 이용한 것이라고 생각하면 쉽게 외울 수 있을 겁니다.

I will **avenge** my father's death on them.
그들에게 내 아버지의 죽음에 대한 복수를 할 것이다.

'복수하다'와 상당히 깊은 관계에 있는 단어가 '보복하다'인데요, revenge처럼 re로 시작하는 **retaliate**입니다. 그리고 이 retaliate의 명사형은 '보복'의 의미인 **retaliation**입니다.

When the boy broke her toy, the girl **retaliated** by hitting him.
소년이 소녀의 장난감을 부수어 버리자 소녀는 남자 아이를 때려서 앙갚음했다.

Environmental organizations are going to launch a large-scale economic boycott of French goods in **retaliation** for France's nuclear tests in the South Pacific.
환경 단체들은 프랑스가 남태평양에서 행한 핵 실험에 대한 보복으로 프랑스산 제품 불매 운동을 대대적으로 전개할 예정이다.

마지막으로 even과 관련된 다른 단어를 하나 더 배워볼 게요. even의 뜻이 참 많다고 그랬죠? 그 중의 하나가 '짝수의'라는 뜻인데요, 그래서 even number는 '짝수'를 뜻합니다. 그럼 '홀수'가 뭔지도 알아야겠죠? '홀수'는 odd number입니다. **odd**가 '홀수의'의 뜻이거든요.

Three, five, and seven are **odd** numbers. 3, 5, 7은 홀수이다.

odd는 '홀수의' 뜻 외에 '이상한'의 뜻도 가지고 있다는 것, 꼭 알아두세요.

He is never late and it's **odd** that he's not here now.
그는 절대 지각하는 법이 없는데 지금까지 오지 않으니 이상하다.

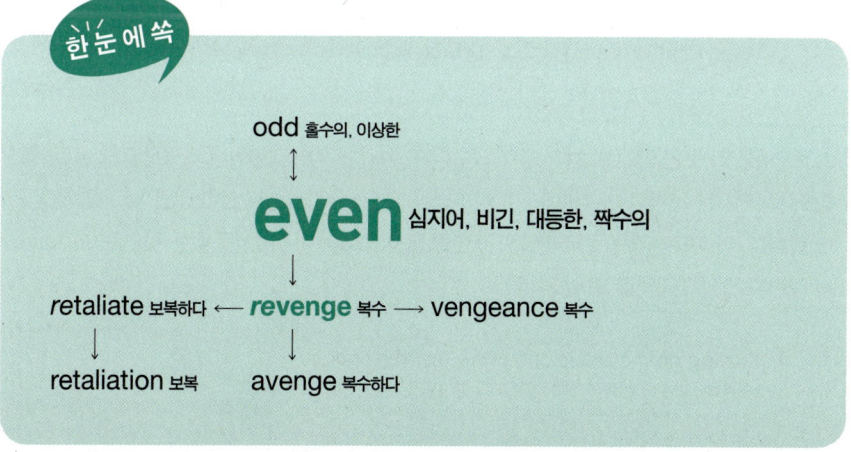

106 pre + face → preface

책의 겉 얼굴이 표지라면 책의 속 얼굴은 서문이다.

face는 우리가 아침마다 거울로 매일 보는 '얼굴'입니다. 얼굴에 상처가 나 있으면 걱정이 되어 이렇게 물어볼 수 있겠죠? What happened to your face?(얼굴 어떻게 된 거야?) 윌 스미스가 주연한 영화 '아이 로봇 I-Robot'에서 로봇과 싸우다 가까스로 살아서 도망쳐 나왔을 때 그의 얼굴에 난 상처를 보고 같이 사는 할머니가 물어본 말이기도 합니다. 이 face가 동사로 쓰이면 '직면하다'의 뜻을 가집니다.

> The problem I am **facing** is serious. 내가 직면해 있는 그 문제는 심각하다.

이제 이 face로 다른 중요한 단어를 배워보겠는데요, 책 앞에는 서문이 있습니다. 책의 '서문'은 책이 시작되는 얼굴이기도 하죠? 그래서 '서문'은 앞에 pre를 붙여 **preface**라고 합니다.

> The book has a **preface** written by the author. 그 책에는 작가가 쓴 서문이 있다.

책의 얼굴이 preface라고 했는데요, 호수라면 호수의 표면이 얼굴일 수 있겠네요. 이때의 '표면'은 face 앞에 sur을 붙인 **surface**입니다.

> Three fourths of the earth's **surface** is covered with water.
> 지구 표면의 4분의 3은 물로 덮여 있다.

surface를 잘 보면 안에 **surf**가 들어 있습니다. surf는 '파도타기하다'의 뜻인데요, 미국 캘리포니아에서는 해마다 이 파도타기 대회가 열리고요, 여기서 챔피언이 되면 꽤 유명해진다고 합니다. 이 파도타기는 결국 파도의 표면을 잘 이용해서 미끄러지듯 타는 것으로 surface와 관련지어 쉽게 기억할 수 있습니다.

> **Surfing** on the sea is one of my favorite sports.
> 바다에서 파도타기하는 것이 내가 가장 좋아하는 스포츠 중 하나다.

이제는 의미연상법으로 face와 연관된 단어를 배워볼게요. 서양인들 얼굴을 보면 멜라닌 색소가 없어서 그런지 주근깨가 유독 도드라져 보입니다. 이 얼굴과 주근깨는 서로 관계 있는 단어로 '주근깨'는 face의 첫 글자 f로 시작하는 **freckle**입니다. 영화 '세렌디피티 *Serendipity*'를 보면 여자가 남자에게 다음과 같이 말하는 장면이 나옵니다.

You are looking at my **freckles**?   지금 내 얼굴에 있는 주근깨 보고 있는 거예요?

얼굴에 주근깨 말고 또 있는 게 무엇이죠? 네, 청춘의 상징 여드름도 빼놓을 수 없죠. 이 여드름은 face의 두 번째 철자 a로 시작합니다. **acne**죠.

Acne is common among teenagers.   여드름은 10대 아이들 사이에서는 흔하다.

또 얼굴과 안색 역시 서로 떼려야 뗄 수 없는 관계가 있습니다. 이 '안색'은요, face의 세 번째 철자 c로 시작하는 **complexion**입니다. 중요한 단어니까 꼭 알아두세요.

She has a pale **complexion**.   그녀는 안색이 창백하다.

face의 마지막 철자로 배울 단어는 **expression**입니다. '표정, 표현'의 뜻으로 얼굴에 나타내는 감정 표현이 '표정'으로 역시 서로 관계가 있습니다.

The professor wore an earnest **expression**.   그 교수는 진지한 표정을 지었다.

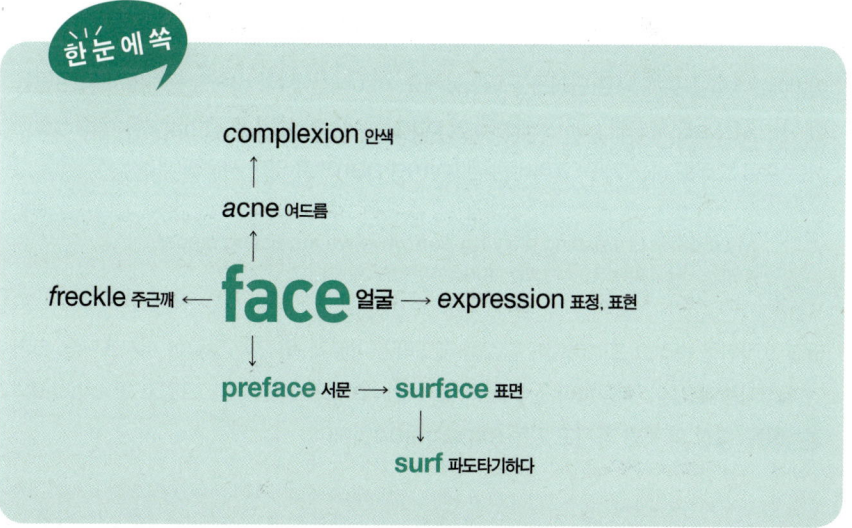

107 in + fan + t → infant

부채를 살랑살랑 부쳐줘서 아기를 재우다.

fan은 '부채, 선풍기'의 뜻을 지닌 단어입니다.

> Thank you for fixing the **fan**.
> 선풍기 고쳐줘서 고마워요.

더운 여름날, 할머니께서 아기가 곤히 잠들 수 있게 살랑살랑 부채를 부쳐주십니다. 이때의 '아기, 유아'를요, **infant**입니다. infant 안에 fan이 들어 있는 게 보이시죠?

> The **infant** began to cry.
> 아기가 울기 시작했다.

'아장아장 걷는 아기'는 infant 끝에 있는 철자 t를 이용하면 됩니다. **toddler**죠.

> Parents hold the hands of **toddlers** when they learn to walk.
> 부모들은 아기들이 걸음마를 배울 때 손을 잡아준다.

이번에는 fan을 통해 다른 단어들을 배워볼게요. 이 f 대신에 f와 비슷한 듯하면서 다른 발음이 나는 철자 p를 넣으면 pan이 되는데 이 **pan**은 '납작한 냄비'의 의미입니다. 일상생활에서는 주로 요리를 하는 기구 '프라이팬'인 **frying pan**으로 많이 사용됩니다.

> My mother is washing a **frying pan** while we are eating dinner.
> 우리가 저녁을 먹는 동안에 엄마는 프라이팬을 닦고 계신다.

달걀 프라이를 하려고 프라이팬에 달걀을 깨뜨리면 어떻게 됩니까? 달걀이 퍼지죠? 즉, 크기가 확장되는데요, 이 '확장하다'는 pan이 들어 있는 **expand**입니다. 그리고 이 expand의 명사형은 '확장'의 뜻을 가지고 있는 **expansion**입니다.

Many astronomers assume that the universe **expands** infinitely.
많은 천문학자들은 우주가 무한히 확장한다고 추정하고 있다.

The company has abandoned plans for further expansion.
그 회사는 더 이상의 확장 계획을 포기했다.

'확장하다'를 배웠으니까 비슷한 의미의 '확대하다'를 알아봐야겠죠? '확대하다' 역시 expand처럼 e로 시작하는 **enlarge**입니다. 혹시 사진관에서 'D, P & E'라고 써 있는 것을 본 적이 있나요? 바로 '현상(Develop), 인화(Print), 그리고 확대(enlarge)'의 앞 글자랍니다. enlarge의 명사형은 '확대'의 뜻을 가진 **enlargement**입니다.

The picture of the lake that I took was so beautiful that I decided to take it to the photo shop and have it **enlarged**.
내가 찍은 그 호수의 사진이 너무 아름다워서 사진관에 가지고 가 확대하기로 했다.

The salesman asked me to purchase a copying machine capable of **enlargement** and reduction.
그 판매원은 내게 확대와 축소가 가능한 복사기를 구입하라고 요청했다.

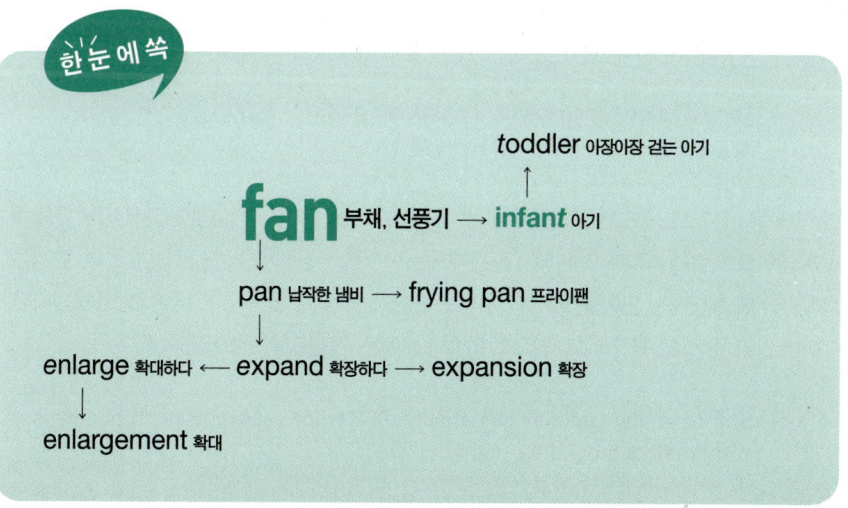

bene + fit → benefit

일을 진행할 때는 적합한 이익을 남길 수 있는지 따져야 한다.

fit은 '적합한'이란 뜻의 형용사입니다.

> Because of his dishonesty, he isn't **fit** to be mayor.
> 그는 정직하지 않아서 시장이 되기에는 적합하지 않다.

fit을 통해서 다른 단어들을 공부해볼 텐데요, 어떤 일을 진행하기 전에는 그 일이 적절한 이익을 가져다 줄 수 있는지 따져보는 경우가 많습니다. '이익'은 fit 앞에 bene를 붙인 **benefit**입니다. 그리고 이 benefit의 형용사형은 '유익한'의 뜻인 **beneficial**입니다.

> Members of the book club will receive special **benefits**.
> 도서 클럽의 회원들은 특별한 혜택을 받게 될 것이다.
> Drinking green tea is said to be **beneficial** to the body.
> 녹차를 마시면 몸에 좋다고 한다.

fit을 가지고 다음 단어를 공부해봅시다. 신나는 파티에 초대를 받았습니다. 이 파티 분위기에 적합한 의상을 골라야겠죠? 이때의 '의상'은 **outfit**입니다.

> I could judge her character through her **outfit**.
> 난 차림새만 봐도 그 여자의 성격을 알 수 있었다.

outfit을 가지고도 중요한 단어를 건질 수 있는데요, 요즘은 굳이 백화점에 가서 비싼 돈을 주지 않아도 저렴한 가격에 멋진 의상을 판매하는 판매점이나 직판장들도 많습니다. 이 '판매점, 직판장'에 해당하는 단어를 outfit의 out을 활용해 얻을 수 있는데요, 바로 **outlet**입니다. 아마 많이 들어보셨을 거예요. 참고로 이 outlet에는 '콘센트'의 뜻도 있습니다.

> The company currently has about 5,000 employees working in hundreds of retail **outlets** around the nation.
> 그 회사는 현재 전국 수 백 개 소매 판매점에 약 5천 명의 직원을 두고 있다.

He inserted a plug into the **outlet**.
그는 콘센트에 플러그를 끼웠다.

자, 다시 fit로 돌아와서요, 거리에 보이는 수없이 많은 회사의 공통된 목적은 경영을 통해서 적절한 이윤을 얻고자 하는 것일 겁니다. 이 '이윤'은 **profit**입니다. 그리고 이 profit의 형용사는 '이익이 되는'이란 뜻을 지닌 **profitable**이랍니다.

Company **profits** have doubled since the introduction of new technology.
신기술을 도입한 후 회사의 이윤이 두 배가 되었다.

Is that a **profitable** business?
이윤이 많은 사업인가요?

fit을 활용해서 배운 단어 benefit, outfit, profit이 알파벳 순서인 것 잊지 마세요.

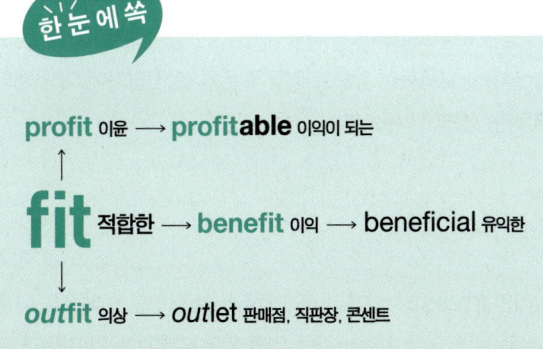

109 investi + gate → investigate

경찰이 대문을 박차고 용의자를 수사하러 들어갔다.

이번에는 '대문'을 나타내는 단어 **gate**입니다.

> When she approached the **gate**, the dog barked at her.
> 그녀가 대문으로 다가가자, 개가 그녀를 보고 짖었다.

보통 우리들은 혹시라도 시끄러운 소리가 날까봐 대문을 조심조심 여닫습니다. 하지만 경찰이 용의자를 수사하기 위해 용의자의 집에 오면 어떨까요? 대문을 박차고 들어갈 겁니다. 이때 앞에서 말한 '수사하다'가요, gate 앞에 invest를 붙인 **investigate**입니다. 이 investigate의 명사형은 '수사'의 의미를 지닌 **investigation**이고요. 미연방수사국 FBI가 **Federal Bureau of Investigation**의 약자인 것은 참고로 알아두세요.

> The police **investigated** the murder, but couldn't find any clue.
> 경찰이 살인사건을 수사했으나 아무런 단서도 찾을 수가 없었다.
> The police detained the suspect until they finished their **investigation**.
> 경찰은 수사가 끝날 때까지 용의자를 억류했다.

경찰은 살인, 사기, 강도 등 여러 분야의 사건을 수사합니다. 요즘처럼 부동산이 들썩들썩할 때 많이 발생하여 경찰이 수사에 착수하는 사건이 바로 분양투자 사기 사건입니다. 이 '투자하다'가 investigate 안에 들어 있는 **invest**입니다. 영화 '이탈리안 잡 Italian Job'을 보면 이탈리아 베니스에서 금고를 탈취한 도둑들이 앞으로 어떻게 돈을 쓸 것인가에 대해 계획을 이야기하면서 다음과 같이 말하는 장면이 나옵니다.

> Don't spend it. **Invest**.
> 돈을 그냥 써버리지 말고 투자하라고.

invest의 명사형은 '투자'의 의미인 **investment**입니다. 컴퓨터로 합성한 여배우를 다룬 영화 '시몬 Simmone'의 앞부분을 보면 영화 속에서 감독 역을 맡은 알 파치노가 다음과 같이 말하는 장면이 나옵니다.

> I'm not interested in **investment**.
> 나는 투자에는 관심 없소.

여러분은 돈이 생긴다면 어디에 투자하고 싶습니까? 개인적으로는 남녀노소, 계절을 가리지 않고 판매할 수 있는 아이템인 조끼를 포함한 의류업체에 투자를 하고 싶은데요, 이 invest 안에는 방금 말한 '조끼'를 뜻하는 **vest**가 들어 있습니다. 그래서 '방탄조끼'는 bulletproof vest라고 하죠.

> A man's suit consists of a jacket, trousers, and a **vest**.
> 남자 정장은 상의와 바지, 그리고 조끼로 되어 있다.

가을에 바람이 불어 쌀쌀할 즈음 벼를 수확할 때 농부들이 조끼를 입고 작업하는 것을 본 적이 있을 것입니다. 이런 '수확'은요, vest 앞에 har를 붙인 **harvest**랍니다.

> A good **harvest** is anticipated this year.
> 올해는 풍성한 수확이 예상된다.

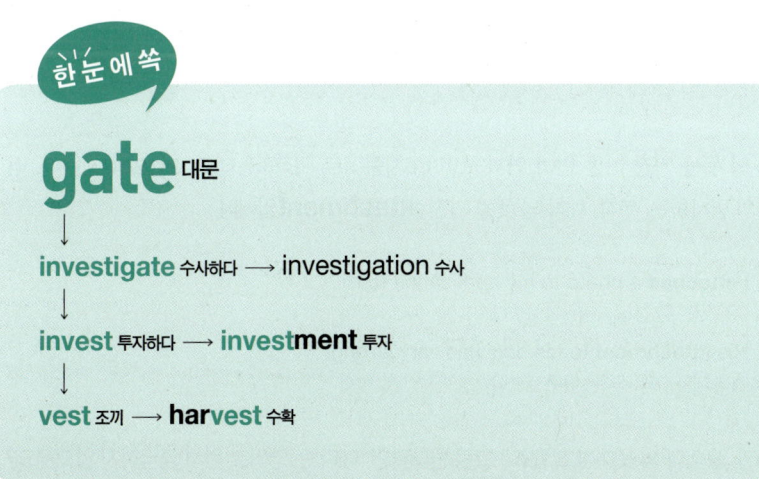

110 ad + here → adhere

여기에 광고를 부착하지 마시오.

here는 '여기에'라는 뜻의 부사입니다. 지금 여기 이 책으로 최선을 다해 공부하려는 여러분의 모습이 아름답습니다.

> We are **here** to help the wounded.
> 저희는 부상당한 분들을 도우러 여기에 왔습니다.

길거리를 지나가다 벽에 자꾸 광고를 붙여서 지저분해지자 주인이 화가 나서 '여기에 광고를 붙이지 마시오.'라고 써 붙인 것을 본 적이 있을 겁니다. 이때의 '붙이다'는 here 앞에 '광고'를 뜻하는 ad를 붙이면 간단하게 얻을 수 있습니다. 바로 **adhere**입니다.

> The glue does not **adhere** to the wall.
> 그 풀은 벽에 잘 붙지 않는다.

여기서 파생한 **adhesive**는 '접착제'라는 뜻인데요, 형용사로 '끈끈한, 접착제의' 의미로도 쓰이는 것, 참고로 알아두세요.

> I bought an **adhesive** at the store on my way home.
> 집에 오는 길에 가게에서 접착제를 샀다.

'붙이다'의 뜻을 가진 다른 단어 역시 adhere처럼 a로 시작하는데요, **attach**입니다. 이 attach의 명사형은 '부착, 애착'의 뜻을 가진 **attachment**입니다.

> I **attached** a photo to my application form.
> 나는 사진 한 장을 지원서에 붙였다.
> His **attachment** to his dog was very strong.
> 개에 대한 그의 애착은 아주 강했다.

attach가 '붙이다'의 뜻이라고 했죠? 그럼 반대말인 '떼다'는 영어로 뭔지 궁금하지 않으세요?

바로 **detach**입니다.

We need a carpenter to **detach** this bookshelf from the wall.
이 책장을 벽에서 떼어내려면 목수가 있어야 한다.

이 detach의 명사형은 뭔지 감이 오시나요? attach의 명사형이 그러했듯이 '분리'의 의미를 지닌 **detachment**입니다.

The **detachment** of cables from the computer will take half an hour.
컴퓨터에서 케이블을 분리하는 데 30분은 걸릴 것이다.

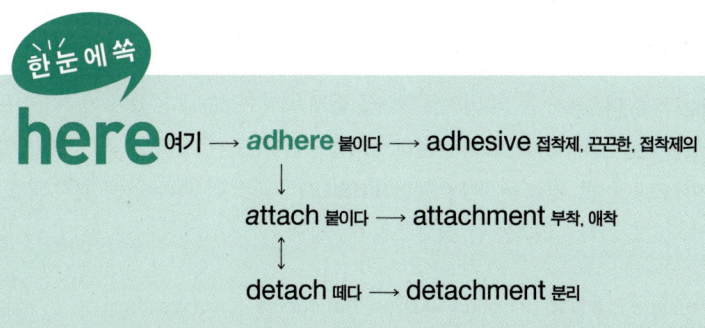

111 p + ill → pill

몸에 병이 나면 약을 먹어야 한다.

ill은 '아픈'의 뜻으로 쓰이는 형용사입니다. 쉽게 외울 수 있는 방법 한 가지 알려드릴까요? 가만히 움직이지 않고 있어도 아픈 경우가 있지만, 일을 너무 많이 해서 피로가 쌓여 아픈 경우도 있을 겁니다. 그걸 이용해서 '일(ill)을 많이 해서 아프다'라고 외우면 절대 잊어버리지 않을 겁니다. 이 ill의 명사형은 '병'이란 의미를 가진 **illness**입니다. '병'이 났다는 것을 여러분은 어떻게 압니까? 그 병과 관련된 증상이 나타날 때 병이 났다는 것을 알 수 있는데요, 이 '증상'은 illness 안에 있는 s를 이용하면 얻을 수 있습니다. 바로 **symptom**이죠.

이제 본격적으로 ill을 이용해서 다른 단어를 배워보겠습니다. 병이 나서 아프면 어떻게 해야 합니까? 그렇죠. 약을 먹어야 합니다. 요즘 나오는 약들은 거의 알약인데요, 이 '알약'은 ill 앞에 p를 붙이면 간단하게 얻을 수 있는 **pill**입니다. 혹시 우리말에서 약을 먹는다고 해서 '알약을 먹다'를 eat a pill로 쓰는 분들 계시죠? 약을 먹는다고 할 때는 eat가 아니라 take를 써야 한다는 것을 꼭 기억하세요.

> He takes sleeping **pills** every night.
> 그는 매일 밤 수면제를 먹는다.

알약이 여러 개다 보면 먹다가 흘릴 수도 있습니다. 이때의 '흘리다'는 pill 앞에 s를 붙이면 됩니다. **spill**이 되는 것이죠. 또 몸이 아픈 사람은 병석에서 약을 먹습니다. 그러다 보면 베개에 약을 흘릴 수도 있을 텐데요, 이 '베개'는 pill을 이용하여 얻을 수 있습니다. 바로 **pillow**입니다.

자, 이번에는 ill을 이용해서 좀 더 어려운 단어를 쉽게 배워보겠습니다. 몸이 너무나 아프면 눈에 실제로는 없는 것이 보이기도 하는 환각 증상을 경험하는 경우도 있습니다. 이때는 얼른 병원에 가야겠죠? 이런 '환각'은 ill을 이용한 **illusion**입니다. 이 illusion은 '환각'의 뜻 외에 '환상'의 의미도 가지고 있다는 것, 참고로 알아두세요.

> A mirage is a kind of optical **illusion** that occurs in hot weather.
> 신기루는 더운 날씨에 일어나는 일종의 시각적인 환각 현상이다.

이렇게 몸이 아픈 사실을 친구들이 알고 있는데도 문병을 오지 않으면 정말 서운하고 심하게는 그 친구들에게 '환멸'을 느낄 수도 있을 겁니다. 이 '환멸'은 illusion에 dis만 붙이면 얻을 수 있는 **disillusion**입니다. 이 disillusion이 '환멸을 느끼게 하다'의 동사로도 쓰이는 것, 꼭 알아두세요.

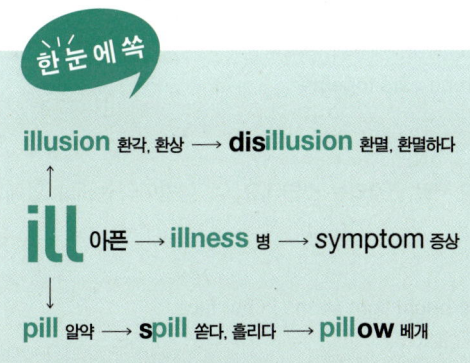

112 s + ink → sink

잉크 한 방울을 물에 떨어뜨려 가라앉히다.

이번에 학습할 단어는 잉크 **ink**입니다. 옛날 작가들에게 잉크는 글을 쓸 때 정말 없어서는 안 될 귀한 것이었습니다.

> He dipped his pen in the **ink**.
> 그는 펜을 잉크에 적셨다.

여러분은 혹시 잉크를 물에 떨어뜨려본 적이 있으세요? 자세히 보면 물에 퍼지면서 가라앉는데요, 이렇게 '가라앉다'는 ink 앞에 s를 붙이면 됩니다. **sink**인 것이죠. 이 sink 외에도 '가라앉다'를 나타내는 표현으로 **go down**을 쓰기도 합니다.

> The boat capsized in the storm, but luckily it didn't **sink**.
> 그 배는 폭풍에 뒤집혀졌지만 다행히 가라앉지는 않았다.
> The ship is about to **go down**.
> 배가 지금 막 가라앉으려 한다.

이 sink에 첫 철자를 알파벳 순서대로 바꿔 새로운 단어를 얻는 자음 순환법을 적용하여 단어를 배워봅시다. 첫 단어는 **link**입니다. '연결시키다'의 뜻인데요, 이 link를 가장 많이 쓰는 곳이 아마 인터넷일 겁니다. 인터넷에서 다른 사이트로 연결할 때 링크시킨다고 하잖아요.

> The workers **linked** the railroad cars together.
> 인부들이 철도 차량을 연결했다.

눈을 깜박인다는 것은 위아래 속눈썹이 서로 연결되는 것인데요, 이 '깜박이다'는 link 앞에 b를 붙이면 됩니다. **blink**죠.

> She **blinked** her eyes as the bright light shone in her face.
> 밝은 빛이 얼굴에 비춰자 그녀는 눈을 깜박였다.

l과 비슷한 발음이 나는 철자가 바로 r인데요, link의 l을 r로 바꾸면 **rink**가 됩니다. '스케이트장'이라는 뜻입니다.

>The boy is sitting by the skating **rink**.
>남자 아이가 스케이트장 옆에 앉아 있다.

스케이트를 처음 타보는 사람은 앞으로 씽씽 나갈 수가 없습니다. 스케이트장 가장자리를 붙잡고 조심조심 내딛다보면 어느 순간 혼자 탈 수 있게 되는데요, 이 '가장자리'는 rink 앞에 b를 붙인 **brink**로 간단히 얻을 수 있습니다.

>He is standing on the **brink** of the cliff.
>그는 절벽 가장자리에 서 있다.

'가장자리'의 뜻을 가지고 있는 다른 단어로 brink처럼 bri로 시작하는 **brim**도 있는데요, brink는 낭떠러지나 절벽의 '가장자리'고요, brim은 잔이나 모자의 '가장자리'라는 것, 참고로 알아두세요.

>The woman filled the glass to the **brim** with water because she felt thirsty.
>그 여자는 목이 말라서 잔 가장가리에 넘치도록 물을 채웠다.

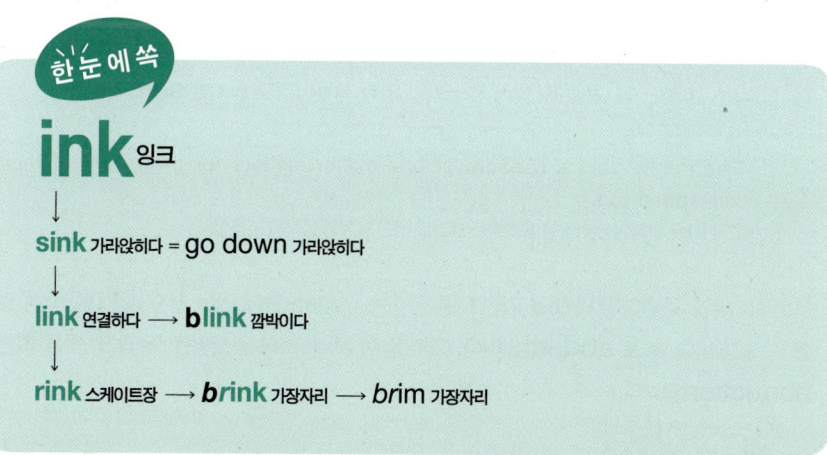

113 kid + nap → kidnap

거액의 몸값을 노리고 아이를 유괴하다.

kid는 '아이'라는 뜻을 가지고 있습니다. 그러고 보니까 아이 많은 집의 이야기를 다룬 코믹 영화 '열 두명의 웬수들 *Cheaper by the Dozen*'이 생각나세요.
여러 범죄 중에서도 개인적으로 가장 악질적인 것이 바로 아무 것도 모르는 천진한 어린 아이를 유괴하는 것이라고 생각합니다. 이 '유괴하다'는요, kid에 nap을 붙이면 됩니다. **kidnap**인 거죠.

> This is the park where the child was **kidnapped**.
> 여기가 그 아이가 유괴된 공원입니다.

kidnap을 자세히 보니 '낮잠 자다'의 뜻을 가진 **nap**이 들어 있습니다. 대부호의 아이를 유괴하여 몸값을 요구하는 사건을 다룬 멜 깁슨 주연의 영화 '랜섬 *Ransom*'을 보면 아이를 유괴한 후 유괴범들이 낮잠을 자는 장면이 나옵니다.

> I usually take a **nap** after lunch.
> 난 보통 점심 먹고 난 후에는 낮잠을 자지.

이렇게 유괴범들이 아이들을 유괴하는 이유는 무엇일까요? 바로 거액의 몸값을 받아내 돈을 챙기겠다는 건데요, 이 '몸값'이 앞서 언급했던 영화 제목이기도 한 **ransom**입니다.

> The family paid a **ransom** of one million dollars for the return of their kidnapped son.
> 그 가족은 납치당한 아들을 돌려받는 대가로 백만 달러의 몸값을 지불했다.

kidnap 외에 '유괴하다'의 뜻을 가진 다른 단어는 kidnap 안에 있는 철자 a를 이용하여 얻을 수 있습니다. 바로 **abduct**입니다. 그리고 이 abduct의 명사형은 '유괴'의 뜻을 지닌 **abduction**입니다.

A stranger **abducted** the child outside a house.
낯선 사람이 그 아이를 집 밖으로 유괴해갔다.

He insisted that he have nothing to do with the **abduction**.
그는 그 납치사건과 자기는 아무런 연관이 없다고 주장했다.

kid를 이용한 중요한 단어 하나를 더 배워볼까요? 요즘에는 환경적, 유전적 영향 때문인지 과거 성인들이 알았던 성인병을 어린이들이 앓는 경우가 많습니다. 그 중 하나가 바로 소아 당뇨죠. 당뇨병은 합병증이 무서운 병인데요, 특히 신장 기능에 이상이 생기는 경우가 많다고 해요. 소아 당뇨에 걸린 어린이라면 이 신장병을 특히 유의해야 하는데, 이 '신장'이 바로 **kidney**랍니다.

The **kidney** transplant surgery was successfully performed.
신장 이식 수술은 성공적으로 행해졌다.

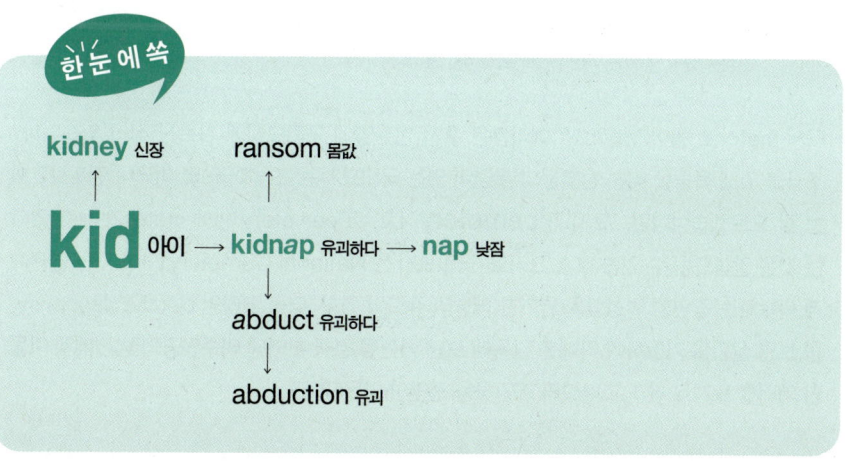

114 ce + meter + y → cemetery

몇 미터인지 넓이를 알 수 없는 묘지에 잠들어 있는 영령들!

길이를 나타내는 단위인 미터 **meter**는 생활에서 정말 많이 쓰는 영어 단어 가운데 하나입니다. 하천의 양끝을 잇는 다리의 길이를 재보니 50미터였습니다. 이때의 '재다'는 한자로 유식하게 말하면 '측정하다'의 의미인데요, 이 '측정하다'는 meter의 앞 글자 me를 이용하면 얻을 수 있습니다. **measure**인 것이죠. 사형제 폐지의 메시지를 담은 케빈 스페이시 주연의 영화 '데이비드 게일 *The Life of David Gale*'을 보면 다음과 같은 대사가 나옵니다.

> The only way we can **measure** the significance of our own lives is by evaluating lives of others.
> 우리 자신의 생명이 중요하다는 것을 측정할 수 있는 유일한 방법은 다른 사람의 생명을 평가해보는 것이다.

이 '측정하다'의 의미로 쓰였을 때의 명사형은 '측정'의 의미인 **measurement**인데요, measure 자체가 명사로 쓰일 때가 있습니다. 그때는 '조치'의 의미를 지니게 됩니다.

> A tailor must take precise **measurements** before making a suit.
> 재단사는 옷을 만들기 전에 정확한 치수를 재야 한다.
> We must take preventive **measures** to reduce crime.
> 범죄를 줄일 수 있는 예방조치를 취해야만 합니다.

다시 meter로 돌아가볼까요? 여러분은 혹시 현충일에 국립묘지에 가보신 적이 있습니까? 조국을 위해 목숨을 바친 선열들의 무덤이 있는 국립묘지는 그 넓이가 몇 미터나 될까요? 저는 잘 모르겠습니다만, '묘지'가 **cemetery**이고, 그 cemetery 안에 meter가 들어 있다는 것은 말씀드릴 수 있습니다. 그리고 '국립묘지'는 National Cemetery입니다. 전 남편에게 복수하는 강인한 여성상을 연기한 애슐리 쥬드의 영화 '더블 크라임 *Double Jeopardy*'을 보면 살인을 가장하여 아내를 감옥에 보낸 남편을 결국 찾아낸 여주인공이 남편에게 아들인 매티를 묘지로 데리고 나오라고 말하는 장면이 나옵니다.

I want you to bring Matti to the **cemetery**.
당신이 매티를 묘지로 데리고 나왔으면 좋겠어.

요즘은 묘지에 묻는 대신 화장하는 문화가 확산되고 있는 추세입니다. 이때의 '화장하다'는 cemetery의 첫 철자 c로 시작하거든요. 바로 **cremate**입니다. 영화 '매디슨 카운티의 다리 Bridges of Madison County'를 보면 엄마가 유언을 남겼는데, 바로 화장을 해달라는 거였다고 말하는 다음과 같은 대사가 나옵니다.

She wished to be **cremated**.
엄마는 화장을 해주기를 바라셨어.

meter를 이용하여 다른 단어를 더 공부해볼게요. 둥그런 원형 광장을 재보니 지름이 20미터 정도 됩니다. 이때의 '지름'은 meter 앞에 dia를 놓으면 쉽게 얻을 수 있습니다. **diameter** 인 것이죠.

She drew a circle two inches in **diameter**.
그녀는 지름이 2인치인 원을 그렸다.

마지막으로 meter가 들어간 단어 하나를 더 배워봅시다. 지름이 수 백 미터나 되는 운석이 지구에 떨어진다면 이건 전 세계적으로 굉장한 사건이 되겠죠? 이 '운석'은 meter에 철자 o를 추가한 **meteor**랍니다.

On clear nights, **meteors** often can be seen streaking across the sky.
맑은 날 밤에는 운석들이 하늘을 가로질러 떨어지는 것을 흔히 볼 수 있다.

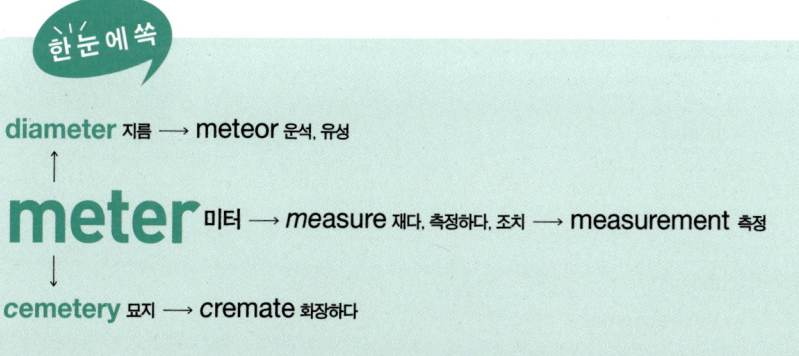

SECTION 4 *review test*

☑ 앞에서 읽은 내용을 연상하면서 다음 어휘 고리를 채워보세요. 정답은 책 속에 부록에 있습니다.

1 actor → _____
   → factor → _____
      → factory - _____ - _____ - _____
      → benefactor

2 ant → tenant → _____ → _____
         → real estate agent
      → _____
   → antidote

3 apple → apology - _____
   → grapple - _____ - _____ → grip
                              → crab

4 bat → _____ → _____
         → cattle
      → _____ - rat - _____
   → acrobat

5 bull → bullet - _____ - _____
   ↔ cow - _____ - _____

6 car → _____
   → carbon - _____ - _____ - _____
   → cardinal
   → _____ → _____
   → cartoon → _____

7 cat → _____
   → scatter
   → catch → _____ - _____
         → capture - _____

8 cent → scent → _____ - _____
              → descent - _____ - _____ - ancestor

9 cold → scold → _____ → clap - _____ - _____ - collapse
              → _____

10 cream → scream → _____
                 → _____ - _____ - yell
                 → exclaim

11 cut → cute → _____ - _____ - chronicle
             → persecute - _____

12 dam → damage - _____
      → damp - _____ - _____ - moisten

13 dry → _____ - _____
      → drought - _____ → _____
                         → tough

14 dust → industry → _____ → trial - _____
                 → _____ - diligent - _____

15 eight → freight
       → _____ - _____ - thigh
       → _____ - weigh

16 even → revenge → _____
      → avenge
      → _____ - retaliation
      ↔ _____

17 face → preface - _____ - _____
      → freckle - _____ - _____ - expression

18 fan → infant - _____
        → _____ → _____
                    → expand → _____
                            → _____ - enlargement

19 fit → _____ - beneficial
     → _____ - outlet
     → profit - _____

20 gate → investigate → _____
                    → _____ - investment
                    → _____ - harvest

21 here → adhere → _____
              → attach - _____ - _____ - detachment

22 ill → illness - _____
     → pill - _____ - _____
     → illusion - _____

23 ink → _____ - go down
     → link - _____
     → _____ - brink - _____

24 kid → _____ → _____ - ransom
                → abduct - _____
     → kidney

25 meter → measure - _____
       → _____ - _____
       → diameter - _____

> ☑ SECTION 3에서 배웠던 단어들을 다시 한 번 체크해봅시다.

- [ ] afraid 두려운 - raid 습격 - aid 도움 - aide 측근 - assistance 도움, 원조 - assist 도와주다 - maid 하녀 - mermaid 인어

- [ ] again 다시 - gain 얻다 - acquire 획득하다 - acquisition 획득 - obtain 얻다 - inquire 묻다 - require 요구하다

- [ ] appear 나타나다 - pear 배 - spear 창 - shield 방패 - windshield 자동차 앞 유리 - appearance 외모, 출현 - disappear 사라지다 - sap 수액 - extinct 멸종된 - extinction 멸종

- [ ] approach 접근하다 - roach 바퀴벌레 - appetite 식욕 - appetizer 전채 - dessert 후식 - desert 사막 - poach 밀렵하다 - poacher 밀렵꾼

- [ ] because ~ 때문에 - cause 원인, 야기시키다 - pause 중단하다 - clause 절 - phrase 구 - phase 국면, 양상, 측면 - aspect 측면

- [ ] believe 믿다 - lie 거짓말하다, 눕다 - alien 외계인 - alienate 소외시키다 - alienation 소외 - client 고객 - customer 손님 - relieve 안심하다 - relief 안심 - belief 믿음 - grieve 크게 슬퍼하다 - grief 큰 슬픔

- [ ] blame 비난하다 - lame 절뚝거리는 - lament 비탄하다 - filament 필라멘트 - limp 절뚝거리다 - leg 다리 - legend 전설 - legacy 유산

- [ ] clean 깨끗한, 청소하다 - lean 기대다 - glean 모으다, 줍다 - gather 모으다 - clear 분명한 - unclear 불분명한 - nuclear 핵의

- [ ] climb 오르다 - limb 사지 - cliff 절벽 - precipice 절벽 - crawl 기어오다 - creep 기어가다 - step 걸음 - steep 가파른

- [ ] determine 결심하다 - deter 못하게 하다 - defer 연기하다 - term 기간 - terminate 종결시키다 - mine 지뢰, 광산 - famine 기아

- [ ] eastern 동쪽의, 동양의 - stern 엄격한 - strict 엄격한 - stringent 엄격한 - district 지역 - restrict 제한하다 - restriction 제한

- [ ] excite 흥분시키다 - cite 인용하다 - recite 암송하다, 낭송하다 - quote 인용하다 - quotation 인용 - site 장소 - opposite 반대편의 - sight 경치, 광경 - sigh 한숨

- [ ] foreign 외국의 - reign 지배하다 - govern 통치하다 - governor 주지사 - government 지배, 정부 - sovereign 주권이 있는 - sovereignty 주권 - exotic 이국적인

- [ ] forget 잊다 - forge 벼리다, 위조하다 - gorge 협곡 - canyon 협곡 - gorgeous 멋진 - splendid 멋진 - superb 멋진

- [ ] important 중요한 - import 수입하다 - port 항구 - export 수출하다 - expert 전문가 - expertise 전문 지식 - portrait 초상화 - trait 특성 - traitor 반역자

- [ ] learn 배우다 - earn 얻다, 벌다 - earnest 열심인, 열렬한 - nest 둥지 - honest 정직한 - honesty 정직 - lecture 강의

- [ ] mistake 실수(하다) - mist 안개 - fog 안개 - stake 말뚝 - at stake 위험에 처한 - chemist 화학자 - physicist 물리학자 - alchemist 연금술사

- [ ] paint 페인트(칠하다) - pain 고통 - painful 고통스런 - agony 고통 - anguish 고통 - faint 기절하다 - pass out 기절하다 - swoon 기절하다

- [ ] please 기쁘게 하다, 제발 - lease 임대 - plea 탄원 - flea 벼룩 - petition 탄원 - repetition 반복 - repeat 반복하다 - entertain 즐겁게 하다 - entertainer 연예인

- [ ] relate 관련시키다 - elate 고무시키다 - enhance 고양시키다 - relation 관계 - relationship 관계 - relevance 관련 - relevant 관련 있는

- [ ] speak 말하다 - peak 정상 - acme 절정 - summit 정상(회담) - supreme 최고의 - supremacy 최고 - uppermost 최상의

- [ ] terrible 끔찍한 - rib 갈비 - bribe 뇌물 - bribery 뇌물수수 - tribe 부족 - crib 아기침대 - cradle 요람

- [ ] their 그들의 - heir 상속인 - heiress 여자상속인 - throne 왕좌 - inherit 물려받다 - inheritance 유산 - heritage 유산

- [ ] think 생각하다 - thin 날씬한, 얇은 - thick 두꺼운 - slender 날씬한 - slim 날씬한 - thought 생각, 사상 - thoughtful 사려 깊은

- [ ] throw 던지다 - row 줄, 노젓다 - crow 까마귀 - magpie 까치 - crowd 무리 - disperse 해산시키다 - arrow 화살 - sparrow 참새

- [ ] write 쓰다 - rite 의식 - ritual 의식 - spiritual 영혼의, 정신의 - spirit 영혼, 정신 - soul 영혼, 사람 - hypocrite 위선자

> ☑ SECTION 2에서 배웠던 단어들을 다시 한 번 체크해 봅시다.

- [ ] corner 구석 - corn 옥수수 - scorn 경멸하다, 경멸 - acorn 도토리 - despise 경멸하다 - disdain 경멸하다 - respect 존경하다

- [ ] flower 꽃 - flow 흐르다 - plow 밭을 갈다 - lower 낮추다 - flour 밀가루 - flourish 번창하다 - thrive 번창하다

- [ ] present 선물, 현재의 - resent 분개하다 - resentment 분개 - represent 상징하다, 나타내다 - gift 선물, 재능 - gifted 재능 있는 - talent 재능 - souvenir 기념품

- [ ] bridge 다리 - ridge 산마루 - porridge 죽 - abridge 단축하다, 요약하다 - abbreviate 단축하다 - abbreviation 단축, 약어 - valley 계곡 - alley 오솔길, 골목길

- [ ] dragon 용 - drag 끌다 - rag 누더기 - nag 잔소리하다 - tag 꼬리표 - wag 꼬리를 흔들다 - wagon 짐마차

- [ ] fire 불, 해고하다 - fir 전나무 - fireplace 벽난로 - hire 고용하다 - employ 고용하다 - employee 종업원 - employer 고용주 - flame 불길 - ignite 점화시키다 - ruins 잔해 - extinguish 불을 끄다

- [ ] friend 친구 - end 끝(나다), 목적 - endeavor 노력하다 - effort 노력(하다) - fortress 요새 - endow 주다 - endure 견디다

- [ ] movie 영화 - vie 경쟁하다 - compete 경쟁하다 - competition 경쟁 - competitive 경쟁력 있는 - complete 끝내다, 완성하다 - deplete 고갈시키다

- [ ] museum 박물관 - muse 명상하다 - meditate 명상하다 - meditation 명상 - use 사용하다 - abuse 남용하다, 학대하다 - fuse 융합시키다 - fusion 융합 - confuse 혼란시키다 - confusion 혼란

- [ ] address 주소, 연설하다 - envelope 봉투 - add 추가하다, 더하다 - addition 추가 - additional 추가하는 - addiction 중독 - addict 중독되게 하다, 중독자 - ladder 사다리 - bladder 방광, 부레 - ad / advertisement 광고 - advertise 광고를 내다 - dress 의복, 정장 - robe 의복

- [ ] plane 비행기 - lane 차로 - pavement 포장도로 - pave 포장하다 - planet 행성 - plain 평원 - complain 불평하다 - complaint 불평 - explain 설명하다 - explanation 설명

- [ ] player 선수 - athlete 운동선수 - layer 층 - atmosphere 대기 - play 놀다, 연극 - lay 놓다, 알을 낳다 - delay 연기하다 - adjourn 연기하다 - postpone 연기하다

- [ ] police 경찰 - lice 이 - malice 악의 - malicious 악의적인 - slice 얇게 자르다 - accomplice 공범 - accomplish 성취하다 - accomplishment 성취 - achieve 성취하다 - achievement 성취 - attain 성취하다, 달성하다 - attainment 성취, 달성

- [ ] rabbit 토끼 - hare 산토끼 - share 공유하다 - bit 작은 조각 - habit 습관 - inhabit 거주하다 - inhabitant 거주민 - orbit 궤도 - obituary 사망기사

- [ ] August 8월 - gust 돌풍, 질풍 - gale 질풍 - storm 폭풍 - thunder 천둥 - disgust 넌더리, 혐오 - disgusting 역겨운

- [ ] advice 충고 - advise 충고하다 - vice 악 - virtue 미덕 - device 장치 - devise 고안하다 - service 예배, 봉사, 용역 - sermon 설교(하다)

- [ ] appointment 약속 - ointment 연고 - apply 발라주다, 적용하다 - appoint 임명하다 - point 끝, 점수, 가리키다 - disappoint 실망시키다 - disappointment 실망

- [ ] charm 매력 - harm 해를 끼치다, 해 - harmony 조화 - hurt 해치다 - arm 팔 - charming 매력적인 - attractive 매력적인 - attract 끌어당기다

- [ ] courage 용기 - rage 분노 - tragedy 비극 - tragic 비극적인 - comedy 희극 - comic 희극적인 - encourage 격려하다 - encouragement 격려

- [ ] credit 신용 - edit 편집하다 - editor 편집자 - editorial 사설 - edition 편집 - expedition 원정 - excursion 소풍

- [ ] danger 위험 - dangerous 위험한 - anger 화, 분노 - angry 화난 - risk 위험, 위험을 무릅쓰고 ~하다 - risky 위험한 - endanger 위험에 빠뜨리다

- [ ] devil 악마 - evil 악한 - wicked 사악한 - demon 악마 - demonstrate 시위하다, 설명하다, 증명하다 - demonstration 시위, 설명, 증명 - monster 괴물

- [ ] example 예, 모범 - ample 충분한 - sufficient 충분한 - insufficient 불충분한 - sample 견본 - specimen 표본 - trample 짓밟다

- [ ] failure 실패 - lure 유혹하다 - allure 유혹하다, 꾀다 - entice 유혹하다 - seduce 유혹하다 - tempt 유혹하다 - temptation 유혹 - attempt 시도하다 - contempt 경멸

- [ ] generation 세대 - gene 유전자 - genetic 유전적인 - generous 관대한 - generosity 관대함 - general 장군, 일반적인 - ration 식량, 할당량

- [ ] ghost 유령 - host 남자 주인, 개최하다 - hostess 여자 주인 - hostage 인질 - stage 무대 - grave 무덤 - engrave 새기다 - brave 용감한

- [ ] peace 평화 - pea 완두콩 - bean 강낭콩 - peasant 농부 - pheasant 꿩 - farmer 농부 - farm 농장

- [ ] pride 자부심, 오만함 - proud 자부심 있는, 자랑스러운 - bride 신부 - rid 제거하다 - remove 제거하다 - eliminate 제거하다 - eradicate 제거하다 - erase 제거하다

- [ ] problem 문제 - rob 강도질하다 - robber 강도 - burglar 강도 - rubber 고무 - elastic 신축성 있는 - rub 문지르다 - scrub 세게 문지르다

- [ ] question 질문 - quest 추구 - conquest 정복 - conquer 정복하다 - conqueror 정복자 - cruel 잔인한 - brutal 잔인한

- [ ] Wednesday 수요일 - wed 결혼하다 - wedding 결혼 - anniversary 기념일 - engage 약혼하다 - engagement 약혼 - divorce 이혼(하다)

> ☑ SECTION 1에서 배웠던 단어들을 다시 한 번 체크해 봅시다.

☐ taxi 택시 - tax 세금 - ax 도끼 - axis 축 - income 소득 - outcome 결과 - cab 택시 - chauffeur 자가용 운전사 - cabbage 양배추 - vocabulary 어휘

☐ scarf 스카프 - scar 상처, 흉터 - scare 무섭게 하다 - scarecrow 허수아비 - frighten 놀라게 하다, 겁먹게 하다 - care 걱정, 조심 - careful 조심스런 - careless 조심성 없는 - cautious 조심성 있는 - caution 조심 - career 경력, 이력

☐ hamburger 햄버거 - urge 재촉하다, 조르다 - urgent 긴급한 - urgency 긴급 - purge 숙청하다 - punish 처벌하다 - punishment 처벌 - surge 파도처럼 밀려오다 - insurgent 반란자, 반란을 일으킨 - surgeon 외과의사 - physician 내과의사 - burgeon 싹이 트다

☐ hospital 병원 - hospitality 호의 - hospitalize 입원하다 - spit 침(을 뱉다) - pit 구덩이 - armpit 겨드랑이 - hygiene 위생 - hygienic 위생적인 - operation 수술 - operate 수술하다 - sanitation 위생 - sanitary 위생적인 - patient 환자, 참을성 있는 - patience 참을성 - impatient 참을성 없는 - impatience 조급증

☐ spray 스프레이, 뿌리다 - pray 기도하다 - prayer 기도 - altar 제단 - alter 바꾸다 - alternative 대안 - ray 광선 - array 정렬시키다 - arrange 정렬시키다 - prey 먹이 - edible 먹을 수 있는

☐ number 수, 숫자 - numb 마비된 - paralyze 마비시키다 - paralysis 마비 - anesthesia 마취 - anesthetic 마취제 - dumb 멍청한 - deaf 말 못하는 - blind 눈 먼, 블라인드 - vertical 수직의 - horizontal 수평선의 - horizon 수평선 - disabled 장애가 있는 - crippled 장애가 있는

☐ president 대통령 - resident 거주민 - reside 거주하다 - residence 저택 - preside 주재하다 - privilege 특권 - vile 비열한 - inaugurate 취임하다 - inauguration 취임

☐ mountain 산 - mount 오르다 - amount 액수, 총합이 ~가 되다 - paramount 최고의 - surmount 타고 넘다, 극복하다 - fountain 분수 - temple 절 - contemplate 심사숙고하다 - plate 접시

☐ coffee 커피 - fee 요금 - fare 교통 요금 - feeble 연약한 - frail 연약한 - frailty 약함 - fragile 깨지기 쉬운 - coffin 관 - casket 관

☐ monkey 원숭이 - monk 스님, 수도사 - nun 수녀 - pronunciation 발음 - pronounce 발음하다, 선언하다 - monastery 수도원 - convent 수녀원 - convention 대회, 관습 - conventional 전통적인, 관습적인

☐ camera 카메라 - era 시대 - epoch 시대 - epoch-making 획기적인 - opera 오페라 - cooperate 협력하다 - cooperation 협조, 협력 - corporation 큰 회사 - company 회사 - companion 동료 - comrade 동료, 동지 - colleague 동료

☐ grape 포도 - rape 강간하다 - ape 유인원 - rapist 강간범 - assault 공격하다, 성폭행하다, 폭행 - assail 공격하다 - attack 공격하다 - tack 압정

☐ beer 맥주 - brew 양조하다 - brewery 양조장 - bee 벌 - sting 쏘다 - distinguish 구별하다 - distinction 구별 - distinct 뚜렷한

☐ father 아버지 - fat 뚱뚱한, 지방 - carbohydrate 탄수화물 - protein 단백질 - fatigue 피로 - fate 운명 - destiny 운명 - tiny 작은 - feather 깃털 - leather 가죽 - weather 날씨

- [ ] bank 은행, 제방 - bankrupt 파산한 - rupture 파열 - ban 금지하다 - urban 도시의 - disturbance 소란 - disturb 방해하다 - rural 시골의 - van 밴 - banish 추방하다 - vanish 사라지다

- [ ] mother 엄마 - moth 나방 - smother 질식시키다 - suffocate 질식시키다 - stifle 질식시키다 - strangle 질식시키다 - angle 각도 - choke 질식시키다

- [ ] kitchen 부엌 - hen 암탉 - cock 수탉 - hatch 부화하다 - itch 간지럽다 - kit 작은 상자 - kitten 어린 고양이 - mitten 벙어리장갑

- [ ] dinner 저녁 식사 - dine 식사하다 - din 소음, 소란 - dean 학장 - noise 소음 - noisy 시끄러운 - dinosaur 공룡

- [ ] cousin 사촌 - sin 죄 - since ~ 이래로 - sincere 진지한 - sincerity 진지함, 성실함 - reflect 반성하다, 반사하다 - reflection 반성 - assassin 암살자 - assassinate 암살하다 - assassination 암살

- [ ] teacher 선생님 - tutor 가정교사 - ache 아프다, 아픔 - headache 두통 - toothache 치통 - moustache 콧수염 - beard 턱수염 - whisker 구레나룻

- [ ] student 학생 - pupil 학생 - stud 박히다 - dent 움푹 들어간 곳 - ardent 열심인, 열렬한 - study 공부하다, 서재 - sturdy 튼튼한, 억센

- [ ] piece 조각 - pie 파이 - niece 여자조카 - nephew 남자조카 - pier 부두 - pierce 관통하다 - penetrate 관통하다 - fierce 사나운 - ferocious 사나운

- [ ] switch 스위치, 바꾸다 - shift 바꾸다, 교대 - transform 변형시키다 - transformation 변형 - witch 마녀 - wizard 마법사 - lizard 도마뱀 - blizzard 눈보라

- [ ] furniture 가구 - fur 모피 - fleece 양털 - furnace 화덕, 용광로 - fury 격분 - furious 격분한 - furrow 고랑

- [ ] message 전언, 메시지 - mess 뒤죽박죽, 엉망진창 - messy 지저분한 - sage 현자 - massage 마사지, 안마 - mass 덩어리, 대량 - amass 쌓다 - accumulate 축적하다 - accumulation 축적

- [ ] black 검정색 - lack 부족, 결핍 - slack 느슨한 - slacken 느슨하게 하다, 완화시키다 - loose 느슨한, 헐거운 - loosen 느슨하게 하다 - goose 거위

- [ ] brush 솔, 솔질하다 - rush 급히 가다 - crush 뭉개다 - hurry 서두르다, 서두름 - haste 서두름 - toothpaste 치약 - paste 반죽 - waste 낭비(하다)

- [ ] manicure 매니큐어 - cure 치료하다 - remedy 치료, 치료하다 - obscure 불분명한, 모호한 - vague 모호한 - secure 안전한, 확보하다 - security 안전, 안보

- [ ] finger 손가락 - fin 지느러미 - shark 상어 - thumb 엄지손가락 - finite 유한한 - infinite 무한한 - linger 오래 남아 있다

- [ ] butter 버터 - butt 엉덩이, 꽁초 - utter 말하다, 완전한 - mutter 중얼거리다 - mumble 중얼거리다 - murmur 중얼거리다 - stutter 말을 더듬다 - stammer 말을 더듬다

- [ ] juice 주스 - ice 얼음 - icicle 고드름 - dice 주사위 - prejudice 편견 - judicial 사법의 - bias 편견

- [ ] carrot 당근 - rot 썩다 - rotten 썩은 - decay 썩다 - corrupt 부패한 - corruption 부패 - decompose 썩다 - parrot 앵무새

"공부한 내용을 안 보고 복습하는 습관(habit)을 몸에 배게 해서(inhabit), 실력이 향상되고(improve) 있음을 스스로의 체험으로 증명할(prove) 수 있도록 해야 한다."

bankrupt
rupture
ban
disturbance
disturb rural
van

SECTION 5

단어 확장하기 ❷

nut ~ word

bankrupt
ban
urban
disturb
rural

115 nut + rient → nutrient

견과류에는 몸에 좋은 **영양소**가 많다.

nut는 땅콩이나 호두처럼 껍질이 단단한 '견과류'를 뜻합니다.

> The **nut** is very hard to crack.
> 그 견과는 잘 깨지지 않는다.

그런데요, 이 nut에 s를 붙인 nuts는 생활영어에서 'Are you nuts? 너 미쳤니?'로 상당히 많이 쓰입니다. 각설하고 이 견과류에는 노화와 치매를 방지하는 영양소가 많이 들어 있는데요, 이 '영양소'가 nut를 이용해서 얻을 수 있는 **nutrient**입니다.

> Many essential **nutrients** such as vitamin A and vitamin E are now thought to combat cancer in the body.
> 비타민 A와 비타민 E 같은 많은 필수 영양소들이 체내에서 암과 싸우는 것으로 여겨지고 있다.

그렇다면 '영양'은 뭘까요? 이 '영양' 역시 nut를 이용한 **nutrition**입니다. 그리고 이 nutrition의 형용사형은 '영양가 있는'의 뜻을 지닌 **nutritious**고요.

> Appropriate **nutrition** is essential if patients are to make a quick recovery.
> 환자가 빨리 회복하려면 적절한 영양은 필수적이다.
>
> You should eat **nutritious** meals to keep yourself healthy.
> 건강을 유지하려면 영양가 있는 식사를 해야 한다.

이제는 nut을 이용하여 견과류들을 알파벳 순서대로 하나씩 살펴보겠습니다. 먼저, 겨울에 간식으로 딱 좋은 '밤'은 **chestnut**입니다.

> Why don't you go gathering **chestnuts**?
> 밤 주으러 가는 거 어때?

심심풀이 땅콩의 '땅콩'은 **peanut**입니다.

I'm allergic to **peanuts**.
저는 땅콩 알레르기가 있어요.

마지막으로 사람의 뇌와 닮았다고 하여 뇌 건강을 위해 필수적으로 챙겨먹어야 한다고 하는 '호두'는 **walnut**이랍니다.

The shell of a **walnut** looks like a human brain.
호두 껍데기는 사람 두뇌처럼 생겼다.

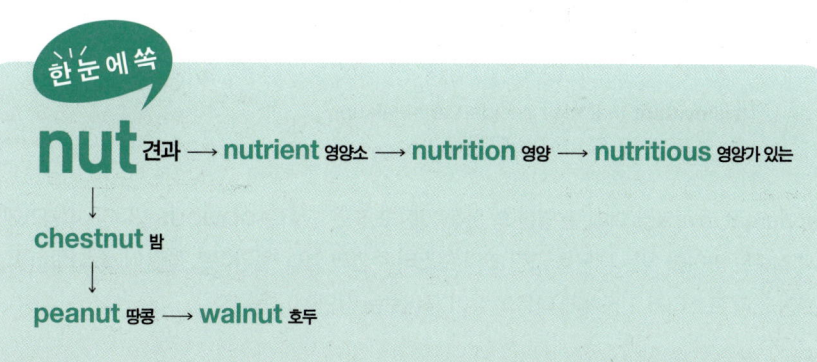

116 ap + parent → apparent

좋은 부모가 되려면 상벌을 분명하게 해야 한다.

부모와 자식 간에 원만한 관계를 유지하는 데 있어 가장 필요한 것은 뭘까요? 바로 대화를 많이 나누는 것일 겁니다. 다음 예문을 한번 읽어보세요.

> The best inheritance a **parent** can give his or her children is a few minutes a day.
> 부모가 자식에게 줄 수 있는 최고의 유산은 하루에 몇 분씩 아이와 함께 하는 것이다.

그렇습니다. 자식에게 많은 유산을 물려주는 것도 좋지만, 자주 대화를 나누어 소통의 장을 열어놓는 것이 진정으로 필요한 일이겠죠. 이번에는 부모 **parent**를 통해서 다른 단어들을 공부해볼 텐데요, 좋은 부모가 되려면 어떻게 해야 할까요? 개인적으로 아이가 잘했으면 아낌없이 칭찬해주고, 잘못을 했을 때는 '분명한' 태도로 잘못을 반복하지 않도록 꾸짖어야 한다고 생각합니다. 앞서 얘기한 '분명한'의 단어는 parent 앞에 ap를 붙이면 됩니다. 바로 **apparent**가 되는 거죠.

> It is **apparent** that the bachelor wants to marry her.
> 그 총각이 그녀와 결혼하고 싶어 하는 게 분명하다.

'분명한'의 뜻을 가진 다른 단어는요, 먼저 apparent 안에 있는 e를 이용하여 얻을 수 있습니다. **evident**입니다.

> It is **evident** that they decided to break up.
> 그들이 헤어지기로 결정한 것은 분명하다.

apparent, evident 외에 '분명한'의 뜻을 가진 또 다른 단어는 **obvious**입니다. 비행기에서 실종된 아이를 찾는 내용을 그린 조디 포스터 주연의 영화 '플라이트 플랜 Flight Plan'을 보면 조디 포스터가 기장에게 다음과 같이 물어보는 장면이 나옵니다.

> Mind if I ask you an **obvious** question?   너무나 뻔하지만 질문 하나 해도 될까요?

참고로 apparent는 한번만 척 봐도 분명할 때, evident는 외적 증거가 명백할 때, obvious는 의문의 여지가 없을 정도로 분명한의 뉘앙스를 가지고 있으니까 알아두세요.

좋은 부모가 되기 위한 첫 번째 역할이 자식에게 상벌을 분명히 하는 것이라고 앞에서 말했습니다. 두 번째는요, 소득이 투명해야 한다는 것입니다. 부정한 돈으로 돈을 벌어 자식을 잘 기르다는 것이 무슨 의미가 있겠습니까. 정직하게 땀 흘려 돈 버는 모습을 자식에게 보여줄 때 진정한 교육이 될 것입니다. 이 '투명한'은 parent 앞에 trans를 붙인 **transparent**입니다.

We can see outdoors through the **transparent** glass.
투명 유리를 통해서 밖을 볼 수 있다.

'투명한' 하니까 '투명 인간'이 떠오릅니다. 혹시 투명 인간이 transparent man 아니냐고요? 그때의 투명은 '깨끗한'의 의미가 아니라 '눈에 보이지 않는'의 뜻이므로 **invisible**을 써서 invisible man으로 표현해야 합니다. invisible이 '눈에 보이지 않는'이란 뜻을 가지고 있거든요. 영화 '해리 포터와 마법사의 돌 Harry Potter and the Sorcerer's Stone'을 보면 해리 포터가 남의 눈에 보이지 않는 망토(cloak)를 입고 이렇게 물어보는 장면이 나옵니다.

Am I **invisible**? 나 안 보여?

마지막으로 parent로 중요한 단어 한 가지만 더 배워볼 게요. 이 parent 안에는 '임대'라는 뜻을 가진 **rent**가 들어 있습니다. 아들이 군대를 가서 방이 남으면 놀려두기 보다 임대를 해서 수익을 얻을 수 있겠죠? 그렇게 연상하면 쉽게 기억할 수 있을 겁니다.

The **rent** is two months overdue. 임대료가 두 달이 밀렸다.

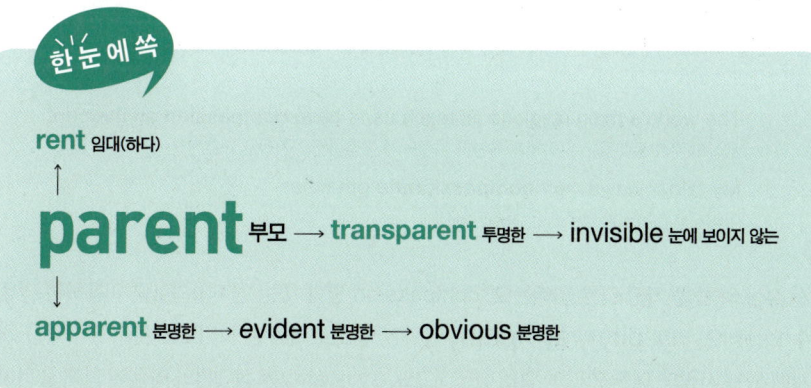

117 pass + ion → passion

젊은이여, 눈 깜짝할 새 지나가는 열정을 놓치지 말아라.

이번 단어는 **pass**입니다. '지나가다'의 뜻이 있죠.

> Be careful when you **pass** the iron bridge.
> 그 철교를 지날 때는 조심해라.

이 pass를 이용하여 많은 단어들을 배워봅시다. 아무리 나이 드신 분들이라도 누구에게나 열정으로 들끓었던 20대가 있었을 겁니다. 하지만 세월의 풍파 속에 그런 열정은 다 온데 간데 없이 사라져버렸죠. 그 '열정'은 pass를 이용하면 됩니다. 바로 **passion**이죠. 그리고 passion의 형용사는 '열정적인'의 뜻을 가진 **passionate**입니다.

> We can no more explain **passion** to a person who has never experienced it than we can explain light to the blind.
> 장님에게 빛을 설명할 수 없는 것처럼 열정을 한 번도 경험하지 못한 사람에게 열정을 설명할 수는 없다.
> He is in **passionate** love with the woman.
> 그는 그 여자와 열정적인 사랑에 빠져 있다.

어려운 사람에게 갖게 되는 동정심은 타인에 대한 열정이 있을 때에야 비롯될 수 있는 겁니다. 이 '동정심'은 passion 앞에 com을 붙인 **compassion**입니다. 이 compassion의 형용사는 passion의 형용사가 passionate였듯이 **compassionate**입니다.

> The world's main religions all teach us to have **compassion** on the poor.
> 세상의 주요 종교들은 우리에게 가난한 자들에게 동정심을 가지라고 가르친다.
> My father was a very **compassionate** preacher.
> 아버지는 동정심이 아주 많은 목사님이셨다.

'동정심'의 뜻을 가진 다른 단어는요, compassion 안에 있는 철자 p와 s를 이용하여 얻을 수 있는데요, 바로 **pity**와 **sympathy**입니다. 참고로 pity는 자기보다 못하거나 약한 처지에 있는 사람에 대한 연민의 정을 나타내고요, sympathy는 상대편의 아픔에 함께 슬퍼하거나 괴로워하는 감정을 나타냅니다.

She knew that she was an object of **pity** among her friends.
그녀는 자신이 친구들 사이에서 동정의 대상이 되고 있다는 것을 알았다.

I feel **sympathy** for the orphans.
나는 그 고아들에게 동정심을 느낀다.

118 pat + riot → patriot

어깨를 두드리면서 애국자를 격려하는 경찰총장.

pat은 '톡톡 두드리다'는 뜻의 동사입니다.

> He **patted** me on the shoulder.
> 그는 내 어깨를 톡톡 두드렸다.

지방에서 폭도들이 폭동을 일으켰습니다. 별다른 인명피해를 입히지 않고 성공적으로 폭동을 진압한 경찰서장에게 표창장을 내리면서 경찰청장이 '폭동을 성공적으로 진압한 자네야말로 진정한 애국자일세.'라고 말하면서 격려차 어깨를 톡톡 두드려줍니다. 이 경찰청장이 말한 '애국자'는요, pat에 '폭동'을 뜻하는 riot을 붙이면 됩니다. **patriot**가 되는 거죠. 톰 클랜시의 소설 제목이자 영화 제목이기도 한 '패트리엇 게임 *Patriot Game*'이나 '패트리엇 미사일 Patriot Missile' 등으로 우리에게는 patriot이란 단어가 많이 익숙합니다.

> The **patriots** formed an army to fight the invading army.
> 애국자들이 침략군과 싸우기 위해 군대를 조직했다.

이 patriot의 형용사는 '애국적인'의 뜻을 지닌 **patriotic**이고요, 애국자가 갖는 마음인 '애국심'은 **patriotism**입니다.

> He was so **patriotic** that he sacrificed his life for his country.
> 그는 애국심이 충만하여 조국을 위해 자기 목숨을 바쳤다.
> I felt **patriotism** rise at the sight of the national flag.
> 국기를 보자 애국심이 솟아오르는 것을 느꼈다.

폭동을 진압하여 애국자라는 칭송을 들었다고 했는데요, '폭동'은 patriot 안에 있는 **riot**입니다. 감옥에서 일어나는 폭동을 다룬 영화 '라스트 캐슬 *The Last Castle*'을 보신 적이 있나요?

Two inmates have been killed during a **riot** at the prison.
감옥에서 일어난 폭동의 와중에 죄수 두 명이 살해됐다.

'폭동'의 뜻을 가진 다른 단어는 **mutiny**입니다. 자세히 보니 mutiny 안에 '작은'의 뜻을 가진 tiny가 들어 있습니다. 의외로 폭동은 작은 것이 원인이 되어 발생하는 경우가 많습니다. 국사 시간에 배웠던 구한말의 임오군란도 배급 식량에 '모래'가 들어 있는 작은 일이 원인이 되어 커다란 폭동으로 번진 것이죠.

In the **mutiny** aboard a battleship, the captain was killed.
전함에서 일어난 폭동의 와중에서 선장이 살해당했다.

다시 pat으로 돌아와서요, 비가 후두두 후두두 내리면서 유리창을 두들깁니다. 이렇게 '후두두 내리다'는 바로 **patter**랍니다.

Raindrops **pattered** against the windowpane.
빗방울이 창유리를 후두두 치고 있었다.

119 res + pond → respond

연못은 돌을 던지면 파문으로 응답한다.

pond는 '연못'의 뜻으로 쓰이는 단어입니다.

> The brave young man jumped into the cold **pond** and rescued the child.
> 용감한 젊은이가 차가운 연못에 뛰어들어 그 아이를 구조했다.

연못에 돌을 던지면 어떻게 되나요? 파문이 생기는데요, 마치 돌을 던진 것에 응답하는 것 같지 않습니까? 이렇게 '응답하다'는요, pond에 res를 붙인 **respond**입니다.

> The dog **responds** to every command I give him.
> 그 개는 내가 내리는 모든 명령에 응답한다.

respond의 명사형은 '응답'의 뜻을 가진 **response**입니다. 윌 스미스가 주연한 영화 '아이 로봇 I-Robot'을 보면 인간이 하는 질문에 로봇이 다 대답할 수는 없다고 하면서 다음과 같이 말하는 장면이 나옵니다.

> My **response** is limited. 제가 할 수 있는 응답은 제한되어 있습니다.

연못에 돌을 던지면 파문으로 응답하는 듯하다고 했는데요, '파문'이 영어로 뭔지 아세요? respond의 r을 이용하면 얻을 수 있는데요, **ripple**이 바로 그것입니다.

> There are **ripples** on the reservoir when the wind blows.
> 바람이 불연 저수지에 파문이 인다.

'응답하다'의 뜻을 가진 다른 단어 역시 respond처럼 r로 시작하는데요, 여러분도 많이 들어봤을 **reply**입니다. 인터넷 게시판에서는 '리플'단다라고 말을 많이 하는데요, 그 리플이 바로 reply를 줄여서 말한 겁니다.

I want you to **reply** to my letter as soon as possible.
제 편지에 가능한 한 빨리 답변주시길 바랍니다.

다시 pond로 돌아가서요, 연못가는 고요하고 평안해서 골치 아픈 문제 등을 곰곰이 생각해보기 딱 좋은 곳입니다. 참 재밌게도, '곰곰이 생각하다'는 연못을 나타내는 pond에 er을 붙이면 됩니다. **ponder**가 되는 거죠. 그리고 '곰곰이 생각하는'의 뜻을 가진 형용사는 ponder처럼 p로 시작하는 **pensive**입니다.

She **pondered** his marriage proposal for weeks.
그녀는 그의 청혼을 몇 주 동안 곰곰이 생각해보았다.
I asked her what was bothering her because she looked **pensive**.
그녀가 생각에 잠겨있는 것 같아서 나는 그녀에게 무슨 고민이 있냐고 물었다.

여러분은 언제 곰곰이 생각을 하게 되나요? 생각보다 값비싼 물건을 살 때 충동구매를 막기 위해서라도 곰곰이 생각해봐야 할 겁니다. '값비싼'은 pensive를 활용하여 얻을 수 있는데요, 바로 **expensive**입니다. 그렇다면 반대어인 '값싼'은 뭘까요? 바로 **cheap**랍니다.

He can't afford to buy the **expensive** car. 그는 비싼 차를 살 능력이 없다.
Although it's **cheap**, this watch keeps very good time.
비록 값은 싸지만 그 시계가 시간은 잘 맞는다.

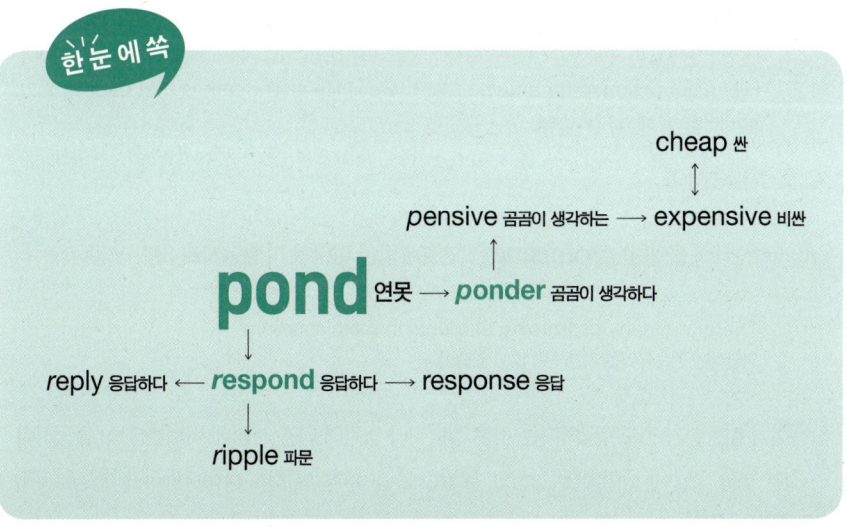

120 com + promise → compromise

서로 간 약속을 지키는 것이 타협으로 가는 지름길이다.

현대 사회는 약속의 사회라고 할 수 있습니다. 이 '약속, 약속하다'에 해당하는 단어가 바로 **promise**입니다.

> **Promise** me that you won't tell anyone.
> 아무에게도 말하지 않겠다고 약속해줘.

협상이 잘 이뤄지려면 서로가 내세우는 조건이 틀릴 때 적정한 선에서 타협을 하겠다고 서로 약속을 하면서 진행해야 합니다. 이 '타협, 타협하다'는 promise 앞에 com을 붙이면 됩니다. **compromise**가 되는 것이죠.

> The union and management finally came to a **compromise**.
> 노조와 경영진은 마침내 타협에 이르렀다.

타협을 하기 위해서는 서로가 약속을 지켜야 하고, 또 약속을 지키기 위한 이런 저런 전제 조건들이 있어야 할 겁니다. '전제'는요, promise에 있는 철자 o를 e로 바꾼 **premise**입니다.

> His major **premise** for arguing that there is life after death is that people have souls as well as bodies.
> 그가 사후의 삶이 존재한다고 주장하는 것의 주요 전제는 사람들이 육체뿐 아니라 정신도 가지고 있다는 것이다.

promise에 ing를 붙인 **promising**은 '전도유망한'이란 뜻의 형용사로 많이 쓰입니다.

> There are many **promising** students in the classroom.
> 학급에는 전도유망한 학생들이 많이 있습니다.

학생이나 젊은이가 전도유망하다는 것은 실력이나 능력이 다른 사람에 비해 현저히 월등하다는 것을 뜻할 것입니다. 이렇게 '현저한, 탁월한'은 promising처럼 promi까지가 똑같습니다. **prominent**죠.

He is regarded as the most **prominent** figure in the literary world.
그는 문학계에서 가장 탁월한 인물로 간주되고 있다.

'탁월한'의 뜻을 가진 다른 단어는 prominent의 철자 o를 이용하여 얻을 수 있는데요, **outstanding**이 그것입니다.

The girl who won the scholarship was quite **outstanding**.
장학금을 받은 그 소녀는 대단히 탁월했다.

탁월한 능력을 지닌 사람들은 그 자신이 유명해지고자 하지 않아도 다른 사람들이 그 능력을 알아주기 때문에 저명한 인사가 됩니다. '저명한'은요, prominent에서 pro를 빼고 대신 e만 붙이면 됩니다. **eminent**가 바로 그 뜻입니다.

He is respected as an **eminent** scholar.
그는 저명한 학자로 존경받고 있다.

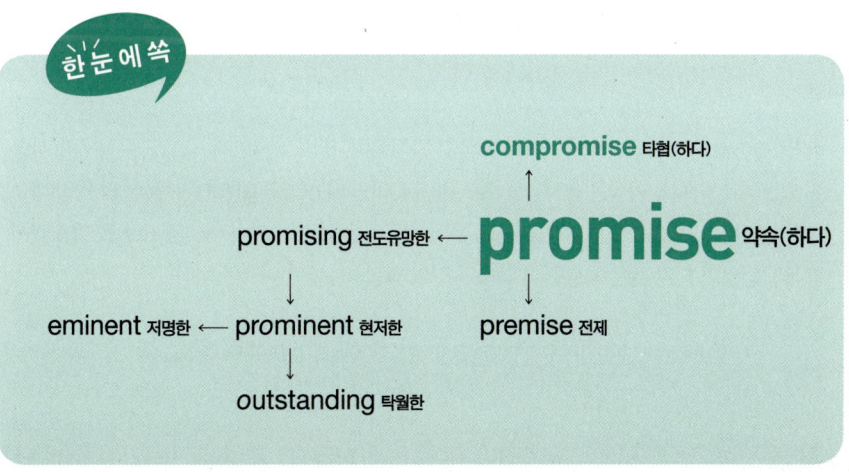

121 d + rain → drain

비가 많이 오면 댐의 수문을 열어 배수시켜야 한다.

rain, 너무 많이 와도, 너무 적게 와도 문제가 되는 '비'입니다.

> Heavy **rain** causes a river to overflow.
> 폭우로 강물이 넘치게 된다.

rain으로 새로운 단어들을 공부해볼 건데요, 먼저 rain 앞에 알파벳 순서대로 철자를 붙여 여러 단어들을 건져보겠습니다. 우선 rain 앞에 b를 붙이면 '두뇌'라는 뜻의 **brain**이 만들어집니다. 산성비(acid rain)를 많이 맞으면 뇌에도 좋지 않을 거예요. 그래서 brain death는 '뇌사', brain tumor는 '뇌종양'의 뜻입니다.

> Too much drinking can damage **brain** cells.
> 술을 너무 많이 마시면 뇌 세포를 손상시킬 수 있다.

비가 많이 오면 댐의 수문을 열어 배수시켜야 합니다. 이 '배수시키다'는 rain 앞에 dam의 첫 철자인 d를 붙이면 됩니다. **drain**이죠.

> I told you to **drain** water from the bathtub.
> 내가 너한테 욕조에서 물 빼라고 말했잖아.

비가 오지 않으면 가장 피해를 입는 게 바로 곡식입니다. 비가 와야지 곡식도 무럭무럭 자랄 수 있는데요, 이때의 곡식은 철자 g를 rain 앞에 붙이면 되는데요, **grain**이 '곡식'의 뜻입니다. 영화 '뮬란 Mulan'을 보면 남장을 하고 부대에 들어온 뮬란이 본의 아니게 소동을 일으켜서 영내가 엉망이 되자 젊은 사령관이 다음과 같이 명령하는 장면이 나옵니다.

> You'll spend tonight picking up every single **grain** of rice.
> 너희들은 오늘밤 떨어진 곡식 낱알들을 주우면서 시간을 보내게 될 것이다.

좋아하는 록 그룹의 공연날만을 손꼽아 기다렸는데, 하필이면 그날따라 폭우가 내렸습니다.

그러자 어머니께서 외출을 삼가라고 하십니다. 이 '삼가다'가 영어로 무엇이냐고요? 예전 보컬 그룹 중에 ref이라고 있었는데요, rain 앞에 이 ref를 붙이면 '삼가다'의 의미인 **refrain**이 만들어집니다.

> She is **refraining** from eating chocolate and ice cream to lose weight.
> 그녀는 살을 빼려고 초콜릿과 아이스크림 먹는 것을 삼가고 있는 중이다.

비가 많이 와도 나가겠다고 하니까 어머니께서 방송에서도 비가 많이 올 때는 외출을 자제하고 집에서 편히 쉬라고 했다면서 다시 한번 말리십니다. 이때의 '자제하다, 억제하다'는요, rain 앞에 '쉬다'라는 뜻의 rest를 앞에 붙이면 됩니다. **restrain**이 되는 거죠. 영화 '해리포터와 아즈카반의 죄수 Harry Potter and the Prisoner of Azkaban'를 보면 마법사 수업시간에 늑대와 베어울프의 차이점에 대해 헤르미온느가 장황하게 설명하자 스네이프 교수가 잘난 척 좀 그만하라고 하며 다음과 같이 말하는 장면이 나옵니다.

> Are you incapable of **restraining** yourself?
> 너 자신을 도대체 자제할 수가 없는 거냐?

비가 오니까 그렇게 나가지 말라고 하는데도 말 안 듣고 외출했다가 그만 미끄러져 발목을 삐게 되었습니다. 축구 선수들이 경기하다 다리 등을 다치면 spray 뿌리는 것 보셨죠? 이 '삐다'는요, rain 앞에 다리 등을 다쳤을 때 뿌리는 spray의 앞 철자 sp를 붙인 **sprain**이랍니다.

> The athlete **sprained** his ankle while jumping over the hurdle.
> 그 선수는 허들을 뛰어 넘다가 발목을 삐었다.

아무리 베테랑 운전사라도 비오는 날에는 사고가 날까봐 알게 모르게 스트레스를 받으면서 긴장하며 운전을 하게 됩니다. '긴장'은 rain 앞에 stress의 앞 두 철자 st를 붙이면 됩니다. **strain**이죠.

> There is a **strain** in my relationship with my wife.
> 아내와 긴장 관계에 있다.

마지막으로 지형이 험악한 산길에서는 비오는 날 운전하는 것이 정말 위험하죠. 이때의 '지형'은 rain 앞에 ter을 붙이면 됩니다. **terrain**인데요, 집터, 사냥터 할 때의 '터'도 일종의 지형이잖아요.

The trucks must travel over rough **terrain** to reach the town.
트럭들은 험한 지형을 지나야 그 마을에 도착할 수 있다.

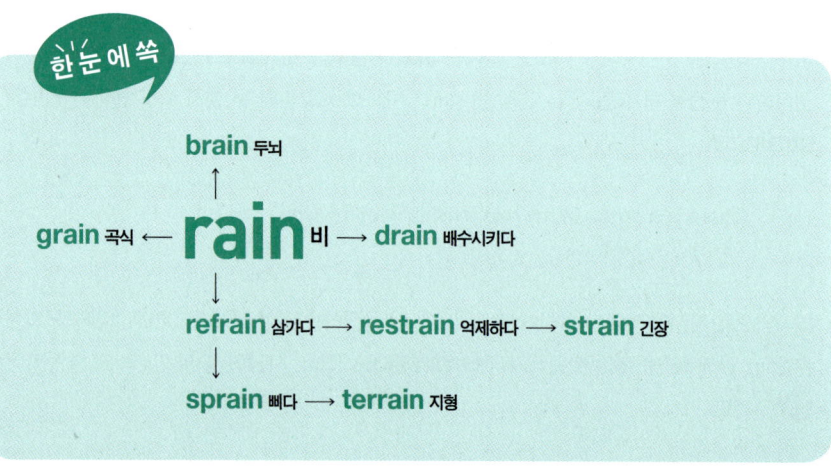

122 p + raise → praise

손을 들어 문제를 맞히고 칭찬을 받았다.

raise는 '들다'라는 뜻인데요, '기르다, 모금하다'의 뜻도 가지고 있습니다.

If you have any questions, please, **raise** your hands.
질문 있으면 손 들어주세요.

선생님께서 꽤 어려운 질문을 하셨는데, 학생이 정답을 맞히면 선생님께서는 잘 했다고 하시면서 칭찬해주십니다. 이 '칭찬하다'는요, raise 앞에 p를 붙이면 됩니다. **praise**죠.

The principal **praised** me for my work.
교장선생님께서 내 작품을 칭찬해주셨다.

'칭찬하다'의 뜻을 가진 다른 단어는 **compliment**입니다. 이 compliment는 '칭찬'이라는 명사로도 쓰이는데요, 영화 '패스트 & 퓨리어스 The Fast and the Furious'를 보면 다음과 같은 생활영어가 나옵니다.

I will take that as a **compliment**.
칭찬으로 받아들일게.

약간 실력이 모자라는 과목을 보충해주어 성적이 오르면 부모님과 선생님께 칭찬을 받을 겁니다. 이 '보충'을 나타내는 단어는 compliment에서 철자 i를 e로 바꾸면 됩니다. **complement**죠. 참고로 이 complement는 문법 용어로 '보어'입니다. '보어'가 보충해주는 말이라는 뜻이니까 연결이 되죠?

A good wine is a **complement** to a good meal.
좋은 와인은 훌륭한 식사를 더욱 빛나게 해주는 보충제이다.

'보충'이란 뜻을 가진 다른 단어로 **supplement**가 있습니다. complement에서 철자 com을 sup로 바꾸면 되는데, '보충하다'의 동사로도 쓰입니다.

He **supplemented** his income by taking a night job.
그는 야근으로 수입을 보충했다.

다시 praise로 돌아와서요, 질문에 손을 들어 정답을 맞혀서 칭찬 받고 상까지 받는다고 했는데요, '상'은 praise 앞에 있는 철자 p를 이용한 **prize**입니다.

My son won the first **prize** in the final exams.
우리 아들이 기말고사에서 일등을 했다.

'상'이란 뜻을 가진 다른 단어는 praise 안에 있는 철자 a를 이용하면 되는데 **award**입니다. 영화 '해리 포터와 비밀의 방 Harry Potter and the Chamber of Secrets'의 마지막 장면을 보면 마법학교 교장선생님이 해리 포터와 그의 친구에게 상을 주는 장면이 나옵니다.

You both will receive the special **award**.
너희 둘이 특별상을 받을 것이다.

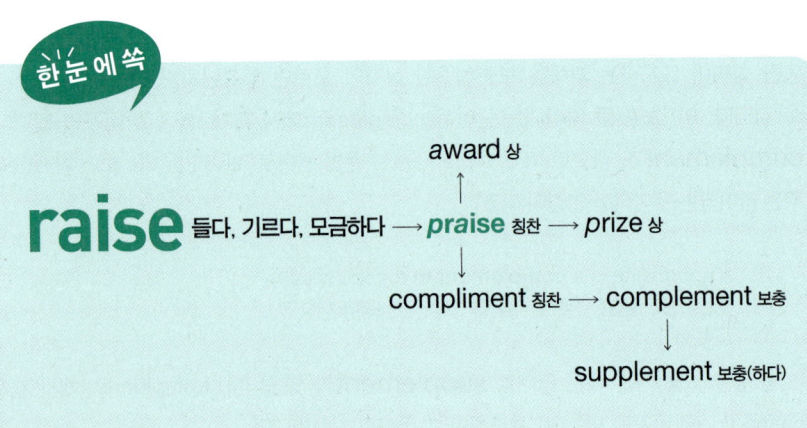

123 b + read → bread

재밌는 책을 읽으면서 맛있는 빵까지 먹으면 그게 바로 행복!

read는 '읽다'의 뜻인데요, 좋은 책을 많이 읽는 reader가 장차 훌륭한 leader가 될 수 있다는 것, 꼭 명심하세요.

> What is the most impressive book you have ever **read**?
> 네가 지금까지 읽은 것 중에서 가장 인상 깊은 책이 뭐야?

자, read 앞에 다른 철자를 알파벳 순서대로 붙여서 새로운 단어들을 공부해봅시다. 첫 단어는 read 앞에 b를 붙인 **bread**입니다. '빵'이란 뜻이죠. 세상에는 여러 가지 행복이 있겠지만 맛있는 빵을 먹으면서 좋아하는 책을 읽는 것도 비할 바 없는 행복입니다.

> These days many people are substituting rice by **bread** and coffee for breakfast.
> 요즈음 많은 사람들이 아침 식사대용으로 밥 대신 빵과 커피를 먹는다.

신선한 빵을 맛있게 구워내는 곳, 바로 '빵집'이죠. '빵집'은 bread의 첫 철자 b를 이용한 **bakery**입니다. '000 베이커리'라는 말로 주변에서 자주 듣고 보는 단어입니다.

> This is the **bakery** where my friend works.
> 여기가 내 친구가 일하는 빵집이야.

다시 read로 돌아와서 이번에는 read 앞에 d를 붙인 dread입니다. 무더운 여름날, 무서운 공포 소설을 읽다보면 오싹 소름이 끼치고 무서워지죠. 이 '무서워하다'가 **dread**입니다.

> They **dread** that the volcano may erupt again.
> 그들은 화산이 다시 폭발하지 않을까 무서워하고 있다.

read로 또 다른 단어를 배워볼까요? 베스트셀러는요, 책을 읽어본 사람들이 재미있다고 여기저기 입소문을 퍼뜨리고 다니면 그 책에 관한 소문이 퍼지게 되어서 너도나도 사서 보게 될 때 되는 것이거든요. 이때의 '퍼지다, 유포되다'는 read 앞에 sp를 붙인 **spread**입니다. 참고로 이 spread는 '펼치다, 뻗다'의 의미도 있다는 것, 알아두세요.

> The news **spread** fast.
> 그 소식은 급속히 퍼졌다.
> The eagle **spread** its wings.
> 독수리가 날개를 폈다.

어떤 사람은 빵을 먹으면서 책을 읽기도 하고, 어떤 사람은 음악을 들으면서 책을 읽기도 하는데요, 손놀림과 눈놀림이 빠른 사람은 실로 뜨개질을 하면서 책을 읽습니다. 이 '실'이 바로 **thread**입니다. 역시 read가 들어 있는 게 보이죠?

> The **thread** has got entangled.
> 실이 얽혔다.

'실'하면 항상 같이 가야 하는 것이 바늘인데요, 이 '바늘'은 **needle**입니다. 조금 어렵다고요? 쉽게 기억할 수 있는 팁 하나 드릴게요. 이 바늘은요, '니들(needle), 바늘 필요하니?'라고 재미있게 연상하면 굳이 외우려 하지 않아도 머리에 쏙쏙 들어옵니다.

> I want you to thread a **needle** for me.
> 나 대신 네가 바늘에 실 좀 꿰어줬으면 좋겠다.

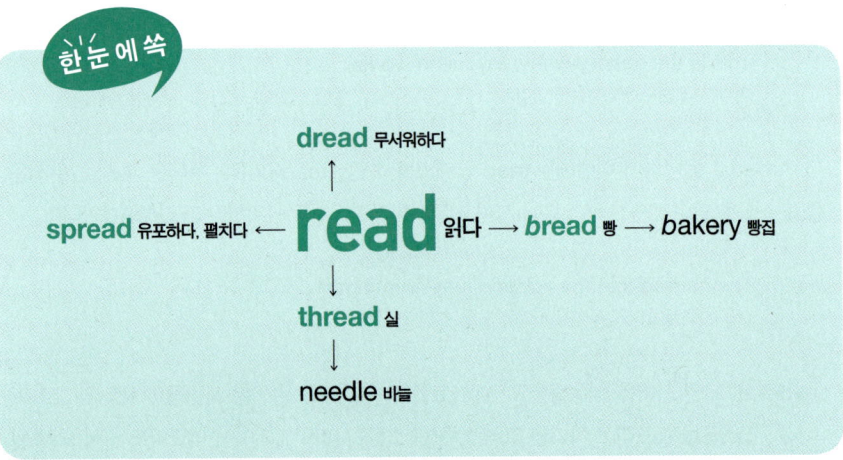

124 t + reason → treason

이유 없는 반역은 없다.

reason은 '이유'의 뜻을 가지고 있는 단어입니다. 리즈 위더스푼이 주연한 영화 '금발이 너무해 Legally Blonde'를 보면 다음과 같은 대사가 나옵니다.

> I have to tell you the real **reason** I came here.
> 내가 여기 온 진짜 이유를 너에게 말해야겠군.

이 reason은요, '이성'의 의미도 있습니다.

> Scientists use **reason** to understand nature.
> 과학자들은 이성을 이용해 자연을 이해한다.

여러분, 우리나라의 임꺽정과 장길산, 그리고 서양의 로빈 후드 등의 공통점이 무엇이라고 생각하세요? 모두 나라에 반역을 꾀한 사람들입니다. 하지만 그들이 반역을 할 때는 그만한 이유가 있었습니다. 탐관오리들이 백성들을 착취하는 것을 보다 못해 분연히 일어난 것이죠. 반역할 때는 다 이유가 있는 것입니다. 이 '반역'은 reason 앞에 t를 붙이면 됩니다. **treason** 이죠. 영화 '콜드 마운틴 Cold Mountain'을 보면 사랑하는 여인을 위해 주인공이 군에서 탈영하게 되는데 다음과 같은 대사가 나옵니다.

> Helping a deserter, that is **treason**.
> 탈영병을 돕는 것, 그것은 반역이다.

'반역, 배반'의 뜻을 지닌 다른 단어 역시 treason처럼 trea로 시작합니다. 바로 **treachery**입니다.

> It was **treachery** when the spy led others to a trap.
> 그 스파이가 다른 스파이들을 함정에 빠뜨린 것은 배반 행위였다.

반역을 도모하다 체포되면 처형이 되는데요, '처형하다'는 treason 안에 있는 철자 e를 이용하면 얻을 수 있습니다. **execute**죠. 영화 '흑기사 Black Knight'를 보면 엉겁결에 중세로 가게 된 주인공이 노르망디에서 온 가짜 사신 노릇을 하다가 발각되어 처형당하게 된 장면에서 다음과 같은 대사가 나옵니다.

> **Execute** him now.
> 당장 그를 처형하라.

execute의 명사형은 '처형'의 뜻을 가지고 있는 **execution**입니다.

> The **execution** of the murderer will take place the day after tomorrow.
> 살인자의 처형은 모레 집행될 것이다.

'사형 집행인'은 **executioner**라고 하는데요, 영화 '베트맨 비긴즈 Batman Begins'를 보면 아시아의 감옥으로 스스로 찾아간 브루스가 그림자 조직이 그에게 범죄자를 처단할 것을 요구하자 다음과 같이 말하는 장면이 나옵니다.

> I'm no **executioner**.   나는 사형집행인이 아니야.

앞에서 execute와 관련된 단어를 알아봤는데요, 이 **execute**는 '처형하다'의 뜻 외에 '실행하다'의 뜻도 있습니다. 컴퓨터 파일 중에 확장자가 .exe로 되어 있는 것을 본 적이 있으시죠? 바로 '실행 파일'이라는 뜻이랍니다.

> He is in charge of **executing** the plan.
> 그는 그 계획의 실행을 책임지고 있다.

마지막으로 reason을 이용하여 '합리적인'이란 단어를 배워볼 건데요, reason에 able을 붙이면 만들어지는 **reasonable**이 그것입니다.

> It is **reasonable** for him to ask for more money because he works very hard.
> 그는 아주 열심히 일하기 때문에 돈을 더 달라고 요구하는 것은 타당하다.

'합리적인, 이성적인'의 뜻을 가진 다른 단어 역시 reasonable처럼 r로 시작하는데요, 바로 **rational**입니다.

No one can be **rational** when emotion governs his thoughts.
감정이 생각을 지배할 때는 어느 누구도 이성적일 수 없다.

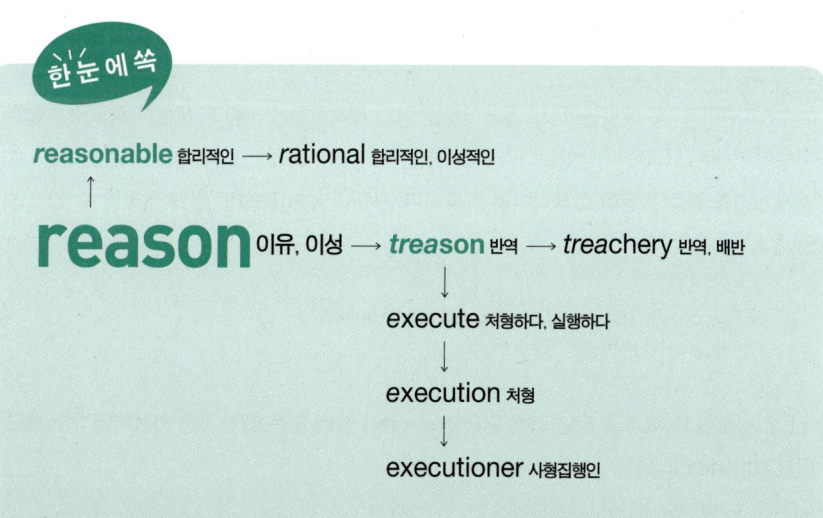

125 hat + red → hatred

분노로 얼굴은 빨개졌고, 두 눈은 증오로 이글거렸다.

혹시 빨간색 좋아하세요? 예전에는 피를 상징한다고 해서 빨간색을 좋아하거나 빨간색 옷이 그렇게 흔하지 않았는데, 요즘은 정열, 열정의 의미를 나타내서인지 빨간색을 좋아하는 사람들이 많더라구요. 이번에는 '빨간색'을 뜻하는 단어 **red**입니다. 우선 대머리이신 분들에게는 미안한 말이지만 보통 사람들은 화가 나면 얼굴이 빨개지는데 대머리이신 분들은 머리까지 빨개집니다. 그걸 가리기 위해서 모자를 쓰기도 하는데요, red 앞에 모자의 의미인 hat을 붙이면 만들어지는 단어 **hatred**가 '증오'라는 뜻입니다.

> They conceived a deep **hatred** against the enemy.
> 그들은 적에게 깊은 증오심을 품었다.

hatred의 동사형은 '미워하다'의 뜻을 가진 **hate**입니다. 'I hate to say this.'는 '이런 말 하고 싶진 않지만'의 뜻인데요, 생활영어로 많이 쓰입니다.

> Most children **hate** injections.
> 아이들 대부분이 주사 맞기를 싫어한다.

red로 다른 단어를 배워볼까요? 과거 잉카문명의 제사장들은 사람의 신성한 피로써 하늘에 제사를 지내는 의식을 거행했습니다. 피가 빨간색이니까 '신성한'의 의미를 지닌 단어는 red 앞에 sac를 붙이면 된다고 생각하면 조금 어려운 단어 **sacred**도 쉽게 기억할 수 있을 것입니다.

> The cow is regarded as **sacred** in Hinduism.
> 힌두교에서 소는 신성한 것으로 여긴다.

'신의, 신성한'의 의미를 지닌 다른 단어는 sacred 끝에 있는 철자 d를 이용하면 되는데요, 바로 **divine**입니다.

Do you believe in a **divine** power that controls all life?
모든 생명을 주관하는 신의 힘을 믿나요?

신성한 피를 바치기 위해서는 제물이 희생되어야 합니다. 이 '희생(하다)'란 뜻의 단어는 sacred 앞에 있는 sac를 이용하면 됩니다. 바로 **sacrifice**죠.

He **sacrificed** his life for the sake of his country.
그는 조국을 위하여 자신의 목숨을 희생했다.

마지막으로 red로 건질 수 있는 단어 하나를 더 살펴보겠습니다. 스페인 하면 떠오르는 것이 여러 가지겠지만 아마 열에 일곱은 투우라고 말할 것입니다. 투우사가 빨간 천을 너울너울 흔들면 흥분한 소가 달려들어 천을 갈기갈기 찢어놓기도 합니다. 이때의 '갈기갈기 찢다'라는 단어가 바로 **shred**입니다. red 앞의 s는 Spain, h는 뿔을 나타내는 horn이라고 생각하면 한결 수월하게 기억할 수 있을 겁니다. 이 shred는 잘게 썬 치즈인 '슈레드 치즈'라는 말로도 자주 들어봤을 겁니다.

He **shredded** the documents so no one could read them.
그는 아무도 읽을 수 없게 그 문서를 잘게 찢었다.

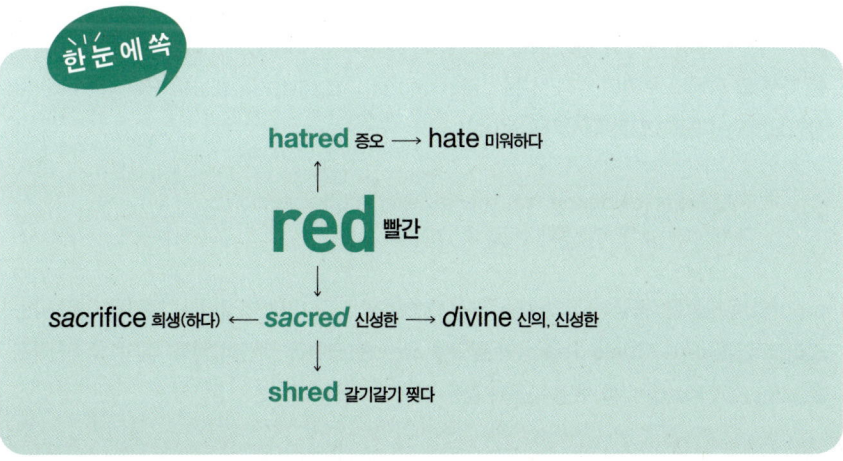

126 p + roof → proof

지붕에 결정적 단서가 되는 증거를 남기다.

roof는 '지붕'이란 뜻인데요, 인공지능 전투기를 그린 영화 '스텔스 Stealth'를 보면 아시아의 한 도시에 있는 국제테러조직의 근거지를 공격하면서 조종사가 다음과 같이 말하는 장면이 나옵니다.

> Bombs will successfully penetrate the **roof**.
> 폭탄이 성공적으로 지붕을 뚫고 지나갈 것입니다.

이번엔, roof라는 단어로 중요한 단어를 공부해보겠습니다. 암살범이 암살 기도가 실패하자 지붕으로 도망을 갔습니다. 하지만 경호원이 쏜 총에 맞아 흘린 피가 지붕에 흔적으로 남았습니다. 그 피는 범인을 식별하는 증거가 될 수 있는데요, 이때의 '증거'에 해당하는 단어가 바로 roof 앞에 p를 붙인 **proof**입니다. 지붕에 '피(p)'를 남겼으니까 proof가 된다고 생각하면 훨씬 쉽게 기억할 수 있을 겁니다.

> These fingerprints are positive **proof** that he used the gun.
> 이 지문이 그가 총을 사용했다는 명백한 증거가 된다.

proof 외에 '증거'의 뜻을 가진 다른 단어로 **evidence**가 있습니다. 컴퓨터로 만든 여배우를 다룬 알 파치노 주연의 영화 '시몬 Simmone'을 보면 여배우의 행동을 수상하게 여긴 형사가 말하는 다음과 같은 대사가 나옵니다.

> There is no **evidence** that she has ever left the studio.
> 그녀가 스튜디오를 떠난 적이 있다는 증거는 없소.

proof의 동사형은 '증명하다'의 뜻을 지닌 **prove**입니다. 미래에 일어날 범죄를 미리 막는 프리크라임팀(Pre-Crime Team)의 활약을 그린 톰 크루즈 주연의 영화 '마이너리티 리포트 Minority Report'를 보면 다음과 같은 대사가 나옵니다.

He's trying to **prove** his innocence.
그는 자신의 무죄를 증명하려고 애쓰고 있습니다.

이 prove를 통해 다른 단어를 얻어볼까요? '승인하다, 인정하다'라는 뜻의 단어는 prove 앞에 ap를 붙인 **approve**입니다. '승인받았음을 증명하다'라고 연결하여 학습할 수 있을 겁니다. 영화 '나 홀로 집에 Home Alone'를 보면 주인공 케빈이 가게에서 칫솔을 사면서 다음과 같이 당돌하게 질문하는 재밌는 장면이 나옵니다.

Is this the toothbrush **approved** by the American Dental Association?
이게 미국 치과협회에서 인정받은 칫솔인가요?

approve의 명사형은 '승인, 인정'의 뜻을 가진 **approval**입니다.

The proposal was accepted with unanimous **approval**.
그 제안은 만장일치의 승인으로 받아들여졌다.

마지막으로, 열심히 공부해서 실력이 향상되었다고 백 번 말하는 것보다 시험 성적으로 증명하는 것이 효과 만점입니다. 이때의 '향상시키다'는 prove 앞에 im을 붙인 **improve**입니다. 그리고 improve의 명사형은 '향상'의 뜻을 지닌 **improvement**랍니다.

You must **improve** your English with constant practice.
끊임없이 연습하여 영어 실력을 향상시켜야 한다.
There was a marked **improvement** in my health when I gave up smoking.
담배를 끊고 나자 건강이 확연히 나아졌다.

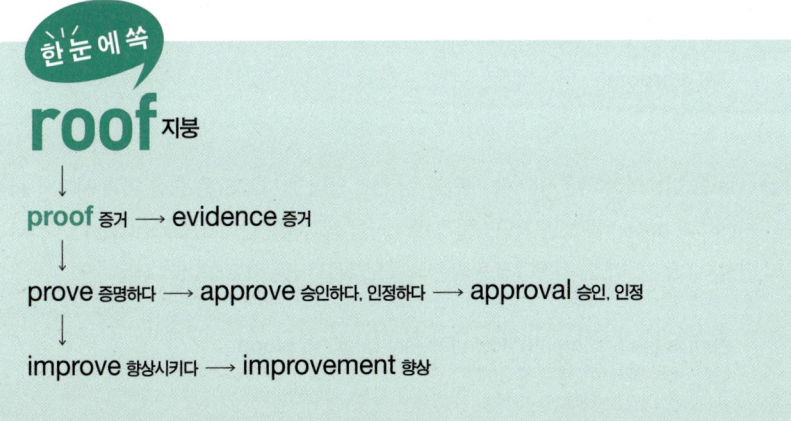

127 b + room → broom

엉망이 된 방을 비로 쓸어내다.

room이 '방'이라는 것은 다 아실 겁니다. 그래서 '회의실'은 conference room, '응급실'은 emergency room, '대합실'은 waiting room으로 우리 일상생활에서 쉽게 접할 수 있습니다. 이번엔 단어 room을 통해서 어려운 단어를 배워보겠습니다. 담당한 프로젝트나 시험을 앞두고 밤을 하얗게 새본 분들을 어둠이 서서히 걷히면서 새벽이 오는 것을 본 적이 있을 겁니다. 이때는 어둠에 갇혀 있었던 사물들이 어렴풋이 나타나게 되는데요, 이 '어렴풋이 나타나다'는 room의 첫 철자 r을 l로 바꾸면 됩니다. loom인 거죠. '철자 변형법'을 이용하는 것이죠.

The ghost **loomed** suddenly out of the mist.
유령이 안개 속에서 갑자기 모습을 드러냈다.

이제부터는 room 앞에 철자를 알파벳 순서대로 붙여서 새로운 단어를 공부하겠습니다. 먼저, 방이 지저분할 때는 빗자루로 깨끗하게 쓸어내야겠죠? 이 '빗자루'는 room 앞에 b를 붙이면 됩니다. **broom**이 되는 거죠. 방(room)을 쓰는 비(b)라고 말하면 재밌고 쉽게 연상할 수 있을 겁니다. 통통 튀는 고무 물질을 발명한 박사 이야기를 다룬 영화 '플러버 *Flubber*'를 보면 엉망이 된 사무실을 청소하려고 비를 가져오라고 말하는 장면이 나옵니다.

Get a **broom**.
빗자루 가져와.

이 broom을 이용하여 다른 단어를 배워볼 텐데요, 영어 철자 l과 r은 항상 연계 지어서 생각하면 편합니다. broom을 보면 자연스럽게 bloom을 생각해야 합니다. **bloom**은 '꽃이 피다, 꽃의 만발'이라는 뜻이죠. 아름답게 만발한 꽃들도 지고 나면 비로 쓸어야 하잖아요.

April is the first month when flowers begin to **bloom**.
4월은 꽃이 피기 시작하는 첫 달이다.

'꽃이 피다'의 뜻을 가진 다른 단어 역시 bloom과 마찬가지로 blo로 시작합니다. **blossom**이죠.

> Most flowers cannot **blossom** without sunshine.
> 대부분의 꽃은 햇빛이 없으면 필 수가 없다.

이번에는 '신랑'이라는 단어를 배워볼까요? 이때는 room 앞에 g를 붙이면 됩니다. **groom**인데요, 발음이 '구름'과 비슷한데, 결혼하면 신랑이 구름에 탄 것 같이 기분이 좋잖아요. 그렇게 외워보세요. groom을 보면 어떤 단어를 생각해야 할까요? 네, groom의 r을 l로 바꾸어봐야겠죠? 그때는 gloom이 만들어집니다. **gloom**은 '우울함'이란 뜻이고요, 형용사형은 '우울한'의 **gloomy**입니다. '우울한'의 뜻을 가진 다른 단어는 gloomy 안에 있는 철자 m을 이용하면 얻을 수 있는데요, **melancholy**입니다. 이 melancholy는 '우울함'이란 명사로도 쓰입니다.

마지막으로 room으로 얻을 수 있는 단어는 몸에도 좋고, 맛도 좋은 **mushroom**입니다. 바로 '버섯'이란 뜻이죠.

> Do you happen to know whether this **mushroom** is edible or poisonous?
> 이 버섯이 식용버섯인지 독버섯인지 혹시 아세요?

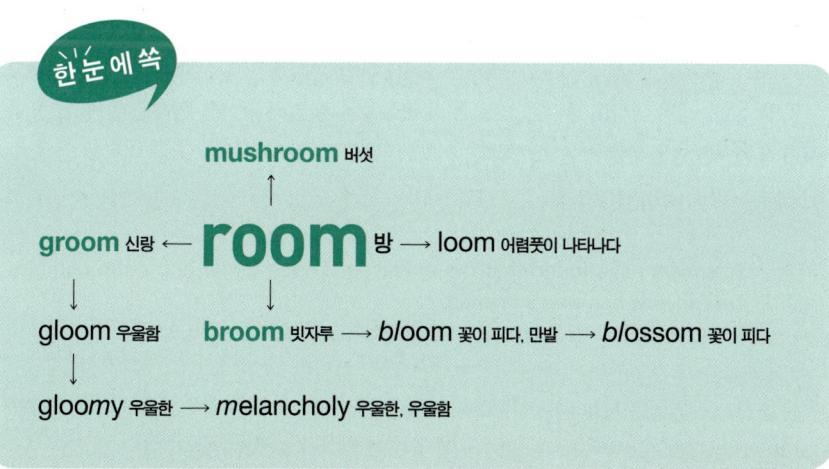

128 p + rose → prose

아름다운 장미를 소재로 멋진 산문 한 편을 썼다.

5월에 담벼락을 아름답게 장식하는 **rose**는 '장미'를 뜻합니다. 방 안에 장미꽃 향기가 가득하다고 상상하면 기분까지 좋아질 겁니다.

> The fragrance of a **rose** is so sweet that it can fill the entire room.
> 장미 한 송이의 향기가 너무 향긋해서 온 방을 채우고도 남는다.

이렇게 아름다운 장미를 보면 장미를 소재로 해서 멋진 산문 한편을 쓰고 싶은 생각이 듭니다. 이때의 '산문'은요, rose 앞에 p를 붙인 **prose**입니다.

> Novels and essays are written in **prose**.
> 소설과 수필은 산문으로 쓰여진다.

'산문'을 배웠으니 이제는 시의 운치 있는 표현, '운문'이 영어로 뭔지 공부해볼까요? 바로 **verse**입니다.

> Poets write in **verse**.
> 시인은 운문으로 글을 쓴다.

운문의 소재는 무엇이라도 좋지만, 옛날 우리 조상들은 저 멀리 떨어진, 형체를 알 수 없는 우주를 동경하면서 운문을 쓰곤 했습니다. 이때의 '우주'는 '운문'의 verse를 이용해 얻을 수 있습니다. 바로 **universe**죠.

> Scientists have found that the **universe** is even larger and more complex than anyone has ever imagined.
> 과학자들은 어느 누가 상상했던 것보다 우주가 훨씬 더 크고 복잡하다는 것을 알았다.

운문을 쓰는 시인들은 사실 다른 사람보다 어려운 환경 속에서 사는 경우가 많습니다. 이때의 '어려운'이란 뜻의 단어는 verse 앞에 ad를 붙이면 됩니다. **adverse**가 되는 것이죠.

He went bankrupt and now lives in **adverse** circumstances.
그는 부도가 나서 지금은 어려운 환경에서 살고 있다.

이 adverse의 명사형은 '역경'의 뜻을 가진 **adversity**입니다. '긍정의 힘 *Your Best Life Now*'이라는 책에 다음과 같이 맘속에 오랫동안 새겨둘 만한 말이 나옵니다.

No circumstance, no **adversity** can force you to live in despair.
어떤 상황이나 역경도 당신이 절망 속에 살도록 강요할 수 없다.

다 그런 건 아니지만, 운문을 쓰는 시인들은 시대와 불화하여 시대를 역행하여 시대의 흐름과는 거꾸로 삶을 사는 경우가 많습니다. 이 '거꾸로의' 뜻을 가진 단어는 verse 앞에 re를 붙인 **reverse**입니다. 이 reverse는 '거꾸로 하다'의 동사로도 쓰이는데요, reverse the verdict는 '평결을 뒤집다'의 뜻입니다.

Do the exercises in **reverse** order, starting with number seven.
7번부터 시작해 거꾸로 연습을 하세요.

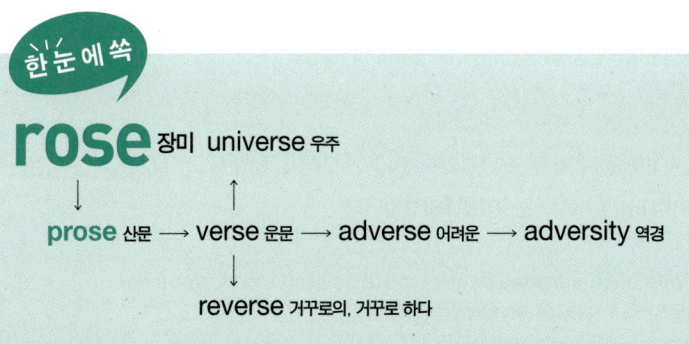

129 int + rude → intrude

정말로 무례한 것은 남의 집에 무단 침입하는 것이다.

rude는 '무례한'이란 뜻입니다. 모르는 사람이 자신을 빤히 쳐다보면 기분 좋을 리가 없겠죠? 이 rude의 반대말은 '예의 바른'의 **polite**입니다.

It's a **rude** behavior to stare at someone.
누군가를 빤히 쳐다보는 것은 무례한 행동이다.
It is important to train children to be **polite**.
어린이들이 예의바르게 굴도록 교육하는 것이 중요하다.

모르는 남의 집에 무단으로 침입하는 것은 정말로 무례한 행동입니다. 이 '침입하다'는요, rude 앞에 int를 붙인 **intrude**입니다.

A stranger **intruded** by climbing over our fence and into our yard.
낯선 사람 한 명이 울타리를 넘어 우리 마당으로 침입해 들어왔다.

남의 집 안(in)으로 침입하는 것(t)이 무례한(rude) 것이라고 할 때 '침입하다'의 뜻을 가진 다른 단어 역시 t로 시작한다는 것을 눈치 챘을 겁니다. 바로 **trespass**인데요, 이 trespass 안에 '지나가다'의 뜻을 가진 pass가 들어 있으니 trespass가 '침입하다'의 뜻임을 연상하기 좋지요?

Hunters **trespassed** onto the farmer's fields.
사냥꾼들은 그 농부의 밭에 무단 침입했다.

이 intrude는 '방해하다'의 뜻도 가지고 있습니다. 그래서 '방해하다'의 뜻을 가진 다른 단어도 intrude처럼 int로 시작하는 **interfere**입니다.

My wife often **intrudes** on my work by calling me at my office.
아내는 자주 내 사무실에 전화해서 일을 방해한다.
The sound of the radio upstairs **interferes** with my work.

위층에서 나는 라디오 소리가 내 작업을 방해한다.

'방해하다'의 뜻을 가진 다른 단어는 interfere처럼 inter로 시작하는 interrupt입니다.

It's rude to **interrupt** when someone else is speaking.
남이 이야기하고 있는데 중간에 끼어드는 것은 무례한 일이다.

이번에는 침입하다와 깊은 관계가 있는 단어 '침략하다'의 단어를 살펴볼까요? 여기서 배울 '침략하다'의 뜻을 지닌 단어는 '침입하다'의 intrude처럼 in으로 시작합니다. 침략하려면 남의 영토 안에(in) 들어가야 하기 때문이죠. 그래서 '침략하다'라는 의미의 단어는 **invade**입니다. 영화 '뮬란 Mulan'을 보면 오랑캐 훈족이 중국을 침략하자 징집통지서(conscription notice)를 가지고 간신 '치푸'가 마을을 찾아다니면서 이렇게 말을 하는 장면이 나옵니다.

The Huns have **invaded** China.
훈족이 중국을 침략했도다.

invade의 명사형은 '침략, 침해'의 의미를 지닌 **invasion**입니다.

Napoleon's **invasion** of Russia was stopped by the bad winter.
나폴레옹의 러시아 침공은 추운 겨울 날씨 때문에 중단되었다.
Reading someone's letter is an **invasion** of privacy.
다른 사람의 편지를 읽는 것은 사생활 침해다.

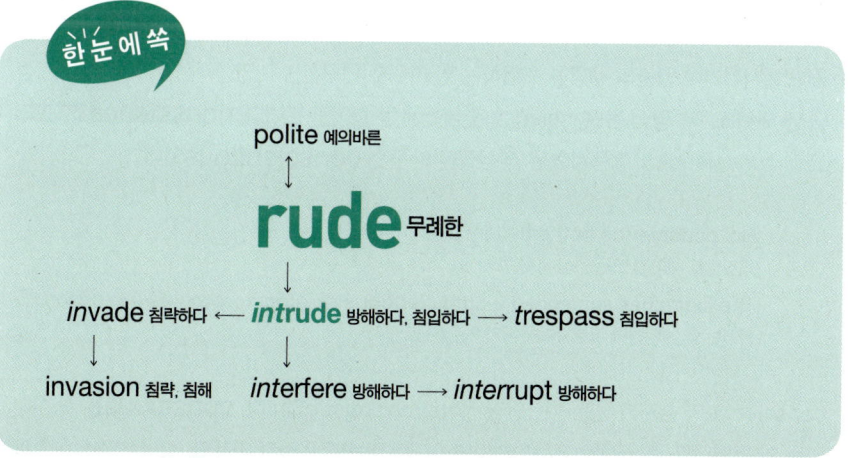

130 con+science → conscience

과학을 연구하는 사람은 양심에 어긋나는 일을 해서는 안 된다.

우리가 사는 현 시대는 과학의 시대라고 해도 무리가 없습니다. 이 '과학'은 **science**고요, 이런 과학을 연구하는 사람인 '과학자'는 **scientist**입니다.

> Biology is a **science** that studies living things.
> 생물학은 살아 있는 것들을 연구하는 과학이다.
> The laboratory means a room where a **scientist** works.
> 실험실은 과학자가 연구하는 방을 뜻한다.

science의 형용사는 '과학적인'의 뜻을 가진 **scientific**입니다. 에이즈에 감염된 소년과 그 친구의 감동적인 우정을 그린 영화 '굿바이 마이 프렌드 *The Cure*'를 보면 다음과 같은 대사가 나옵니다.

> Don't you know anything about **scientific** methods?
> 과학적인 방법에 대해 뭐 아는 거 없어?

자, 워밍업을 했으므로 이제 본격적으로 science를 이용하여 단어 사냥을 떠나볼까요? 과학에 종사하는 사람들이 멋져 보일 때는 순수하게 과학적 진리를 탐구할 때입니다. 따라서 환경을 오염시키거나 인간의 생명을 위협하는 일 따위를 연구하는 비양심적인 행위를 해서는 절대 안 되겠죠. 이 '양심'은요, science 앞에 con을 붙이면 됩니다. **conscience**죠. 그리고 이 conscience의 형용사형은 '양심적인'의 뜻인 **conscientious**입니다.

> His **conscience** bothered him every time he lied.
> 거짓말할 때마다 그는 양심에 찔렸다.
> The judge has sentenced a **conscientious** objector to two years in prison.
> 판사는 양심적 병역 거부자에게 징역 2년을 선고했다.

conscience와 철자가 혼동되는 단어가 바로 conscious입니다. **conscious**는 '의식이 있는'의 뜻인데요, 지금까지 혼동되었다면 이제부터는 혼동하지 마세요. conscience 안에

science가 들어 있다고 생각하면 두 단어는 전혀 혼동되지 않을 겁니다. 이 conscious를 이용한 예문을 살펴볼까요?

The boxer was knocked out, but he was **conscious** again after one minute.
그 권투선수는 녹아웃 되었지만 1분 후에 의식을 되찾았다.

conscious의 명사형은 '의식'의 뜻을 가진 **consciousness**입니다. 제임스 조이스나 버지니아 울프 같은 영국 작가가 쓴 독특한 소설 기법이 '의식의 흐름'(Stream of Consciousness)이었다는건 상식으로 알아두세요.

The patient regained **consciousness** after one week.
그 환자는 일주일 후에 의식을 회복했다.

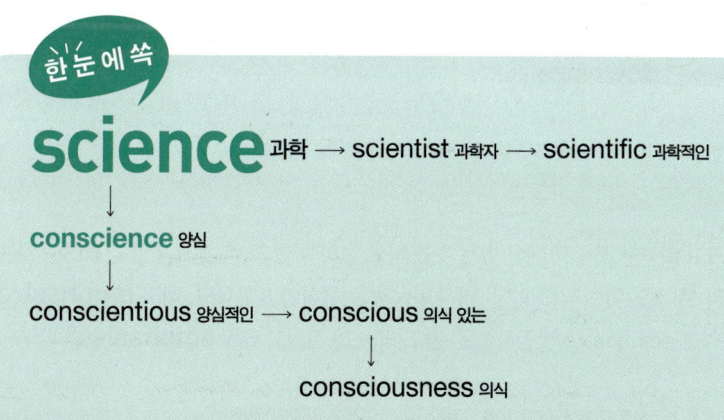

131 cap + size → capsize

크기가 작은 배들이 폭풍에 전복되기 쉽다.

size는 '크기'라는 뜻으로 많이 쓰이는 명사입니다.

After his death, his life-**size** statue was erected to honor his achievements in his hometown.
그의 사후에 실물 크기의 동상이 그의 업적을 기념하기 위하여 고향 마을에 세워졌다.

이번엔 size 앞에 알파벳 순서대로 단어를 붙여서 중요한 단어를 공부해보도록 합시다. 먼저, 바람이 많이 불고 폭풍이 부는 날에는 크기가 큰 배들보다는 크기가 작은 배들이 거대한 파도에 전복될 위험이 높습니다. 이런 '전복시키다'는 size 앞에 cap을 붙이면 됩니다. **capsize**가 되는 것이죠. 모자(cap)를 아무리 깊게 푹 써도 강풍이 불면 날아가 뒤집어질 수 있잖아요.

A huge wave **capsized** the boat.
거대한 파도로 인해 그 배가 전복되었다.

경기가 어려울 때, 특히 과거 IMF 관리체제 하에 있었을 때는 경영 위기에 처한 회사들이 많아서 직원의 규모를 축소해야 하는 경우도 비일비재했습니다. 이때의 '축소하다'는 size 앞에 down을 붙인 **downsize**입니다.

We have to **downsize** our production crew.
우리는 생산 인력을 축소해야 한다.

겉모습만 크고 화려한 것치고 내실 있는 것을 사실 보지 못했습니다. '크기'만 강조하는 것은 속빈 강정일 뿐이죠. 이런 '강조하다' 역시 size를 이용하면 되는데요, 바로 **emphasize**입니다. 그리고 emphasize의 명사형은 '강조'의 뜻을 지니고 있는 **emphasis**입니다.

The boss **emphasized** the need to reduce expenses.
사장은 비용 절감의 필요성을 강조했다.

He put great **emphasis** on making the best quality product for the least amount of money.
그는 최소 비용으로 최고 품질의 제품을 만드는 것을 크게 강조했다.

마지막으로 size를 이용하여 배울 단어는 **synthesize**입니다. '종합하다'는 뜻인데요, 회사의 크기를 늘리고, 직원 규모도 늘리려면 여러 가지 고려할 사항 등이 많습니다. 이 모든 것을 종합해서 결정을 내려야 하는데요, 그때의 '종합하다'가 바로 synthesize입니다. 그리고 synthesize의 명사형은 '종합'의 뜻을 지닌 **synthesis**입니다.

The artist tried to **synthesize** and express all the elements in modern art.
그 화가는 현대 예술의 모든 요소들을 종합하여 표현하려고 애썼다.

His novels are a rich **synthesis** of Korean history and mythology.
그의 소설들은 한국의 역사와 신화를 풍성하게 종합한 것이다.

이 synthesize의 반대말은 '분석하다'의 **analyze**입니다. 명사형은 '분석'이란 의미의 **analysis**입니다.

A scientist **analyzed** data from a study of cancer patients.
한 과학자가 암환자 연구에서 얻은 자료를 분석했다.

We did an **analysis** of the problem and proposed solutions to it.
우리는 그 문제를 분석해서 해결책을 제시했다.

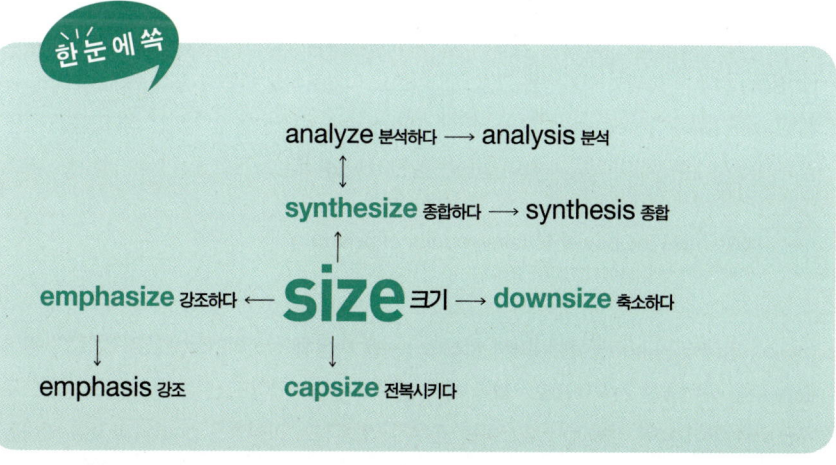

132 ar + son → arson

집 나간 아들이 방화를 저질러 감옥에 수감되었다.

son이 '아들'의 의미인 건 다 알고 있을 겁니다. 아들 가진 모든 어머님의 소원은 그 아들이 건강하고 무탈하게 지내는 것이겠죠.

> She believed that her **son** would surely come back someday.
> 그녀는 아들이 필시 언젠가는 돌아올 거라고 믿었다.

한 아들이 집을 나갔는데 그 아들이 방화를 저질러서 감옥에 가게 되었습니다. 실제로 이런 내용을 그린 영화가 있었는데요, 레오나르도 디카프리오가 주연한 영화 '마빈의 방 Marvin's Room'이었습니다. 이 '방화'는요, son 앞에 ar를 붙인 **arson**입니다. 기억하기 어렵다고요? 그럼, 아들이 '방화'한 것이니까 son 앞에 '아들'의 '아'를 영어 철자로 표기한 ar을 붙이면 된다고 생각해보세요. 쉽죠? 이런 방화를 저지르는 '방화범'은 **arsonist**입니다.

> The store burned down, and the police suspected **arson**.
> 가게는 완전히 타 버렸고 경찰은 방화를 의심했다.
> He turned out to be an **arsonist**.   그가 방화범으로 밝혀졌다.

앞서 아들이 방화를 저질러서 감옥에 갔다고 했는데요, '감옥'은 son 앞에 pri를 붙인 **prison**입니다. 희대의 사기범을 그린 레오나르도 디카프리오 주연의 영화 '캐치 미 이프 유 캔 Catch Me If You Can'을 보면 FBI에 협조해 수표 위조범을 검거하는 데 도움을 주면 감옥에서 꺼내주겠다며 다음과 같이 말하는 장면이 나옵니다.

> We have the power to take you out of **prison**.
> 우리에겐 널 감옥에서 꺼내줄 힘이 있어.

prison 안에 있는 son을 뺀 나머지 철자 p, r, i를 이용하여 의미연상법으로 '감옥'과 관련 있는 다른 단어들을 건져볼까요? 죄를 지어 감옥에 수감되었어도, 수형 생활을 모범적으로 하면 가석방이 되어 감옥에서 출소하는 경우가 있는데요, 가석방은 prison의 p를 이용한

350 SECTION 5

parole입니다. 킴 베이싱어가 주연한 영화 '리얼 맥코이 Read McCoy'를 보면 주인공이 다음과 같이 말하는 장면이 나옵니다.

I'm on **parole**.   나는 가석방 중이에요.

가석방이 되었다는 것은 감옥에서 죄수로서 지켜야 할 역할을 성실히 수행했기에 가능했던 건데요, 이 parole에 '역할'이라는 뜻의 **role**이 들어 있습니다.

He played an important **role** in winning the game.
그는 그 경기에서 이기는 데 중요한 역할을 했다.

가석방 외에 형기를 다 채우고 나서 석방되어 나오는 경우가 있죠. 이때의 '석방시키다'는 prison의 두 번째 철자 r을 이용하면 됩니다. **release**라고 들어보셨습니까? 영화 '반지의 제왕 2 The Lord of the Rings: The Two Towers'를 보면 골룸이 프로도의 하인 샘이 자는 틈에 반지를 몰래 빼려는 것을 보고 프로도가 다음과 같이 말하는 장면이 나옵니다.

Release him or I'll cut your throat.   그를 풀어줘. 그렇지 않으면 내가 너의 목을 치겠다.

마지막으로 배울 단어는 prison의 i로 건진 **inmate**입니다. 바로 '죄수, 피수용자'라는 뜻이죠. mate가 '친구, 동료'의 뜻이 있으므로 inmate는 안에(in) 함께 있는 동료(mate)로 같은 공간 내에 있는 사람들, 즉 교도소나 병원의 '피수용자'의 의미가 됩니다.

That prison has a section for violent **inmates**, such as rapists and murderers.
그 감옥에는 강간범이나 살인범과 같은 난폭한 죄수들을 수감하는 특별구역이 있다.

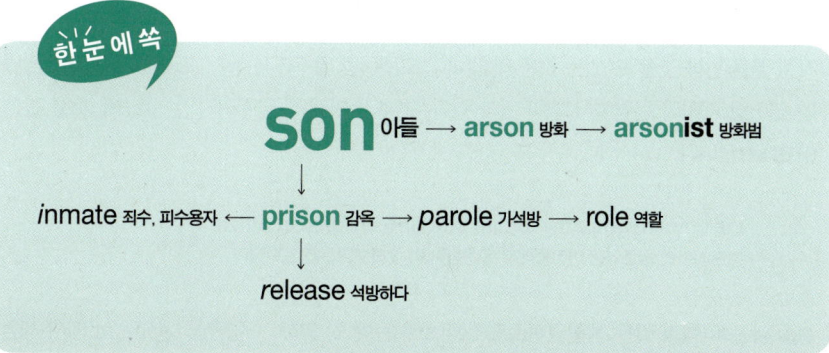

132-son 351

133 star + e → stare

별을 관찰하려면 천체 망원경을 **뚫어지게 쳐다봐야** 한다.

star, 밤하늘에 무수히 반짝이는 '별'을 뜻하는 단어입니다.

There were **stars** shining in the sky.
하늘에는 별들이 반짝이고 있었다.

이번에는 star 뒤에 알파벳 순서대로 철자를 붙여가는 방법으로 단어들을 공부해보도록 하겠습니다. 먼저 별이 잔뜩 그려진 셔츠가 있습니다. 옷깃을 제대로 세우려면 빳빳하게 풀을 먹여야 하는데요, 이렇게 '풀을 먹이다, 녹말'의 뜻을 가진 단어는 star에 ch를 붙이면 됩니다. **starch**가 되는 거죠.

I have put too much **starch** in my **shirts**. 내가 셔츠에 풀을 너무 빳빳이 먹였다.

멀리 떨어져 있는 별을 관찰하려면 천체 망원경이 필요합니다. 그런데 이 망원경을 그냥 휙 보면 별이 잘 보이지 않습니다. 가까이 대고 정말 한 곳을 뚫어지게 쳐다봐야 하죠. 이렇게 한 곳을 '(뚫어지게) 응시하다'는요, star에 '눈'을 의미하는 eye의 첫 철자 e를 붙이면 됩니다. 바로 **stare**입니다.

Don't **stare** at me like that. 그렇게 날 뚫어지게 쳐다보지 마.

사실 별을 밤에만 볼 수 있는 것은 아닙니다. 오랫동안 굶주려서 배가 고파 허기가 지면 앉았다 일어날 때마다 눈앞에서 별이 왔다 갔다 합니다. 이때의 '굶주리다'는 star에 ve를 붙인 **starve**입니다.

I felt much sympathy for the **starving** children in Africa.
아프리카의 굶주리는 아이들에게 동정심이 막 솟아오르는게 느껴졌다.

starve는 다음과 같은 생활영어로도 많이 쓰이는데요, 영화 '스텝맘 *Stepmom*'에서 새엄마가 된 줄리아 로버츠에게 아이들이 한 말입니다.

    I'm **starving**.   배고파 죽겠어요.

밤하늘의 별들이 반짝인다고 했는데요, 이 '반짝이다'는 star 안에 들어 있는 t를 이용하면 됩니다. **twinkle**인데요, 어감 자체가 '반짝이다'의 느낌을 가지고 있는 것 같지 않나요?

    Stars are **twinkling** in the night sky.   별들이 밤하늘에 반짝이고 있다.

그러고 보니 twinkle에는 '쌍둥이'라는 뜻 **twin**이 숨어 있네요. 아기의 두 눈은 언제 보아도 영롱한 별처럼 반짝이는데, 아이가 쌍둥이라면 그 반짝거림이 두 배가 되겠네요.

    The **twins** were so much alike that I couldn't distinguish them.
    쌍둥이들이 너무 닮아서 나는 그 아이들을 구별할 수가 없었다.

별과 관련된 학문이 바로 천문학인데, 이 '천문학'은 star 안에 있는 a를 이용한, **astronomy**고요, 그리고 이 천문학을 연구하는 '천문학자'는 **astronomer**입니다.

    I took a course in **astronomy** in college because I was interested in the planets.   나는 행성에 관심이 있어서 대학에서 천문학 강의를 들었다.
    Many **astronomers** work at night, looking at the stars.
    많은 천문학자들은 밤에 별을 보면서 일을 한다.

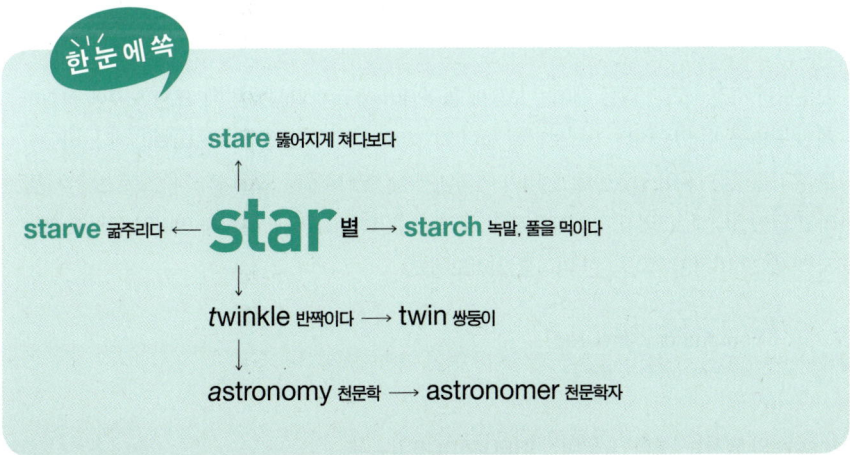

134 as + sure → assure

확실하다고 말하는 건 결국 상대방을 확신시키는 것이다.

sure는 '확실한'의 의미로 쓰이는 형용사입니다. 사람들이 자신에게 아래와 같이 말해주면 듣기도 좋고 자신감도 생길 겁니다.

> I'm **sure** that you will succeed.
> 난 당신이 성공할 거라고 확신합니다.

확실하다고 말하는 것은 듣는 사람에게 내용을 확신시킨다는 의미잖아요. 이 '확신시키다'의 동사는요, sure 앞에 as를 붙인 **assure**입니다. 조금 어렵다면 '확실하게 A/S해준다'의 의미로 as가 sure 앞에 붙었다고 생각하면 재밌게 기억할 수 있지 않을까요?

> I **assure** you that I'm telling the truth.
> 보장하는데, 너에게 진실을 말하고 있는 거니까.

이 assure의 명사형은 '보장'의 뜻을 가진 **assurance**입니다.

> I give you my **assurance** that I will pay your money back on time.
> 내 보장할게. 제 때에 네 돈 갚겠다고.

요즘처럼 사건 사고가 많은 때에는 보험에 들어놔야 사고가 발생했을 때, 또는 노후에 확실하게 보장받을 수 있습니다. 이 '보험에 들다'가 sure 앞에 in을 붙인 **insure**입니다. 바닷가로 휴가를 간 가족이 있었는데, 엄마가 아이에게 상어가 나올지 모르니까 저쪽으로는 가지 말라고 말했습니다. 그러자 아이가 아빠가 저기서 수영하고 있다고 말하자 엄마가 뭐라고 했는지 아세요? 비정한 엄마의 한 마디를 읽어보세요.

> Your father is **insured**.
> 아빠는 보험에 들어 있거든.

insure의 명사는 '보험'의 의미인 **insurance**입니다.

I was compensated by the **insurance** company for the damage to my car.
내 차에 입은 손상에 대해 보험회사로부터 보상을 받았다.

sure를 이용하여 배울 다음 단어는 바로 **pressure**입니다. '압력, 압박'이란 의미인데요, 시민단체들이 자신들의 뜻을 관철시키기 위하여 법안이 통과되도록 국회에 확실한 압력을 넣을 수 있잖아요. 그렇게 외워보세요.

My friend seemed to feel intense **pressure** to pass the examination.
내 친구는 시험에 합격해야 한다는 강한 압박을 느끼는 것 같았다.

sure를 이용한 마지막 단어는 '보물'을 뜻하는 **treasure**입니다. 무덤에서 출토된 유물이 보물이 확실한지는 감정을 해봐야 하잖아요. 그렇게 연상하면 기억하기 쉬울겁니다.

This is the place where the **treasure** is buried.
이곳이 그 보물이 묻혀 있는 곳입니다.

assure, insure, pressure, treasure 이렇게 알파벳 순서인 것, 잊지 마세요.

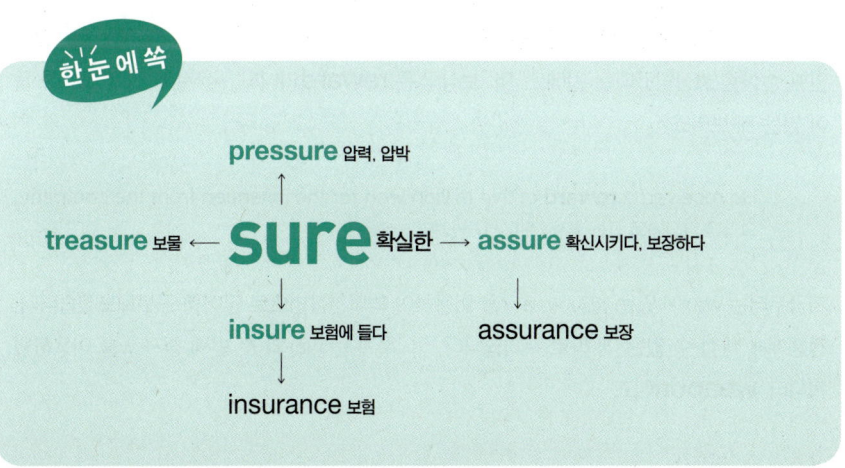

135 war + n → warn

강대국이 약소국에게 전쟁을 일으키겠다고 경고했다.

war는 '전쟁'의 뜻입니다. 전쟁은 너무나 많은 사람들의 희생을 요구하기 때문에 어떤 명분으로도 정당화되어서는 안 될 것 같습니다.

He experienced the misery of **war** in the Korean War.
그는 한국전에서 전쟁의 비참함을 경험했다.

미국이 이라크전을 개시하기 전에 이라크에 화학무기를 없애라고 경고를 했습니다. 이렇듯 강대국들은 요구 조건을 내걸고 말을 듣지 않으면 전쟁을 하겠다고 경고합니다. 이 '경고하다'가 war에 n을 붙인 **warn**입니다. 그리고 이 warn의 명사형은 '경고'의 뜻을 가진 **warning**입니다.

There were signs **warning** people to look out for falling rocks.
사람들에게 낙석을 조심하라고 경고하는 표지판이 있었다.
He turns a deaf ear to my repeated **warnings**.
그는 반복해서 하는 내 경고에 귀를 기울이지 않는다.

전쟁이 벌어졌고, 전쟁에서 이긴 승전국은 패전국에 거액의 배상금을 요구합니다. 전쟁으로 인한 손실을 보상받겠다는 건데요, 이 '보상금'은 **reward**입니다. reward 안에 war가 들어 있는 게 보이죠?

He received a **reward** of five million won for the invention from the company.
그 발명의 대가로 그는 회사로부터 500만원의 보상금을 받았다.

지금부터는 war에 있는 철자 w, a, r을 이용하여 의미연상법으로 단어를 공부해보겠습니다. 전쟁에서 빠질 수 없는 게 바로 무기입니다. 이 '무기'는 war의 첫 번째 철자 w를 이용하면 됩니다. **weapon**이죠.

He made enormous profits by smuggling **weapons**.
그는 무기 밀수를 통해서 엄청난 이득을 얻었다.

전쟁을 하다 보면 어느 정도 시간이 흐르고 나서 휴전에 이르는 경우가 있습니다. '휴전, 휴전 협정'은 war의 두 번째 철자 a를 이용하면 됩니다. **armistice**가 그것입니다.

The two nations signed an **armistice**. 두 나라는 휴전 협정을 체결했다.

전쟁이 일어나면 또 피할 수 없는 것이 바로 '난민'입니다. 이 '난민'은 war의 세 번째 철자 r을 이용하면 됩니다. **refugee**죠.

The Red Cross provided the **refugees** with food and medical services.
적십자는 난민들에게 식량과 의료 서비스를 제공했다.

이 war와 관련된 단어를 또 공부해볼 텐데요, 이순신 장군의 거북선은 왜군을 남해 앞바다에 수장시킨 전함이었습니다. 이 '전함'은 **warship**입니다.

We are ready for an attack from the enemy **warships**.
우리는 적의 전함 공격에 대응할 준비가 되어 있다.

warship의 발음과 연관해 배울 단어는 '숭배하다'의 **worship**입니다. 영화 '엘도라도 The Road to El dorado'를 보면 신전에서 일하는 한 소녀가 이렇게 말하는 장면이 나옵니다.

My only wish is to **worship** God.
내 유일한 소망은 신을 숭배하는 것입니다.

마지막으로 이순신 장군은 뛰어난 지략과 용맹을 갖춘 전사였습니다. 이 '전사' 역시 war를 이용하면 얻을 수 있는데요, 바로 **warrior**랍니다.

The chief sent his best **warriors** to fight against the enemy.
추장은 적에 맞서 싸우도록 최정예 전사를 보냈다.

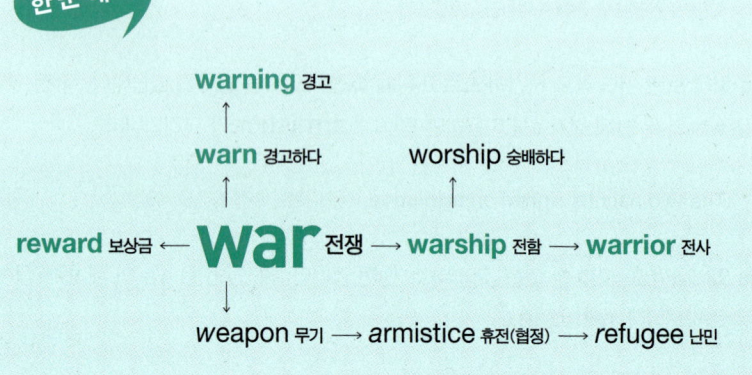

136 S + way → sway

자신의 길을 갈 때 이리저리 흔들려서는 안 된다.

way는 '길, 방법'의 두 가지 뜻이 있는 단어인데요, way 외에 '방법'의 뜻을 가지고 있는 단어에는 **method**가 있습니다.

> This is the only **way** to solve the problem.
> 이것이 그 문제를 해결하는 유일한 방법이다.
>
> I think we should try using a different **method**.
> 우리가 다른 방법을 시도해봐야 할 것 같다.

본격적으로 way라는 단어로 다른 단어를 건져보겠는데요, 먼저 way가 쓰인 유명한 영어 속담 하나를 읽어보고 갈까요?

> Where there is a will, there is a **way**.
> 뜻이 있는 곳에 길이 있다.

의지의 중요성을 강조한 속담입니다. 이렇듯 한 번 마음먹은 의지가 버드나무처럼 흔들리게 되면 안 될 건데요, 이렇게 '흔들리다'는 way 앞에 s를 붙이면 간단하게 얻을 수 있습니다. **sway**가 되는 거죠.

> The branches of the trees were **swaying** in the wind.
> 나뭇가지가 바람에 흔들리고 있었다.

sway 외에 '마음이 흔들리다'는 의미를 지닌 다른 단어는 sway 안에 있는 wa를 이용하면 됩니다. **waver**죠.

> He **wavered** between buying stock and keeping his money in the bank.
> 그는 주식을 사는 것과 은행에 돈을 맡기는 것 사이에서 마음이 흔들렸다.

이번에는 Where there is a will, there is a way. 안에 있는 will이란 단어로 다른 단어들

을 공부해볼까요? **will**은 명사로 쓰일 때는 '의지'란 뜻인데요, 이 will은 또 '유언장'의 뜻도 가지고 있습니다.

> My father left me a large fortune in his **will**.
> 아버지는 유언으로 내게 많은 재산을 남기셨다.

앞서 강하게 마음먹은 의지가 버드나무처럼 이리저리 흔들리면 안 된다고 했죠? 그때의 '버드나무'는 바로 **willow**입니다.

> The weeping **willow** may bend, but will not break.
> 수양버들은 휘기는 하지만 꺾이지는 않는다.

유연한 버드나무에 세찬 바람이 불면 그 어떤 나무보다도 큰 물결처럼 출렁거리겠죠. 이렇게 '큰 물결'은 willow의 w를 b로 바꾸면 됩니다. **billow**가 되는데요, b는 나뭇가지를 뜻하는 branch의 첫 단어로 생각하고 기억하세요.

> The ship advanced in the face of raging **billows**.
> 배는 성난 물결을 헤치고 앞으로 나아갔다.

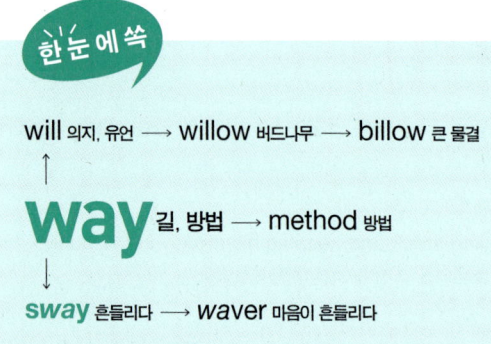

137 S+wear → swear

사치스런 옷 사 입는 걸 그만두겠다고 맹세했다.

wear는 '입다, 쓰다'의 의미를 갖는 동사입니다.

He always **wears** his tie loose.
그는 항상 넥타이를 느슨하게 맨다.

요즘 같은 불경기에 사치스러운 옷을 사 입는 아내 때문에 집안 형편이 어려워지자 남편이 다시는 그러지 않겠다 맹세하라고 다그칩니다. 이 '맹세하다'는요, wear 앞에 s만 붙이면 쉽게 얻을 수 있습니다. 바로 **swear**죠. 미국의 유명한 그룹 All 4 One이 부른 노래 가운데 하나가 바로 'I swear(맹세할게요.)'였습니다.

I **swear** not to forget the favor he did for me.
전 그분이 제게 베푼 호의를 잊지 않겠다고 맹세합니다.

'맹세하다'의 뜻을 가진 다른 단어는 **pledge**입니다.

He often **pledges** that he will never drink again.
그는 다시는 술을 마시지 않겠다고 종종 맹세한다.

이번엔 pledge로 다른 단어를 배워볼까요? 요즘 사채업자들, 다 그런 건 아니지만 악독한 사람은 정말 무섭습니다. 돈 좀 제 날짜에 안 냈다고 사채업자가 채무자를 절벽 가장자리까지 끌고 가서 기한 내로 돈을 갚겠다 맹세하라고 강요하는 걸 상상해보세요. '가장자리'는 pledge 안에 들어 있는 **edge**입니다.

Don't go too close to the **edge** of the cliff — you might fall.
절벽 가장자리로 너무 가까이 가지 마라. 떨어질지도 몰라.

'가장자리'를 뜻하는 edge를 통해서도 여러 단어를 공부할 수가 있는데요, 집 가장자리에 울타리를 세우잖아요. 이 '울타리'는 edge 앞에 h를 붙인 **hedge**입니다. '헷지 *Over the*

Hedge'라는 재미있는 만화영화도 있었습니다.

> She's busy trimming the garden **hedge**.
> 그녀는 정원 울타리를 다듬느라고 바쁘다.

이 책으로 어휘를 공부하는 여러분들은 글로벌 시대에 살고 있습니다. 힘센 강대국 위주의 중심국가뿐 아니라 변방에 있는 국가에 대한 지식도 대단히 중요한 시대인 것이죠. 이때의 '지식'이 **knowledge**인데요, 가만히 보니까 이 knowledge에 edge가 들어 있습니다. knowledge가 어렵다고요? 그럼 유용한 팁 하나 드릴게요. 많은 지식으로 좋은 책을 쓰게 되면 의도하지 않아도 자신의 이름을 날릴 수가 있습니다. 그래서 '많은 지식(knowledge)으로 이름을 날리지(knowledge).'처럼 재미있게 기억하는 방법도 있습니다.

> **Knowledge** gained through experience is valuable.
> 경험으로 얻은 지식은 귀중하다.

지식이 많은 사람의 능력은 어려운 상황에서 그 빛을 발하게 되는데요, 그렇게 되면 그 사람의 실력을 인정하지 않을 수가 없습니다. 이 '인정하다'는 knowledge 앞에 ac를 붙인 **acknowledge**입니다. 미국의 남북전쟁 당시 남군의 총 사령관이었던 로버트 리 장군이 다음과 같은 말을 했다고 하네요. 노예제도를 옹호하던 남군의 총사령관이 이렇게 말했다니 좀 아이러니하지 않나요?

> There are few but **acknowledge** that slavery is an evil system.
> 노예제도가 나쁜 제도라는 것을 인정하지 않는 사람은 거의 없다.

한눈에 쏙

wear 입다
↓
swear 맹세하다 → pledge 맹세하다 → edge 가장자리
↓
hedge 울타리
↑
knowledge 지식
↑
acknowledge 인정하다

138 s + word → sword

상대에게 하는 심한 말이 날카로운 칼이 되어 꽂힌다.

word는 '단어'의 뜻이죠.

> This **word** is derived from French.
> 이 단어는 불어에서 온 것이다.

'부부싸움은 칼로 물베기'라고 하는 말 들어보셨을 겁니다. 이렇게 부부싸움을 하다 보면 심한 말들이(words) 오가고 또 그 말들이 비수가 되어 마음에 꽂히게 됩니다. 이런 비수, 즉 '칼'에 해당하는 단어는요, word 앞에 s를 붙이면 됩니다. **sword**가 되는 것이죠. 그래서 **draw the sword**는 '칼을 뽑다'라는 뜻이 됩니다. draw가 '그리다'의 뜻 외에 '당기다'의 뜻도 있다는 것, 참고로 알아두세요. 무력보다 글쓰기가 더 강하다는 것을 비유적으로 나타낸 유명한 영어 속담이면서 영화 '인디애나 존스 *Indiana Jones*'에 나왔던 대사를 한번 읽어 보세요.

> The pen is mightier than the **sword**.
> 펜은 칼보다 강하다.

칼에는 긴 장검도 있고 짧은 '단검'도 있는데요, '단검'은 sword의 마지막 철자 d를 이용하면 됩니다. **dagger**죠.

> Long ago, pirates carried **daggers**.
> 옛날에 해적들은 단검을 지니고 다녔다.

단어와 떼려야 뗄 수 없는 것 가운데 사전이 있는데요, 이 사전 역시 word의 마지막 철자 d를 이용하여 얻을 수 있습니다. 바로 **dictionary**죠.

> I looked up the word in the **dictionary**.
> 나는 사전에서 그 단어를 찾아보았다.

사전을 보면 우리가 찾으려고 하는 단어가 있고, 그 단어가 어떤 뜻인지 정의해주는 내용이 옆에 나옵니다. 결국 사전은 '단어의 뜻이 무엇인지 정의해놓은 책'이죠. 이 '정의하다'는 단어는 word의 마지막 철자 d를 이용하면 됩니다. **define**이 되는 것이죠. 영화 '매트릭스 Matrix'를 보면 다음과 같은 대사가 나옵니다.

> How do you **define** 'the real'?
> '실재'라는 말을 당신은 어떻게 정의하나요?

define의 명사형은 '정의'의 뜻을 가진 **definition**입니다. 한 음악 선생님의 감동적인 삶을 그린 영화 '홀랜드 오퍼스 Mr. Holland's Opus'를 보면 첫 수업 시간에 음악 선생님이 학생들에게 다음과 같이 질문하는 장면이 나옵니다.

> Who will like to give me a **definition** of what music is?
> 음악이 무엇인지 정의해볼 사람 없나?

word를 이용한 마지막 단어를 공부해보겠습니다. 중국의 갑골문자나 이집트의 상형문자로 된 비석들이 발견되면 거기에 쓰인 단어들을 해독해보려고 여러 학자들이 도전하고요, 어떤 이는 평생을 바치기도 합니다. 이런 '해독하다'의 단어 역시 word 안에 있는 d로 시작합니다. **decipher**인 거죠. 영화 '레모니 스니켓의 위험한 대결 Lemony Snicket's A Series of Unfortunate Events'을 보면 부모를 화재로 잃은 세 아이들이 동굴에서 발견한 쪽지에 써있는 내용을 알아내자 다음과 같이 말하는 장면이 나옵니다.

> You **deciphered** the clues in my note.
> 너희들이 내가 쓴 쪽지에 있는 단서를 해독해냈구나.

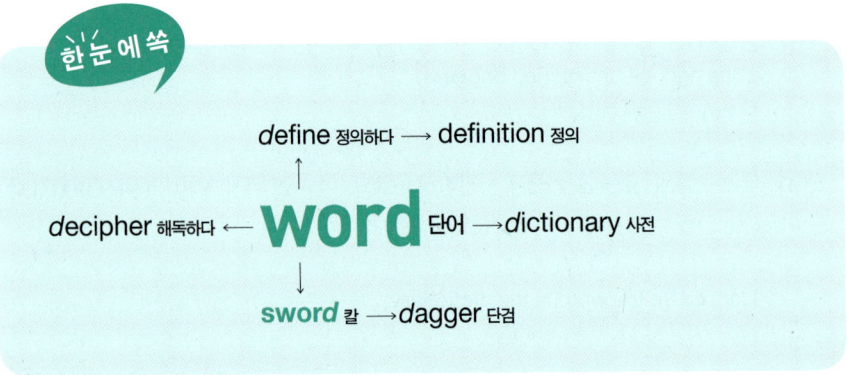

SECTION 5 *review test*

☑ 앞에서 읽은 내용을 연상하면서 다음 어휘 고리를 채워보세요. 정답은 책 속 부록에 있습니다.

1 nut → nutrient - _____ - _____
   → chestnut - _____ - _____

2 parent → apparent - _____ - _____
   → _____ - invisible
   → _____

3 pass → _____ - _____ - compassion → _____
                                    → pity - _____

4 pat → _____ → patriotic - _____
            → _____ - _____
   → patter

5 pond → respond → _____
            → ripple
            → _____
   → ponder - _____ - _____ ↔ cheap

6 promise → _____
        → premise
        → _____ - _____ → eminent
                           → outstanding

7 rain → brain → _____ → _____
     → refrain → _____
     → sprain → _____ → _____

8 raise → praise → _____ - _____ - supplement
               → prize - _____

9 read → _____ - _____
    → dread
    → _____
    → thread - _____

10 reason → treason → _____
    → _____ - _____ - executioner
    → _____ - rational

11 red → _____ - _____
    → sacred → _____
       → sacrifice
    → shred

12 roof → proof → _____
    → _____ → approve - _____
       → _____ - improvement

13 room → loom
    → broom - _____ - _____
    → groom - _____ - _____ - melancholy
    → _____

14 rose → prose - _____ → _____
       → adverse - _____
       → reverse

15 rude ↔ _____
    → intrude → _____
       → _____ - interrupt
       → invade - _____

16 science → scientist - _____
    → conscience - _____ - _____ - consciousness

17 size → capsize
    → _____
    → _____ - emphasis
    → synthesize - _____ - _____ - analysis

18 son → _____ - _____
    → prison → _____ - role
        → release
        → _____

19 star → starch - _____ - _____
    → _____ - twin
    → _____ - astronomer

20 sure → _____ - _____
    → _____ - insurance
    → pressure → _____

21 war → warn - _____
    → reward
    → _____ → armistice → _____
    → _____ - _____ - warrior

22 way → method
    → _____ - _____
    → will - _____ - _____

23 wear → _____ - _____ - edge → _____
        → knowledge - _____

24 word → _____ - _____
    → dictionary
    → _____ - _____
    → _____

> ✔ SECTION 4에서 배웠던 단어들을 다시 한 번 체크해 봅시다.

- [ ] actor 남자 배우 - actress 여자 배우 - factor 요소, 요인 - element 요소, 원소 - factory 공장 - satisfactory 만족스러운 - satisfy 만족시키다 - satisfaction 만족 - benefactor 은인

- [ ] ant 개미 - tenant 세입자 - landlord 집주인 - landlady 여자 집주인 - lieutenant 부관 - real estate agent 부동산 중개인 - antidote 해독제

- [ ] apple 사과 - apology (말로 하는) 사과 - apologize 사과하다 - grapple 꽉 잡다 - grasp 꽉 잡다 - grab 꽉 잡다 - grip 꽉 잡다, 꽉 쥠 - crab 게

- [ ] bat 박쥐, 방망이 - battle 전투 - combat 전투 - cattle 소떼 - rattle 덜컹거리다 - rat 쥐 - rattlesnake 방울뱀 - acrobat 곡예사

- [ ] bull 숫소 - bullet 총알 - bulletin 게시 - tin 주석 - cow 암소 - coward 겁쟁이 - cowardice 비겁함

- [ ] car 차 - caravan 대상 - carbon 탄소 - hydrogen 수소 - oxygen 산소 - sulfur 황 - cardinal 추기경 - cargo 화물 - carriage 마차 - cartoon 만화 - carve 새기다

- [ ] cat 고양이 - rat 쥐 - scatter 흩어지다 - catch 잡다 - chase 추적하다, 뒤쫓다 - purchase 구입하다, 구입 - capture 잡다 - captivate 잡다

- [ ] cent 센트 - scent 향기 - ascent 상승 - ascend 상승하다 - descent 하강 - descend 하강하다 - descendant 후손 - ancestor 조상

- [ ] cold 차가운, 감기 - scold 꾸짖다 - slap 뺨을 때리다 - spank 볼기를 때리다 - clap 박수치다 - lap 무릎 - lapse (시간의) 경과 - collapse 무너지다

- [ ] cream 크림 - scream 소리 지르다 - shout 소리치다 - cry 소리치다, 울다 - yellow 노란색 - yell 소리 지르다 - exclaim (감탄하여) 소리치다

- [ ] cut 자르다 - cute 귀여운 - acute 급성의 - chronic 만성의 - chronicle 연대기 - persecute 박해하다 - persecution 박해

- [ ] dam 댐 - damage 손상시키다 - age 나이, 나이가 들다 - damp 축축한 - moist 축축한 - moisture 수분, 습기 - moisten 축축하게 하다

- [ ] dry 건조한 - laundry 세탁소, 세탁물 - launder 세탁하다 - drought 가뭄 - rough 거친, 서투른, 대충의 - thorough 철저한 - tough 억센, 질긴

- [ ] dust 먼지 - industry 산업, 공업, 근면 - industrial 산업의, 공업의 - industrious 근면한 - diligent 부지런한 - diligence 부지런함 - trial 재판 - testify 증언하다

- [ ] eight 8 - freight 화물 - height 키, 높이 - high 높은 - thigh 넓적다리 - weight 무게 - weigh 무게가 ~ 나가다

- [ ] even 심지어, 비긴, 대등한, 짝수의 - revenge 복수 - vengeance 복수 - avenge 복수하다 - retaliate 보복하다 - retaliation 보복 - odd 홀수의, 이상한

- [ ] face 얼굴, 직면하다 - preface 서문 - surface 표면 - surf 파도타기하다 - freckle 주근깨 - acne 여드름 - complexion 안색 - expression 표정, 표현

- [ ] fan 부채, 선풍기 - infant 유아 - toddler 아장아장 걷는 아기 - pan 납작한 냄비 - frying pan 프라이팬 - expand 확장하다 - expansion 확장 - enlarge 확대하다 - enlargement 확대

- [ ] fit 적합한 - benefit 이익 - beneficial 유익한 - outfit 의상 - outlet 판매점, 직판장, 콘센트 - profit 이윤 - profitable 이익이 되는

- [ ] gate 대문 - investigate 수사하다 - investigation 수사 - invest 투자하다 - investment 투자 - vest 조끼 - harvest 수확

- [ ] here 여기에 - adhere 붙이다 - adhesive 접착제, 끈끈한, 접착제의 - attach 붙이다 - attachment 부착, 애착 - detach 떼다 - detachment 분리

- [ ] ill 아픈 - illness 병 - symptom 증상 - pill 알약 - spill 흘리다 - pillow 베개 - illusion 환상, 환각 - disillusion 환멸, 환멸을 느끼게 하다

- [ ] ink 잉크 - sink 가라앉다 - link 연결하다 - blink 깜박이다 - rink 스케이트장 - brink 가장자리 - brim 가장자리

- [ ] kid 아이 - kidnap 유괴하다 - nap 낮잠 - ransom 몸값 - abduct 납치하다 - abduction 납치 - kidney 신장

- [ ] meter 미터 - measure 재다, 측정하다, 조치 - measurement 측정 - cemetery 묘지 - cremate 화장하다 - diameter 지름 - meteor 운석, 유성

> ☑ SECTION 3에서 배웠던 단어들을 다시 한 번 체크해 봅시다.

☐ afraid 두려운 - raid 습격 - aid 도움 - aide 측근 - assistance 도움, 원조 - assist 도와주다 - maid 하녀 - mermaid 인어

☐ again 다시 - gain 얻다 - acquire 획득하다 - acquisition 획득 - obtain 얻다 - inquire 묻다 - require 요구하다

☐ appear 나타나다 - pear 배 - spear 창 - shield 방패 - windshield 자동차 앞 유리 - appearance 외모, 출현 - disappear 사라지다 - sap 수액 - extinct 멸종된 - extinction 멸종

☐ approach 접근하다 - roach 바퀴벌레 - appetite 식욕 - appetizer 전채 - dessert 후식 - desert 사막 - poach 밀렵하다 - poacher 밀렵꾼

☐ because ~ 때문에 - cause 원인, 야기시키다 - pause 중단하다 - clause 절 - phrase 구 - phase 국면, 양상, 측면 - aspect 측면

☐ believe 믿다 - lie 거짓말하다, 눕다 - alien 외계인 - alienate 소외시키다 - alienation 소외 - client 고객 - customer 손님 - relieve 안심하다 - relief 안심 - belief 믿음 - grieve 크게 슬퍼하다 - grief 큰 슬픔

☐ blame 비난하다 - lame 절뚝거리는 - lament 비탄하다 - filament 필라멘트 - limp 절뚝거리다 - leg 다리 - legend 전설 - legacy 유산

☐ clean 깨끗한, 청소하다 - lean 기대다 - glean 모으다, 줍다 - gather 모으다 - clear 분명한 - unclear 불분명한 - nuclear 핵의

☐ climb 오르다 - limb 사지 - cliff 절벽 - precipice 절벽 - crawl 기어가다 - creep 기어가다 - step 걸음 - steep 가파른

☐ determine 결심하다 - deter 못하게 하다 - defer 연기하다 - term 기간 - terminate 종결시키다 - mine 지뢰, 광산 - famine 기아

☐ eastern 동쪽의, 동양의 - stern 엄격한 - strict 엄격한 - stringent 엄격한 - district 지역 - restrict 제한하다 - restriction 제한

☐ excite 흥분시키다 - cite 인용하다 - recite 암송하다, 낭송하다 - quote 인용하다 - quotation 인용 - site 장소 - opposite 반대편의 - sight 경치, 광경 - sigh 한숨

☐ foreign 외국의 - reign 지배하다 - govern 통치하다 - governor 주지사 - government 지배, 정부 - sovereign 주권이 있는 - sovereignty 주권 - exotic 이국적인

☐ forget 잊다 - forge 버리다, 위조하다 - gorge 협곡 - canyon 협곡 - gorgeous 멋진 - splendid 멋진 - superb 멋진

☐ important 중요한 - import 수입하다 - port 항구 - export 수출하다 - expert 전문가 - expertise 전문지식 - portrait 초상화 - trait 특성 - traitor 반역자

- [ ] learn 배우다 - earn 얻다, 벌다 - earnest 열심인, 열렬한 - nest 둥지 - honest 정직한 - honesty 정직 - lecture 강의

- [ ] mistake 실수(하다) - mist 안개 - fog 안개 - stake 말뚝 - at stake 위험에 처한 - chemist 화학자 - physicist 물리학자 - alchemist 연금술사

- [ ] paint 페인트(칠하다) - pain 고통 - painful 고통스런 - agony 고통 - anguish 고통 - faint 기절하다 - pass out 기절하다 - swoon 기절하다

- [ ] please 기쁘게 하다, 제발 - lease 임대 - plea 탄원 - flea 벼룩 - petition 탄원 - repetition 반복 - repeat 반복하다 - entertain 즐겁게 하다 - entertainer 연예인

- [ ] relate 관련시키다 - elate 고무시키다 - enhance 고양시키다 - relation 관계 - relationship 관계 - relevance 관련 - relevant 관련 있는

- [ ] speak 말하다 - peak 정상 - acme 절정 - summit 정상(회담) - supreme 최고의 - supremacy 최고 - uppermost 최상의

- [ ] terrible 끔찍한 - rib 갈비 - bribe 뇌물 - bribery 뇌물수수 - tribe 부족 - crib 아기침대 - cradle 요람

- [ ] their 그들의 - heir 상속인 - heiress 여자상속인 - throne 왕좌 - inherit 물려받다 - inheritance 유산 - heritage 유산

- [ ] think 생각하다 - thin 날씬한, 얇은 - thick 두꺼운 - slender 날씬한 - slim 날씬한 - thought 생각, 사상 - thoughtful 사려 깊은

- [ ] throw 던지다 - row 줄, 노젓다 - crow 까마귀 - magpie 까치 - crowd 무리 - disperse 해산시키다 - arrow 화살 - sparrow 참새

- [ ] write 쓰다 - rite 의식 - ritual 의식 - spiritual 영혼의, 정신의 - spirit 영혼, 정신 - soul 영혼, 사람 - hypocrite 위선자

☑ SECTION 2에서 배웠던 단어들을 다시 한 번 체크해 봅시다.

- ☐ corner 구석 - corn 옥수수 - scorn 경멸하다, 경멸 - acorn 도토리 - despise 경멸하다 - disdain 경멸하다 - respect 존경하다

- ☐ flower 꽃 - flow 흐르다 - plow 밭을 갈다 - lower 낮추다 - flour 밀가루 - flourish 번창하다 - thrive 번창하다

- ☐ present 선물, 현재의 - resent 분개하다 - resentment 분개 - represent 상징하다, 나타내다 - gift 선물, 재능 - gifted 재능 있는 - talent 재능 - souvenir 기념품

- ☐ bridge 다리 - ridge 산마루 - porridge 죽 - abridge 단축하다, 요약하다 - abbreviate 단축하다 - abbreviation 단축, 약어 - valley 계곡 - alley 오솔길, 골목길

- ☐ dragon 용 - drag 끌다 - rag 누더기 - nag 잔소리하다 - tag 꼬리표 - wag 꼬리를 흔들다 - wagon 짐마차

- ☐ fire 불, 해고하다 - fir 전나무 - fireplace 벽난로 - hire 고용하다 - employ 고용하다 - employee 종업원 - employer 고용주 - flame 불길 - ignite 점화시키다 - ruins 잔해 - extinguish 불을 끄다

- ☐ friend 친구 - end 끝(나다), 목적 - endeavor 노력하다 - effort 노력(하다) - fortress 요새 - endow 주다 - endure 견디다

- ☐ movie 영화 - vie 경쟁하다 - compete 경쟁하다 - competition 경쟁 - competitive 경쟁력 있는 - complete 끝내다, 완성하다 - deplete 고갈시키다

- ☐ museum 박물관 - muse 명상하다 - meditate 명상하다 - meditation 명상 - use 사용하다 - abuse 남용하다, 학대하다 - fuse 융합시키다 - fusion 융합 - confuse 혼란시키다 - confusion 혼란

- ☐ address 주소, 연설하다 - envelope 봉투 - add 추가하다, 더하다 - addition 추가 - additional 추가하는 - addiction 중독 - addict 중독되게 하다, 중독자 - ladder 사다리 - bladder 방광, 부레 - ad / advertisement 광고 - advertise 광고를 내다 - dress 의복, 정장 - robe 의복

- ☐ plane 비행기 - lane 차로 - pavement 포장도로 - pave 포장하다 - planet 행성 - plain 평원 - complain 불평하다 - complaint 불평 - explain 설명하다 - explanation 설명

- ☐ player 선수 - athlete 운동선수 - layer 층 - atmosphere 대기 - play 놀다, 연극 - lay 놓다, 알을 낳다 - delay 연기하다 - adjourn 연기하다 - postpone 연기하다

- ☐ police 경찰 - lice 이 - malice 악의 - malicious 악의적인 - slice 얇게 자르다 - accomplice 공범 - accomplish 성취하다 - accomplishment 성취 - achieve 성취하다 - achievement 성취 - attain 성취하다, 달성하다 - attainment 성취, 달성

- ☐ rabbit 토끼 - hare 산토끼 - share 공유하다 - bit 작은 조각 - habit 습관 - inhabit 거주하다 - inhabitant 거주민 - orbit 궤도 - obituary 사망기사

- ☐ August 8월 - gust 돌풍, 질풍 - gale 질풍 - storm 폭풍 - thunder 천둥 - disgust 넌더리, 혐오 - disgusting 역겨운

- [ ] advice 충고 - advise 충고하다 - vice 악 - virtue 미덕 - device 장치 - devise 고안하다 - service 예배, 봉사, 용역 - sermon 설교(하다)

- [ ] appointment 약속 - ointment 연고 - apply 발라주다, 적용하다 - appoint 임명하다 - point 끝, 점수, 가리키다 - disappoint 실망시키다 - disappointment 실망

- [ ] charm 매력 - harm 해를 끼치다, 해 - harmony 조화 - hurt 해치다 - arm 팔 - charming 매력적인 - attractive 매력적인 - attract 끌어당기다

- [ ] courage 용기 - rage 분노 - tragedy 비극 - tragic 비극적인 - comedy 희극 - comic 희극적인 - encourage 격려하다 - encouragement 격려

- [ ] credit 신용 - edit 편집하다 - editor 편집자 - editorial 사설 - edition 편집 - expedition 원정 - excursion 소풍

- [ ] danger 위험 - dangerous 위험한 - anger 화, 분노 - angry 화난 - risk 위험, 위험을 무릅쓰고 ~하다 - risky 위험한 - endanger 위험에 빠뜨리다

- [ ] devil 악마 - evil 악한 - wicked 사악한 - demon 악마 - demonstrate 시위하다, 설명하다, 증명하다 - demonstration 시위, 설명, 증명 - monster 괴물

- [ ] example 예, 모범 - ample 충분한 - sufficient 충분한 - insufficient 불충분한 - sample 견본 - specimen 표본 - trample 짓밟다

- [ ] failure 실패 - lure 유혹하다 - allure 유혹하다, 꾀다 - entice 유혹하다 - seduce 유혹하다 - tempt 유혹하다 - temptation 유혹 - attempt 시도하다 - contempt 경멸

- [ ] generation 세대 - gene 유전자 - genetic 유전적인 - generous 관대한 - generosity 관대함 - general 장군, 일반적인 - ration 식량, 할당량

- [ ] ghost 유령 - host 남자 주인, 개최하다 - hostess 여자 주인 - hostage 인질 - stage 무대 - grave 무덤 - engrave 새기다 - brave 용감한

- [ ] peace 평화 - pea 완두콩 - bean 강낭콩 - peasant 농부 - pheasant 꿩 - farmer 농부 - farm 농장

- [ ] pride 자부심, 오만함 - proud 자부심 있는, 자랑스러운 - bride 신부 - rid 제거하다 - remove 제거하다 - eliminate 제거하다 - eradicate 제거하다 - erase 제거하다

- [ ] problem 문제 - rob 강도질하다 - robber 강도 - burglar 강도 - rubber 고무 - elastic 신축성 있는 - rub 문지르다 - scrub 세게 문지르다

- [ ] question 질문 - quest 추구 - conquest 정복 - conquer 정복하다 - conqueror 정복자 - cruel 잔인한 - brutal 잔인한

- [ ] Wednesday 수요일 - wed 결혼하다 - wedding 결혼 - anniversary 기념일 - engage 약혼하다 - engagement 약혼 - divorce 이혼(하다)

> ✔ SECTION 1에서 배웠던 단어들을 다시 한 번 체크해 봅시다.

- [ ] taxi 택시 - tax 세금 - ax 도끼 - axis 축 - income 소득 - outcome 결과 - cab 택시 - chauffeur 자가용 운전사 - cabbage 양배추 - vocabulary 어휘

- [ ] scarf 스카프 - scar 상처, 흉터 - scare 무섭게 하다 - scarecrow 허수아비 - frighten 놀라게 하다, 겁먹게 하다 - care 걱정, 조심 - careful 조심스런 - careless 조심성 없는 - cautious 조심성 있는 - caution 조심 - career 경력, 이력

- [ ] hamburger 햄버거 - urge 재촉하다, 조르다 - urgent 긴급한 - urgency 긴급 - purge 숙청하다 - punish 처벌하다 - punishment 처벌 - surge 파도처럼 밀려오다 - insurgent 반란자, 반란을 일으킨 - surgeon 외과의사 - physician 내과의사 - burgeon 싹이 트다

- [ ] hospital 병원 - hospitality 호의 - hospitalize 입원하다 - spit 침(을 뱉다) - pit 구덩이 - armpit 겨드랑이 - hygiene 위생 - hygienic 위생적인 - operation 수술 - operate 수술하다 - sanitation 위생 - sanitary 위생적인 - patient 환자, 참을성 있는 - patience 참을성 - impatient 참을성 없는 - impatience 조급증

- [ ] spray 스프레이, 뿌리다 - pray 기도하다 - prayer 기도 - altar 제단 - alter 바꾸다 - alternative 대안 - ray 광선 - array 정렬시키다 - arrange 정렬시키다 - prey 먹이 - edible 먹을 수 있는

- [ ] number 수, 숫자 - numb 마비된 - paralyze 마비시키다 - paralysis 마비 - anesthesia 마취 - anesthetic 마취제 - dumb 멍청한 - deaf 말 못하는 - blind 눈 먼, 블라인드 - vertical 수직의 - horizontal 수평선의 - horizon 수평선 - disabled 장애가 있는 - crippled 장애가 있는

- [ ] president 대통령 - resident 거주민 - reside 거주하다 - residence 저택 - preside 주재하다 - privilege 특권 - vile 비열한 - inaugurate 취임하다 - inauguration 취임

- [ ] mountain 산 - mount 오르다 - amount 액수, 총합이 ~가 되다 - paramount 최고의 - surmount 타고 넘다, 극복하다 - fountain 분수 - temple 절 - contemplate 심사숙고하다 - plate 접시

- [ ] coffee 커피 - fee 요금 - fare 교통 요금 - feeble 연약한 - frail 연약한 - frailty 약함 - fragile 깨지기 쉬운 - coffin 관 - casket 관

- [ ] monkey 원숭이 - monk 스님, 수도사 - nun 수녀 - pronunciation 발음 - pronounce 발음하다, 선언하다 - monastery 수도원 - convent 수녀원 - convention 대회, 관습 - conventional 전통적인, 관습적인

- [ ] camera 카메라 - era 시대 - epoch 시대 - epoch-making 획기적인 - opera 오페라 - cooperate 협력하다 - cooperation 협조, 협력 - corporation 큰 회사 - company 회사 - companion 동료 - comrade 동료, 동지 - colleague 동료

- [ ] grape 포도 - rape 강간하다 - ape 유인원 - rapist 강간범 - assault 공격하다, 성폭행하다, 폭행 - assail 공격하다 - attack 공격하다 - tack 압정

- [ ] beer 맥주 - brew 양조하다 - brewery 양조장 - bee 벌 - sting 쏘다 - distinguish 구별하다 - distinction 구별 - distinct 뚜렷한

- [ ] father 아버지 - fat 뚱뚱한, 지방 - carbohydrate 탄수화물 - protein 단백질 - fatigue 피로 - fate 운명 - destiny 운명 - tiny 작은 - feather 깃털 - leather 가죽 - weather 날씨

- [ ] bank 은행, 제방 - bankrupt 파산한 - rupture 파열 - ban 금지하다 - urban 도시의 - disturbance 소란 - disturb 방해하다 - rural 시골의 - van 밴 - banish 추방하다 - vanish 사라지다

- [ ] mother 엄마 - moth 나방 - smother 질식시키다 - suffocate 질식시키다 - stifle 질식시키다 - strangle 질식시키다 - angle 각도 - choke 질식시키다

- [ ] kitchen 부엌 - hen 암탉 - cock 수탉 - hatch 부화하다 - itch 간지럽다 - kit 작은 상자 - kitten 어린 고양이 - mitten 벙어리장갑

- [ ] dinner 저녁 식사 - dine 식사하다 - din 소음, 소란 - dean 학장 - noise 소음 - noisy 시끄러운 - dinosaur 공룡

- [ ] cousin 사촌 - sin 죄 - since ~ 이래로 - sincere 진지한 - sincerity 진지함, 성실함 - reflect 반성하다, 반사하다 - reflection 반성 - assassin 암살자 - assassinate 암살하다 - assassination 암살

- [ ] teacher 선생님 - tutor 가정교사 - ache 아프다, 아픔 - headache 두통 - toothache 치통 - moustache 콧수염 - beard 턱수염 - whisker 구레나룻

- [ ] student 학생 - pupil 학생 - stud 박히다 - dent 움푹 들어간 곳 - ardent 열심인, 열렬한 - study 공부하다, 서재 - sturdy 튼튼한, 억센

- [ ] piece 조각 - pie 파이 - niece 여자조카 - nephew 남자조카 - pier 부두 - pierce 관통하다 - penetrate 관통하다 - fierce 사나운 - ferocious 사나운

- [ ] switch 스위치, 바꾸다 - shift 바꾸다, 교대 - transform 변형시키다 - transformation 변형 - witch 마녀 - wizard 마법사 - lizard 도마뱀 - blizzard 눈보라

- [ ] furniture 가구 - fur 모피 - fleece 양털 - furnace 화덕, 용광로 - fury 격분 - furious 격분한 - furrow 고랑

- [ ] message 전언, 메시지 - mess 뒤죽박죽, 엉망진창 - messy 지저분한 - sage 현자 - massage 마사지, 안마 - mass 덩어리, 대량 - amass 쌓다 - accumulate 축적하다 - accumulation 축적

- [ ] black 검정색 - lack 부족, 결핍 - slack 느슨한 - slacken 느슨하게 하다, 완화시키다 - loose 느슨한, 헐거운 - loosen 느슨하게 하다 - goose 거위

- [ ] brush 솔, 솔질하다 - rush 급히 가다 - crush 뭉개다 - hurry 서두르다, 서두름 - haste 서두름 - toothpaste 치약 - paste 반죽 - waste 낭비(하다)

- [ ] manicure 매니큐어 - cure 치료하다 - remedy 치료, 치료하다 - obscure 불분명한, 모호한 - vague 모호한 - secure 안전한, 확보하다 - security 안전, 안보

- [ ] finger 손가락 - fin 지느러미 - shark 상어 - thumb 엄지손가락 - finite 유한한 - infinite 무한한 - linger 오래 남아 있다

- [ ] butter 버터 - butt 엉덩이, 꽁초 - utter 말하다, 완전한 - mutter 중얼거리다 - mumble 중얼거리다 - murmur 중얼거리다 - stutter 말을 더듬다 - stammer 말을 더듬다

- [ ] juice 주스 - ice 얼음 - icicle 고드름 - dice 주사위 - prejudice 편견 - judicial 사법의 - bias 편견

- [ ] carrot 당근 - rot 썩다 - rotten 썩은 - decay 썩다 - corrupt 부패한 - corruption 부패 - decompose 썩다 - parrot 앵무새

bankrupt
rupture
urban
disturbance
rural
van

SECTION 6
기타

자음 순환법, 철자 변형법 etc.

bankrupt
ban
urban
disturb
rural

139 bomb → comb

폭탄 맞은 듯한 머리를 빗질하다.

bomb은 '폭탄'이죠. 점심 먹고 식곤증 때문에 잠깐 졸고 있는데, 직장상사가 와서 꿀 '밤'을 한 대 탁 때리면 갑자기 머리에 폭탄이 떨어진 것 같은 기분이 들겠죠?

> The building was destroyed by a **bomb**.
> 그 건물은 폭탄으로 파괴되었다.

이 bomb에 자음순환법을 적용하여 여러 다른 단어들을 배워보겠습니다. bomb의 철자 b를 c로 바꾸면 '빗'이란 의미의 **comb**이 만들어집니다. 아침에 일어나면 머리가 마치 폭탄 맞은 것 마냥 부스스하잖아요. 이 comb은 동사로도 쓰여 Comb your hair하면 '머리 좀 빗어'의 뜻이 됩니다.

> A lock of hair is in the **comb**.
> 머리카락 한 뭉치가 빗에 끼어 있다.

머리카락 한 뭉치가 빗에 끼어 있다는 것은 빗과 머리카락이 결합되어 있다는 의미일 겁니다. 이때의 '결합시키다'는 **combine**입니다. 그리고 combine의 명사형은 '결합'의 의미를 지닌 **combination**입니다.

> Rain and freezing temperatures **combine** to make snow.
> 비와 영하의 기온이 결합하여 눈이 만들어진다.
>
> Pink is a **combination** of red and white.
> 핑크색은 빨간색과 흰색이 결합된 것이다.

bomb, comb 다음에 자음순환으로 익힐 단어는 **tomb**입니다. '무덤'의 뜻이죠. 안젤리나 졸리가 전사로 주연했던 영화가 바로 '툼레이더 *Tomb Raider*'였습니다.

> The Pyramids were built as **tombs** of the kings of ancient Egypt.
> 피라미드는 고대 이집트 왕들의 무덤으로 지어진 것이다.

bomb, comb, tomb 다음에 나올 마지막 단어는 **womb**입니다. 여성만이 가지고 있는 신체 기관인 '자궁'의 뜻인데요. 여성이 woman이니까 womb과의 연관성으로 쉽게 이해할 수 있을 겁니다.

A woman's **womb** is the part inside her body where a baby grows before it is born.
여성의 자궁은 아기가 태어나기 전에 자라는 곳으로 모체 내에 있는 곳이다.

womb을 이용하여 자궁과 관계있는, 좀 어려운 단어인 '난소'를 알아봅시다. '난소'는 womb 안에 있는 철자 o를 이용하면 되는데요, 바로 **ovary**입니다. 참고로 ovary 안에 들어 있는 ova가 '난자'인 ovum의 복수형인 것도 알아두세요. 그럼 ova는 '난자들'이라는 뜻이 될 텐데요, '난자'는 egg cell이라고도 합니다.

It is not easy to obtain mature eggs from the **ovary**.
난소에서 성숙한 난자를 얻는 것이 쉽지가 않다.

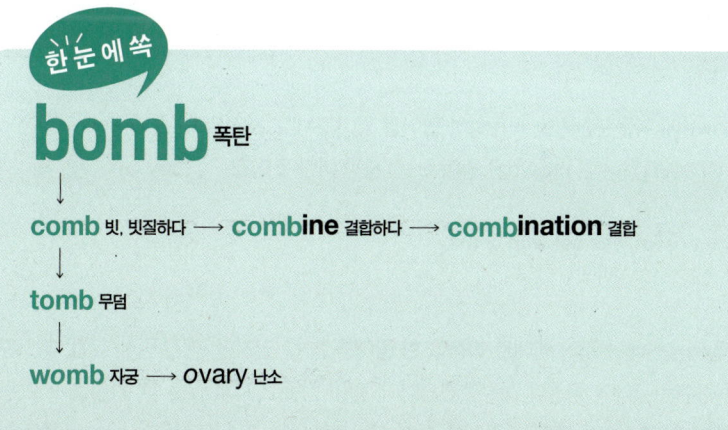

140 brown → crown

갈색 피부의 광대가 왕관을 쓰고 광대짓을 하다.

brown은 '갈색'의 뜻입니다. 차분한 느낌을 주기 때문에 의외로 갈색을 좋아하는 사람이 많더군요.

> I like the **brown** jacket better.
> 나는 갈색 재킷이 더 맘에 듭니다.

더운 여름, 조금만 움직여도 갈색으로 그을린 이마에 땀이 송글송글 맺히게 됩니다. 이때 '이마'는 brown 안에 들어 있는 **brow**입니다.

> He wiped the sweat off his **brow**.
> 그는 이마에서 땀을 닦았다.

이 brow가 들어간 단어가 바로 **eyebrow**인데요, '눈썹'의 뜻입니다. 영화 '폴리스 아카데미 3 The Police Academy'를 보면 대원들이 장난을 쳐서 경찰서장의 눈썹이 사라지자 서장이 다음과 같이 말하는 재미있는 장면이 나옵니다.

> Where are my **eyebrows**?
> 내 눈썹 어디 갔어?

이제는 brown에 자음순환법을 적용하여 단어를 알아봅시다. brown의 첫 철자 b 다음에 c를 붙이면 **crown**입니다. crown은 왕이 쓰는 '왕관'이란 뜻이죠.

> The **crown** was set with gems.
> 그 왕관에는 보석이 박혀 있었다.

요즘에야 놀이공원에나 가야 삐에로 복장을 한 광대를 볼 수 있지만, 예전 중세 유럽 때는 왕을 즐겁게 해주는 광대가 궁정에 상주했었습니다. 왕이 힘들고 지쳐 있을 때, 왕관을 쓰고 왕 앞에서 익살스런 제스처를 취하는 광대를 한번 상상해보세요. 이 '광대'는요, crown에서 철자 r을 l로만 바꾸면 됩니다. **clown**이죠.

> A **clown** is a performer in colorful clothes who makes people laugh by doing funny things.
> 광대는 색색의 옷을 입고 재미있는 짓을 해서 사람들을 웃게 만드는 공연가이다.

brown, crown 다음에 올 단어는 예, 그렇습니다. **drown**입니다. '익사시키다'의 뜻인데요, 희대의 사기꾼을 다룬 레오나르도 디카프리오 주연의 영화 '캐치 미 이프 유 캔 Catch me if you can'의 초반부를 보면 주인공인 사기꾼의 아버지가 어렸을 때 두 생쥐에 대한 우화를 설명하면서 다음과 같이 말하는 장면이 나옵니다.

> The first mouse quickly gave up and **drowned**.
> 첫 번째 생쥐는 곧 포기하고 빠져 죽었단다.

brown, crown, drown 다음에 올 마지막 단어는 **frown**입니다. '찡그리다'라는 뜻인데요, 우리 모두 이렇게 찡그리는 일 없이 살아야겠죠?

> He **frowned** at her impolite behavior.
> 그는 그녀의 무례한 행동에 얼굴을 찡그렸다.

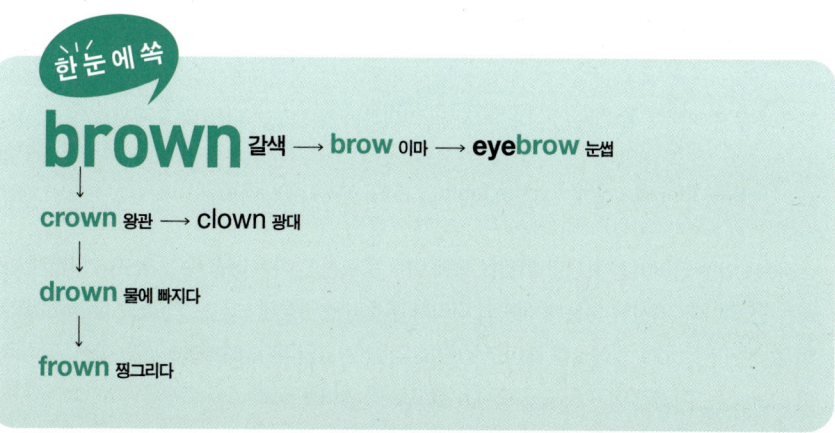

141　cable → fable

케이블 TV에서 이솝 우화 관련 프로그램이 나오고 있다.

　　cable은 '전선'의 의미고요, '케이블 TV'로 일상에서 자주 듣는 단어입니다. 케이블 방송국 직원으로 분한 짐 캐리 주연의 영화 제목이 바로 '케이블 가이 Cable Guy'였습니다.

　　He is connecting a **cable** to the computer.
　　그는 전선을 컴퓨터에 연결하고 있다.

이 cable에 자음순환법을 적용하여 다른 단어들을 배워보도록 하죠. cable의 c 대신 알파벳 순서상 조금 뒤에 오는 f를 붙인 단어가 바로 **fable**입니다. '우화'라는 뜻이죠.

　　Aesop was a Greek writer who wrote **fables** using animal characters.
　　이솝은 동물 캐릭터를 이용하여 우화를 쓴 그리스 출신의 작가였다.

cable, fable 다음에 배울 단어는 **sable**입니다. 많이 접해보지 못했을 단어인데요, '담비'의 뜻입니다. 왜 다람쥐과에 속하는 아주 귀여운 동물 있잖아요. 그 담비를 지칭하는 게 sable입니다.

　　The fox is chasing a **sable** in the woods.
　　여우가 숲에서 담비를 쫓고 있다.

다음에 올 단어는요, **table**입니다. '탁자'의 의미라는 것 정도는 다들 알고 계시죠?

　　She spread a cloth on the **table**.　　그녀는 식탁에 식탁보를 폈다.

table은 쉬운 단어이긴 하지만 이것을 통해 아주 중요한 단어를 배울 수가 있으니 가볍게 봐서는 안 됩니다. 식사를 하는데 식탁의 다리가 흔들리면 안정된 느낌도 안 들고 불안하겠죠? 이 '안정된'은 table 앞에 s를 붙이면 간단히 얻을 수 있답니다. **stable**이죠. 아참, 그리고 이 stable은 '마굿간'이란 뜻도 있으니까 참고로 꼭 알아두세요.

My life is more **stable** since I found a job and moved to the city.
직장을 잡고 도시로 이사한 뒤 내 삶은 좀 더 안정되었다.

The horses ate all the hay in the **stable**.
말들이 마굿간에 있는 건초를 다 먹어치웠다.

이 stable의 명사형은 '안정'의 뜻을 가진 **stability**입니다.

All of the candidates promised economic **stability** and full employment.
후보들마다 모두 경제 안정과 완전 고용을 약속했다.

table을 이용하여 다른 단어를 더 배워볼까요? 어머니가 식탁에서 저녁에 먹을 야채를 다듬고 계십니다. 이때의 '야채'는 **vegetable**입니다.

Vegetables are beneficial to health. 야채는 건강에 도움이 된다.

육식을 안 하는 사람을 채식주의자라고 하는데요, 이 '채식주의자'가 vegetable의 vege로 시작하는 **vegetarian**입니다. 요즘은 건강 때문인지 이런 채식주의자가 점점 늘고 있는 추세라고 합니다.

Vegetarians abstain from eating meat. 채식주의자들은 육류 섭취를 삼간다.

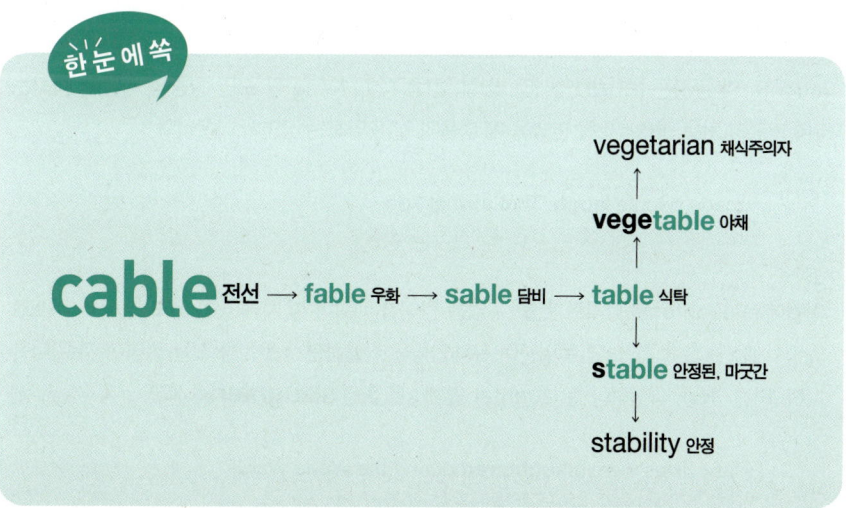

142 daughter → laughter

딸아이의 웃음을 보면 피로가 싹 가신다.

daughter는 '딸'이란 뜻이죠. 여전히 남아 선호사상이 남아 있기는 하지만 이제 호주제 폐지, 각종 고시 수석으로 상징되는 새로운 변화를 딸들이 주도하고 있습니다. 대한민국의 딸들이여, 화이팅입니다!

> It is absurd that many Koreans rejoice at the birth of a son but are disappointed at the birth of a **daughter**.
> 많은 한국인들이 아들이 태어나면 기뻐하고 딸이 태어나면 실망한다니 참 불합리한 일이다.

자, daughter로 아주 어려운 단어도 쉽게 배울 수 있는 딸의 힘을 보여줍시다. 귀여운 딸이 생글생글 웃는 모습을 보면 부모님 입장에서 아주 흐뭇하죠. 이 '웃음'은요, daughter의 첫 철자 d를 l로 바꾸면 됩니다. **laughter**가 되는 거죠. daughter와 laughter가 함께 있는 다음 문장을 살펴보도록 합시다.

> My **daughter** burst into **laughter**.
> 내 딸이 웃음을 터뜨렸다.

laughter의 동사는 **laugh**입니다. 영화 '킹콩 King Kong'을 보면 킹콩과 사랑에 빠지는 여주인공이 처음 영화감독을 만났을 때 다음과 같이 말하는 장면이 나옵니다.

> I made people **laugh**. That's what I do.
> 나는 사람들을 웃게 만들죠. 그게 내가 하는 일이에요.

이번에는 laughter로 절대로 웃을 수 없는 단어를 배워야 할 차례군요. 영화 '쉰들러 리스트 Schindler's List'를 보면 독일군이 유태인들을 학살하면서 웃음을 짓는 장면이 자주 나옵니다. 이런 '학살, 학살하다'는 laughter 앞에 s를 붙인 **slaughter**입니다.

> Many Jews were **slaughtered** during the World War II.
> 제2차 세계대전 동안 많은 유태인들이 학살되었다.

laughter 앞에 붙인 철자 s는 '죽이다'의 뜻을 가진 **slay**라고 생각하고 외워보세요. 영화 '슈렉 *Shrek*'을 보면 피오나 공주를 구하러 성에 온 슈렉에게 공주가 이렇게 물어보는 장면이 나옵니다.

> You didn't **slay** the dragon?
> 용을 죽이지 않았단 말이에요?

'죽이다'의 뜻을 가진 다른 단어는 **murder**입니다. 영화 '나 홀로 집에 2 *Home Alone 2*'를 보면 주인공의 뉴욕 삼촌 집에서 천장에 있는 끈을 잡아당기다 밀가루 세례를 받은 도둑이 이를 부득부득 갈며 다음과 같이 말하는 장면이 나옵니다.

> I'm gonna **murder** him.
> 내가 그 놈을 죽이고 말거야.

slaughter 외에 '학살'의 뜻을 가진 단어는 **massacre**입니다. massacre는 '죽이다'의 뜻을 가진 murder의 첫 철자 m을 이용하여 연결했다고 생각하세요. massacre를 잘 보면 mass와 acre가 합쳐져 있는 게 보일 겁니다. 사람들을 대량 학살(massacre)하여 시체 덩어리(mass)가 수십 에이커(acre)에 펼쳐져 있다고 생각하면 별로 어렵지 않게 익힐 수 있겠죠?

> The **massacre** of the American buffalo almost made them extinct.
> 미국산 물소인 버펄로들은 대량 학살로 거의 멸종되었다.

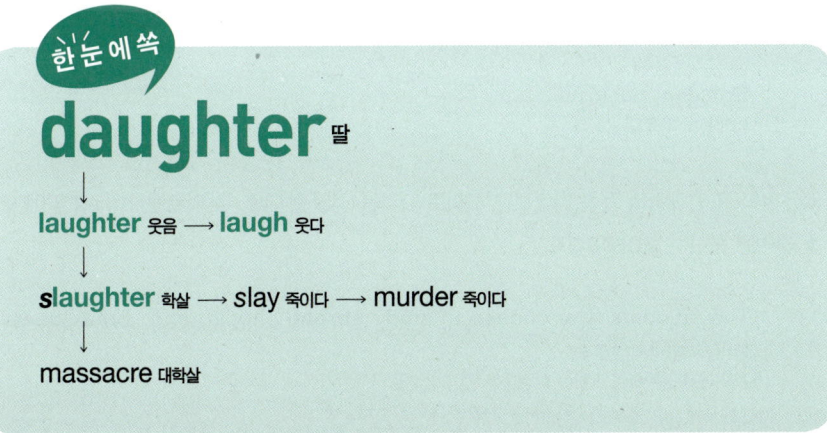

143 road → load → toad

시골 길에서 짐을 싣는데 두꺼비가 지나갔다.

road는 '길'의 의미인데요, '로드 무비' 등의 단어를 통해서 일상적으로 많이 접하는 단어입니다. 길을 새로 내려고 할 때는 집들이 철거되는 것을 본 적이 많이 있을 겁니다.

> In this area quite a few houses will be torn down in order to widen the **roads**.
> 길을 넓히기 위해 이 지역 내 상당히 많은 집들이 철거될 것이다.

길을 새로 낸다는 것은 없던 길을 만드는 경우도 있지만 좁은 길을 넓은 길로 만들기 위한 것일 수도 있습니다. 이때의 '넓은'은요, road 앞에 b를 붙인 **broad**입니다. 언제 이 broad란 단어를 많이 들어봤을까요? 네, 공연장들이 몰려 있는 미국 뉴욕의 Broadway일 겁니다.

> I want to be a captain who sails on a **broad** ocean.
> 나는 넓은 바다를 항해하는 선장이 되고 싶다.

broad의 동사형은 '넓히다'의 **broaden**입니다. 참고로 형용사에 -en을 붙이면 동사가 되는 경우가 꽤 많답니다. 영화 '해리 포터와 아즈카반의 죄수 Harry Potter and the Prisoner of Azkaban'를 보면 마법학교의 검은 뿔테 안경을 낀 여선생님이 수업시간에 학생들에게 다음과 같이 큰 소리로 외치는 장면이 나옵니다.

> **Broaden** your mind.
> 너희들의 마음을 넓혀라.

넓은 바다를 항해하여 계속 가다보면 해외로 나가는 것일 텐데요, '해외로'는 broad 앞에 a를 붙이면 됩니다. **abroad**죠.

> The students who choose to study **abroad** should try to break down language barriers.
> 해외에서 공부하려고 하는 학생들은 언어 장벽을 극복하기 위해 애써야 한다.

이제는 road에 자음순환법을 적용하여 다른 단어들을 배워보겠습니다. road의 첫 철자 r을 l로 바꾸면 '짐을 싣다'의 뜻을 가진 **load**가 만들어집니다.

>The goods were **loaded** onto the truck for transporting to the warehouse.
>창고로 수송하기 위해 물품이 트럭에 실렸다.

load의 반대말은 '짐을 내리다'의 **unload**입니다. 영화 '101 마리 달마시안 101 Dalmatians'의 마지막 장면을 보면 도둑들로부터 되찾은 강아지들을 트럭에서 내리라고 하면서 다음과 같이 말하는 장면이 나옵니다.

>**Unload** the puppies.
>강아지들을 내려라.

road, load 다음에 배울 단어는 '두꺼비'라는 뜻을 가진 **toad**입니다. 이 세 단어를 한꺼번에 연상할 수 있게 '시골 길(road)에서 짐을 싣는데(load) 두꺼비(toad)가 지나갔다'는 문장을 기억하세요. 이 두꺼비와 관련해서 영화 '엑스맨 X-men'을 보면 다음과 같은 대사가 나옵니다.

>A **toad** has a wicked tongue.
>두꺼비는 사악한 혀를 가지고 있지.

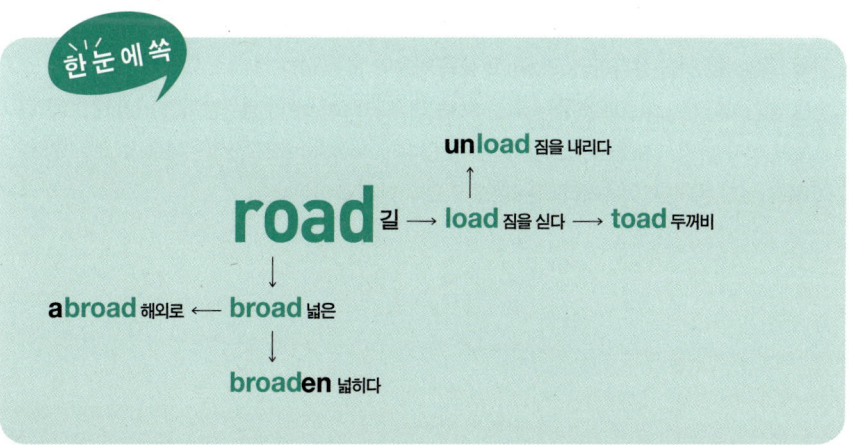

144 nurse-purse-curse

간호사가 지갑을 소매치기 당하자 저주를 퍼부었다.

간호사 **nurse**가 근무를 마치고 병원을 나서는데, 갑자기 소매치기가 다가와서 간호사의 지갑을 빼앗아 달아났습니다. '여성용 지갑'은 **purse**라고 하는데요, 간호사인 nurse에서 n을 p로 바꿨습니다. 그럼 '남성용 지갑'은 뭐라고 하냐고요? **wallet**이라고 합니다. 이 purse와 wallet이 혼동될 때는 nurse에서 철자를 바꾼 purse가 여성용 지갑이라고 생각하세요. 여기서 성차별이라고 항의하실 분도 계시겠지만 아직까지는 간호사에 여성분들이 압도적으로 많잖아요. 따라서 wallet은 자동적으로 남성용 지갑이 됩니다.

이렇게 지갑을 날치기 당한 간호사는 어떻게 할까요? 아마도 지갑 훔쳐간 소매치기를 욕하면서 온갖 저주를 퍼부을 것입니다. 이 '저주하다'가 nurse의 n을 c로 바꾼 **curse**입니다. 그러고 나서는 지갑을 찾기 위해 그 소매치기를 추적할 겁니다. '추적하다, 추구하다'라는 단어는 앞서 익힌 purse에 철자 u를 추가하면 됩니다. **pursue**가 되는 거죠. 명사형은 '추적, 추구'라는 뜻을 가진 **pursuit**입니다.

> He tried to spend his whole life in **pursuit** of happiness.
> 그는 행복을 추구하며 일생을 보내려고 애썼다.

자, 간호사가 범인을 추적하다 주변 사람의 도움으로 그 소매치기를 잡았습니다. 이렇게 자기를 고생시킨 것을 생각하면 고소하고 싶은 마음이 굴뚝 같을 겁니다. 이렇게 '고소하다, 소송을 제기하다'는 pursue에 들어 있는 **sue**입니다. pursue의 명사형이 pursuit인 것처럼 sue의 명사형 역시 **suit**로 '소송'이라는 뜻입니다. lawsuit로도 쓰이는데요, suit는 '양복'의 뜻도 있고 동사로 '어울리다'라는 뜻도 있으니 함께 알아두세요.

nurse 간호사 → purse 지갑 → curse 저주하다, 욕하다
↑ wallet 지갑
↓
sue 고소하다 ← pursue 추적하다 → pursuit 추적
↓
suit 소송

145 receive → deceive

남의 말만 잘 받다가는 속아 넘어가기 딱 좋다.

receive는 '받다'라는 뜻의 동사인데요, 배구 경기 해설을 듣다 보면 참 많이 나오는 단어입니다. 한 쪽 편이 서브(serve)하면 다른 편이 리시브(receive)한다고 해설자가 설명하잖아요.

> He **receives** a lot of money in royalties from his books every year.
> 그는 책 인세로 매년 많은 돈을 받는다.

우리가 물건을 사면 영수증을 받는데요, 이 '영수증'이 receive의 명사형인 **receipt**입니다. 철자 p가 묵음이니 발음에 특히 주의하세요.

> You must have a **receipt** to get a refund.
> 환불 받으려면 영수증이 있어야 합니다.

이제는 receive로 다른 단어들을 배워보도록 하죠. 다른 사람이 하는 말을 계속 받아들이기만 하면 속기 딱 쉽습니다. 이 '속이다'는 receive의 첫 철자 r을 d로 바꾸면 쉽게 얻을 수 있습니다. 바로 **deceive**인 거죠.

> As I have been **deceived** so often, I can't believe him.
> 너무 자주 속아서 나는 그를 믿을 수가 없다.

이렇게 남을 속이는 것은 결국 사기입니다. '사기'는 **fraud**인데요, 이 fraud에는 '사기꾼'이란 뜻도 있습니다.

> He was jailed for two years for **fraud**.
> 그는 사기죄로 2년 동안 복역했다.

사기꾼들은 어떤 사람인가요? 그렇지 않은 것을 그렇다고, 가짜를 진짜라고 속이는 사람들인데요, 이 '가짜'는 fraud의 f를 이용하면 얻을 수 있는 **fake**입니다. 그럼 fake의 반대말인 '진짜의'라는 뜻의 단어는 무엇일까요? 그 단어는 fake 안에 있는 a를 이용하면 얻을 수 있는 **authentic**입니다. fake와 authentic을 이용한 예문을 한번 볼까요?

He couldn't tell which bills were authentic and which ones were fake.
그는 어느 지폐가 진짜고 어떤 게 가짜인지 구별할 수가 없었다.

이 가짜 중에서도 대표적인 게 바로 위조지폐인데, '위조의'의 뜻을 가진 단어는 **counterfeit**고요, '위조지폐'는 counterfeit bill이랍니다.

Counterfeit money in fake $ 10 bills was found in stores all over the city.
10달러짜리 위조지폐가 도시 전역의 상점들에서 발견되었다.

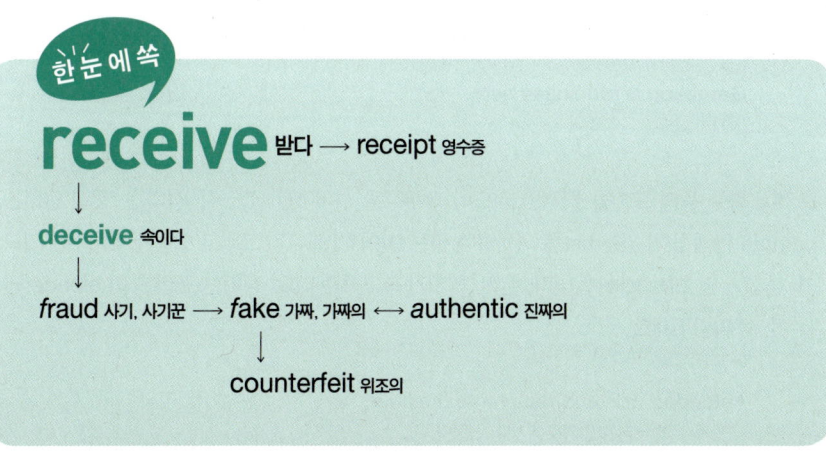

146. gam(e) + ble → gamble

게임의 범위를 넓히면 도박하는 것도 포함될 수 있다.

경기장에서 가서 경기 **game**를 직접 보면 아주 신납니다. 크게 소리치면서 응원을 하고 나면 스트레스가 다 풀릴 겁니다.

> He has little chance of winning the **game**.
> 그가 그 경기에서 이길 가능성은 거의 없다.

심각한 사회 문제가 되는 도박 역시 많은 사람들이 일종의 게임으로 여기고 있죠. 이 '도박하다'는 game 중간에 있는 e를 빼고 철자 ble를 넣으면 됩니다. **gamble**인 거죠. 도박을 소재로 한 영화, 드라마가 크게 인기를 끌었는데요, 보면 '올인'이나 '타짜'처럼 제목이 두 자인 경우가 많습니다. 도박이라는 게 죽느냐 사느냐 둘 중 하나라는 것을 상징하기에 그렇지 않은가 생각해봅니다. 영화 '디레일드 *Derailed*'를 보면 열차에서 우연히 만나 가까워진 여자가 남자에게 이렇게 물어보는 장면이 나옵니다.

> You like to **gamble**?
> 도박하는 거 좋아해요?

이 gamble의 명사형은 '도박'의 뜻을 가지고 있는 **gambling**입니다.

> **Gambling** is prohibited here.
> 여기서 도박은 금지되어 있습니다.

포커나 화투 등의 도박을 하려면 카드나 화투장을 섞어야합니다. 이 '섞다'는 뜻의 단어는 gamble 안에 들어 있는 ble를 이용하여 얻은 **blend**입니다. 그리고 이렇게 섞어주는 기구가 '혼합기'인 **blender**입니다. 흔히 '믹서기'라고 하는데요, 정확한 표현은 이 blender라는 것, 꼭 알아두세요.

> I **blended** milk and butter into the flour.
> 나는 우유와 버터를 밀가루에 넣어 섞었다.

This is the **blender** I bought at the department store yesterday.
이것이 내가 어제 백화점에서 산 혼합기야.

'섞다'의 뜻을 가진 다른 단어는 gamble 안에 있는 m을 이용하면 됩니다. **mix**인데요, 일상생활에서 '커피 믹스', '야채 믹스'라는 말로 자주 들어봤을 겁니다. 이쯤 되면 blend와 mix의 차이가 뭔지 궁금할 텐데요, blend는 서로 다른 종류의 것을 섞는 것이고요, mix는 대체로 같은 것을 섞는다는 차이가 있습니다. 그리고 이 mix의 명사형은 '혼합'의 의미를 가진 **mixture**랍니다.

I **mixed** whisky and water.
난 위스키에 물을 섞었다.

This salad is a **mixture** of fruits on lettuce.
이 샐러드는 상추에 과일을 버무려 섞어 넣은 것이다.

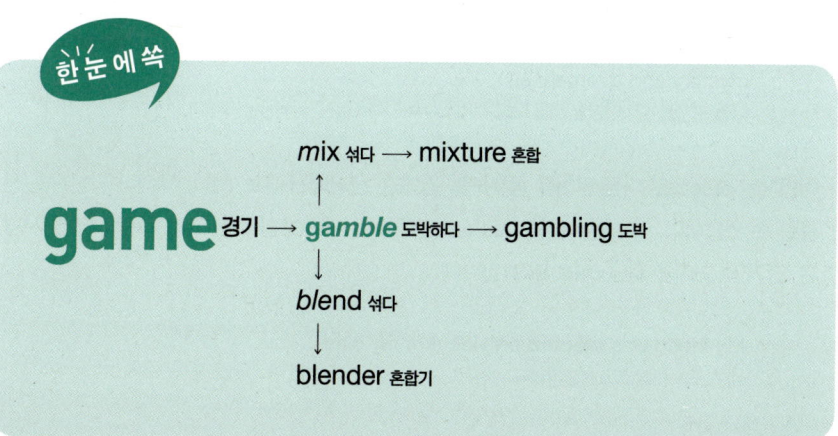

147 choose → select

Choose의 se를 활용한 단어가 바로 select!

choose는 '선택하다'의 뜻인데요, 영화 '알렉산더 Alexander'를 보면 알렉산더가 정복한 나라의 공주에게 다음과 같이 제안하는 장면이 나옵니다.

> You shall live in this palace as long as you **choose**.
> 당신이 선택하는 한 이 궁전에서 살게 될 거요.

choose의 명사형은 '선택'의 뜻을 가진 **choice**입니다. 세계적으로 유명한 커피 상표 Taster's Choice를 자주 들어봤을 겁니다.

> The subway, the perfect **choice** for a commuter, is fast and efficient.
> 통근자에게 최고의 선택인 전철은 빠르고 효율적이다.

'선택하다'라는 뜻을 가진 다른 단어는 choose의 끝에 있는 se를 이용하면 얻을 수 있는데요, 바로 **select**입니다. 그리고 이 select의 명사형은 '선택'의 뜻을 가진 **selection**입니다.

> He was **selected** out of a great number of applicants.
> 그는 엄청나게 많은 지원자 중에서 선택되었다.
> I looked at the various books in the library and made a **selection** of a mystery and a romance.
> 나는 도서관에서 다양한 책을 보고 추리소설과 연애소설 한 권씩을 선택했다.

이번에는 select로 다른 단어를 공부해볼 건데요, 선거에서 후보자를 선택해야 당선자를 선출할 수 있습니다. 이 '선출하다'가 select 안에 있는 **elect**입니다. 그리고 elect의 명사형은 '선거'의 의미를 지닌 **election**입니다.

> My friend was **elected** president of my class.
> 내 친구가 반장으로 선출되었다.

In America, presidential **election** is held every four years.
미국에서 대통령 선거는 4년에 한 번씩 치러진다.

치열한 경쟁을 뚫고 선거에서 당선되면 마치 전기에 감전된 것처럼 온몸이 짜릿짜릿 기분이 좋을 겁니다. 이런 '전기의'라는 뜻의 단어는요, elect 다음에 ric를 붙이면 됩니다. **electric**이죠.

I had **electric** lights installed in the living room.
나는 거실에 전등을 설치했다.

이 electric의 명사형은 '전기'의 뜻을 가진 **electricity**입니다. 그런데 가만히 보니까 electricity 안에 '도시'를 뜻하는 **city**가 들어 있습니다. 서울이나 홍콩 같은 대도시는 전등불이 켜진 화려한 도시 야경으로 유명한데요, 그것과 연관시키면 쉽게 기억할 수 있습니다.

Electricity is essential in our lives today.
전기는 오늘날 우리 삶에서 필수적이다.

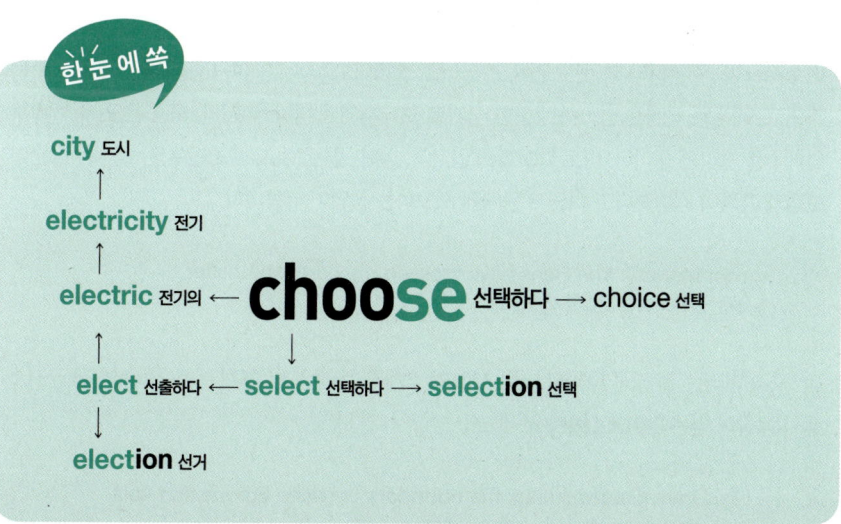

obey → order

복종하는 것의 전제 조건은 명령!

obey는 '복종하다, 순종하다'의 뜻입니다. 교도소 내 폭동을 다뤘고, 로버트 레드포드가 주연한 영화 '라스트 캐슬 The Last Castle'을 보면 교도소장이 다음과 같이 말하는 장면이 나옵니다.

> Any prisoner who refuses to **obey** my command will be shot.
> 내 명령에 복종하지 않는 죄수는 누구든 사살될 것이다.

복종을 하기 위한 전제 조건이 바로 '명령'입니다. 이 명령은 obey의 첫 철자 o로 시작하는 **order**입니다. 이 order는요, 그 외에도 '주문하다'라는 뜻도 있습니다. 영화 '나 홀로 집에 Home Alone' 초반부를 보면 여행 준비하느라 바쁜 집에 피자가 배달되어 오자 다음과 말하는 장면이 나옵니다.

> Tracy, did you **order** the pizza?
> 트레이시, 네가 피자 주문했니?

이 order가 '주문하다'의 뜻도 가지고 있다고 했잖아요. 국내가 아닌 해외에서 제품을 주문하면 그 제품은 국경을 넘어서 주문한 국가로 보내지게 됩니다. 이때의 '국경'은요, 이 order 앞에 b를 붙이면 됩니다. 바로 **border**입니다. 영화 '뮬란 Mulan' 초반부를 보면 한 장군이 오랑캐 훈족이 침범했다고 하면서 왕에게 보고하는 장면이 나옵니다.

> Your Majesty. The Huns have crossed the northern **border**.
> 폐하. 훈족이 북쪽 국경을 넘었습니다.

이 '국경'이라는 건 결국 나라와 나라 사이의 경계를 뜻합니다. '경계'는 border의 첫 글자 b를 이용하여 얻은 **boundary**입니다.

> The Ural mountains mark the **boundary** between Europe and Asia.
> 우랄 산맥은 유럽과 아시아의 경계를 이룬다.

다시 동사 obey로 돌아와 볼까요? obey의 명사형은 '복종'의 의미인 **obedience**입니다.

Obedience to the order of senior officers is absolute in the military.
상관의 명령에 복종하는 것이 군대에서는 절대적이다.

obey의 반대말은 '불복종하다'의 **disobey**입니다. 그리고 명사형은 obedience처럼 **disobedience**입니다. 웨슬리 스나입스가 주연한 영화 '패신저 57 *Passenger 57*'을 보면 비행기를 장악한 테러리스트 중 한 명이 다음과 같이 말하는 장면이 나옵니다.

If she **disobeys**, kill her.
그 여자가 말을 듣지 않으면 죽여.
The child was spanked for his **disobedience**.
그 아이는 말을 듣지 않아서 볼기짝을 맞았다.

마지막으로 disobey를 가지고 중요한 단어 하나를 공부해보겠습니다. 부모님 살아생전에 순종하지 않다가 돌아가시고 나면 비통한 마음으로 흐느끼면서 후회하게 됩니다. 이 '흐느끼다'가 disobey 안에 들어 있는 **sob**입니다. 우리 모두 부모님 말씀 잘 들어서 나중에 후회하지 않도록 합시다.

The poor girl **sobbed** herself to sleep.
가엾은 그 소녀는 흐느껴 울다가 잠이 들었다.

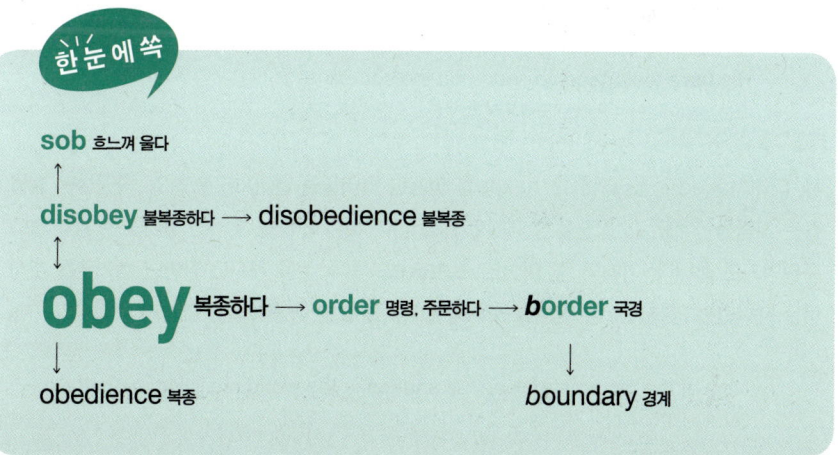

149 nude = naked

nude와 naked는 같은 뜻!

nude는 '벌거벗은, 나체의'란 뜻으로 쓰입니다. 우리 주변에서 '누드 김밥', '누드 전화기' 등으로 쓰는 것은 한 꺼풀 더 입혀야 되는데 그러지 않았기에 응용해서 쓰는 것이지, 실제 nude의 뜻과는 거리가 있다는 것은 참고로 알아두세요.

> I appreciated a **nude** picture in the exhibition.
> 나는 전시회에서 누드화 한 편을 감상했다.

'벌거벗은'의 뜻을 가진 다른 단어가 있는데요, nude처럼 n으로 시작하는 **naked**입니다. 지나 데이비스가 주연한 영화 '롱 키스 굿나잇 Long Kiss Good Night'을 보면 영화 초반부에 기억상실증(amnesia)에 걸린 여성 킬러가 거울을 보며 다음과 같이 말하는 장면이 나옵니다.

> Sometimes I stand **naked** in the mirror, trying to guess my age.
> 때때로 나는 벌거벗은 채 거울 앞에 서서 내 나이를 짐작해보곤 합니다.

nude, naked 외에 '벌거벗은'의 뜻으로 쓰이는 다른 단어는 **bare**입니다.

> His **bare** feet made no sound on the soft sand.
> 그는 맨발이어서 부드러운 모래 위에 아무런 소리도 나지 않았다.

자, 다시 naked로 돌아와서요, naked를 활용한 단어들을 알아보도록 하죠. 땅꾼들은 뱀을 잡는 사람들인데요, 이 땅꾼들은 때때로 뱀을 잡아 질긴 껍질을 벗겨낸 벌거벗은 뱀을 불에 구워먹기도 합니다. 이때의 '뱀'이 바로 **snake**입니다. 돈을 가지고 달아난 캥거루를 추적하는 재미있는 영화 '캥거루 잭 Kangaroo Jack'을 보면 다음과 같은 대사가 나옵니다.

> Nine of the ten most poisonous **snakes** in the world are living in Australia.
> 세계에서 가장 독성이 강한 뱀 중 열에 아홉은 호주에 살고 있어.

'뱀'이란 뜻을 가진 다른 단어도 역시 snake처럼 s로 시작합니다. **serpent**인데요, 주로 크고 독이 있는 뱀을 뜻하고요, 성경에서는 악마를 지칭하기도 합니다.

> The **serpent** tempted Eve to pick the forbidden fruit.
> 뱀은 이브를 유혹하여 금단의 열매를 따게 했다.

성경에서 이브가 뱀의 유혹에 넘어가 해서는 안 되는 일을 한 것처럼, 이렇게 옳지 않은 일을 한 후에 보통 사람 같으면 회개하는 마음이 들게 마련이죠. 이 '회개하다'는 serpent에서 s를 뺀 erpent 부분의 앞을 re로 바꾼 **repent**입니다. 그리고 repent의 명사형은 **repentance**로 '회개'의 뜻입니다.

> **Repent** of your sins and you will be forgiven.
> 너의 죄를 회개하라. 그러면 용서를 받을 것이다.
> The murderer shed tears of **repentance** before death.
> 그 살인자는 죽기 전에 회개의 눈물을 흘렸다.

회개를 한다는 건 자신의 행동을 후회한다는 뜻일 텐데요, '후회하다'의 뜻을 가진 단어는 repent처럼 re로 시작합니다. **regret**이죠.

> I **regret** not having studied hard when young.
> 나는 젊었을 때 열심히 공부하지 않은 것이 후회된다.

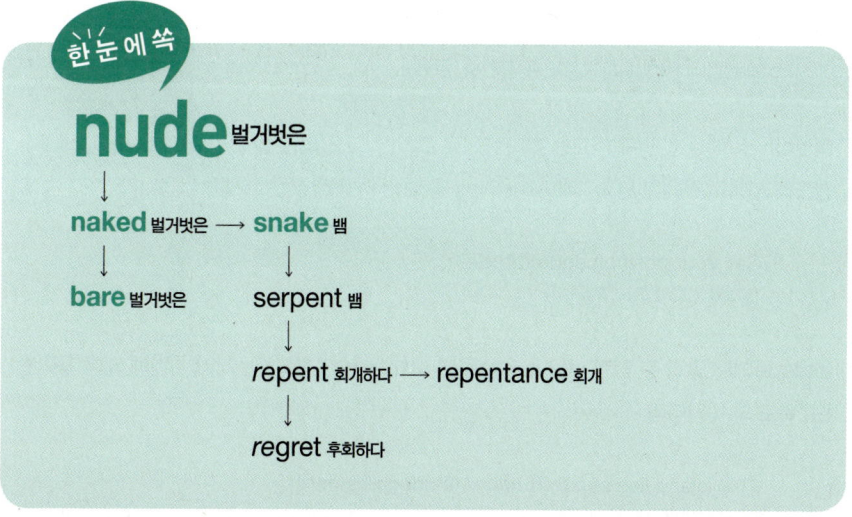

attitude - altitude - aptitude

자세, 고도, 적성을 나타내는 단어는 철자 하나 차이!

attitude는 '태도'의 뜻을 지닌 명사입니다. 재미있는 만화영화 '인크레더블 The Incredibles'을 보면 초능력을 가진 슈퍼 히어로였던 주인공이 한낱 보험회사 사무직원으로 전락하여 상사에게 업무처리에 대해 다음과 같이 꾸중을 듣는 장면이 나옵니다.

> We are discussing your **attitude**.
> 지금 당신의 태도에 대해 이야기하고 있는 거요.

이 attitude를 통해 다른 중요한 단어들을 배울 수 있습니다. 남에게 호의를 받으면 감사하는 자세를 가져야 합니다. 이 '감사'가 **gratitude**입니다. attitude 앞에 gr을 붙이고 대신 attitude 안에 있는 철자 t를 하나 빼야 합니다. 왜 t를 빼냐고요? 호의에 감사하는 마음을 가지고 보답할 때는 '티' 내지 말고 고마워해야 하잖아요. 그래서 attitude에서 t를 하나 뺀다고 생각하면 쉽게 기억할 수 있겠죠? 그리고 '감사해하는'의 형용사는 gratitude를 응용한 **grateful**입니다.

> I wrote a letter to her as a token of my **gratitude**.
> 나는 그녀에게 감사의 표시로 편지를 써서 보냈다.

이 attitude에서 첫 번째 나오는 철자 t를 l로 고치면 '고도'의 뜻을 가진 **altitude**가 됩니다. 산드라 블록이 주연한 영화 '네트 The Net'를 보면 다음과 같은 대사가 나옵니다.

> Say your position and **altitude**.
> 현재의 위치와 고도를 말하라.

altitude에서 앞의 두 철자 al을 la로 바꾸면 **latitude**가 됩니다. 지리 시간에 많이 들어봤던 '위도'의 뜻입니다.

> This island lies at a **latitude** of ten degrees north.
> 이 섬은 북위 10도에 위치한다.

latitude가 '위도'라면 항상 붙어 다니는 '경도'도 알아야겠죠? '경도'는 **longitude**인데요, longitude 안에 long이 들어 있는 게 보이실 겁니다.

> The nation's capital is at a **longitude** 21 degrees east.
> 그 나라의 수도는 동경 21도에 위치하고 있다.

attitude, altitude 다음으로 배워볼 단어가 바로 **aptitude**입니다. '적성'의 뜻이죠. attitude, altitude, aptitude는 철자 t, l, p만 서로 다를 뿐 나머지 부분은 모두 같습니다. 이런 단어 암기법을 '철자 변형'이라고 서두에서 설명한 것, 기억나시죠?

> At a job interview, your talents, capabilities and **aptitudes** will be evaluated.
> 면접에서 여러분이 가진 재능과 능력 그리고 적성이 평가될 것입니다.

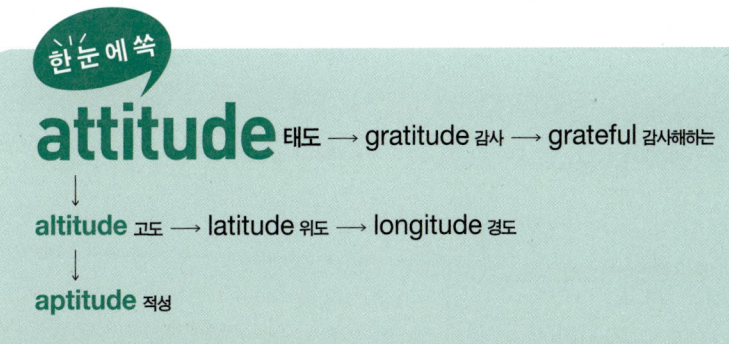

SECTION 6 *review test*

☑ 앞에서 읽은 내용을 연상하면서 다음 어휘 고리를 채워보세요. 정답은 책 속 부록에 있습니다.

1 bomb → comb - _____ - _____
　　　→ tomb
　　　→ _____ - ovary

2 brown → brow - _____
　　　→ _____ - _____
　　　→ drown
　　　→ _____

3 cable → _____
　　　→ _____
　　　→ table → _____ - _____
　　　　　　→ vegetable - _____

4 daughter → laughter → _____
　　　　　　　　→ slaughter - _____ - murder - _____

5 road → broad - _____ - _____
　　　→ load - _____
　　　→ toad

6 nurse → purse → _____
　　　　　　→ _____ → _____
　　　　　　　　　　→ sue - _____
　　　→ curse

7 receive → receipt
　　　→ deceive - _____ - _____ ↔ authentic
　　　　　　　　　　　　　　→ _____

8 game → gamble → _____
　　　　　　→ _____ - _____
　　　　　　→ mix - _____

9 choose → choice
          → select → _____
                 → _____ → _____
                          → electric - _____ - city

10 obey → _____ - border - _____
       → _____
       ↔ disobey → _____
                → sob

11 nude → naked → _____
               → snake - _____ - repent - _____ - _____

12 attitude → gratitude - _____
           → altitude - _____ - _____
           → aptitude

☑ SECTION 5에서 배웠던 단어들을 다시 한 번 체크해 봅시다.

- ☐ parent 부모 - apparent 분명한 - evident 분명한 - obvious 분명한 - transparent 투명한 - invisible 눈에 보이지 않는 - rent 임대(하다)

- ☐ pass 지나가다 - passion 열정 - passionate 열정적인 - compassion 동정 - compassionate 동정적인 - pity 동정 - sympathy 동정

- ☐ pat 톡톡 두드리다 - patriot 애국자 - patriotic 애국적인 - patriotism 애국심 - riot 폭동 - mutiny 폭동 - patter 후두두 내리다

- ☐ pond 연못 - respond 응답하다 - response 응답 - ripple 파문 - reply 응답하다 - ponder 곰곰이 생각하다 - pensive 곰곰이 생각하는 - expensive 비싼 - cheap 싼

- ☐ promise 약속(하다) - compromise 타협(하다) - premise 전제 - promising 전도유망한 - prominent 현저한 - outstanding 탁월한 - eminent 저명한

- ☐ rain 비 - brain 두뇌 - drain 배수시키다 - grain 곡식 - refrain 삼가다 - restrain 억제하다 - sprain 삐다 - strain 긴장 - terrain 지형

- ☐ raise 들다, 기르다, 모금하다 - praise 칭찬(하다) - compliment 칭찬 - complement 보충, 보어 - supplement 보충, 보충하다 - prize 상 - award 상

- ☐ read 읽다 - bread 빵 - bakery 빵집 - dread 무서워하다 - spread 유포하다, 퍼지다, 펼치다 - thread 실 - needle 바늘

- ☐ reason 이유, 이성 - treason 반역 - treachery 반역, 배반 - execute 처형하다, 실행하다 - execution 처형 - executioner 사형 집행인 - reasonable 합리적인 - rational 합리적인, 이성적인

- ☐ red 빨간색 - hatred 증오 - hate 미워하다 - sacred 신성한 - divine 신의, 신성한 - sacrifice 희생(하다) - shred 갈기갈기 찢다

- ☐ roof 지붕 - proof 증거 - evidence 증거 - prove 증명하다 - approve 승인하다, 인정하다 - approval 승인, 인정 - improve 향상시키다 - improvement 향상

- ☐ room 방 - loom 어렴풋이 나타나다 - broom 비 - bloom 꽃이 피다, 꽃의 만발 - blossom 꽃이 피다 - groom 신랑 - gloom 우울함 - gloomy 우울한 - melancholy 우울한, 우울함 - mushroom 버섯

- ☐ rose 장미 - prose 산문 - verse 운문 - universe 우주 - adverse 어려운 - adversity 역경 - reverse 거꾸로의, 거꾸로 하다

- ☐ rude 무례한 - polite 예의 바른 - intrude 침입하다, 방해하다 - trespass 침입하다 - interfere 방해하다 - interrupt 방해하다 - invade 침략하다 - invasion 침략, 침해

- ☐ science 과학 - scientist 과학자 - scientific 과학적인 - conscience 양심 - conscientious 양심적인 - conscious 의식이 있는 - consciousness 의식

- [ ] size 크기 - capsize 전복시키다 - downsize 축소하다 - emphasize 강조하다 - emphasis 강조 - synthesize 종합하다 - synthesis 종합 - analyze 분석하다 - analysis 분석

- [ ] son 아들 - arson 방화 - arsonist 방화범 - prison 감옥 - parole 가석방 - role 역할 - release 석방시키다 - inmate 죄수, 피수용자

- [ ] star 별 - starch 녹말, 풀을 먹이다 - stare 응시하다 - starve 굶주리다 - twinkle 반짝이다 - twin 쌍둥이 - astronomy 천문학 - astronomer 천문학자

- [ ] sure 확실한 - assure 확신시키다, 보장하다 - assurance 확약, 보장 - insure 보험에 들다 - insurance 보험 - pressure 압력, 압박 - treasure 보물

- [ ] war 전쟁 - warn 경고하다 - warning 경고 - reward 보상금 - weapon 무기 - armistice 휴전 - refugee 난민 - warship 전함 - worship 숭배하다 - warrior 전사

- [ ] way 길, 방법 - method 방법 - sway 흔들리다 - waver 마음이 흔들리다 - will 의지, 유언 - willow 버드나무 - billow 큰 물결

- [ ] wear 입다 - swear 맹세하다 - pledge 맹세하다 - edge 가장자리 - hedge 울타리 - knowledge 지식 - acknowledge 인정하다

- [ ] word 단어 - sword 칼 - dagger 단검 - dictionary 사전 - define 정의하다 - definition 정의 - decipher 해독하다

> ☑ SECTION 4에서 배웠던 단어들을 다시 한 번 체크해 봅시다.

☐ actor 남자 배우 - actress 여자 배우 - factor 요소, 요인 - element 요소, 원소 - factory 공장 - satisfactory 만족스러운 - satisfy 만족시키다 - satisfaction 만족 - benefactor 은인

☐ ant 개미 - tenant 세입자 - landlord 집주인 - landlady 여자 집주인 - lieutenant 부관 - real estate agent 부동산 중개인 - antidote 해독제

☐ apple 사과 - apology (말로 하는) 사과 - apologize 사과하다 - grapple 꽉 잡다 - grasp 꽉 잡다 - grab 꽉 잡다 - grip 꽉 잡다, 꽉 쥠 - crab 게

☐ bat 박쥐, 방망이 - battle 전투 - combat 전투 - cattle 소떼 - rattle 덜컹거리다 - rat 쥐 - rattlesnake 방울뱀 - acrobat 곡예사

☐ bull 숫소 - bullet 총알 - bulletin 게시 - tin 주석 - cow 암소 - coward 겁쟁이 - cowardice 비겁함

☐ car 차 - caravan 대상 - carbon 탄소 - hydrogen 수소 - oxygen 산소 - sulfur 황 - cardinal 추기경 - cargo 화물 - carriage 마차 - cartoon 만화 - carve 새기다

☐ cat 고양이 - rat 쥐 - scatter 흩어지다 - catch 잡다 - chase 추적하다, 뒤쫓다 - purchase 구입하다, 구입 - capture 잡다 - captivate 잡다

☐ cent 센트 - scent 향기 - ascent 상승 - ascend 상승하다 - descent 하강 - descend 하강하다 - descendant 후손 - ancestor 조상

☐ cold 차가운, 감기 - scold 꾸짖다 - slap 뺨을 때리다 - spank 볼기를 때리다 - clap 박수치다 - lap 무릎 - lapse (시간의) 경과 - collapse 무너지다

☐ cream 크림 - scream 소리 지르다 - shout 소리치다 - cry 소리치다, 울다 - yellow 노란색 - yell 소리 지르다 - exclaim (감탄하여) 소리치다

☐ cut 자르다 - cute 귀여운 - acute 급성의 - chronic 만성의 - chronicle 연대기 - persecute 박해하다 - persecution 박해

☐ dam 댐 - damage 손상시키다 - age 나이, 나이가 들다 - damp 축축한 - moist 축축한 - moisture 수분, 습기 - moisten 축축하게 하다

☐ dry 건조한 - laundry 세탁소, 세탁물 - launder 세탁하다 - drought 가뭄 - rough 거친, 서투른, 대충의 - thorough 철저한 - tough 억센, 질긴

☐ dust 먼지 - industry 산업, 공업, 근면 - industrial 산업의, 공업의 - industrious 근면한 - diligent 부지런한 - diligence 부지런함 - trial 재판 - testify 증언하다

☐ eight 8 - freight 화물 - height 키, 높이 - high 높은 - thigh 넓적다리 - weight 무게 - weigh 무게가 ~ 나가다

- [ ] even 심지어, 비긴, 대등한, 짝수의 - revenge 복수 - vengeance 복수 - avenge 복수하다 - retaliate 보복하다 - retaliation 보복 - odd 홀수의, 이상한

- [ ] face 얼굴, 직면하다 - preface 서문 - surface 표면 - surf 파도타기하다 - freckle 주근깨 - acne 여드름 - complexion 안색 - expression 표정, 표현

- [ ] fan 부채, 선풍기 - infant 유아 - toddler 아장아장 걷는 아기 - pan 납작한 냄비 - frying pan 프라이팬 - expand 확장하다 - expansion 확장 - enlarge 확대하다 - enlargement 확대

- [ ] fit 적합한 - benefit 이익 - beneficial 유익한 - outfit 의상 - outlet 판매점, 직판장, 콘센트 - profit 이윤 - profitable 이익이 되는

- [ ] gate 대문 - investigate 수사하다 - investigation 수사 - invest 투자하다 - investment 투자 - vest 조끼 - harvest 수확

- [ ] here 여기에 - adhere 붙이다 - adhesive 접착제, 끈끈한, 접착제의 - attach 붙이다 - attachment 부착, 애착 - detach 떼다 - detachment 분리

- [ ] ill 아픈 - illness 병 - symptom 증상 - pill 알약 - spill 흘리다 - pillow 베개 - illusion 환상, 환각 - disillusion 환멸, 환멸을 느끼게 하다

- [ ] ink 잉크 - sink 가라앉다 - link 연결하다 - blink 깜박이다 - rink 스케이트장 - brink 가장자리 - brim 가장자리

- [ ] kid 아이 - kidnap 유괴하다 - nap 낮잠 - ransom 몸값 - abduct 납치하다 - abduction 납치 - kidney 신장

- [ ] meter 미터 - measure 재다, 측정하다, 조치 - measurement 측정 - cemetery 묘지 - cremate 화장하다 - diameter 지름 - meteor 운석, 유성

> ☑ SECTION 3에서 배웠던 단어들을 다시 한 번 체크해 봅시다.

- [ ] afraid 두려운 - raid 습격 - aid 도움 - aide 측근 - assistance 도움, 원조 - assist 도와주다 - maid 하녀 - mermaid 인어

- [ ] again 다시 - gain 얻다 - acquire 획득하다 - acquisition 획득 - obtain 얻다 - inquire 묻다 - require 요구하다

- [ ] appear 나타나다 - pear 배 - spear 창 - shield 방패 - windshield 자동차 앞 유리 - appearance 외모, 출현 - disappear 사라지다 - sap 수액 - extinct 멸종된 - extinction 멸종

- [ ] approach 접근하다 - roach 바퀴벌레 - appetite 식욕 - appetizer 전채 - dessert 후식 - desert 사막 - poach 밀렵하다 - poacher 밀렵꾼

- [ ] because ~ 때문에 - cause 원인, 야기시키다 - pause 중단하다 - clause 절 - phrase 구 - phase 국면, 양상, 측면 - aspect 측면

- [ ] believe 믿다 - lie 거짓말하다, 눕다 - alien 외계인 - alienate 소외시키다 - alienation 소외 - client 고객 - customer 손님 - relieve 안심하다 - relief 안심 - belief 믿음 - grieve 크게 슬퍼하다 - grief 큰 슬픔

- [ ] blame 비난하다 - lame 절뚝거리는 - lament 비탄하다 - filament 필라멘트 - limp 절뚝거리다 - leg 다리 - legend 전설 - legacy 유산

- [ ] clean 깨끗한, 청소하다 - lean 기대다 - glean 모으다, 줍다 - gather 모으다 - clear 분명한 - unclear 불분명한 - nuclear 핵의

- [ ] climb 오르다 - limb 사지 - cliff 절벽 - precipice 절벽 - crawl 기어가다 - creep 기어가다 - step 걸음 - steep 가파른

- [ ] determine 결심하다 - deter 못하게 하다 - defer 연기하다 - term 기간 - terminate 종결시키다 - mine 지뢰, 광산 - famine 기아

- [ ] eastern 동쪽의, 동양의 - stern 엄격한 - strict 엄격한 - stringent 엄격한 - district 지역 - restrict 제한하다 - restriction 제한

- [ ] excite 흥분시키다 - cite 인용하다 - recite 암송하다, 낭송하다 - quote 인용하다 - quotation 인용 - site 장소 - opposite 반대편의 - sight 경치, 광경 - sigh 한숨

- [ ] foreign 외국의 - reign 지배하다 - govern 통치하다 - governor 주지사 - government 지배, 정부 - sovereign 주권이 있는 - sovereignty 주권 - exotic 이국적인

- [ ] forget 잊다 - forge 버리다, 위조하다 - gorge 협곡 - canyon 협곡 - gorgeous 멋진 - splendid 멋진 - superb 멋진

- [ ] important 중요한 - import 수입하다 - port 항구 - export 수출하다 - expert 전문가 - expertise 전문지식 - portrait 초상화 - trait 특성 - traitor 반역자

- [ ] learn 배우다 - earn 얻다, 벌다 - earnest 열심인, 열렬한 - nest 둥지 - honest 정직한 - honesty 정직 - lecture 강의

- [ ] mistake 실수(하다) - mist 안개 - fog 안개 - stake 말뚝 - at stake 위험에 처한 - chemist 화학자 - physicist 물리학자 - alchemist 연금술사

- [ ] paint 페인트(칠하다) - pain 고통 - painful 고통스런 - agony 고통 - anguish 고통 - faint 기절하다 - pass out 기절하다 - swoon 기절하다

- [ ] please 기쁘게 하다, 제발 - lease 임대 - plea 탄원 - flea 벼룩 - petition 탄원 - repetition 반복 - repeat 반복하다 - entertain 즐겁게 하다 - entertainer 연예인

- [ ] relate 관련시키다 - elate 고무시키다 - enhance 고양시키다 - relation 관계 - relationship 관계 - relevance 관련 - relevant 관련 있는

- [ ] speak 말하다 - peak 정상 - acme 절정 - summit 정상(회담) - supreme 최고의 - supremacy 최고 - uppermost 최상의

- [ ] terrible 끔찍한 - rib 갈비 - bribe 뇌물 - bribery 뇌물수수 - tribe 부족 - crib 아기침대 - cradle 요람

- [ ] their 그들의 - heir 상속인 - heiress 여자상속인 - throne 왕좌 - inherit 물려받다 - inheritance 유산 - heritage 유산

- [ ] think 생각하다 - thin 날씬한, 얇은 - thick 두꺼운 - slender 날씬한 - slim 날씬한 - thought 생각, 사상 - thoughtful 사려 깊은

- [ ] throw 던지다 - row 줄, 노젓다 - crow 까마귀 - magpie 까치 - crowd 무리 - disperse 해산시키다 - arrow 화살 - sparrow 참새

- [ ] write 쓰다 - rite 의식 - ritual 의식 - spiritual 영혼의, 정신의 - spirit 영혼, 정신 - soul 영혼, 사람 - hypocrite 위선자

> ☑ SECTION 2에서 배웠던 단어들을 다시 한 번 체크해 봅시다.

- ☐ corner 구석 - corn 옥수수 - scorn 경멸하다, 경멸 - acorn 도토리 - despise 경멸하다 - disdain 경멸하다 - respect 존경하다

- ☐ flower 꽃 - flow 흐르다 - plow 밭을 갈다 - lower 낮추다 - flour 밀가루 - flourish 번창하다 - thrive 번창하다

- ☐ present 선물, 현재의 - resent 분개하다 - resentment 분개 - represent 상징하다, 나타내다 - gift 선물, 재능 - gifted 재능 있는 - talent 재능 - souvenir 기념품

- ☐ bridge 다리 - ridge 산마루 - porridge 죽 - abridge 단축하다, 요약하다 - abbreviate 단축하다 - abbreviation 단축, 약어 - valley 계곡 - alley 오솔길, 골목길

- ☐ dragon 용 - drag 끌다 - rag 누더기 - nag 잔소리하다 - tag 꼬리표 - wag 꼬리를 흔들다 - wagon 짐마차

- ☐ fire 불, 해고하다 - fir 전나무 - fireplace 벽난로 - hire 고용하다 - employ 고용하다 - employee 종업원 - employer 고용주 - flame 불길 - ignite 점화시키다 - ruins 잔해 - extinguish 불을 끄다

- ☐ friend 친구 - end 끝(나다), 목적 - endeavor 노력하다 - effort 노력(하다) - fortress 요새 - endow 주다 - endure 견디다

- ☐ movie 영화 - vie 경쟁하다 - compete 경쟁하다 - competition 경쟁 - competitive 경쟁력 있는 - complete 끝내다, 완성하다 - deplete 고갈시키다

- ☐ museum 박물관 - muse 명상하다 - meditate 명상하다 - meditation 명상 - use 사용하다 - abuse 남용하다, 학대하다 - fuse 융합시키다 - fusion 융합 - confuse 혼란시키다 - confusion 혼란

- ☐ address 주소, 연설하다 - envelope 봉투 - add 추가하다, 더하다 - addition 추가 - additional 추가하는 - addiction 중독 - addict 중독되게 하다, 중독자 - ladder 사다리 - bladder 방광, 부레 - ad / advertisement 광고 - advertise 광고를 내다 - dress 의복, 정장 - robe 의복

- ☐ plane 비행기 - lane 차로 - pavement 포장도로 - pave 포장하다 - planet 행성 - plain 평원 - complain 불평하다 - complaint 불평 - explain 설명하다 - explanation 설명

- ☐ player 선수 - athlete 운동선수 - layer 층 - atmosphere 대기 - play 놀다, 연극 - lay 놓다, 알을 낳다 - delay 연기하다 - adjourn 연기하다 - postpone 연기하다

- ☐ police 경찰 - lice 이 - malice 악의 - malicious 악의적인 - slice 얇게 자르다 - accomplice 공범 - accomplish 성취하다 - accomplishment 성취 - achieve 성취하다 - achievement 성취 - attain 성취하다, 달성하다 - attainment 성취, 달성

- ☐ rabbit 토끼 - hare 산토끼 - share 공유하다 - bit 작은 조각 - habit 습관 - inhabit 거주하다 - inhabitant 거주민 - orbit 궤도 - obituary 사망기사

- ☐ August 8월 - gust 돌풍, 질풍 - gale 질풍 - storm 폭풍 - thunder 천둥 - disgust 넌더리, 혐오 - disgusting 역겨운

- [ ] advice 충고 - advise 충고하다 - vice 악 - virtue 미덕 - device 장치 - devise 고안하다 - service 예배, 봉사, 용역 - sermon 설교(하다)

- [ ] appointment 약속 - ointment 연고 - apply 발라주다, 적용하다 - appoint 임명하다 - point 끝, 점수, 가리키다 - disappoint 실망시키다 - disappointment 실망

- [ ] charm 매력 - harm 해를 끼치다, 해 - harmony 조화 - hurt 해치다 - arm 팔 - charming 매력적인 - attractive 매력적인 - attract 끌어당기다

- [ ] courage 용기 - rage 분노 - tragedy 비극 - tragic 비극적인 - comedy 희극 - comic 희극적인 - encourage 격려하다 - encouragement 격려

- [ ] credit 신용 - edit 편집하다 - editor 편집자 - editorial 사설 - edition 편집 - expedition 원정 - excursion 소풍

- [ ] danger 위험 - dangerous 위험한 - anger 화, 분노 - angry 화난 - risk 위험, 위험을 무릅쓰고 ~하다 - risky 위험한 - endanger 위험에 빠뜨리다

- [ ] devil 악마 - evil 악한 - wicked 사악한 - demon 악마 - demonstrate 시위하다, 설명하다, 증명하다 - demonstration 시위, 설명, 증명 - monster 괴물

- [ ] example 예, 모범 - ample 충분한 - sufficient 충분한 - insufficient 불충분한 - sample 견본 - specimen 표본 - trample 짓밟다

- [ ] failure 실패 - lure 유혹하다 - allure 유혹하다, 꾀다 - entice 유혹하다 - seduce 유혹하다 - tempt 유혹하다 - temptation 유혹 - attempt 시도하다 - contempt 경멸

- [ ] generation 세대 - gene 유전자 - genetic 유전적인 - generous 관대한 - generosity 관대함 - general 장군, 일반적인 - ration 식량, 할당량

- [ ] ghost 유령 - host 남자 주인, 개최하다 - hostess 여자 주인 - hostage 인질 - stage 무대 - grave 무덤 - engrave 새기다 - brave 용감한

- [ ] peace 평화 - pea 완두콩 - bean 강낭콩 - peasant 농부 - pheasant 꿩 - farmer 농부 - farm 농장

- [ ] pride 자부심, 오만함 - proud 자부심 있는, 자랑스러운 - bride 신부 - rid 제거하다 - remove 제거하다 - eliminate 제거하다 - eradicate 제거하다 - erase 제거하다

- [ ] problem 문제 - rob 강도질하다 - robber 강도 - burglar 강도 - rubber 고무 - elastic 신축성 있는 - rub 문지르다 - scrub 세게 문지르다

- [ ] question 질문 - quest 추구 - conquest 정복 - conquer 정복하다 - conqueror 정복자 - cruel 잔인한 - brutal 잔인한

- [ ] Wednesday 수요일 - wed 결혼하다 - wedding 결혼 - anniversary 기념일 - engage 약혼하다 - engagement 약혼 - divorce 이혼(하다)

> ✔ SECTION 1에서 배웠던 단어들을 다시 한 번 체크해 봅시다.

- [ ] taxi 택시 - tax 세금 - ax 도끼 - axis 축 - income 소득 - outcome 결과 - cab 택시 - chauffeur 자가용 운전사 - cabbage 양배추 - vocabulary 어휘

- [ ] scarf 스카프 - scar 상처, 흉터 - scare 무섭게 하다 - scarecrow 허수아비 - frighten 놀라게 하다, 겁먹게 하다 - care 걱정, 조심 - careful 조심스런 - careless 조심성 없는 - cautious 조심성 있는 - caution 조심 - career 경력, 이력

- [ ] hamburger 햄버거 - urge 재촉하다, 조르다 - urgent 긴급한 - urgency 긴급 - purge 숙청하다 - punish 처벌하다 - punishment 처벌 - surge 파도처럼 밀려오다 - insurgent 반란자, 반란을 일으킨 - surgeon 외과의사 - physician 내과의사 - burgeon 싹이 트다

- [ ] hospital 병원 - hospitality 호의 - hospitalize 입원하다 - spit 침(을 뱉다) - pit 구덩이 - armpit 겨드랑이 - hygiene 위생 - hygienic 위생적인 - operation 수술 - operate 수술하다 - sanitation 위생 - sanitary 위생적인 - patient 환자, 참을성 있는 - patience 참을성 - impatient 참을성 없는 - impatience 조급증

- [ ] spray 스프레이, 뿌리다 - pray 기도하다 - prayer 기도 - altar 제단 - alter 바꾸다 - alternative 대안 - ray 광선 - array 정렬시키다 - arrange 정렬시키다 - prey 먹이 - edible 먹을 수 있는

- [ ] number 수, 숫자 - numb 마비된 - paralyze 마비시키다 - paralysis 마비 - anesthesia 마취 - anesthetic 마취제 - dumb 멍청한 - deaf 말 못하는 - blind 눈 먼, 블라인드 - vertical 수직의 - horizontal 수평선의 - horizon 수평선 - disabled 장애가 있는 - crippled 장애가 있는

- [ ] president 대통령 - resident 거주민 - reside 거주하다 - residence 저택 - preside 주재하다 - privilege 특권 - vile 비열한 - inaugurate 취임하다 - inauguration 취임

- [ ] mountain 산 - mount 오르다 - amount 액수, 총합이 ~가 되다 - paramount 최고의 - surmount 타고 넘다, 극복하다 - fountain 분수 - temple 절 - contemplate 심사숙고하다 - plate 접시

- [ ] coffee 커피 - fee 요금 - fare 교통 요금 - feeble 연약한 - frail 연약한 - frailty 약함 - fragile 깨지기 쉬운 - coffin 관 - casket 관

- [ ] monkey 원숭이 - monk 스님, 수도사 - nun 수녀 - pronunciation 발음 - pronounce 발음하다, 선언하다 - monastery 수도원 - convent 수녀원 - convention 대회, 관습 - conventional 전통적인, 관습적인

- [ ] camera 카메라 - era 시대 - epoch 시대 - epoch-making 획기적인 - opera 오페라 - cooperate 협력하다 - cooperation 협조, 협력 - corporation 큰 회사 - company 회사 - companion 동료 - comrade 동료, 동지 - colleague 동료

- [ ] grape 포도 - rape 강간하다 - ape 유인원 - rapist 강간범 - assault 공격하다, 성폭행하다, 폭행 - assail 공격하다 - attack 공격하다 - tack 압정

- [ ] beer 맥주 - brew 양조하다 - brewery 양조장 - bee 벌 - sting 쏘다 - distinguish 구별하다 - distinction 구별 - distinct 뚜렷한

- [ ] father 아버지 - fat 뚱뚱한, 지방 - carbohydrate 탄수화물 - protein 단백질 - fatigue 피로 - fate 운명 - destiny 운명 - tiny 작은 - feather 깃털 - leather 가죽 - weather 날씨

- [ ] bank 은행, 제방 - bankrupt 파산한 - rupture 파열 - ban 금지하다 - urban 도시의 - disturbance 소란 - disturb 방해하다 - rural 시골의 - van 밴 - banish 추방하다 - vanish 사라지다

- [ ] mother 엄마 - moth 나방 - smother 질식시키다 - suffocate 질식시키다 - stifle 질식시키다 - strangle 질식시키다 - angle 각도 - choke 질식시키다

- [ ] kitchen 부엌 - hen 암탉 - cock 수탉 - hatch 부화하다 - itch 간지럽다 - kit 작은 상자 - kitten 어린 고양이 - mitten 벙어리장갑

- [ ] dinner 저녁 식사 - dine 식사하다 - din 소음, 소란 - dean 학장 - noise 소음 - noisy 시끄러운 - dinosaur 공룡

- [ ] cousin 사촌 - sin 죄 - since ~ 이래로 - sincere 진지한 - sincerity 진지함, 성실함 - reflect 반성하다, 반사하다 - reflection 반성 - assassin 암살자 - assassinate 암살하다 - assassination 암살

- [ ] teacher 선생님 - tutor 가정교사 - ache 아프다, 아픔 - headache 두통 - toothache 치통 - moustache 콧수염 - beard 턱수염 - whisker 구레나룻

- [ ] student 학생 - pupil 학생 - stud 박히다 - dent 움푹 들어간 곳 - ardent 열심인, 열렬한 - study 공부하다, 서재 - sturdy 튼튼한, 억센

- [ ] piece 조각 - pie 파이 - niece 여자조카 - nephew 남자조카 - pier 부두 - pierce 관통하다 - penetrate 관통하다 - fierce 사나운 - ferocious 사나운

- [ ] switch 스위치, 바꾸다 - shift 바꾸다, 교대 - transform 변형시키다 - transformation 변형 - witch 마녀 - wizard 마법사 - lizard 도마뱀 - blizzard 눈보라

- [ ] furniture 가구 - fur 모피 - fleece 양털 - furnace 화덕, 용광로 - fury 격분 - furious 격분한 - furrow 고랑

- [ ] message 전언, 메시지 - mess 뒤죽박죽, 엉망진창 - messy 지저분한 - sage 현자 - massage 마사지, 안마 - mass 덩어리, 대량 - amass 쌓다 - accumulate 축적하다 - accumulation 축적

- [ ] black 검정색 - lack 부족, 결핍 - slack 느슨한 - slacken 느슨하게 하다, 완화시키다 - loose 느슨한, 헐거운 - loosen 느슨하게 하다 - goose 거위

- [ ] brush 솔, 솔질하다 - rush 급히 가다 - crush 뭉개다 - hurry 서두르다, 서두름 - haste 서두름 - toothpaste 치약 - paste 반죽 - waste 낭비(하다)

- [ ] manicure 매니큐어 - cure 치료하다 - remedy 치료, 치료하다 - obscure 불분명한, 모호한 - vague 모호한 - secure 안전한, 확보하다 - security 안전, 안보

- [ ] finger 손가락 - fin 지느러미 - shark 상어 - thumb 엄지손가락 - finite 유한한 - infinite 무한한 - linger 오래 남아 있다

- [ ] butter 버터 - butt 엉덩이, 꽁초 - utter 말하다, 완전한 - mutter 중얼거리다 - mumble 중얼거리다 - murmur 중얼거리다 - stutter 말을 더듬다 - stammer 말을 더듬다

- [ ] juice 주스 - ice 얼음 - icicle 고드름 - dice 주사위 - prejudice 편견 - judicial 사법의 - bias 편견

- [ ] carrot 당근 - rot 썩다 - rotten 썩은 - decay 썩다 - corrupt 부패한 - corruption 부패 - decompose 썩다 - parrot 앵무새

index

표제 단어별 색인

actor 252
actress
factor
element
factory
satisfactory
satisfy
satisfaction
benefactor

address 132
envelope
add
addition
additional
addiction
addict
ladder
bladder
ad / advertisement
advertise
dress
robe

advice 148
advise
vice
virtue
device
devise
service
sermon

afraid 188
raid
aid

aide
assistance
assist
maid
mermaid

again 190
gain
acquire
acquisition
obtain
inquire
require

ant 254
tenant
landlord
landlady
lieutenant
real estate agent
antidote

appear 192
pear
spear
shield
windshield
appearance
disappear
sap
extinct
extinction

apple 256
apology
apologize
grapple
grasp

grab
grip
crab

appointment 150
ointment
apply
appoint
point
disappoint
disappointment

approach 195
roach
appetite
appetizer
dessert
desert
poach
poacher

attitude 400
gratitude
grateful
altitude
latitude
longitude
aptitude

August 146
gust
gale
storm
thunder
disgust
disgusting

bank 71

bankrupt	lie	ridge
rupture	alien	porridge
ban	alienate	abridge
urban	alienation	abbreviate
disturbance	client	abbreviation
disturb	customer	valley
rural	relieve	alley
van	relief	
banish	belief	**brown** 380
vanish	grieve	brow
	grief	eyebrow
bat 258		crown
battle	**black** 94	clown
combat	lack	drown
cattle	slack	frown
rattle	slacken	
rat	loose	**brush** 96
rattlesnake	loosen	rush
acrobat	goose	crush
		hurry
because 197	**blame** 201	haste
cause	lame	toothpaste
pause	lament	paste
clause	filament	waste
phrase	limp	
phase	leg	**bull** 260
aspect	legend	bullet
	legacy	bulletin
beer 66		tin
brew	**bomb** 378	cow
brewery	comb	coward
bee	combine	cowardice
sting	combination	
distinguish	tomb	**butter** 102
distinction	womb	butt
distinct	ovary	utter
		mutter
believe 199	**bridge** 120	mumble

index

murmur	carrot 106	select
stutter	rot	selection
stammer	rotten	elect
	decay	election
cable 382	corrupt	electric
fable	corruption	electricity
sable	decompose	city
table	parrot	
stable		**clean** 203
stability	**cat** 264	lean
vegetable	rat	glean
vegetarian	scatter	gather
	catch	clear
camera 62	chase	unclear
era	purchase	nuclear
epoch	capture	
epoch-making	captivate	**climb** 205
opera		limb
cooperate	**cent** 266	cliff
cooperation	scent	precipice
corporation	ascent	crawl
company	ascend	creep
companion	descent	step
comrade	descend	steep
colleague	descendant	
	ancestor	**coffee** 58
car 262		fee
caravan	**charm** 152	fare
carbon	harm	feeble
hydrogen	harmony	frail
oxygen	hurt	frailty
sulfur	arm	fragile
cardinal	charming	coffin
cargo	attractive	casket
carriage	attract	
cartoon		**cold** 268
carve	**choose** 394	scold
	choice	slap

spank	yellow	laugh
clap	yell	slaughter
lap	exclaim	slay
lapse		murder
collapse	**credit** 156	massacre
	edit	
corner 114	editor	**determine** 207
corn	editorial	deter
scorn	edition	defer
acorn	expedition	term
despise	excursion	terminate
disdain		mine
respect	**cut** 272	famine
	cute	
courage 154	acute	**devil** 160
rage	chronic	evil
tragedy	chronicle	wicked
tragic	persecute	demon
comedy	persecution	demonstrate
comic		demonstration
encourage	**dam** 274	monster
encouragement	damage	
	age	**dinner** 78
cousin 80	damp	dine
sin	moist	din
since	moisture	dean
sincere	moisten	noise
sincerity		noisy
reflect	**danger** 158	dinosaur
reflection	dangerous	
assassin	anger	**dragon** 122
assassinate	angry	drag
assassination	risk	rag
	risky	nag
cream 270	endanger	tag
scream		wag
shout	**daughter** 384	wagon
cry	laughter	

index

dry 276	retaliation	contempt
laundry	odd	
launder		**fan** 286
drought	**example** 162	infant
rough	ample	toddler
thorough	sufficient	pan
tough	insufficient	frying pan
	sample	expand
dust 278	specimen	expansion
industry	trample	enlarge
industrial		enlargement
industrious	**excite** 212	
diligent	cite	**father** 68
diligence	recite	fat
trial	quote	carbohydrate
testify	quotation	protein
	site	fatigue
eastern 210	opposite	fate
stern	sight	destiny
strict	sigh	tiny
stringent		feather
district	**face** 284	leather
restrict	preface	weather
restriction	surface	
	surf	**finger** 100
eight 280	freckle	fin
freight	acne	shark
height	complexion	thumb
high	expression	finite
thigh		infinite
weight	**failure** 164	linger
weigh	lure	
	allure	**fire** 124
even 282	entice	fir
revenge	seduce	fireplace
vengeance	tempt	hire
avenge	temptation	employ
retaliate	attempt	employee

employer
flame
ignite
ruins
extinguish

fit 288
benefit
beneficial
outfit
outlet
profit
profitable

flower 116
flow
plow
lower
flour
flourish
thrive

foreign 214
reign
govern
governor
government
sovereign
sovereignty
exotic

forget 216
forge
gorge
canyon
gorgeous
splendid
superb

friend 126
end
endeavor
effort
fortress
endow
endure

furniture 90
fur
fleece
furnace
fury
furious
furrow

game 392
gamble
gambling
blend
blender
mix
mixture

gate 290
investigate
investigation
invest
investment
vest
harvest

generation 166
gene
genetic
generous
generosity
general

ration

ghost 168
host
hostess
hostage
stage
grave
engrave
brave

grape 64
rape
ape
rapist
assault
assail
attack
tack

hamburger 44
urge
urgent
urgency
purge
punish
punishment
surge
insurgent
surgeon
physician
burgeon

here 292
adhere
adhesive
attach
attachment

index

detach
detachment

hospital 46
hospitality
hospitalize
spit
pit
armpit
hygiene
hygienic
operation
operate
sanitation
sanitary
patient
patience
impatient
impatience

ill 294
illness
symptom
pill
spill
pillow
illusion
disillusion

important 218
import
port
export
expert
expertise
portrait
trait
traitor

ink 296
sink
link
blink
rink
brink
brim

juice 104
ice
icicle
dice
prejudice
judicial
bias

kid 298
kidnap
nap
ransom
abduct
abduction
kidney

kitchen 76
hen
cock
hatch
itch
kit
kitten
mitten

learn 220
earn
earnest
nest
honest

honesty
lecture

manicure 98
cure
remedy
obscure
vague
secure
security

message 92
mess
messy
sage
massage
mass
amass
accumulate
accumulation

meter 300
measure
measurement
cemetery
cremate
diameter
meteor

mistake 222
mist
fog
stake
at
stake
chemist
physicist
alchemist

monkey 60	muse	pursue
monk	meditate	pursuit
nun	meditation	sue
pronunciation	use	suit
pronounce	abuse	
monastery	fuse	**nut** 314
convent	fusion	nutrient
convention	confuse	nutrition
conventional	confusion	nutritious
		chestnut
mother 74	**nude** 398	peanut
moth	naked	walnut
smother	bare	
suffocate	snake	**obey** 396
stifle	serpent	order
strangle	repent	border
angle	repentance	boundary
choke	regret	obedience
		disobey
mountain 56	**number** 51	disobedience
mount	numb	sob
amount	paralyze	
paramount	paralysis	**paint** 224
surmount	anesthesia	pain
fountain	anesthetic	painful
temple	dumb	agony
contemplate	deaf	anguish
plate	blind	faint
	vertical	pass out
movie 128	horizontal	swoon
vie	horizon	
compete	disabled	**parent** 316
competition	handicapped	apparent
competitive	crippled	evident
complete		obvious
deplete	**nurse** 388	transparent
	purse	invisible
museum 130	wallet	rent
	curse	

index

pass 318	planet	**pond** 322
passion	plain	respond
passionate	complain	response
compassion	complaint	ripple
compassionate	explain	reply
pity	explanation	ponder
sympathy		pensive
	player 138	expensive
pat 320	athlete	cheap
patriot	layer	
patriotic	atmosphere	**present** 118
patriotism	play	resent
riot	lay	resentment
mutiny	delay	represent
patter	adjourn	gift
	postpone	gifted
peace 170		talent
pea	**please** 226	souvenir
bean	lease	
peasant	plea	**president** 54
pheasant	flea	resident
farmer	petition	reside
farm	repetition	residence
	repeat	preside
piece 86	entertain	privilege
pie	entertainer	vile
niece		inaugurate
nephew	**police** 141	inauguration
pier	lice	
pierce	malice	**pride** 172
penetrate	malicious	proud
fierce	slice	bride
ferocious	accomplice	rid
	accomplish	remove
plane 135	accomplishment	eliminate
lane	achieve	eradicate
pavement	achievement	erase
pave	attain	
	attainment	

problem 174	grain	counterfeit
rob	refrain	
robber	restrain	**red** 336
burglar	sprain	hatred
rubber	strain	hate
elastic	terrain	sacred
rub		divine
scrub	**raise** 329	sacrifice
	praise	shred
promise 324	compliment	
compromise	complement	**relate** 228
premise	supplement	elate
promising	prize	enhance
prominent	award	relation
outstanding		relationship
eminent	**read** 331	relevance
	bread	relevant
question 176	bakery	
quest	dread	**road** 386
conquest	spread	broad
conquer	thread	broaden
conqueror	needle	abroad
cruel		load
brutal	**reason** 333	unload
	treason	toad
rabbit 144	treachery	
hare	execute	**roof** 338
share	execution	proof
bit	executioner	evidence
habit	reasonable	prove
inhabit	rational	approve
inhabitant		approval
orbit	**receive** 390	improve
obituary	receipt	improvement
	deceive	
rain 326	fraud	**room** 340
brain	fake	loom
drain	authentic	broom

index

bloom
blossom
groom
gloom
gloomy
melancholy
mushroom

rose 342
prose
verse
universe
adverse
adversity
reverse

rude 344
polite
intrude
trespass
interfere
interrupt
invade
invasion

scarf 42
scar
scare
scarecrow
frighten
care
careful
careless
cautious
caution
career

science 346

scientist
scientific
conscience
conscientious
conscious
consciousness

size 348
capsize
downsize
emphasize
emphasis
synthesize
synthesis
analyze
analysis

son 350
arson
arsonist
prison
parole
role
release
inmate

speak 230
peak
acme
summit
supreme
supremacy
uppermost

spray 49
pray
prayer
altar

alter
alternative
ray
array
arrange
prey
edible

star 352
starch
stare
starve
twinkle
twin
astronomy
astronomer

student 84
pupil
stud
dent
ardent
study
sturdy

sure 354
assure
assurance
insure
insurance
pressure
treasure

switch 88
shift
transform
transformation
witch

wizard	heritage	**wear** 361
lizard		swear
blizzard	**think** 236	pledge
	thin	edge
taxi 40	thick	hedge
tax	slender	knowledge
ax	slim	acknowledge
axis	thought	
income	thoughtful	**Wednesday** 178
outcome		wed
cab	**throw** 238	wedding
chauffeur	row	anniversary
cabbage	crow	engage
vocabulary	magpie	engagement
	crowd	divorce
teacher 82	disperse	
tutor	arrow	**word** 363
ache	sparrow	sword
headache		dagger
toothache	**war** 356	dictionary
moustache	warn	define
beard	warning	definition
whisker	reward	decipher
	weapon	
terrible 232	armistice	**write** 241
rib	refugee	rite
bribe	warship	ritual
bribery	worship	spiritual
tribe	warrior	spirit
crib		soul
cradle	**way** 359	hypocrite
	method	
their 234	sway	
heir	waver	
heiress	will	
throne	willow	
inherit	billow	
inheritance		

단어 비법노트

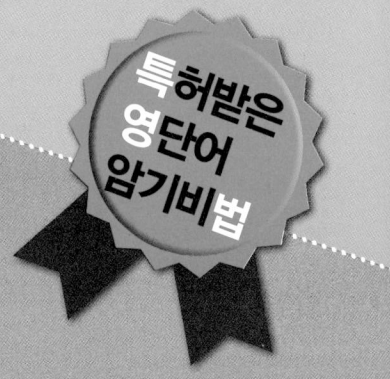

특허받은 영단어 암기비법

Section 1

1 taxi 택시 → tax 세금 - ax 세금 - axis 축
→ income 소득, 수입 - outcome 결과, 성과
→ cab 택시 - chauffeur 자가용 운전사 - cabbage 양배추 - vocabulary 어휘

2 scarf 스카프 → scar 상처, 흉터 - scare 무섭게 하다 → scarecrow 허수아비
→ care 걱정, 조심 - careful 조심스런 - careless 부주의한
→ cautious 조심성 있는 - caution 조심
→ career 경력
→ frighten 놀라게 하다, 겁먹게 하다

3 hamburger 햄버거 → urge 재촉하다 → urgent 긴급한 - urgency 긴급
→ purge 숙청하다 - punish 처벌하다 - punishment 처벌
→ surge 파도처럼 밀려오다 - insurgent 반란자 - surgeon 외과의사 - physician 내과의사
→ burgeon 싹이 트다

4 hospital 병원 → hospitality 호의 - hospitalize 입원시키다
→ spit 침(뱉다) - pit 구덩이 - armpit 겨드랑이
→ hygiene 위생 - hygienic 위생적인 - operation 수술 - operate 수술하다 - sanitation 위생
- sanitary 위생적인 - patient 환자, 참을성 있는 - patience 참을성 - impatient 참을성 없는
- impatience 조급증

427

5. spray 뿌리다 → pray 기도하다 → prayer 기도
   → altar 제단 - alter 바꾸다 - alternative 대안
   → ray 빛, 광선 - array 정렬하다 - arrange 정렬하다
   → prey 먹이 - edible 먹을 수 있는

6. number 수, 숫자 → numb 마비된 → paralyze 마비시키다 - paralysis 마비 - anesthesia 마취 - anesthetic 마취제
   → dumb 말 못하는 - deaf 귀 먹은 - blind 눈 먼 - disabled 장애가 있는 - handicapped 장애가 있는 - crippled 장애가 있는
   → vertical 수직의 - horizontal 수평선의 - horizon 수평선

7. president 대통령 → resident 거주민 - reside 거주하다 - residence 저택
   → preside 주재하다
   → privilege 특권 - vile 비열한
   → inaugurate 취임하다 - inauguration 취임

8. mountain 산 → mount 오르다 → amount 액수, 총합이 ~가 되다
   → paramount 최고의
   → surmount 타고 넘다, 극복하다
   → fountain 분수
   → temple 절 - contemplate 심사숙고하다 - plate 접시

9 coffee → fee → fare
   커피   요금   교통요금
   → feeble - frail - frailty - fragile
     연약한   연약한 약함   깨지기 쉬운
   → coffin - casket
     관   관

10 monkey → monk → nun - pronunciation - pronounce
   원숭이   승려, 수도사 수녀   발음   발음하다, 선언하다
   → monastery - convent - convention
     수도원   수녀원   대회, 관습
   - conventional
     전통적인, 관습적인

11 camera → era → epoch - epoch-making
   카메라   시대   시대   획기적인
   → opera - cooperate - cooperation - corporation
     오페라 협력하다   협력, 협조   회사
   - company - companion - comrade - colleague
     회사   동료   동료   동료

12 grape → rape → ape
   포도   강간하다 유인원
   → rapist
     강간범
   → assault - assail - attack - tack
     공격, 성폭행하다 공격하다 공격하다 압정

13 beer → brew - brewery
   맥주   양조하다 양조장
   → bee - sting - distinguish - distinction - distinct
     벌   쏘다   구별하다   구별   뚜렷한

14 father → fat → carbohydrate - protein
아버지   지방, 뚱뚱한   탄수화물   단백질
→ fatigue
   피로
→ fate - destiny - tiny
   운명   운명   작은
→ feather - leather - weather
   깃털   가죽   날씨

15 bank → bankrupt - rupture
은행, 제방   파산한   파열하다
→ ban - urban - disturbance - disturb
   금지하다   도시의   소란   방해하다
→ rural
   시골의
→ van - banish - vanish
   밴   추방하다   사라지다

16 mother → moth
어머니   나방
→ smother - suffocate - stifle - strangle - angle
   질식시키다   질식시키다   질식시키다   질식시키다   각도
- choke
  질식시키다

17 kitchen → hen ↔ cock - hatch
부엌   암탉   수탉   부화하다
→ itch
   간지럽다, 가렵다
→ kit - kitten - mitten
   작은 상자   새끼 고양이   벙어리 장갑

18 dinner (저녁 식사) → dine (식사하다) - din (소음, 소란) → noise (소음) - noisy (시끄러운)
→ dean (학장)
→ dinosaur (공룡)

19 cousin (사촌) → sin (죄) → since (~이래로) - sincere (진지한) → sincerity (진지함, 성실함)
→ reflect (반성·반사하다) - reflection (반성, 반사, 반영)
→ assassin (암살자) - assassinate (암살하다) - assassination (암살)

20 teacher (선생님) → tutor (가정교사)
→ ache (아프다, 아픔) → headache (두통) - toothache (치통)
→ mustache (콧수염) - beard (턱수염) - whisker (구레나룻)

21 student (학생) → pupil (학생)
→ stud (박다) - study (공부하다, 서재) - sturdy (튼튼한, 억센)
→ dent (움푹 들어간 곳) - ardent (열심인, 열렬한)

22 piece (조각) → pie (파이) - pier (부두) - pierce (꿰뚫다, 관통하다) → penetrate (관통하다)
→ fierce (사나운) - ferocious (사나운)
→ niece (여자 조카) - nephew (남자 조카)

23 switch 바꾸다, 스위치 → shift 바꾸다, 교대 – transform 변형시키다 – transformation 변형
→ witch 마녀 – wizard 마법사 – lizard 도마뱀 – blizzard 눈보라

24 furniture 가구 → fur 모피 → fleece 양털 – furnace 화덕, 용광로
→ fury 격분 – furious 격분한
→ furrow 고랑

25 message 전언, 메시지 → mess 뒤죽박죽 – messy 지저분한
→ sage 현자
→ massage 마사지, 안마 – mass 대량, 덩어리 – amass 축적하다 – accumulate 축적하다 – accumulation 축적

26 black 검정색 → lack 결핍, 부족 – slack 느슨한 – slacken 느슨하게 하다, 완화시키다
→ loose 느슨한, 헐거운 → loosen 느슨하게 하다
→ goose 거위

27 brush 솔(질하다) → rush 급히 가다 → crush 뭉개다
→ hurry 서두르다, 서두름 – haste 서두름 – toothpaste 치약 – paste 반죽
→ waste 낭비, 낭비하다

28 manicure (매니큐어) → cure (치료하다) → remedy (치료, 치료하다)
  → obscure (불분명한, 모호한) – vague (모호한)
  → secure (안전한, 확보하다) – security (안전, 안보)

29 finger (손가락) → fin (지느러미) → shark (상어)
  → finite (유한한) ↔ infinite (무한한)
  → thumb (엄지손가락)
  → linger (오랫동안 남아 있다)

30 butter (버터) → butt (엉덩이, 꽁초)
  → utter (말하다, 완전한) → mutter (중얼거리다) – mumble (중얼거리다) – murmur (중얼거리다)
  → stutter (말을 더듬다) – stammer (말을 더듬다)

31 juice (주스) → ice (얼음) → icicle (고드름)
  → dice (주사위) – prejudice (편견) → judicial (사법의)
  → bias (편견)

32 carrot (당근) → rot (썩다) → rotten (썩은)
  → decay (부패하다) → corrupt (부패한) – corruption (부패)
  → decompose (부패하다)
  → parrot (앵무새)

Section 2

1 corner (구석) → corn (옥수수) → scorn (경멸하다) - despise (경멸하다) - disdain (경멸하다) ↔ respect (존경하다)
　　　　　　　　　　　　→ acorn (도토리)

2 flower (꽃) → flow (흐르다) - plow (밭을 갈다)
　　　　　　　→ lower (낮추다)
　　　　　　　→ flour (밀가루) - flourish (번성하다) - thrive (번성하다)

3 present (선물, 현재의) → resent (분개하다) - resentment (분개)
　　　　　　　　　　→ represent (상징하다)
　　　　　　　　　　→ gift (선물, 재능) - gifted (재능 있는) - talent (재능)
　　　　　　　　　　→ souvenir (기념품)

4 bridge (다리, 교량) → ridge (산마루) → porridge (죽)
　　　　　　　　　→ abridge (단축·요약하다) - abbreviate (단축하다) - abbreviation (요약, 단축)
　　　　　　　　　→ valley (계곡) - alley (오솔길, 골목길)

5 dragon (용) → drag (끌다) - rag (누더기) → nag (잔소리하다)
　　　　　　→ tag (꼬리표) - wag (꼬리를 흔든다) - wagon (마차)

6 fire 불, 해고하다
- fir 전나무 — fireplace 벽난로
- hire 고용하다 — employ 고용하다 — employee 종업원 — employer 고용주
- flame 불길 — ignite 점화하다 — ruins 잔해 — extinguish 불을 끄다

7 friend 친구
- end 끝(나다), 목적 — endeavor 노력(하다) — effort 노력(하다) — fortress 요새
- endow 주다
- endure 참다

8 movie 영화
- vie 경쟁하다 — compete 경쟁하다 — competition 경쟁 — competitive 경쟁력 있는
- complete 완성하다, 끝내다 — deplete 고갈시키다

9 museum 박물관
- muse 명상하다 — meditate 명상하다 — meditation 명상
- use 이용하다 — abuse 남용하다, 학대하다
- fuse 융합시키다 — fusion 융합 — confuse 혼란시키다 — confusion 혼란

10 address 주소, 연설하다
- envelope 봉투
- add 추가하다 — addition 추가 — additional 추가적인 — addiction 중독 — addict 중독자
- ladder 사다리 — bladder 방광, 부레
- ad 광고 — advertise 광고하다
- dress 의복, 정장 — robe 의복

11 plane 비행기
→ lane 차로
→ pavement 포장도로 - pave 포장하다
→ planet 행성
→ plain 평원 → complain 불평하다 - complaint 불평
→ explain 설명하다 - explanation 설명

12 player 선수
→ athlete 운동선수
→ layer 층 - atmosphere 대기, 분위기
→ play 놀다, 연극 - lay 놓다, 알을 낳다 - delay 연기하다 - adjourn 연기하다 - postpone 연기하다

13 police 경찰
→ lice 이 → malice 악의 - malicious 악의적인
→ slice 얇게 자르다
→ accomplice 공범 - accomplish 성취하다 - accomplishment 성취
→ achieve 성취하다 - achievement 성취 - attain 성취·달성하다 - attainment 성취, 달성

14 rabbit 토끼
→ hare 산토끼 - share 공유하다
→ bit 작은 조각 → habit 습관 - inhabit 거주하다 - inhabitant 거주민
→ orbit 궤도 - obituary 부고, 사망기사

15 August 8월 → gust 질풍, 돌풍 → gale 질풍, 돌풍
→ storm 폭풍 - thunder 천둥
→ disgust 넌더리, 혐오감 - disgusting 역겨운

16 advice 충고 → advise 충고하다
→ vice 악덕 → virtue 미덕
→ service 예배, 봉사 - sermon 설교
→ device 장치 - devise 고안하다

17 appointment 약속 → ointment 연고 - apply 적용하다, 바르다
→ appoint 임명하다 → point 점수, 끝, 가리키다
→ disappoint 실망시키다 - disappointment 실망

18 charm 매력 → harm 해(를 끼치다) → harmony 조화 - hurt 해치다
→ arm 팔
→ charming 매력인 - attractive 매력적인 - attract 끌어당기다

19 courage 용기 → rage 분노 - tragedy 비극 → tragic 비극적인
→ comedy 희극 - comic 희극적인
→ encourage 격려하다 - encouragement 격려

20 credit 신용 → edit 편집하다 → editor 편집자 — editorial 사설
→ edition 편집 — expedition 원정, 탐험여행 — excursion 소풍

21 danger 위험 → dangerous 위험한
→ anger 화, 분노 — angry 화난
→ risk 위험(을 무릅쓰고 하다) — risky 위험한
→ endanger 위험에 빠뜨리다

22 devil 악마 → evil 악한 — wicked 사악한
→ demon 악마 → demonstrate 설명·시위·증명하다 — demonstration 설명, 시위, 증명
→ monster 괴물

23 example 예, 모범 → ample 충분한 → sample 견본, 표본 — specimen 견본, 표본
→ trample 짓밟다
→ sufficient 충분한 — insufficient 불충분한

24 failure 실패 → lure 유혹하다 → allure 유혹하다, 꾀다
→ entice 유혹하다 — seduce 유혹하다 — tempt 유혹하다 — temptation 유혹
→ attempt 시도하다
→ contempt 경멸

25 generation → gene → genetic
세대 　　유전자 　　유전적인
　　　　　　→ generous - generosity
　　　　　　　　관대한 　　관대함
　　　　　　→ general
　　　　　　　　장군, 제독, 일반적인
　　　→ ration
　　　　　식량, 배급량

26 ghost → host → hostess
유령 　　남자주인, 개최하다 　　여자주인
　　　　　　→ hostage - stage
　　　　　　　　인질 　　　무대
　　→ grave → engrave
　　　　무덤 　　　새기다
　　　　　→ brave
　　　　　　　용감한

27 peace → pea → bean
평화 　　완두콩 　　강낭콩
　　　　　→ peasant → pheasant
　　　　　　　농부 　　　꿩
　　　　　　→ farmer - farm
　　　　　　　　농부 　　농장

28 pride → proud
자부심, 오만함 　　자부심 있는, 자랑스러워 하는
　　　　　→ bride
　　　　　　　신부
　　　　　→ rid - remove - eliminate - eradicate - erase
　　　　　　제거하다 　제거하다 　제거하다 　제거하다 　제거하다

29 problem (문제) → rob (강도질하다) - robber (강도) → burglar (강도)
→ rubber (고무) → elastic (신축성 있는)
→ rub (문지르다) - scrub (세게 문지르다)

30 question (질문) → quest (추구) - conquest (정복) - conquer (정복하다) - conqueror (정복자) - cruel (잔인한) - brutal (잔인한)

31 Wednesday (수요일) → wed (결혼하다) → wedding (결혼) - anniversary (기념일)
→ engage (약혼하다) - engagement (약혼)
→ divorce (이혼(하다))

Section 3

1 afraid (두려운) → raid (습격) - aid (도움) → aide (측근)
  → assistance (도움, 원조) - assist (도와주다)
  → maid (하녀) - mermaid (인어)

2 again (다시) → gain (얻다) - acquire (얻다) → acquisition (획득) - obtain (얻다)
  → inquire (묻다)
  → require (요구하다)

3 appear (나타나다) → pear (배) - spear (창) - shield (방패) - windshield (자동차 앞 유리)
  → appearance (외모, 출현)
  → disappear (사라지다) → sap (수액)
  → extinct (멸종된) - extinction (멸종)

4 approach (다가가다) → roach (바퀴벌레) - poach (밀렵하다) - poacher (밀렵꾼)
  → appetite (식욕) - appetizer (전채) - dessert (후식) - desert (사막)

5 because (~때문에) → cause (원인, 야기하다) → pause (중단하다)
  → clause (절) - phrase (구) - phase (국면, 양상, 측면) - aspect (양상, 측면)

6 believe → lie — alien — alienate — alienation
   믿다   거짓말하다, 눕다 외계인 소외시키다 소외
           → client — customer
             고객   손님
   → relieve — relief — belief
     안도케하다 안도   믿음
   → grieve — grief
     크게 슬퍼하다 큰 슬픔

7 blame → lame — lament — filament
   비난하다 절뚝거리는, 저는 비탄하다 필라멘트
           → limp — leg → legend
             절뚝거리다 다리   전설
                         → legacy
                           유산

8 clean → lean — glean — gather
   깨끗한, 청소하다 기대다 모으다, 줍다 모으다
        → clear — unclear — nuclear
          분명한   불분명한   핵의

9 climb → limb — cliff → precipice
   오르다 사지   절벽   절벽
                → step — steep
                  걸음   가파른
        → crawl — creep
          기어가다 기어가다

10 determine → deter — defer
   결심하다   못하게 하다 연기하다
            → term — terminate
              기간   종결시키다
            → mine — famine
              지뢰, 광산 기아, 기근

11 <u>eastern</u> → <u>stern</u> - <u>strict</u> → <u>stringent</u>
　　동쪽의, 동양의　엄격한　엄격한　　엄격한
　　　　　　　　　　　　　　　　→ <u>district</u>
　　　　　　　　　　　　　　　　　　지역
　　　　　　　　　　　　　　　　→ <u>restrict</u> - <u>restriction</u>
　　　　　　　　　　　　　　　　　　제한하다　　제한

12 <u>excite</u> → <u>cite</u> → <u>recite</u>
　　흥분시키다　인용하다　암송하다, 낭송하다
　　　　　　　　　　→ <u>quote</u> - <u>quotation</u>
　　　　　　　　　　　　인용하다　　인용
　　　　　　　　　　→ <u>site</u> - <u>opposite</u>
　　　　　　　　　　　　장소　　반대편의
　　　　　　　　　　→ <u>sight</u> - <u>sigh</u>
　　　　　　　　　　　경치, 풍경　한숨

13 <u>foreign</u> → <u>reign</u> → <u>govern</u> - <u>governor</u> - <u>government</u>
　　외국의　　지배하다　지배하다　주지사　　지배
　　　　　　　　　　　→ <u>sovereign</u> - <u>sovereignty</u>
　　　　　　　　　　　　주권이 있는　　주권
　　　→ <u>exotic</u>
　　　　이국적인

14 <u>forget</u> → <u>forge</u> - <u>gorge</u> → <u>canyon</u>
　　잊다　　버리다, 위조하다　협곡　　협곡
　　　　　　　　　　　　　　　→ <u>gorgeous</u> - <u>splendid</u> - <u>superb</u>
　　　　　　　　　　　　　　　　멋진　　　멋진　　　멋진

15 <u>important</u> → <u>import</u> → <u>port</u> - <u>portrait</u> - <u>trait</u> - <u>traitor</u>
　　중요한　　수입하다　항구　초상화　특성　반역자
　　　　　　　　　　→ <u>export</u> - <u>expert</u> - <u>expertise</u>
　　　　　　　　　　　수출하다　전문가　전문지식

16 learn → earn — earnest — nest — honest — honesty
배우다　　얻다, 벌다　열심히 하는, 열렬한　둥지　정직한　정직
　　　→ lecture
　　　　강의

---

17 mistake → mist → fog
실수(하다)　안개　안개
　　　　→ chemist — physicist — alchemist
　　　　　화학자　　물리학자　　연금술사
　　　　→ stake — at stake
　　　　　말뚝　　위험에 처한

---

18 paint → pain → painful
페인트(칠하다)　고통　고통스러운
　　　　→ agony — anguish
　　　　　고통　　고통
　　　　→ faint — pass out — swoon
　　　　　기절하다　기절하다　기절하다

---

19 please → lease
기쁘게 하다, 제발　임대
　　　　→ plea → flea
　　　　　탄원, 간청　벼룩
　　　　→ petition — repetition — repeat
　　　　　탄원　　반복　　반복하다
　　　　→ entertain — entertainer
　　　　　즐겁게 하다　연예인

---

20 relate → elate — enhance
관련시키다　고양시키다　고무시키다
　　　　→ relation — relationship — relevance — relevant
　　　　　관계　　관계　　관련　　관련 있는

21 speak 말하다 → peak 정상 - acme 절정 - summit 정상(회담) - supreme 최고의 → supremacy 최고
→ uppermost 최상의

22 terrible 끔찍한 → rib 갈비 → bribe 뇌물 → bribery 뇌물수수
→ tribe 부족
→ crib 아기침대 - cradle 요람

23 their 그들의 → heir 상속인 → heiress 여자 상속인
→ inherit 물려받다 - inheritance 유산 - heritage 유산
→ throne 왕좌

24 think 생각하다 → thin 날씬한, 얇은 → thick 두꺼운
→ slender 날씬한 - slim 날씬한
→ thought 생각, 사상 - thoughtful 사려 깊은

25 throw 던지다 → row 줄, 노젓다 → crow 까마귀 → magpie 까치
→ crowd 무리 - disperse 해산시키다
→ arrow 화살 - sparrow 참새

26 write (글을) 쓰다 → rite 의식 → ritual 의식 - spiritual 영혼의, 정신의 - spirit 정신, 영혼 - soul 영혼, 사람
→ hypocrite 위선자

Section 4

1 actor 배우 → actress 여배우
→ factor 요소, 요인 → element 요인, 원소
→ factory 공장 – satisfactory 만족스러운 – satisfy 만족시키다 – satisfaction 만족
→ benefactor 은인

2 ant 개미 → tenant 세입자 → landlord 집주인 → landlady 여자 집주인
→ real estate agent 부동산 중개인
→ lieutenant 부관
→ antidote 해독제

3 apple 사과 → apology (말로 하는) 사과 – apologize 사과하다
→ grapple 꽉 잡다 – grasp 꽉 잡다 – grab 꽉 잡다 → grip 꽉 잡다, 꽉 쥠
→ crab 게

4 bat 방망이, 박쥐 → battle 전투 → combat 전투
→ cattle 소떼
→ rattle 덜커덩거리다 – rat 쥐 – rattlesnake 방울뱀
→ acrobat 공중곡예사

5 bull 숫소 → bullet 총알 - bulletin 게시판 - tin 주석
↔ cow 암소 - coward 겁쟁이 - cowardice 비겁함

6 car 자동차 → caravan 대상
→ carbon 탄소 - hydrogen 수소 - oxygen 산소 - sulfur 황
→ cardinal 추기경
→ cargo 화물 → carriage 마차
→ cartoon 만화 → carve 새기다

7 cat 고양이 → rat 쥐
→ scatter 흩어지다
→ catch 잡다 - chase 추적하다, 뒤쫓다 - purchase 구입, 구입하다
→ capture 잡다 - captivate 잡다

8 cent 센트 → scent 향기 → ascent 상승 - ascend 상승하다
→ descent 하강 - descend 하강하다 - descendant 후손 - ancestor 조상

9 cold 차가운, 감기 → scold 꾸짖다 → slap 뺨을 때리다 → clap 박수치다 - lap 무릎 - lapse (시간의) 경과 - collapse 무너지다
→ spank 볼기를 때리다

10 cream 크림 → scream 소리 지르다 → shout 소리치다
→ cry 소리 지르다 - yellow 노란색 - yell 소리치다
→ exclaim (감탄하여) 소리치다

11 cut 자르다 → cute 귀여운 → acute 급성의 - chronic 만성의 - chronicle 연대기
→ persecute 박해하다 - persecution 박해

12 dam 댐 → damage 손상시키다 - age 나이, 나이가 들다
→ damp 축축한 - moist 축축한 - moisture 수분, 습기 - moisten 축축하게 하다

13 dry 건조한 → laundry 세탁소, 세탁물 - launder 세탁하다
→ drought 가뭄 - rough 거친, 서투른, 대충의 → thorough 철저한
→ tough 억센, 질긴

14 dust 먼지 → industry 산업, 공업, 근면 → industrial 산업의, 공업의 - trial 재판 - testify 증언하다
→ industrious 부지런한 - diligent 부지런한 - diligence 부지런함

15 eight 8 → freight 화물
→ height 키, 높이 - high 높은 - thigh 넓적다리
→ weight 무게 - weigh 무게가 ~ 나가다

448 Section 4

16 even 심지어, 비긴, 대등한, 짝수의 → revenge 복수 → vengeance 복수
→ avenge 복수하다
→ retaliate 보복하다 - retaliation 보복
↔ odd 홀수의, 이상한

17 face 얼굴 → preface 서문 - surface 표면 - surf 파도타기하다
→ freckle 주근깨 - acne 여드름 - complexion 안색 - expression 표정, 표현

18 fan 부채, 선풍기 → infant 아기 - toddler 아장아장 걷는 아기
→ pan 납작한 냄비 → flying pan 프라이팬
→ expand 확장하다 → expansion 확장
→ enlarge 확대하다 - enlargement 확대

19 fit 적합한 → benefit 이익 - beneficial 유익한
→ outfit 의상 - outlet 판매점, 직판장, 콘센트
→ profit 이윤 - profitable 이익이 되는

20 gate 대문 → investigate 수사하다 → investigation 수사
→ invest 투자하다 - investment 투자
→ vest 조끼 - harvest 수확

21 here 여기 → adhere 붙이다 → adhesive 접착제, 끈끈한, 접착제의
→ attach 붙이다 – attachment 부착, 애착 – detach 떼다 – detachment 분리

22 ill 아픈 → illness 병 – symptom 증상
→ pill 알약 – spill 쏟다, 흘리다 – pillow 베개
→ illusion 환각, 환상 – disillusion 환멸을 느끼게 하다

23 ink 잉크 → sink 가라앉히다 – go down 가라앉히다
→ link 연결하다 – blink 깜박이다
→ rink 스케이트장 – brink 가장자리 – brim 가장자리

24 kid 아이 → kidnap 유괴하다 → nap 낮잠 – ransom 몸값
→ abduct 유괴하다 – abduction 유괴
→ kidney 신장

25 meter 미터 → measure 재다, 측정하다, 조치 – measurement 측정
→ cemetery 묘지 – cremate 화장하다
→ diameter 지름 – meteor 운석, 유성

Section 5

1 nut 견과 → nutrient 영양소 - nutrition 영양 - nutritious 영양가 있는
→ chestnut 밤 - peanut 땅콩 - walnut 호두

2 parent 부모 → apparent 분명한 - evident 분명한 - obvious 분명한
→ transparent 투명한 - invisible 눈에 보이지 않는
→ rent 임대(하다)

3 pass 지나가다 → passion 열정 - passionate 열정적인 - compassion 동정 → compassionate 동정적인
→ pity 동정 - sympathy 동정

4 pat 톡톡 두드리다 → patriot 애국자 → patriotic 애국적인 - patriotism 애국심
→ riot 폭동 - mutiny 폭동
→ patter 후두두 내리다

5 pond 연못 → respond 응답하다 → response 응답
→ ripple 파문
→ reply 응답하다
→ ponder 곰곰이 생각하다 - pensive 곰곰이 생각하는 - expensive 비싼 ↔ cheap 값싼

451

6 promise 약속(하다)
- → compromise 타협
- → premise 전제
- → promising 전도유망한 – prominent 현저한 → eminent 저명한
  - → outstanding 탁월한

7 rain 비
- → brain 두뇌 → drain 배수시키다 → grain 곡식
- → refrain 삼가다 → restrain 억제하다
- → sprain 삐다 → strain 긴장 → terrain 지형

8 raise 들다, 기르다
- → praise 칭찬 → compliment 칭찬 – complement 보충, 보어 – supplement 보충(하다)
  - → prize 상 – award 상

9 read 읽다
- → bread 빵 – bakery 빵집
- → dread 무서워하다
- → spread 유포하다, 펼치다
- → thread 실 – needle 바늘

10 reason 이유, 이성
- → treason 반역 → treachery 반역
  - → execute 처형하다 – execution 처형 – executioner 사형 집행인
- → reasonable 합리적인 – rational 합리적인, 이성적인

11 red / 빨간
→ hatred 증오 — hate 미워하다
→ sacred 신성한 → divine 신의, 신성한
→ sacrifice 희생하다
→ shred 갈기갈기 찢다

12 roof / 지붕
→ proof 증거 → evidence 증거
→ prove 증명하다 → approve 인정하다, 승인하다 — approval 승인, 인정
→ improve 향상시키다 — improvement 향상

13 room / 이유
→ loom 어렴풋이 나타나다
→ broom 빗자루 — bloom 꽃이 피다, 만발 — blossom 꽃이 피다
→ groom 신랑 — gloom 우울함 — gloomy 우울한 — melancholy 우울한, 우울함
→ mushroom 버섯

14 rose / 장미
→ prose 산문 — verse 운문 → universe 우주
→ adverse 어려운, 역경의 — adversity 역경
→ reverse 거꾸로의, 거꾸로 하다

15 rude ↔ polite
　　무례한　　예의바른
　　→ intrude → trespass
　　　방해·침입하다　침입하다
　　　　→ interfere - interrupt
　　　　　방해하다　　방해하다
　　　　→ invade - invasion
　　　　　침략하다　　침략, 침해

16 science → scientist - scientific
　　과학　　　과학자　　과학적인
　　→ conscience - conscientious - conscious - consciousness
　　　양심　　　　양심적인　　　의식이 있는　　의식

17 size → capsize
　　크기　전복시키다
　　→ downsize
　　　축소하다
　　→ emphasize - emphasis
　　　강조하다　　강조
　　→ synthesize - synthesis - analyze - analysis
　　　종합하다　　종합　　분석하다　분석

18 son → arson - arsonist
　　아들　방화　　방화범
　　→ prison - parole - role
　　　감옥　　가석방　역할
　　→ release
　　　석방하다
　　→ inmate
　　　죄수, 피수용자

19 star → starch - stare - starve
　　별　　녹말, 풀을 먹이다　쳐다보다　굶주리다
　　→ twinkle - twin
　　　반짝이다　쌍둥이
　　→ astronomy - astronomer
　　　천문학　　천문학자

20 sure 확실한 → assure 확신시키다 – assurance 보장, 확신
→ insure 보험에 들다 – insurance 보험
→ pressure 압력, 압박 → treasure 보물

21 war 전쟁 → warn 경고하다 – warning 경고
→ reward 보상금
→ weapon 무기 → armistice 휴전 → refugee 난민
→ warship 전함 – worship 숭배하다 – warrior 전사

22 way 길, 방법 → method 방법
→ sway 흔들리다 – waver 마음이 흔들리다
→ will 의지, 유언 – willow 버드나무 – billow 큰 물결

23 wear 입다 → swear 맹세하다 – pledge 맹세하다 – edge 가장자리 – hedge 울타리
→ knowledge 지식 – acknowledge 인정하다

24 word 단어 → sword 칼 – dagger 단검
→ dictionary 사전
→ define 정의하다 – definition 정의
→ decipher 해독하다

Section 6

1 bomb (폭탄)
→ comb (빗, 빗질하다) - combine (결합하다) - combination (결합)
→ tomb (무덤)
→ womb (자궁) - ovary (난소)

2 brown (갈색)
→ brow (이마) - eyebrow (눈썹)
→ crown (왕관) - clown (광대)
→ drown (물에 빠지다)
→ frown (찡그리다)

3 cable (전선)
→ fable (우화)
→ sable (담비)
→ table (식탁) → stable (안정된, 마굿간) - stability (안정)
→ vegetable (야채) - vegetarian (채식주의자)

4 daughter (딸) → laughter (웃음) → laugh (웃다)
→ slaughter (학살) - slay (죽이다) - murder (죽이다) - massacre (대학살)

5 road (길)
→ broad (넓은) - broaden (넓히다) - abroad (해외로)
→ load (짐을 싣다) - unload (짐을 내리다)
→ toad (두꺼비)

6 nurse 간호사 → purse 지갑 → wallet 지갑
　　　　　　　→ pursue 추적하다 → pursuit 추적
　　　　　　　　　　　　　　　→ sue 고소하다 - suit 소송
　　→ curse 저주하다

7 receive 받다 → receipt 영수증
　　→ deceive 속이다 - fraud 사기, 사기꾼 - fake 가짜(의) ↔ authentic 진짜의
　　　　　　　　　　　　　　　　　　　　　　　　　　　　→ counterfeit 위조의

8 game 경기 → gamble 도박하다 → gambling 도박
　　　　　　　→ blend 섞다 - blender 혼합기
　　　　　　　→ mix 섞다 - mixture 혼합

9 choose 선택하다 → choice 선택
　　→ select 선택하다 → selection 선택
　　　　　　　　　　→ elect 선출하다 → election 선거
　　　　　　　　　　　　　　　　　　→ electric 전기의 - electricity 전기 - city 도시

10 obey 복종하다 → order 명령, 주문하다 - border 국경 - boundary 경계
→ obedience 복종
↔ disobey 불복종하다 → disobedience 불복종
→ sob 흐느껴 울다

11 nude 벌거벗은 → naked 벌거벗은 → bare 벌거벗은
→ snake 뱀 - serpent 뱀 - repent 회개하다 - repentance 회개
- regret 후회하다

12 attitude 자세 → gratitude 감사 - grateful 감사해하는
→ altitude 고도 - latitude 위도 - longitude 경도
→ aptitude 적성

memo